Thomas Hasel

Das Gedicht der Toten

D1718662

© 2021 Thomas Hasel
Autor: Thomas Hasel
Umschlaggestaltung: Manuel Kostrzynski
Lektorat, Korrektorat: Andreas Thamm
Übersetzung: Thomas Hasel
Verlag &; Druck: tredition GmbH, Halenreie 40-44, 22359 Hamburg
978-3-347-24483-2 (Paperback)
978-3-347-24484-9 (Hardcover)
978-3-347-24485-6 (e-Book)

Bibliografische Information der Deutschen Nationalbibliothek: Die Deutsche Nationalbibliothek verzeichnet diese Publikation in der Deutschen Nationalbibliografie; detaillierte bibliografische Daten sind im Internet über http://dnb.d-nb.de abrufbar.

Dieses Buch ist all jenen gewidmet, die Liebe in sich spüren, die Liebe geben und Liebe empfangen. Und vor allem jenen, die das noch nicht können. Amor omnia vincit!

"Is there another Life? Shall I awake and find all this a dream?
There must be, we cannot be created for this sort of suffering."
(John Keats)

„*Gibt es ein anderes Leben? Werde ich erwachen und er-*
kennen, dass dies alles ein Traum ist?
Es muss so sein! Wir können nicht erschaffen worden sein,
um so zu leiden."

*

"Peace, peace, he is not dead, he doth not sleep –
He hath awakened from the dream of life –
'Tis we, who lost in stormy visions, keep
With phantoms an unprofitable strife…"
(Percy Bysshe Shelley)

„*Seid unbesorgt! Er ist nicht tot und schläft auch nicht –*
Er ist aus jenem Traum, der Leben heißt, erwacht –
Wir alleine haben, verloren in der Phantasien Licht,
Mit Geistern sinnlos einen Kampf entfacht…"

1.

Das acht Meter lange Boot namens *Don Juan* wurde in der stürmischen See wie ein Spielzeug hin- und hergeworfen, stieg fast senkrecht zu den Gipfeln der Brandung hinauf und stürzte im nächsten Moment in die Tiefen der Wellentäler hinab, so dass das salzige Wasser alles an Bord überspülte. Mit jedem weiteren Brecher ergoss sich mehr Wasser ins Schiffsinnere.

Die drei Männer an Bord krallten sich mit aller Kraft an die beiden Masten und an die Reling, um nicht in die Fluten zu stürzen. Zwei der Männer sahen aus, als habe das Entsetzen über ihre unheilvolle Situation sie in wenigen Augenblicken um viele Jahre altern lassen. Charles Vivian, der Bootsjunge, starrte kreidebleich und voller Angst der nächsten heranrollenden Wellenwand entgegen und schickte ein stummes Stoßgebet in den Himmel. Edward Williams, ein erfahrener Soldat in seinen Dreißigern, hatte zwar dem Tod schon einige Male in der Schlacht Mann gegen Mann ins Auge gesehen. Diesmal jedoch schien jede Rettung zu spät. Die Ahnung, was bevorstand, drückte auch diesem mutigen Mann die Brust zusammen. Dennoch brachte er die Kraft auf, dem dritten Passagier an Bord zuzurufen, er solle endlich versuchen, in das hinter dem Schoner an einem Seil angebundene Beiboot zu klettern. Doch der 29-jährige Percy Bysshe Shelley reagierte nicht. Er stand aufrecht, den hinteren Mast fest umklammert, und bestaunte mit weit aufgerissenen Augen das erbarmungslose Wirken der Naturgewalt. Wie klein und hilflos war doch der Mensch angesichts dieser Übermacht des Schicksals.

Eine betörende innere Ruhe hatte Shelley ergriffen. In seinem Kopf schwiegen die Stimmen, die er an guten Tagen in klingende Poesie, an schlechten Tagen in düstere Albträume verwandelte. Nur die Verse, die er kurz zuvor in einem kleinen Gedichtband von John Keats gelesen hatte, hallten nach, und er musste über das seltsame Zusammentreffen von Poesie und Wirklichkeit lächeln.

Darkling I listen; and, for many a time
I have been half in love with easeful Death,
Call'd him soft names in many a musèd rhyme,
To take into the air my quiet breath;
Now more than ever seems it rich to die...

Umdunkelt lausch ich; ich hab' manches Mal
Mich beinah in den leichten Tod verliebt,
Gab ihm zarte Namen ohne Zahl,
Damit die Luft mir ruhiges Atmen gibt;
Jetzt begreif ich erst, wie schön das Sterben ist...

„... wie schön das Sterben ist...", flüsterte Shelley unhörbar. Und doch, dachte er, wie unerbittlich der Tod über den Menschen hereinbricht, so plötzlich und eigensinnig wie das Leben zu Beginn des Daseins. Eben noch segelt man auf hoher See einem Ziel entgegen, liegt ausgestreckt auf den Planken, genießt eine frische Brise, saugt den salzigen Duft des Meerwassers ein, freut sich über die weißen Schaumkronen, die wie Meeresnymphen tanzen, oder versinkt in den Reimen eines Dichters und auf einmal taucht ein undurchdringlicher, schwarzer Nebel auf, der die dahinterliegenden, tödlichen Klippen verbirgt. Geburt und Tod waren die beiden sich am

Meer des Lebens gegenüberliegenden Küsten, die der Mensch niemals würde beherrschen können, auch wenn er jeden Winkel der Welt durchleuchtet oder alle erdenklichen Maschinen erfunden hatte.

„Sie müssen ins Beiboot, Shelley!"

Vermutlich wusste auch Williams, dass Shelley bei diesem Wellengang niemals dorthin gelangen würde. Außerdem würde er seine beiden Begleiter auf keinen Fall auf dem sinkenden Schiff alleine zurücklassen. Die Frage war nicht mehr, wie dem Tod zu entkommen war, sondern vielmehr, wie man die letzten Momente seines Lebens in Würde verbringen konnte. Mit einem Gedicht auf den Lippen? Nein, im Tod gab es keine Worte mehr zu verlieren. Das einzige, was blieb, waren die eigene Kraft und der Wille, sich dem Schicksal entgegenzustemmen. Shelleys Körper spannte sich, zum Kampf bereit, als eine nächste, mächtige, schwarze Woge heranrollte, wie der dunkle Bug eines riesigen Schiffes.

„Sie rammen uns!", dachte Shelley fassungslos. Ein lautes Bersten ertönte, als brächen Knochen oder der eigene Schädel. Der Mast, den Shelley eben noch umklammert hatte, knickte, als sei er ein dünner Zweig. Shelley verlor das Gleichgewicht. Er versuchte sich im Fallen an der Reling festzuhalten, doch seine Hände griffen ins Leere. In diesem Moment, als sein Körper zur Seite gerissen wurde und über den Rand des Schiffes dem aufgebrachten Meer entgegenstürzte, wusste Percy Bysshe Shelley, dass die Mächte der Natur immer stärker waren als der Dichter, der sie so eifrig und doch so hilflos in vielen seiner Schriften und Verse in Worte zu bannen versucht hatte. Und während Shelley in das brausende Wasser eintauchte, während er die Arme ausbreitete, als begrüße er einen alten Freund, während er das salzige Wasser schluckte, nahm ihn die sorgenvolle Frage gefangen, ob er in seinem kurzen Leben alles getan hatte, was getan werden musste, um mit sich selbst versöhnt zu sein. Er hatte einigen Menschen große Schmerzen zugefügt, seelische Qualen. Er hatte viele gegen sich aufgebracht, durch Worte und Taten. Doch war es ihm wenigstens einmal gelungen, die verhärteten Seelen der Lebenden um ihn herum zu berühren? Hatte er zumindest einen Mann und eine Frau von ihren zahlreichen Irrtümern befreien können und ihnen geholfen, durch seine Poesie die Wahrheit zu erkennen? Den Menschen war die Sprache gegeben worden und die Fähigkeit, daraus Poesie zu erschaffen. Dann würden die Menschen in Gottes Namen doch auch in der Lage sein, das Traurige, das Verletzte, das Törichte und das Böse in ihren Herzen zu überwinden und sich der universellen Kraft der Liebe zu öffnen, jener Liebe, die alles Leben durchdrang und miteinander eins werden ließ …

Shelleys letzter Versuch zu Atmen scheiterte, denn das Meer hatte sich bereits über ihm geschlossen. Bevor Wasser seine Lungen füllte, sah er vor seinem inneren Auge die geliebte Claire in der Ferne, die schöne Jane Williams an Land und seine Frau Mary, die vermutlich voller Sehnsucht auf die Rückkehr ihrer Männer warteten, während diese im Begriff waren, sich bald in aufgedunsene Wasserleichen zu verwandeln.

2.

As I lay asleep in Italy
There came a voice from over the Sea.
And with great power it forth led me
To walk in the visions of Poesy.

Als einst ich in Italien schlief
Eine laute Stimme vom Meer mich rief.
Sie drängte mich mit Energie
Zu wandern in den Visionen der Poesie.

Die Strahlen der Nachmittagssonne fielen durch die Zweige der Zypressen und Pinienbäume auf eine Ansammlung von Gräbern, die zwischen blühenden Oleandersträuchern, Buchsbaumhecken und Olivenbäumen über ein leicht abfallendes Gelände verteilt waren. Während außerhalb der Mauer, die den Friedhof umgab, das hektische Treiben einer modernen Großstadt herrschte, schien hier die Zeit still zu stehen, konserviert in Dutzenden von Gräbern und verzierten Sarkophagen.

Eine lähmende Hitze lag über Rom. Auf einer verwitterten Grabplatte streckte eine schläfrige graue Katze ihre Pfoten weit von sich. In der Nähe schlich ein schwarzer Kater um einen marmornen Sarkophag. Bis auf die Katzen, die laut knarrenden Zikaden, Mückenschwärme in der Luft und einige Vögel in den Bäumen und Eidechsen, die über die Erde und die Steine huschten, gehörte der Friedhof an diesem ungewöhnlich heißen Tag allein den Toten.

Das änderte sich, als ein Mann schwitzend und leicht torkelnd durch die kleine Friedhofspforte trat. Er war auf der Suche nach einem schattigen Ort, an dem er sich ausruhen konnte, denn die brütende Hitze und zwei Gläser Whiskey sowie zwei Flaschen Bier, die er sich zur Mittagszeit in einer Bar genehmigt hatte, hatten seine Sinne benebelt und gaben ihm das bedrückende Gefühl, die Erdanziehungskräfte hätten sich innerhalb kurzer Zeit verdreifacht. Der Mann, Benjamin Heller, stapfte etwas orientierungslos über die schmalen Kieswege. Er hatte erwartet, hinter den Steinmauern einen Park vorzufinden und betrachtete etwas verwundert die Gräber. Er mochte Friedhöfe nicht besonders. Sie erinnerten ihn zu sehr an den Tod. Nun aber fühlte er sich so kraftlos und müde, dass ihm jede halbwegs waagerechte Fläche zum Schlafen geeignet schien. Schließlich entdeckte er am Rand des Friedhofs im Schatten der hohen Stadtmauer eine glatte Steinplatte, die ihm in seinem Zustand für ein kurzes Nickerchen geeignet schien. Ächzend ließ er sich auf ihr nieder, schloss die Augen und schlief fast augenblicklich ein.

Benjamin Heller träumte, was für ihn ungewöhnlich war. Zumindest erinnerte er sich seit Jahren selten an das, was sich in seinem Geist während des Schlafs abgespielt hatte. Diesmal war es anders, vielleicht, weil mitten in seine Träume hinein nach gut einer halben Stunde Schlaf ein Schmerz in seinen Körper fuhr, genauer in sein Schienbein. Dazu erklang eine hohe, weibliche, streng klingende Stimme.

„Aufwachen! Wachen Sie sofort auf!"

Benjamin Heller ächzte, als er wieder einen kurzen, harten Schlag am Schienbein spürte. Das bleierne Gefühl in seinen Gliedern wich zögerlich, schattige Umrisse verdichteten sich über ihm. Mühsam rührte er einen Finger, dann noch einen. Sein Mund war ausgetrocknet, der Geschmack vom Alkohol schal, Hemd und Hose klebten am schweißnassen Körper.

Heller knurrte, als die Stimme ihn ein weiteres Mal aufforderte, unverzüglich aufzustehen. Im Gegenlicht der Sonne und vor dem Hintergrund der dunklen Bäume erkannte Heller die Silhouette einer nicht allzu großen Gestalt. Mühsam richtete er den Oberkörper von der harten Steinplatte auf und rieb sich die Augen. Sein Rücken schmerzte. Die Person vor ihm schien merkwürdig zu schwanken.

„Verfügen Sie denn über keinen Funken Anstand?", giftete die schrille Stimme in einem sehr britisch betonten Englisch. Bevor Heller sich die rüde Ansprache verbitten konnte, setzte die Stimme vorwurfsvoll nach:

„Sie können sich doch nicht auf einem Grab schlafen legen. Vor allem nicht auf diesem."

Heller grunzte unwillig. Er blickte unter sich, sah Buchstaben, die in die Steinplatte eingraviert waren, und kratzte sich am unrasierten Kinn. Er wollte etwas erwidern, doch seiner ausgetrockneten Kehle entwich nur ein heiseres Krächzen. Die Augen mit der flachen Hand vor dem grellen Licht abschirmend, versuchte er, die Frau zu mustern. Das erste Detail, das er ausmachen konnte, war ein breitkrempiger Strohhut, der ihr Gesicht beschattete. Dann sah er das bunt geblümte, kurzärmlige Kleid, das die Frau trug und das fast bis zum Boden reichte. Am Hals war es hoch geschlossen, ansonsten jedoch so weit geschnitten, dass es beinahe einem Sack glich. In ihrer linken Hand hielt die Frau einen kleinen Blumenstrauß. Es dauerte noch einen Moment, bis Hellers Augen sich an das helle Licht so gewöhnt hatten, dass er in dem ovalen Gesicht über sich Konturen ausmachen konnte. Die Frau trug eine Brille mit schwarzem Gestell. Ihr Gesicht war bleich und die blauen Augen hinter den Gläsern wirkten kalt und streng. Heller glaubte zwar, ansehnlich geschwungene Lippen und ein paar hübsche Details in ihren Zügen ausmachen zu können, doch die Mundwinkel der Frau waren verächtlich nach unten gezogen. Ihre Haare hatte sie nach hinten gekämmt und zu einem Pferdeschwanz zusammengebunden. Er schätzte ihr Alter auf Ende Zwanzig.

„Stehen Sie endlich von diesem Grabstein auf", zischte die Frau.

Heller räusperte sich und sprach: „Mir ist gar nicht aufgefallen, dass das ein Grab ist. Aber der Verblichene dürfte kaum etwas dagegen haben, wenn ich hier ein Nickerchen mache. Oder glauben Sie an rachsüchtige Geister?"

„Sie unverschämter Mensch!", blaffte die Frau. „Sie entweihen das Grabmal eines großen, britischen Poeten."

„Schreien Sie nicht so! Davon kriege ich Kopfweh."

Er blickte noch einmal unter sich, dann erhob er sich schwerfällig von der Steinplatte. Als er stand, betrachtete er mit müden, brennenden Augen und leicht schwankend die Buchstaben, die zu seinen Füßen in die schmutzig-weiße und teilweise mit Flechten bewachsene Platte eingraviert waren. Ihre Bedeutung erschloss sich ihm nur sehr begrenzt.

PERCY BYSSHE SHELLEY
COR CORDIUM
NATUS IV AUG: MDCCXCII
OBIIT VIII JUL. MDCCCXXII

Nothing of him that doth fade
But doth suffer a sea=change
Into something rich and strange.

Heller zuckte mit den Achseln. „Sollte man wissen, wer hier unter der Erde liegt?"

Die junge Frau wirkte erst erschrocken, dann ungläubig.

„Jeder halbwegs gebildete Mensch weiß, wer Percy Bysshe Shelley ist. Selbst, wenn man nicht aus dem angelsächsischen Kulturraum stammt. Aber ich denke, Shelley würde ohnehin keinen Wert darauf gelegt haben, von einem Idioten gekannt zu werden."

„He!", rief Heller und runzelte in einem Anflug von Ärger die Stirn. „Warum so unfreundlich?"

„Steigen Sie endlich da runter, Sie dumpfgeistiger Teutone!", blaffte die Engländerin ungeduldig.

„Jetzt werden Sie auch noch fremdenfeindlich. Und woher wollen Sie überhaupt wissen, woher ich komme?"

„Ihren schwerfälligen Akzent erkennt sogar ein Tauber", sagte die Frau spöttisch.

Dumme Kuh, dachte Heller, der auf seine englische Aussprache recht stolz war, und suchte vergeblich nach einer schlagfertigen Erwiderung. Ihm fiel nichts Geeignetes ein und so sagte er bloß: „Ist der Kerl etwa so etwas wie ein britischer Nationalheiliger?"

Die Engländerin musterte ihn abschätzig und murmelte kaum hörbar: „Das Land der Dichter und Denker: Dass ich nicht lache!"

„So wichtig scheint der Typ nicht gewesen zu sein, wenn kein Mensch ihn mehr kennt", erwiderte Heller herausfordernd.

„Sie kennen ihn nicht!", sagte die Frau. „Percy Bysshe Shelley ist einer der wichtigsten romantischen Poeten Englands und hat sich mit seinem Werk unsterblich gemacht."

„Unsterblich scheint der Kerl nicht zu sein, sonst wäre er nicht tot, Schätzchen! Außerdem lesen nur Spinner Gedichte. Und dreizehnjährige Mädchen vielleicht. Aber Sie dürften deutlich älter sein."

„Sie haben keine Ahnung von der Bedeutung der Poesie, deshalb sollten Sie zu diesem Thema Ihren Mund halten."

„Wenn ich Sie so betrachte, habe ich das Gefühl, Gedichte zu lesen, ist schrecklich frustrierend. Es macht jedenfalls nicht sexy. Und offensichtlich auch nicht besonders glücklich."

Zufrieden stellte Heller fest, dass seine Worte nicht ganz wirkungslos blieben. Die Unterlippe der Engländerin begann zu beben und ihm schien, als würden ihre Augen feucht. Sie senkte den Blick und sah auf Hellers Schuhe, die immer noch auf der Grabplatte standen. Mit beinahe hilflos klingender Stimme sagte sie: „Steigen sie nun endlich von Shelleys Grab?"

Heller zögerte kurz, dann tat er es. Die Frau wich augenblicklich einen Schritt zurück und verzog das Gesicht.

„Sie stinken nach Alkohol! Und das am helllichten Tag."

„Na und?", erwiderte Heller. „Was geht Sie das an?"

Er blickte an der Engländerin herab, deutete auf den Strauß aus weißen und violetten Blumen in ihren Händen und sprach: „Sind die für mich?"

„Lassen Sie mich in Frieden!", zischte die Frau.

Sie wandte sich um und lief mit schnellen kurzen Schritten zwischen den Gräbern davon. Heller sah ihr hinterher, bis die kleine Person aus seinem Gesichtsfeld verschwunden war. Er war sich nicht sicher, ob er über ihren Auftritt lachen oder sich über ihre Frechheit ärgern sollte. Für beides fühlte er sich eigentlich zu schlapp. Er blickte sich um und versuchte sich zu erinnern, aus welcher Richtung er gekommen war und wo der Ausgang des Friedhofs lag. Weil er es nicht mehr genau wusste, stapfte er auf einem Pfad zwischen den Gräbern und der alten Stadtmauer entlang. Gut dreißig Meter weiter gelangte er an eine gelb getünchte Mauer, hinter der sich eine weißgraue Pyramide erhob, so hoch wie ein zweistöckiges Haus. Er trat durch eine kleine Pforte in der Mauer und stieß dahinter auf eine Wiese, auf der sich zwischen Dutzenden von Bäumen und Büschen weitere steinerne Gräber befanden.

Auf der Suche nach dem Friedhofsausgang folgte Heller einem schmalen Weg aus weißen Steinquadern, die in den Rasen eingelassen waren. Er hatte nur wenige Schritte gemacht, als er durch eine Reihe von Sarkophagen und Grabskulpturen gut zwanzig Meter entfernt die junge Frau entdeckte. Sie kniete vor einem Grab, mit gesenktem Kopf und gefalteten Händen, als würde sie beten. Ihre Augen hatte sie geschlossen und sie bewegte stumm ihre Lippen. Heller zögerte kurz. Die erste Begegnung war anstrengend genug gewesen und doch hielt er inne und beobachtete sie. Langsam näherte er sich ihr. Als er fast bei ihr war, ergriff die junge Frau den Blumenstrauß, den sie neben sich ins Gras gelegt hatte, und legte ihn behutsam auf das linke von zwei Gräbern, hinter denen zwei fast identisch aussehende grauweiße Stelen aus der Erde ragten. Beide waren an ihrer oberen Kante abgerundet. Auf dem rechten Gedenkstein war das Relief einer Farbpalette und eines Pinsels zu sehen, auf dem linken das einer Leier oder Harfe. Darunter stand in verblassten Buchstaben ein englischer Text, den Heller von seiner Position aus nur bruchstückhaft entziffern konnte. *This Grave* war dort eingraviert, und ein wenig darunter in Großbuchstaben YOUNG ENGLISH POET. Dann folgten einige kleingeschriebene Wörter, bis fast am Fuße des Grabsteins ein merkwürdiger Satz zu lesen war:

Here lies One
Whose Name was writ in Water

Heller kratzte sich an der Stirn. Hier liegt einer, dessen Name im Wasser geschrieben wurde? Was war das für ein Blödsinn? Er versuchte das Datum am unteren Ende des Grabsteins zu entziffern: Feb. 24th 1821.

Heller räusperte sich. Die kniende junge Frau zuckte zusammen und fuhr herum. Ihre Augen hinter den Brillengläsern waren tränennass. Sie schien ihn im ersten Moment nicht wiederzuerkennen, dann aber wich schlagartig das Weiche und Verletzliche, das sich auf ihrem Gesicht einen Moment lang gezeigt hatte, und sie funkelte Heller zornig an.

„Was wollen Sie schon wieder?", fragte sie in scharfem Ton und erhob sich sofort. Heller setzte eine ernsthafte Miene auf und sagte:

„Mir ist etwas eingefallen, das Sie interessieren könnte. Es ist ziemlich rätselhaft."

Die junge Frau musterte Heller misstrauisch, als sie aber nichts erwiderte, fuhr er fort: „Ich weiß, es klingt verrückt. Aber als ich auf dem Grab von diesem Shelley schlief, hat der mich tatsächlich im Traum heimgesucht. Er hat sogar zu mir gesprochen."

Die junge Frau blickte erst ungläubig, dann argwöhnisch und schließlich nahm ihr Gesicht einen zutiefst feindseligen Ausdruck an.

„Reden Sie keinen Unsinn!", schnappte sie.

„Doch! Es ist wahr", verteidigte sich Heller. „Er hat zu mir gesprochen und mir gesagt, ich solle ihm einen kleinen Dienst erweisen und ein Gedicht für ihn aufschreiben. Ein Liebesgedicht!"

Heller fiel es schwer, nicht laut loszulachen. Als er sah, welche Wirkung seine fantastische Lüge auf die junge Frau hatte, drohte ihm jedoch fast seine Selbstbeherrschung verloren zu gehen. Denn kaum hatte er die letzten Worte gesprochen, da erblasste sie noch mehr und starrte ihn an, als sei er der Teufel persönlich.

„Das … das ist nicht wahr", stammelte sie. „Das ist nicht möglich."

„Aber wenn ich es Ihnen doch sage! Percy Dingsbums Shelley hat mich auserkoren, um ein Liebesgedicht für ihn aufzuschreiben. Es soll magische Wirkung haben."

Was hinter der Stirn der jungen Frau vor sich ging, war kaum zu erraten. Doch es war offensichtlich, dass Heller sie mit seiner Geschichte vollkommen durcheinander brachte. Schließlich schüttelte sie energisch den Kopf.

„Das kann nicht sein! Sie lügen mich an."

„Ich würde Sie niemals anlügen", sagte Heller und setzte eine Unschuldsmiene auf. Zu seinem Erstaunen schien sich die junge Frau ihrer Sache überhaupt nicht sicher zu sein. Mit ernstem Gesicht sah sie zu Boden. Heller freute sich über die Wirkung seines Märchens, konnte aber kaum fassen, wie leicht die Engländerin aus der Ruhe zu bringen war. Was war nur mit ihr los? Warum besuchte sie die Gräber toter Dichter und vergoss dort stille Tränen? War sie einsam? Oder ein bisschen verrückt?

„Wissen Sie was?", sagte Heller und nickte in Richtung des Grabsteins mit der Leier. „Ich lege mich jetzt auch auf diesem Dichter hier schlafen, dann spricht der ebenfalls im Traum zu mir. Was halten Sie davon?"

Die junge Frau schnappte nach Luft wie ein Fisch auf dem Trockenen. Zornesröte stieg ihr ins Gesicht und sie ballte drohend die Fäuste.

„Wenn Sie es wagen, die Ruhestätte von John Keats zu schänden, rufe ich die Polizei."

Sie schickte einen vernichtenden Blick hinterher, bevor sie mit schnellen Schritten über die Wiese davonlief.

Heller leckte sich über die trockenen Lippen, während er die schmale, seiner Ansicht nach so unvorteilhaft gekleidete Frau über das Gras davoneilen sah. Er kramte seine Zigaretten aus der Hemdtasche und zündete sich eine davon an. Während er den Rauch tief in die Lunge zog, betrachtete er den Strauß weißer Gänseblümchen und Veilchen, den die Frau auf dem grün bewachsenen Grabhügel niedergelegt hatte. In der Hitze würde er innerhalb weniger Stunden vertrocknet sein. Heller las die Inschrift auf dem grauen Stein und übersetzte.

Dieses Grab
Enthält alles Sterbliche
Eines
JUNGEN ENGLISCHEN POETEN
Der,
Auf seinem Totenbett
In der Bitterkeit seines Herzens
Und unter der bösartigen Macht seiner Feinde
Wünschte
Dass diese Worte auf seinem Grabstein eingraviert würden
HIER LIEGT EINER
DESSEN NAME IN WASSER GESCHRIEBEN WURDE
24. Februar 1821

Heller schüttelte den Kopf über diese gestelzte Sprache, rauchte gemächlich seine Zigarette zu Ende und schnippte sie dann hinter das Grabmal.

„Ruhe sanft, Du armer Poet", sagte er leise.

3.

Joseph Severn steckte den rostigen Schlüssel ins Schloss der hölzernen Tür aus unebenen Bohlen und drehte ihn herum. Als er ins Dunkel des kleinen Vorraumes eintrat, fragte er sich, wie viele Male er noch durch diese Pforte treten, wie oft den Duft von Moder und kaltem Stein einatmen würde, bevor der Tod auch ihn aus diesem Haus trieb. Severn stieg leise und mit vor Aufregung klopfendem Herzen über die Schwelle in den Hauptraum der Wohnung, der mit einem schweren dunkelgrünen Vorhang in zwei Hälften geteilt war. Hinter dem Vorhang waren schlurfende Schritte auf dem steinernen Boden zu hören. Im nächsten Moment erklang eine hohe Stimme.

„Chi è?"

„Ich bin es, Signora Angeletti. Joseph Severn!"

Der Vorhang bewegte sich, und an der Stelle, wo sich die beiden Teile des schweren Stoffes trafen, tauchte das runzlige, gebräunte Gesicht Anna Angelettis auf, der Besitzerin der kleinen Privatpension, in der der Engländer mit seinem Freund untergekommen war. Die kleinen, wässrigen Augen der alten Frau musterten Severn, als stünde ein Fremder vor ihr, dem es mit Vorsicht zu begegnen galt. Schließlich aber nickte sie und zog sich in ihrem verschlissenen Arbeitskittel wieder hinter den Vorhang zurück. Severn schritt durch den dunklen Salon auf eine weitere Tür zu und drehte behutsam an deren Knauf. Er gelangte in ein großzügig bemessenes Zimmer, in dem der Geruch von Krankheit und Tod hing. Die Hoffnungslosigkeit schien sich wie eine Staubdecke über Wände und Möbel gelegt zu haben. In einer Ecke entdeckte Severn die grauhaarige englische Krankenschwester, die ihm seit ein paar Tagen bei der Pflege seines Freundes half. Nur deshalb hatte er es überhaupt gewagt, die Wohnung zu verlassen. Doch es ging mittlerweile nicht mehr darum, den Kranken zu heilen. Es ging nur noch darum, ihn möglichst sanft bis zu jener Klippe zu begleiten, hinter der das Leben ein Ende fand.

Die Krankenschwester saß auf einem der zwei Holzstühle im Zimmer und putzte ein Paar Stiefel. Mit Verwunderung erkannte Severn, dass es sich um Keats' Stiefel handelte. Als hätte der Bettlägrige noch die Kraft, einen Spaziergang zu unternehmen. Die Schwester unterbrach ihre Arbeit für einen Moment, sah mit ernstem Blick auf und erwiderte, als hätte sie Severns Gedanken erraten:

„Ganz gleich, wohin der Weg des jungen Herrn von hier aus führen wird, seine Stiefel sollten glänzen."

Severn nickte stumm.

„Wie geht es ihm?", fragte er leise.

„Er schläft", erwiderte die Krankenschwester. Ihr Gesicht verdüsterte sich, als hege sie einen geheimen Groll, dann ergänzte sie mit leiser Empörung in der Stimme: „Zumindest bat er mich, das Zimmer zu verlassen, damit er schlafen könne."

Severn nickte betrübt und wandte sich ab. Er ahnte, dass Keats nur einen Vorwand gesucht hatte, um alleine zu sein. Nachdenklich nahm er seinen Hut vom Kopf und legte ihn zusammen mit dem Gehstock leise auf das Pianoforte, das er gemietet hatte, um sich zu zerstreuen und Keats zu unterhalten. Dann schlüpfte er aus seinem Mantel, legte ihn über den freien Stuhl und trat an Keats' Tür. Fast lautlos schob er sie einen Spalt breit auf und lugte hinein. Obwohl eines der beiden Fenster geöffnet war, schlug ihm sofort der Gestank von

Schweiß und der leicht metallische Geruch von Blut entgegen. Severn vernahm das rasselnde Atmen seines Freundes.

Keats schlief nicht. Er starrte mit einem erbarmungswürdig traurigen Gesichtsausdruck an die Zimmerdecke, die mit blau und golden bemalten Blumenreliefs verziert war. Als er Severn bemerkte, wandte er leicht den Kopf, seine Züge entspannten sich und er rang sich ein Lächeln ab.

„Severn!", sagte er mit zärtlicher, doch kraftloser Stimme. „Treten Sie ein!"

Severn folgte der Aufforderung und warf einen kurzen Blick zum geöffneten Fenster, durch das die Geräusche des Platzes davor hereindrangen: das Klappern von Pferdehufen, die lauten Stimmen der Römer, das Rufen eines Wasserverkäufers, das Plätschern des nahen Brunnens und das Zwitschern der Vögel. Wie sehr hatte Keats den Ausblick von hier auf die Spanische Treppe geliebt. Wie optimistisch hatte er an dem Tag in die Zukunft geblickt und von seiner Genesung geträumt, als er die breite Treppe bis zur Kirche emporgestiegen war. Kaum zwei Monate war das her. Nun aber war von diesem kurzen Aufglimmen der Lebenskraft kaum noch etwas übriggeblieben.

Severn wandte sich seinem fahlhäutigen Freund zu, der angestrengt versuchte, den abgemagerten Körper ein wenig aufzurichten. Sofort sprang Severn herbei, schob seinen Arm fast zärtlich hinter Keats' Rücken und half ihm, sich vorzubeugen. Der Kranke schien in den vier Stunden seiner Abwesenheit noch leichter geworden zu sein. Severn zog das Kissen ein wenig nach oben und drückte es an das Kopfende des Bettes, damit sich Keats anlehnen konnte. Keats hustete, keuchend, nach Luft schnappend, mit schmerzverzerrtem Gesicht. Als der Anfall vorüber war, standen ihm glänzende Schweißperlen auf der Stirn. Er zitterte am ganzen Leib. Feine Blutspritzer hatten sich wie von einem Pinsel geschüttelt über die Bettdecke verteilt. Severn nahm ein Tuch und tupfte die feinen Blutfäden vom Kinn des Tuberkulosekranken. Er spürte, wie sich Tränen in seinen Augen ihren Weg bahnten. Keats' Zustand war herzzerreißend. Der junge Dichter sah ihn aus seinen tief in den Höhlen liegenden Augen erwartungsvoll an. Severn wusste, was Keats von ihm wissen wollte.

„Es ist wunderschön", sagte Severn mit sanfter Stimme. „Eine Wiese, die direkt an der Stadtmauer liegt. Eine weiße Pyramide überragt sie, in der ein alter römischer Patrizier namens Caius Cestius vor langer Zeit beerdigt wurde. Die Wiese ist mit zahllosen Blumen übersät, mit Gänseblümchen und Veilchen. Die Veilchen wachsen sogar auf den Gräbern."

Severn unterbrach die Erzählung, verwirrt durch den enthusiastischen Klang seiner eigenen Stimme, ganz so, als wolle er dem Dichter den Ort, der seine letzte Ruhestätte sein würde, anpreisen. Mehr noch berührten ihn aber die tränenglänzenden Augen seines Freundes. Keats starrte abwesend ins Nichts,, als sehe er den Friedhof in diesem Moment vor sich, und nun bemerkte Severn den ovalen, glattpolierten, rotbraunen Karneolstein in Keats' Hand, den er zärtlich umfasste, wie die Hand der geliebten Frau, die ihm dieses Andenken bei ihrem Abschied überlassen hatte.

„Gänseblümchen, sagen Sie?", sprach Keats schließlich. „Und Veilchen auch?"

Severn nickte.

„Entzückend", sagte Keats mit weicher Stimme. „Welche Blume ist schöner als das zartgliedrige Veilchen?" Er lächelte wieder und sagte leise: „Mir ist, als spüre ich die Blumen schon über mir wachsen."

Severn konnte nicht anders, als zur Seite zu blicken und sein Gesicht zwischen den Händen zu vergraben, damit Keats seine Tränen nicht sah. Nachdem er sich wieder gesammelt hatte, beeilte Severn sich zu sagen:

„Ich habe auch eine Ziegen- und Schafsherde und einen jungen Hirten auf der Wiese gesehen. Ganz friedlich grasen sie, während über ihnen die Vögel singen. Es ist…", Severn suchte nach den richtigen Worten, „…ein so friedvoller Ort."

Er scheute sich, das Wort Friedhof auszusprechen. Es klang zu sehr nach Endgültigkeit.

„Ziegen und Schafe", sagte Keats flüsternd. „Wie gerne würde ich ihr Meckern hören. Das Getrappel ihrer Hufe über mir, das Rascheln des Grases." Er runzelte die Stirn und wirkte plötzlich besorgt.

„Die Ziegen werden doch nicht die Veilchen fressen?"

Draußen wieherte ein Pferd und eine tiefe, kräftige Männerstimme begann zu schimpfen. Severn schüttelte stumm den Kopf.

Keats seufzte. Den Blick wieder dem jungen Maler zuwendend, der ihm seit ihrer Abfahrt aus England vor vier Monaten treu zur Seite stand, sagte er:

„Das stille Grab wird mir die erste wirkliche Ruhepause meines Lebens gewähren."

Severn saß still, betrachtete den jungen Dichter, dem jeglicher Ruhm verwehrt geblieben war, und fragte sich, warum der Tod so ungerecht war.

4.

Mit brennenden Augen, klopfendem Herzen und pochenden Schmerzen hinter den Schläfen stieg Benjamin Heller die schmale, steile Treppe hinauf. Sie führte in das erste Stockwerk des kleinen Hotels, in dem er untergekommen war. Flackernde Neonröhren erleuchteten die mit einem fleckigen Teppich ausgelegten Stufen. Der Aufstieg ließ ihn keuchen und trieb ihm Schweißperlen auf die Stirn.

Angesichts seines Zustands ahnte Heller, dass es ziemlich überflüssig gewesen war, sich nach dem Friedhofsbesuch in einer Bar weitere drei Gläser Bier zu genehmigen. Er musste die Sauferei einschränken, zumal bei dieser Hitze. Aber er hatte zum Trinken guten Grund. Mehrere gute Gründe sogar.

Als er endlich die erste Etage des schäbigen Hotels erreichte, das er gestern früh nach einer zweiundzwanzigstündigen Busreise nahe dem römischen Hauptbahnhof gefunden hatte, hielt Heller schnaufend inne und lehnte sich an eine Wand. Während er versuchte, Atem zu schöpfen, blickte er in den schummrigen Raum vor sich. Eine mit gelbbraunem Stoff bespannte Lampe an der Decke tauchte ihn in milchiges Licht. Die alte Frau, die ihn gestern hier empfangen hatte, war nirgends zu sehen. Hinter der Theke hingen an einem mit zwölf Nummern beschrifteten Brett die Schlüssel für die Hotelzimmer. An der Wand hinter einer verschlissenen Sitzecke klebte ein vergilbtes Plakat, auf dem unter einer Ansicht des Colosseums der Schriftzug ROMA zu lesen war. Die Fotografie musste einige Jahrzehnte alt sein, denn die davor geparkten Autos gab es schon lange nicht mehr. Aus der gleichen Zeit schien auch das Telefon auf der Theke zu stammen. Die Wählscheibe war mit einem winzigen Schloss gesichert. Drei Türen gingen von dem Raum ab. Eine führte geradewegs in die Wohnung der alten Besitzerin. Eine zur Treppe nach unten und eine zur Treppe, über die man zu den Gästezimmern der oberen drei Etagen gelangte.

Obwohl sich Ende August unzählige Touristen in Rom aufhielten, schien in diesem Hotel kaum ein Zimmer belegt zu sein. Heller wunderte sich darüber kaum, denn ein derart abgewohntes und altmodisches Etablissement hatte er in einer Hauptstadt der westlichen Welt noch nie gesehen. Vermutlich verfügte das Hotel weder über eine eigene Website, noch wurde es von Reiseagenturen angeboten. Das war verständlich, denn die schmutzige, nach Urin und Abfall stinkende Gasse, in der das Hotel lag, war ebenso abschreckend wie seine heruntergekommene Fassade.

Heller hatte es zufällig entdeckt und hätte es unter anderen Umständen nicht einmal dann ausgewählt, wenn man ihm für zwei Wochen kostenlose Übernachtung gewährt hätte. Doch in diesem Fall spielte die Ästhetik keine Rolle. Nur zwei Kriterien waren für seine Entscheidung ausschlaggebend gewesen: Es sollte so günstig und so unauffällig wie möglich sein. Ohne den unregelmäßig und schwach aufflackernden, neonroten Schriftzug über dem unscheinbaren Eingang, dessen E und L des Wortes HOTEL und A in FLORA komplett ausgefallen waren, hätte Heller das Haus vermutlich gar nicht bemerkt. Es glich einem billigen Stundenhotel und als das wurde es sicherlich auch immer wieder genutzt. Für Heller war dieser Ort gerade richtig. Hier würde ihn niemand finden. Vor allem nicht Vladimir Brokman und seine Schläger, denen er in Frankfurt nur knapp entkommen war. Vermutlich hatten Brokmans Leute inzwischen seine Wohnung ausgeräumt, das wenige Verwertbare gestohlen und den Rest zu Kleinholz verarbeitet. Das war bedauernswert, aber Heller würde dorthin ohnehin nicht mehr zurückkehren können. Und die wirklich wertvollen Sachen, seinen Fernsehapparat, seine Spielekonsole und seinen Computer, hatte er schon vor Wochen versetzt. Leider für viel zu wenig Geld. Er hoffte nur, dass sie seine drei Goldfische in Ruhe gelassen oder zumindest mitgenommen hatten. Tick, Trick und Track hatten etwas Besseres als den Tod verdient.

Hellers Atem hatte sich inzwischen beruhigt, er löste sich von der Wand und ging hinüber zur Theke, hinter der er seinen Schlüssel mit der Nummer 11 hervorholte. Die Zahl war mit einem schwarzen Stift auf ein Holzstück gemalt, das an einer Kordel am Schlüssel baumelte. Kaum hatte er ihn in der Hand, da vernahm Heller ein Klappern und leise Musik aus der Wohnung der Hotelbesitzerin. Er wollte ihr nicht begegnen, denn sie roch nach süßlichem Parfüm, Bratfett und Mottenpulver. Außerdem verstand er nicht, was sie sagte.

Heller stieg behäbig die schmale Treppe in die oberen Etagen hinauf. Als er im dritten Stock angekommen war, schlurfte er durch den fensterlosen, aber zumindest von ein paar surrenden Neonröhren erhellten Korridor zur Tür seines Zimmers. Zweimal verfehlte er das Schlüsselloch, bevor es ihm gelang, die Tür zu öffnen. Mit dem Fußabsatz stieß er die Tür hinter sich zu, stolperte zum Bett und warf sich, ohne die zerschlissene Tagesdecke zurückzuziehen, auf die durchgelegene Matratze.

„Francesco!" rief eine Frau im Innenhof, zwei Katzen kreischten und von irgendwoher dudelte Musik.

Heller nahm wahr, wie sein Körper rasch schwerer wurde und das monotone Tropfen des Wasserhahns, das aus dem Badezimmer zu ihm drang, in der Ferne verhallte. *Das Schlafen,* dachte er, *ist eine kluge Erfindung, es lässt einen alle Sorgen vergessen.* Zumindest für eine Weile.

Kurz kam ihm die Frau vom Friedhof wieder in den Sinn, doch der Gedanke an sie wurde durch die brutale Visage und die fetten, tätowierten Arme Vladimir Brokmans verdrängt. Heller wünschte sich, jemand würde den feisten Russen einbetonieren. Oder mit Gewichten an den Füßen im Main versenken. Oder ihm Gift in den Wodka schütten. Dann wäre Heller auf einen Schlag seine 25.000 Euro Spielschulden los, die er in einer unglaublich hartnäckigen Phase des Pechs beim Pokern angehäuft hatte. Und mit ihnen Brokmans Schläger. Doch hier, mehr als tausend Kilometer von Frankfurt entfernt, konnten sie ihn nicht finden. Heller war davon überzeugt, dass sie seine Spur verloren hatten. Das einzige Problem: Heller brauchte dringend Geld. Denn mit kaum 200 Euro, die er noch in der Tasche hatte, ließ es sich nicht lange überleben.

Mürrisch wälzte er sich zur Seite, versuchte an etwas Schönes zu denken, etwa eine hübsche, dunkelhaarige Frau im kurzen schwarzen Kleid, die ihm am Nachmittag auf der Straße aufgefallen war. Dann schlief er ein. Er schlief lange. Bis er ein lautes Klopfen vernahm.

5.

Wie die Flügel eines jungen Schmetterlings, der sich geruhsam auf einer Blüte niedergelassen hatte, öffneten sich seine Lider. Sein Herz schlug schnell, erregt von dem süßen Traum, in den er eben noch versunken gewesen war. Hatte er sich gerade noch in seinem Bett gewähnt, so lag er nun in hohem, feucht duftendem Gras, das er weich unter sich spürte. Doch wie mochte er dort hingekommen sein? War er im Schlaf hierher gewandelt? Was geschah nicht alles zwischen Himmel und Erde, Geburt und Tod. Schlafen und Wachen, Träumen und Erleben? Vorstellung und Wirklichkeit flossen ineinander, wie Wasser, Erde, Luft und der unendliche Weltraum.

„Klopf, klopf!"

Keats hob ein wenig den Kopf. Hoch am Stamm, der über ihm aufragte, erblickte er einen Specht, dessen Schnabel rhythmisch in das Holz hackte. Darum herum spannten sich die Äste und Zweige einer alten Buche in alle Richtungen. Erste Knospen grünten an ihren Spitzen. Großmutter hatte erzählt, die Soldaten des Königs hätten vor über hundert Jahren an den kräftigen Bäumen der Gegend Hunderte republikanische Rebellen aufgeknüpft. John schauderte bei dem Gedanken, diese prachtvollen und stolzen Gewächse könnten für solche grausamen Taten missbraucht worden sein, statt als Hort der herrlichen Vögel zu dienen, die sich im Geäst niederließen, Nester bauten und ihre Lieder trällerten. Wie sinnvoll und leicht schien das Dasein der Vögel zu sein, das daraus bestand, den Nachwuchs aufzuziehen, durch die Luft zu brausen und zu singen. Und wie bedrückend war dagegen das menschliche Leben mit seinem Kampf ums tägliche Brot und mit all seinen Sorgen und Nöten. Armut, Ungerechtigkeit, Krankheit und Tod lauerten überall. Ihnen zu entkommen war kaum möglich, und wenn man es schaffte, kam es nicht nur darauf an, zu überleben, sondern aus der Existenz etwas Besonderes zu machen. Doch wie gelang das?

„John!", rief eine Stimme aus der Ferne. „John, wo bist du?"

Tom, dachte John lächelnd. Doch er wollte sich noch nicht erheben. Er wollte liegen, die Natur betrachten und sich auf diese Weise dem Schicksal entgegenstellen. Vielleicht vergaßen ihn die Übel der Welt und ließen ihn einfach ein angenehmes, langes Leben leben. Zweimal hatte Gott ihn bereits leiden lassen: das eine Mal, als der sogenannte Allmächtige seine Kraft dazu nutzte, Vater vom Pferd stürzen und sich den Schädel brechen zu lassen. Das andere Mal, als er Mutter kurz danach dazu brachte, einen schrecklichen und kaltherzigen Mann zu ehelichen, der Mutters Geld an sich riss. John wusste, dass eine Frau ohne Mann ein hartes Los hatte. Aber dieser Kerl war ein Fehlgriff gewesen. Zum Glück hatte Mutter ihn wieder verlassen und sie waren zu Großmutter gezogen.

Dafür lebten sie nun in noch bescheideneren Verhältnissen und oft wünschte sich John, wohlhabend zu sein. Dem Adelsstand anzugehören als Baron oder Graf, mit einem Titel geboren zu werden, Ländereien und einen Sitz im Parlament zu erben, das schmutzige Spiel der Mächtigen gegen die Armen zu spielen, auf hohem Ross über seine Felder und durch seine Wälder zu reiten, den Untertanen bei der Arbeit zuzusehen und sich niemals fragen zu müssen, wie man am nächsten Tag seinen Magen füllt – war dieses Leben nicht tausendmal angenehmer als das, was die Familie des verstorbenen Stallmeisters Thomas Keats führte? Angenehmer sicherlich, sorgloser ebenso, aber gerecht und gut? Besaß John nicht fast alles, was ein Fünfzehnjähriger zum Leben brauchte? Drei Geschwister hatte er, denen er sich sehr verbunden fühlte. Eine sie umsorgende Großmutter. Ihm wohlgesinnte Lehrer an der Schule. Und eine gütige Mutter, die ihre vier Kinder abgöttisch liebte, so lange sie es vermochte.

Doch John wusste, dass bald der Tag kommen würde, an dem er als ältester Sohn für seine jüngeren Geschwister zu sorgen hätte. Schließlich hatte er ein Alter erreicht, in dem die Kindheit zu Ende war. Er wollte diese Bürde auf sich nehmen, wie es von ihm erwartet wurde, sei es als Schreiber in einem Kontor oder als Apotheker, wie es Mutter wünschte. Und doch verstummte die Stimme in seinem Kopf nicht, die ihm immer wieder zuflüsterte, seine Bestimmung liege in einer anderen Tätigkeit.

„John!", rief nun eine andere Stimme. Es war die seiner Großmutter. John konnte sich noch immer nicht durchringen, sich aus seinen weichen Kissen aus Gras zu erheben und sich der Wirklichkeit zu stellen. Nun beanspruchte ein kleiner Vogel seine Aufmerksamkeit, der Haken schlagend durch die Luft flog, hinter dem Baum verschwand, wieder auftauchte und sich dann auf einem ausladenden Ast niederließ. Der Vogel hob zu pfeifen an und John fragte sich, ob er es aus Übermut und Freude tat, ob er eine Geschichte erzählte oder ob es jemanden gab, den er damit beeindrucken wollte.

Wenn ich nur mit euch sprechen könnte, dachte er, spitzte die Lippen und versuchte ungeschickt, den Gesang des kleinen Vogels nachzuahmen. Er lächelte über die schiefen Töne, die er hervorbrachte. Doch als hätte der Vogel verstanden, gab er zwei helle Triller von sich, flatterte zwei Runden und verschwand im Himmel.

John blickte dem Vogel mit ernster Miene hinterher.

„Oh Vogel!", sagte er leise zu sich. „So wie du mir für einen Moment die Sorgen mit deinem Gesang vertrieben hast, möchte ich den Menschen mit Worten die Sinne erhellen."

„John!", rief nun wieder eine Stimme. Sie klang fast verzweifelt. „Wo bist du, John? Mutter …!"

John sprang auf, als hätte ihn eine Wespe gestochen, und rannte durch das hohe Gras auf das Haus zu, vor dessen Eingang er Großmutter, seine Brüder Tom und George und seine Schwester Fanny erkannte. Als Großmutter ihn erblickte, winkte sie. John wollte die Geste erwidern, doch ihr strenges und gleichzeitig unendlich sorgenvolles Gesicht hielt ihn davon ab. Atemlos erreichte er die Pforte des kleinen Vorgartens. Die entsetzten Blicke seiner Brüder und das verweinte Gesicht seiner Schwester verrieten ihm sofort, dass etwas Schreckliches geschehen war.

„Mutter?", rief John und wollte ins Haus. Seine Großmutter versuchte ihn aufzuhalten.

„Bleib!", forderte sie und stellte sich ihm in den Weg. „Der Doktor ist bei ihr."

Was hatte der Doktor bei ihr zu suchen? Niemand war in der Lage, so gut für Mutter zu sorgen wie John selbst. Nur er hatte die heilenden Kräfte. Voller Gewissensbisse, sich von seiner sterbenskranken Mutter eine Weile entfernt und träumend im Gras gelegen zu haben, ermüdet von den vielen nächtlichen Stunden an ihrem Bett, entzog er sich den Armen seiner Großmutter und war mit drei Schritten im Haus. Er rannte die Treppe hinauf, durch den kurzen Korridor und riss die Tür zum Zimmer auf, in dem seine Mutter lag. Ein dumpfer Geruch schlug ihm entgegen. Über das Bett der Mutter beugte sich ein schmaler, kleiner Mann im braunen Gehrock. Vom Lärm des Hereinstürzenden erschreckt wandte sich der Doktor um und gab dabei den Blick auf das Bett frei, in dem Mutter seit Wochen lag, zu schwach, das Zimmer oder gar das Haus zu verlassen. John sah ihren zusammengeschrumpften Leib, ihr bleiches, von Schweiß bedecktes eingefallenes Gesicht, und vor allem das, was ihm vom weißen Nachthemd der Mutter und vom Laken auf ihrem Bett rot entgegenleuchtete: unzählige, feine Blutstropfen und Schlieren. Hilfesuchend wandte er sich dem Arzt zu, der schweigend vor ihm stand. John erstarrte. Er kannte dieses Gesicht. Die lange, schmale Nase, die hohe Stirn, die suchenden Augen. So sah nur ein Mensch aus. Er selbst.

Verwundert rieb sich John Keats die Augen. Als er sie das nächste Mal öffnete, saß er auf einem Stuhl neben einem Bett, in dem, mit halbgeöffneten Lidern und dem starren Blick einer Toten, seine Mutter lag.

6.

Heller schreckte aus dem Schlaf, wälzte sich orientierungslos zur Seite und öffnete die Augen. Einen Moment lang wähnte er sich in seinem Appartement in Frankfurt. Er tastete nach seinem alten Radiowecker mit der roten Digitalanzeige, der auf dem Nachtkästchen neben seinem Bett gestanden hatte. Doch er griff ins Leere. Es klopfte. Dann wieder. Und wieder.

„Herein!", sagte Heller schlaftrunken, doch das Klopfen kam nicht von der Tür, sondern von der Wand am Kopfende des Bettes.

„Ruhe!", rief er, tat es jedoch recht kraftlos. Sein Kopf schmerzte noch immer.

Nun gesellte sich ein quietschendes Geräusch zu dem Trommeln. Und dann ein zweistimmiges Stöhnen, mal hintereinander, mal gleichzeitig.

Heller verzog den Mund. Die Geräusche kamen offenbar aus dem Nebenzimmer. Er wälzte sich mühsam aus dem Bett, erhob sich und torkelte schläfrig auf das Fenster zu. Mit einem Faustschlag öffnete er die hölzernen Fensterläden. Hitze schlug ihm entgegen, gleißende Helligkeit und der Gestank von Bratfett und Abfall. Ein langgezogener, halbwegs unterdrückter Schrei erklang zu seiner Linken, worauf das quietschende Geräusch erstarb.

Endlich!, dachte er. Heller hasste es, anderen Menschen beim Sex zuhören zu müssen. Das war, als sähe man hungrig dabei zu, wie jemand ein opulentes Mahl verspeiste. Es gab also noch andere Hotelgäste, offenbar ein Liebespaar. Oder Frischvermählte auf Hochzeitsreise. Oder eine Prostituierte mit ihrem Freier.

Heller verwarf die Hochzeitsreisen-Theorie, da ihm das heruntergekommene Hotel für diesen Zweck kaum geeignet schien. Er überlegte, wie lange er nicht mehr mit einer Frau geschlafen hatte. Drei Wochen war das nun schon her. Eine Nacht mit einer Frau nach einem Diskobesuch. An ihren Namen konnte er sich nicht mehr erinnern. Entweder, weil er sie nicht danach gefragt hatte. Oder weil er so betrunken gewesen war, dass er ihn vergessen hatte.

Heller sah auf seine Armbanduhr. Sie zeigte kurz nach halb zehn. Für einen Augenblick nahm er an, dass die Uhr stehengeblieben sei, denn das bedeutete, dass er mehr als fünfzehn Stunden geschlafen hätte. Das war außergewöhnlich lange, selbst für seine Verhältnisse. Doch er hatte keine Termine und niemand wartete auf ihn. Die Zukunft lag wie ein unbeschriebenes Blatt vor ihm.

Heller stapfte ins Badezimmer, warf zwei Kopfschmerztabletten ein und spülte sie mit Leitungswasser herunter. Er duschte sich, zunächst warm, dann so kalt wie möglich, um seinen Kreislauf in Schwung zu bringen. Anschließend kämmte und rasierte er sich sorgsam, rieb sich mit Rasierwasser und Parfum ein und wischte mit dem Handballen über den vom Wasserdampf angelaufenen Badezimmerspiegel, um sich zu betrachten. Er gefiel sich. In seinem Gesicht zeigte sich noch kaum eine Falte und sein dunkelbraunes Haar war voll. Dank früher regelmäßiger Besuche in einem Fitnessstudio war er einigermaßen muskulös, wenn auch nicht übertrieben. Sein Bauch zeigte zwar vom vielen Alkohol in den letzten Jahren einen kleinen Fettansatz, der aber noch keine bedrohlichen Ausmaße angenommen hatte. Seine Nase war gerade und wenn er lächelte, zeigten sich schöne, weiße Zähne. Sein Trumpf jedoch waren seine blauen Augen. Alles in allem war

Heller sich seiner Attraktivität bewusst. Aber er war pleite, und diese Tatsache bedrückte ihn. Welche Frau mochte etwas mit einem Mann ohne Geld anfangen?

Heller kleidete sich rasch an, Jeans und ein weißes Hemd. Er war froh, dass er bei seiner überstürzten Abreise aus Frankfurt zumindest Kleidung für ein paar Tage eingepackt hatte. Sein knurrender Magen erinnerte ihn daran, dass er dringend etwas frühstücken musste. Als letztes nahm er noch sein Handy, ein altes und einfaches Gerät, und steckte es in seine Hosentasche. Sein teures Smartphone hatte er beim Pokern verloren.

Er verließ sein Hotelzimmer und stieg zur Rezeption hinunter. Noch auf der Treppe glaubte er, von unten erst eine männliche Stimme, dann Schritte zu hören, die sich entfernten. Als er die Rezeption erreichte, war sie leer. Einen Moment hielt er inne und sah zur Tür der Hotelbesitzerin hin. Musik dudelte dahinter. Sonst waren keine Geräusche zu vernehmen.

Heller stieg die letzten Stufen zum Ausgang des Hotels hinab und ins helle Sonnenlicht hinaus. Im nächstbesten Eck-Café kehrte er ein und bestellte bei einer jungen, hübschen Frau einen Espresso, ein Bier und ein Schinkensandwich. Er versuchte mit der jungen Kellnerin, die lange dunkelbraune Haare und braunen Teint hatte, zu flirten, doch sie ging nicht darauf ein. Während er auf Essen und Getränke wartete, sah er zu einem Fernseher hinüber, der an einer Wand im Café angebracht war. Er gab zwar keinen Ton von sich, jedoch flackerten Bilder über den Schirm, offensichtlich eine Nachrichtensendung, denn eine Ansagerin wechselte sich mit kurzen Filmberichten ab, die das Weltgeschehen an einem durchschnittlichen Tag zeigten: explodierende Gebäude in irgendeinem Krieg, Männer mit Gewehren, Hungernde, Dürre an dem einen, eine

Flutkatastrophe an einem anderen Ort, Politiker, die sich die Hände schüttelten, Politiker, die Reden hielten. Schwankende Börsenkurse, die Heller daran erinnerten, dass er vor zwei Wochen noch in einer Frankfurter Bank unbedarften und leichtsinnigen Kunden bescheuerte Aktienpakete verkauft hatte. Den Job war er los, nachdem er ein wenig zu oft angetrunken zur Arbeit gekommen war und Kunden allzu unfreundlich behandelt hatte. Ihre Dummheit war für ihn unerträglich gewesen.

Die Kellnerin brachte Espresso, Bier und das Sandwich. Als er den Kaffee getrunken und einen ersten Schluck Bier zu sich genommen hatte, holte er sein Handy aus der Hosentasche. Bei seinem Anblick ärgerte er sich, denn es kam ihm wie ein Symbol seines sozialen Abstiegs in den vergangenen Wochen vor. Solche aus der Mode gekommenen Geräte trugen nur alte Menschen bei sich oder Leute, die der modernen Technik zutiefst misstrauisch begegneten. Oder eben arme Schlucker. Obwohl mit diesem Handy, im Gegensatz zu seinem verlorenen schicken Smartphone, wenig anzufangen war, schaltete er es an. Es dauerte einen Moment, bis das Telefon sich in ein italienisches Mobilfunknetz eingeklinkt hatte, dann vibrierte es. Er hatte eine Nachricht bekommen. Als er ihren Inhalt las, zuckte er zusammen.

„In 48 Stunden hab' ich mein Geld oder du bist tot. Ich finde dich! Egal wo du dich versteckst. Brokman"

Heller starrte ungläubig auf den Text und las ihn noch einmal Wort für Wort. Er fing leicht zu zittern an. Dann hob er den Blick und sah sich prüfend zu allen Seiten hin um. Woher hatte Brokman seine Telefonnummer? Konnte er wissen, wo Heller sich befand? Dann aber schüttelte er ärgerlich den Kopf. Das war unmöglich. Hier in Rom war er sicher. Heller schüttete sich das Bier in die Kehle, zahlte schnell und verließ das Café.

Auf der Straße ließ er noch einmal den Blick in alle Richtungen schweifen. Brokmans Drohung ängstigte ihn. Der Russe war für zwei Dinge bekannt: Hartnäckigkeit und Brutalität. Bei vierstelligen Schulden, die nicht rechtzeitig bezahlt wurden, ließ er seinen Opfern normalerweise einen Arm brechen oder ein bis zwei Knie zertrümmern. Jenen Pechvögeln, deren Schulden im fünfstelligen Bereich lagen, war dringend geraten, die Summe unverzüglich zurückzuzahlen. Die wenigen Menschen, die das nicht getan hatten, lebten nicht mehr.

Es gab keine Alternative. Heller brauchte Geld. Egal wie. Und wenn er dafür jemanden ausrauben musste.

7.

Shelley umklammerte die beiden hölzernen, an den Griffen mit Messing verstärkten Pistolen, die auf seinem Schoß lagen. Sie waren geladen, denn er war bereit, den Tod abzuwehren, wenn er sich noch einmal hinterhältig anschleichen würde. Mit einem Nachthemd bekleidet und eingehüllt in eine Wolldecke saß der Zwanzigjährige in einem Sessel nahe dem Kamin, in dem Holzscheite glühten. Der Wärme des Feuers gelang es nur teilweise, die kalte Luft, die durch die Fensterritzen von außen in das Zimmer drang, im Zaum zu halten. Draußen stürmte es, der Wind brauste laut wie die Brandung mächtiger Wellen, die sich auf Felsen zerschlug, und der Regen prasselte unaufhörlich gegen die Scheibe und auf das Dach des kleinen Landhauses, in dem Shelley mit seiner jungen Frau Harriet und deren Schwester Elizabeth seit gut fünf Monaten Zuflucht gefunden hatte. Der Aufenthalt, der so hoffnungsfroh begonnen hatte, belastete ihn inzwischen. Denn er wusste, dass man ihn von hier vertreiben wollte. Dass man ihn beobachtete. Dass man ihn verfolgte! Viele Menschen ertrugen nicht, wenn man ihnen die Wahrheit sagte – die Wahrheit über ihr falsches Denken und ihr unmoralisches Handeln. Die Welt der Menschen war eine Welt voller Missgunst, Gier und Unterdrückung, für die es keine Rechtfertigung gab. Die Mächtigen und Reichen beanspruchten selbstherrlich für sich, was sie den Machtlosen und Armen verweigern wollten. Dabei war jeder Mensch von Geburt an gleich, nur die Verhältnisse schufen Hierarchien der Beherrschung und Ausbeutung. Der Kampf gegen diese ungerechten Verhältnisse war auch Shelleys Kampf. Er focht ihn in Taten. Und mit Poesie!

Shelley blickte auf das kleine Tischchen neben sich, auf das er einige Manuskriptseiten seines Gedichts *Queen Mab* gelegt hatte. Er war sich nicht sicher, ob das Werk sich bereits eignete, der Öffentlichkeit vorgestellt zu werden. Er spürte, wie wichtig es ihm war, seine Gedanken in Poesie zu gießen. Doch konnte man damit die Menschen besser erreichen, als durch direkte politische Aktionen, durch Pamphlete, heißblütige Reden und die Revolte? Durch den Kampf?

Shelley lächelte matt, als er die ersten Zeilen seines Gedichts überflog.

How wonderful is Death,
Death and his brother Sleep!
One, pale as yonder waning moon,
With lips of lurid blue;
The other, rosy as the morn
When throned on ocean's wave
It blushes o'er the world:
Yet both so passing wonderful!

Wie wundervoll ist der Tod,
der Tod und sein Bruder, der Schlaf!
Der eine, bleich wie der abnehmende Mond,
Mit Lippen von grellem Blau;
Der and're, rosig wie der Morgen
Auf des Ozeans Wellen thronend
Er errötet über der Welt:
Und doch sind beide, für diesen Moment
Wundervoll!

Shelley war nicht zufrieden. Zu viele Fehler waren in dem Werk. Die enthaltenen Ideen wollten zwar ausgesprochen und bedacht werden, denn sie waren allesamt bedeutsam. Doch die wortreiche Hülle, in die er sie gekleidet hatte, schien ihm nicht recht gelungen. Und dann wieder: jemand musste die Wahrheit in die Welt hinausschreien, damit die Unterdrückten sich ihrer Situation bewusst wurden und dagegen aufbegehrten. Wer sollte es tun, wenn nicht er: Percy Bysshe Shelley?

Nature rejects the monarch, not the man;
The subject, not the citizen; for kings
And subjects, mutual foes, forever play
A losing game into each other's hands,
Whose stakes are vice and misery. The man
Of virtuous soul commands not, nor obeys.
Power, like a desolating pestilence,
Pollutes whate'er it touches; and obedience,
Bane of all genius, virtue, freedom, truth,
Makes slaves of men, and of the human frame
A mechanized automaton.

Die Natur verstößt den König, nicht den Mann,
den Untertan und nicht den Bürger, denn Könige
und Untertanen steh'n sich feindlich gegenüber
und spielen miteinander doch ein Spiel, das ohne Sinn
und dessen Einsatz Leid und Elend sind.
Ein Mensch mit tugendhafter Seele befiehlt nicht,
noch gehorcht er. Denn Macht vergiftet, wie die Pest,
alles, was sie berührt. Und Gehorsam,
der Fluch über Genie, Tugend, Freiheit, Wahrheit,

macht aus den Menschen Sklaven und
aus der Menschen Körper eine kalte Maschine.

Shelley erbebte angesichts seiner eigenen Worte. Nachdenklich starrte er in das glutorangene Feuer des Kamins. Seine Augen brannten und er fühlte sich vom Laudanum, das er geschluckt hatte, um seine angegriffenen Nerven zu beruhigen, benommen. Es war, als züngelten in der Kaminöffnung die Flammen der Hölle herauf, die brannten wie der Schmerz, den er in seinen Gliedern spürte. Sein Körper war schwer und sein Geist so schläfrig, dass seine Lider immer wieder zuzufallen drohten. Und immer, wenn das geschah, reckten sie wieder ihre Köpfe: die Dämonen und fahlen Spukwesen der Dunkelheit.

Einer davon fuhr in ein loderndes Holzscheit, ließ es geräuschvoll zerbersten und schleuderte kleine Glutstückchen auf den Boden vor dem Kamin. Shelley schreckte hoch. Hatte er da draußen nicht noch einen anderen Laut vernommen? Ein Knirschen und Knarren? Er starrte zum Fenster, die Pistolen umklammernd. War der Attentäter zurückgekehrt, der in dieser Nacht bereits einmal aufgetaucht war und auf ihn geschossen hatte? Wollte der Lump sein Werk nun vollenden? Shelley hob die Pistolen und zielte auf das Fenster. Ihm klang die raue, hasserfüllte Stimme des Banditen noch im Ohr.

„Ich werde deine Frau töten! Ich werde ihre Schwester schänden!"

Shelley erzitterte beim Gedanken an die boshafte Fratze des Lumps. Sie mussten auf der Hut vor seiner Rache sein.

Als sich nichts rührte, ließ Shelley die Waffen wieder in seinen Schoß sinken. Den schweren Kopf zur Tür wendend, hielt er nach seinem treuen irischen Diener Ausschau, der nun schon eine ganze Weile fort war. Ohne ihn fühlte Shelley sich nicht recht wohl. Es war gut, Dan wieder im Haus zu haben. Acht Monate hatte er im Gefängnis verbracht, acht lange Monate, weil er für Freiheit und Gerechtigkeit für sein von der englischen Krone unterdrücktes Volk kämpfen wollte.

Shelley dachte an das, was Dan ihm von seinem Aufenthalt im Gefängnis erzählt hatte, von den Schicksalen der Mitgefangenen und von der Härte der Wärter. Sie hatten über die Leiden der irischen Bevölkerung jenseits des Meeres gesprochen, die von den britischen Truppen drangsaliert und ausgebeutet wurden. Shelley hatte ihm gesagt, dass auch in England die Unterjochten aufbegehrten, und ihm von den jüngsten Kämpfen der englischen Weber und Spinner berichtet, die sich nun mit Gewalt gegen jene neuen Maschinen wandten, die sie überflüssig zu machen drohten – Maschinen, die statt der Menschen Stoffe webten und spannen und die in der Zeit, in der ein Weber ein Hemd herstellte, zehn produzierten. Den Gewinn strich sich der Manufakturbesitzer ein, die Weber verloren ihre Arbeit und verarmten. War das der sogenannte Fortschritt?

Dann hatten sie von Napoleon gesprochen, der im vergangenen Sommer mit seiner riesigen Armee in Russland gegen Zar Alexander gekämpft hatte und gescheitert war. Napoleon hatte im letzten Jahrzehnt Europa erobert, nun aber schickten sich die Monarchen an, ihre Throne zurückzuerlangen. Die Errungenschaften der französischen Revolution drohten sämtlich wieder verloren zu gehen. War es nun an den einfachen Menschen selbst, ihr Schicksal in die Hand zu nehmen? Das Volk, davon war Shelley überzeugt, musste seine Trägheit abschütteln und aufbegehren. Und es musste das Licht erkennen, das die Menschen ihrem Glück entgegenführen würde. Die Menschen mussten zu moralischen, zu guten und liebenden

Wesen werden, damit die Ungerechtigkeit endlich ein Ende fand!

Ein erneutes Knacken, das von der Veranda kam, ließ Shelley aufhorchen. Der Fensterladen hatte gewackelt, der Vorhang sich bewegt. War es nur ein Windstoß?

Shelley sprang auf. Die Pistolen fest umklammert, eilte er zu dem großen Fenster, hinter dem die Veranda und der Garten lagen. Er starrte durch die Scheibe und mitten in das Gesicht eines Mannes, hässlich, grobschlächtig, der Shelley hasserfüllt entgegenblickte. Ein lauter Knall ertönte. Glas splitterte. Noch ein Knall. Die Mündungsfeuer von Pistolen. Schreie in der Nacht.

„Hinfort, du Teufel!"

Erschüttert betrachtete Shelley den Rauch, der von seinem Revolver aufstieg, und die geborstene Scheibe des Fensters. Er schien den Mann in die Flucht geschlagen zu haben. Schritte näherten sich. Jemand rief nach ihm. Es war Dan. Shelley fuhr herum. Sein Diener hielt in jeder Hand eine Pistole.

„Sind Sie verletzt?", rief der junge Mann. Shelley starrte ihn mit weit aufgerissenen Augen an.

„Da!", sagte Dan und stierte auf das Nachtgewand seines Herrn. Er trat näher und berührte den Stoff. Nun sah auch Shelley das rußgeschwärzte Loch an seiner Seite. Er atmete tief durch. Die Mächte des Lebens hatten ihn vor den Mächten der Finsternis beschützt.

Nun stürzten zwei Frauen mit entsetzten Gesichtern in die Stube. Harriet und ihre Schwester Elizabeth. Beide fuchtelten mit den Armen, als wäre ein Dämon in sie gefahren, und plapperten mit hohen Stimmen durcheinander. Nachdem sie sich hatten berichten lassen, was geschehen war, wurden die Frauen totenbleich und forderten, man müsse so schnell wie möglich fliehen. Fort aus Tanyrallt! Fort aus Wales! Doch Shelley blieb stumm. Denn wo konnte er sich seines Lebens sicher sein, wenn mächtige Gegner seinen Tod wollten?

8.

Benjamin Heller glaubte weder an Vorsehung noch das Wirken irgendwelcher verborgener Mächte. Erstaunt war er aber doch, als nach einem ziellosen kleinen Stadtbummel durch die Straßen und Gassen von Rom sein Blick auf ein rosafarbenes Eckhaus fiel, an dem ein großes rotes Plakat hing. Darauf waren drei Gesichter abgebildet, neben denen folgende Worte geschrieben standen: Keats-Shelley-House. Museum.

Heller meinte im ersten Moment, sich verlesen zu haben. Doch auch bei zweiter Betrachtung blieben die Worte auf dem Plakat die gleichen. Ein Museum hatte man also den beiden toten Dichtern vom Friedhof gewidmet. Aber was gab es in solch einem Haus zu sehen? Gedichte? Irgendwelche Bücher? Die Stifte, mit denen sie ihre geistigen Ergüsse geschrieben hatten? Ihre Unterhosen?

Heller grinste. Das Haus lag an einem großen Platz, der von vielen alten Häusern gesäumt war, und am Fuße einer breiten Treppe. Vor der Treppe plätscherte Wasser in einem großen Brunnen. Er hatte die Form eines Bootes und schien eine Attraktion zu sein, denn er wurde von zahllosen Touristen umringt. Auf der breiten Treppe tummelten sich stehend und sitzend Hunderte von Menschen.

Heller sah noch einmal zu dem rosafarbenen Haus hin und hätte fast doch an schicksalshafte Kräfte geglaubt. Denn in dem Moment näherte sich eine Frau, die er, trotz der Sonnenbrille, die sie auf der Nase trug, des mausgrauen Kleides und der zu einem Dutt hochgebundenen Haare, sofort wiedererkannte. Es war die Engländerin vom Friedhof. Wie eine Touristin wirkte sie nicht, eher wie eine strenge Lehrerin oder eine Sekretärin auf dem Weg zur Arbeit. Zielstrebig trat sie in das Museumsgebäude.

Heller überlegte, was er tun solle. Er hatte Hunger und schon wieder Durst, obwohl er sich vorhin in einem Café noch ein Bier genehmigt hatte. Irgendwie reizte ihn aber auch der Gedanke, der Engländerin noch einmal auf die Nerven zu gehen. Außerdem war es in dem Gebäude mit Sicherheit kühler als hier draußen.

Er lief zu dem Haus hinüber, zögerte noch einen Moment, dann trat er durch die Eingangstür, durch die ihm wohlig kalte Luft entgegenströmte. Am Ende eines Korridors lag eine schmale Treppe. In der zweiten Etage stand eine Tür offen, hinter der eine ältere Frau hinter einem Tischchen saß. Sie las in einer Zeitschrift, von der sie jedoch aufblickte, als Heller herantrat.

„Buongiorno!", sagte sie freundlich, musterte ihn und fragte dann, ob er Englisch spreche. Heller nickte. „Sie wollen ins Museum?", fragte die Frau.

Heller zuckte mit den Schultern. „Was gibt es denn darin zu sehen?"

„Oh, eine Menge", erwiderte die Frau. „Die Totenmaske von John Keats, das Zimmer, in dem er starb, eine Vielzahl von Büchern von ihm, von Percy Bysshe Shelley, von Lord Byron und anderen englischsprachigen romantischen Dichtern. Insgesamt 8.000 Stück. Außerdem können Sie eine Locke des Haares von John Milton sehen, die Keats zu einem Gedicht inspirierte, und eine Locke von Elizabeth Barrett Browning. Des Weiteren haben wir eine Wachsmaske, mit der Lord Byron am Karneval in Ravenna teilnahm. Und natürlich finden Sie bei uns einige Gedichte von Keats, Shelley und Lord Byron im Original, sowie Briefe und andere Manuskripte. Ach ja, und ein Stück Stein

vom Haus, in dem Shelley mit seiner Frau Mary in Pisa lebte. "
Die Frau machte den Eindruck, von ihrer Aufzählung selbst
begeistert zu sein.

„Das klingt atemberaubend", sagte Heller. „Was kostet Ihr
Museum denn?"

„Nur drei Euro", erwiderte die Frau.

„Gibt es Ermäßigung für Analphabeten, Alkoholiker und
Poesie-Hasser?"

Die Frau sah ihn verständnislos an. „Nur für Arbeitslose,
Rentner und Schüler", antwortete sie. „Aber das müssen Sie
mit einem Ausweis nachweisen."

Genaugenommen war Heller arbeitslos, doch das konnte
er nicht belegen.

„Nein danke!", winkte er ab. Er wollte sich zum Gehen
wenden, da hielt er noch einmal inne. „Würden Sie mir erlau-
ben, nur ganz kurz nachzusehen, ob eine gute Freundin von
mir drinnen ist?"

Die Frau musterte ihn und sagte dann: „Wir haben im Mo-
ment nur vier Besucher hier. Aber wenn Sie sich beeilen, lasse
ich sie kurz hinein."

„Sehr freundlich", sagte Heller. „Ich bin gleich wieder da."

Er trat von dem Vorraum in ein langgezogenes Zimmer,
dessen Wände bis unter die Decke mit verglasten Regalen aus
dunklem Holz verstellt waren. Zahllose Bücher reihten sich
darin aneinander. In der Mitte des Raumes standen Glasvitri-
nen, in denen Bilder und Texte lagen. Ein älterer Mann beugte
sich darüber und versuchte offenbar, die Schriften mit zusam-
mengekniffenen Augen zu entziffern. In einer der Vitrinen ent-
deckte Heller eine weiße Maske, die einen schlafenden Mann
darzustellen schien. Auf den Regalen blickten zwei steinerne
oder tönerne Köpfe herab.

Heller lief über den gekachelten Boden zu einem zweiten Raum, der ähnlich ausgestattet war, wie der erste. Ein junges Pärchen betrachtete händchenhaltend den Inhalt der hier aufgestellten Vitrinen. In einem dritten, deutlich kleineren Zimmer befanden sich ein altes Bett aus poliertem braunem Holz und ein Kamin. An der Wand hingen Gemälde und Zeichnungen. Neben dem Bett lag in einem Glaskasten wieder eine weiße Maske. Heller trat heran und überflog den Text auf einem daneben angebrachten Schild.

TOTENMASKE DES ENGLISCHEN
ROMANTISCHEN DICHTERS JOHN KEATS,
DER IN DIESEM RAUM AM FREITAG,
DEM 23. FEBRUAR 1821, STARB.

Heller trat zum Fenster und spähte durch den Spalt der halbgeöffneten Fensterläden. Dahinter lag die große Treppe, die er zuvor vom Platz aus gesehen hatte. An ihrem Fuß plätscherte der bootförmige Brunnen.

Heller kehrte zum Ausgang des kleinen Museums zurück.

„Sagen Sie, ist hier nicht vor gut fünf Minuten eine junge Frau in einem grauen Kleid hereingekommen?", fragte er die Frau im Vorraum, die sich wieder in ihre Zeitschrift vertieft hatte. Die Frau runzelte die Stirn.

„In einem grauen Kleid hat heute noch niemand das Museum betreten", erwiderte sie.

„Seltsam", sagte Heller. „Ich habe sie unten ins Haus gehen sehen."

Die Frau dachte kurz nach. Dann sagte sie: „Meinen Sie etwa Claire? Claire Beaumont, die Assistentin von Professor Slythe?"

„Genau die meine ich", erwiderte Heller, ohne sicher zu sein, dass es sich um die gleiche Person handelte. „Wo ist sie denn? Sie ist eine alte Freundin von mir. Und als ich sie zufällig das Haus betreten sah, dachte ich, ich könnte sie überraschen."

Die Frau nickte verständnisvoll.

„Claire ist im Büro unseres Kurators in der dritten Etage. Wollen Sie hinaufgehen?"

„Gerne", sagte Heller. „Claire wird sich sicherlich freuen."

Er bedankte sich und stieg die Steinstufen hinauf. Claire Beaumont. Das klang eher Französisch, als Englisch.

Genau ein Stockwerk über den Museumsräumen gelangte er an eine geschlossene Tür, an der auf einem kleinen Schild Keats-Shelley-House – Office zu lesen war. Er drückte die Türklinke nieder und öffnete die Tür. Dahinter lag ein kleiner Vorraum, in den Heller leise eintrat. Die Tür zum nächsten Raum war angelehnt. Vorsichtig spähte er hindurch und sah weißgetünchte Wände, vor denen metallene Bücherregale standen. An einer Seite entdeckte er an einem Schreibtisch eine sitzende, nach vorne gebeugte Gestalt, die zu lesen schien. Auch wenn sie ihm den Rücken zuwandte, erkannte Heller sofort, um wen es sich handelte. Heller schob sich vorsichtig durch die Tür und blickte sich im Raum um. Claire Beaumont war alleine.

Heller schlich sich an sie heran. Sie war so vertieft in ein altes Buch, dass sie ihn nicht zu bemerken schien. Daneben lag ein aufgeschlagenes Heft, in das etwas gekritzelt war. Einen Moment lang beobachtete Heller die Frau und sah, dass sie leise vor sich hin flüsterte. Zweifellos war sie mindestens ein bisschen verrückt.

„Was für ein Zufall!", rief Heller laut, als er in Armeslänge hinter Claire Beaumont stand. Sie zuckte zusammen und schrie kurz auf. Dann wandte sie sich ruckartig um, die Augen hinter ihrer schwarzgeränderten Brille vor Schreck weit aufgerissen. Als sie ihn erblickte, schien sie ihn im ersten Moment nicht wiederzuerkennen. Dann wechselte ihre Gesichtsfarbe von angstvoll bleich zu zornig rot.

„Was machen Sie hier?", fragte sie in scharfem Ton, als hätte sie einen Einbrecher auf frischer Tat ertappt.

„Sightseeing!", erwiderte Heller und grinste.

„Hier?", zischte Claire Beaumont ungläubig. „Das sind Privatbüros. Touristen haben hier keinen Zutritt. Und außerdem dachte ich, sie interessierten sich nicht für Keats und Shelley."

„Das tue ich auch nicht", erwiderte Heller gelassen. „Dennoch muss ich doch herausfinden, wer mich da in meinen Träumen besucht hat."

Als er das gesagt hatte, funkelten die Augen der jungen Frau noch böser hinter den Brillengläsern.

„Fangen Sie nicht wieder damit an", sagte sie gereizt. „Ihnen steht die Lüge ins Gesicht geschrieben."

„Das glaube ich kaum", entgegnete Heller. Mein Gesicht ist nämlich ein Buch mit sieben Siegeln. Undurchdringlich und geheimnisvoll!"

Claire Beaumont schüttelte abweisend den Kopf.

„Verschwinden Sie!", sagte sie verärgert.

In dem Moment packte jemand Heller fest an der Schulter.

9.

William Godwin betrachtete eingehend seinen jungen Gast, der sich auf dem Sofa gegenüber niedergelassen hatte. Es war nicht einfach, den Geist eines Menschen durch den äußeren Anblick zu beurteilen. Jedoch meinte Godwin, die inneren Kräfte und Energien, die einen Charakter bildeten, zeigten sich für das geübte Auge auch in den Gesichtszügen, in den Augen und im Verhalten einer Person.

Shelley wirkte unruhig, von Emotionen und einem Drang zur Tat gequält, die allzu schnell kluge Vorsicht und die Vernunft zur Seite drängen konnten. In dem jungen Mann steckte Potential, aber er brauchte Hege und Pflege, damit er nichts anstellte, das ihm selbst und anderen zum Schaden gereichen würde. Der 58-jährige Godwin wusste von dem wagemutigen Pamphlet, das Shelley als Student an der Universität von Oxford geschrieben hatte, um die Nicht-Existenz Gottes zu beweisen. Dafür und weil er sich nicht für seine Tat entschuldigen wollte, hatte man ihn aus der Universität geworfen. Und sich daher mit seinem Vater überworfen.

Dennoch war Godwin zufrieden, dass Shelley ihn aufgesucht hatte, denn der angehende Baron konnte ihm in finanziellen Dingen von unschätzbarem Wert sein. Dazu musste er aber seine Angelegenheiten dringend in Ordnung bringen.

„Mein lieber Shelley, ich rate Ihnen noch einmal: söhnen Sie sich mit Ihrem Vater aus. Lassen Sie die Vergangenheit hinter sich, bitten Sie ihn um Verzeihung und treten Sie das Erbe an, das Ihnen die Vorsehung und Ihre Familie zugedacht hat."

Shelley machte ein mitleidiges Gesicht. „Ihnen sollte klar sein, dass ich das nicht tun werde. Meine philosophischen und politischen Überzeugungen wiegen stärker als familiäre Bande. Umso mehr, da mein Vater stets ablehnte, meine Frau und mich zu unterstützen und unsere Anwesenheit auf seinem Gut nicht wünschte. Er muss mich um Verzeihung bitten, nicht umgekehrt."

Godwin runzelte die Stirn und suchte nach geeigneten Argumenten, um Shelley umzustimmen.

„Versuchen Sie, Ihren Vater zu verstehen! Er gehört zu einer anderen Zeit. Und er gehört zu einer gesellschaftlichen Klasse, für die eine andere Ordnung gilt."

„Was für eine Ordnung soll das sein? Eine Ordnung der Herrscher und der Beherrschten? Der Mächtigen und der Untertanen? Der Unterdrücker und der Unterdrückten? Der Ausbeuter und Ausgebeuteten? Diese Ordnung soll zugrunde gehen. Ich will sie nicht. Sie ist Gift für die Seelen und das Glück der Menschen."

Godwin hob Einhalt gebietend die Hand. „Ja, Shelley, ja! Wir beide stehen auf derselben Seite. Aber ich weiß aus meiner eigenen Erfahrung, dass ein Frontalangriff auf die bestehenden Zustände zum Scheitern verurteilt ist. Die Mächte, gegen die Sie ankämpfen wollen, sind stark und haben viel mehr Mittel zur Verfügung, um ihre Macht zu erhalten. Wenn Sie sie direkt und zu offen attackieren, werden Sie zerbrechen."

Shelley schüttelte den Kopf. „Sie selbst haben geschrieben, dass die Regierungen mit ihren unterdrückerischen Gesetzen, die Monarchie und das Privateigentum unsere Freiheit und damit unsere menschliche Entwicklungsmöglichkeit beschränken. Erst wenn diese Fesseln beseitigt sind, können die Menschen auf ihrem Weg zu einer höheren Moral, zu einem aufgeklärten und freien Wesen weiter voranschreiten, unserer eigentlichen Bestimmung entgegen."

„Ja, das habe ich geschrieben", sagte Godwin. „Und ich glaube daran. Aber wir müssen in einer unvollkommenen Welt auf dem Weg zum Idealzustand manchmal Kompromisse eingehen. Und die Instrumente nutzen, die uns zur Verfügung stehen, bis die Vernunft allein das Handeln jedes Menschen bestimmt. Wenn Sie sich mit Ihrem Vater aussöhnen, dann können Sie jetzt schon finanzielle Mittel erhalten, die Sie benötigen, und seinen Sitz im Oberhaus erben. Im Parlament haben Sie sehr viel mehr Einfluss, als wenn Sie ihre Hoffnungen und Forderungen nur in Gedichten niederschreiben."

Shelley schüttelte sich bei dem Gedanken, den Weg seines kalten und herzlosen Vaters zu gehen. Die Vorstellung, eines Tages inmitten all der Barone und Grafen und Herzöge über die Eroberungszüge der britischen Krone und die Niederdrückung des Volkes abzustimmen, jagte ihm einen Schauer über den Rücken.

Wie eine Erlösung ertönte plötzlich ein Bimmeln und kurz darauf waren die Schritte mehrerer Menschen auf dem Steinboden der Eingangshalle zu hören. William Godwins Gesicht erstrahlte und er erhob sich.

„Sie ist da!", verkündete Godwin. Mit großen Schritten lief er zur Tür, die zur Vorhalle führte. Shelley hatte sich umgewandt und beobachtete, wie der Philosoph verschwand. Von draußen klangen die Stimmen mehrerer Frauen herein.

„Mary!", rief Godwin beglückt.

„Vater!", antwortete eine jung klingende weibliche Stimme. „Fanny! Claire!", rief die Stimme dann.

Shelley war gespannt, wie die 16-jährige Tochter William Godwins aussah. Sie hatte die vergangenen Jahre in Schottland eine intellektuelle Ausbildung genossen und kehrte heute nach langer Zeit zu ihrer Familie zurück.

Nun traten aus der Vorhalle zwei junge Frauen in die Bibliothek, in der Shelley saß. Zunächst Fanny Imlay, die uneheliche Tochter von Godwins erster, aber verstorbener Frau, Mary Wollstonecraft. Fanny war schön und in etwa in Shelleys Alter. Dann folgte die 16-jährige Jane Clairmont, Tochter von Godwins zweiter Ehefrau, Mary Jane Clairmont Godwin. Dieses hübsche Mädchen, das von allen Claire gerufen wurde, hatte es Shelley durchaus angetan. Als jedoch William Godwin mit einer dritten jungen Frau im Arm ins Zimmer trat, machte Shelleys Herz einen gewaltigen Satz.

„Mr. Shelley, darf ich vorstellen?", sagte Godwin voller Stolz. „Das ist meine Tochter Mary."

Shelley hatte sich bereits erhoben und seine Jacke glattgezogen. Er blickte betreten drein und wusste nicht, was er sagen und wie er sie begrüßen sollte. Schließlich entrang er sich ein: „Sehr erfreut!"

Mary Godwin trat selbstbewusst auf ihn zu und reichte ihm die Hand.

„Hatten Sie eine gute Reise?", fragte Shelley.

Mary legte den Kopf ein wenig schief und antwortete: „Beschwerlich, jedoch immens unterhaltsam. In meiner Kutsche saß ein Soldat, der mir von seinen Abenteuern berichtete. Ich habe ihm kaum ein Wort seiner Erzählungen glauben können. Dafür habe ich ihn mit den meinen umso mehr erschreckt."

Mary schmunzelte.

„Was haben Sie ihm denn erzählt?", fragte Shelley.

Mary lachte. „Dass eine Zeit kommen wird, in der Frauen wirklich frei und den Männern gleichgestellt sein werden. In denen wir uns an Politik beteiligen und wählen können. Und dass Frauen dann endlich ihre Fähigkeiten werden entfalten können, zum Wohle der gesamten Gesellschaft."

Shelley grinste, Godwin machte ein stolzes Gesicht.

„Was hat der Soldat geantwortet?", fragte Godwin.

„Er guckte recht erschrocken drein und meinte dann, Männer seien die von Gott bestimmten Herren über die Frauen. Außerdem hätte Eva den Adam zum Bösen verführt. Und als er das ausgesprochen hatte, musste ich furchtbar lachen und ihm erklären, dass vermutlich Männer die Genesis aufgeschrieben hätten, Männer, die solche Angst vor Frauen hatten, dass sie ihnen das Schlimmste antaten, was geschehen konnte: sie als schwache, vom Satan leicht zu manipulierende Wesen darzustellen. Eine Idee, an die Männer, und leider auch viele Frauen heute noch glauben."

Shelley fing schallend zu lachen an. Die beiden anderen jungen Damen guckten ein wenig verunsichert drein, während Godwin nun ein ziemlich besorgtes Gesicht machte und leise sprach: „Du solltest nicht jeden Unbekannten allzu freimütig mit deinen Überzeugungen konfrontieren, Mary. Manchmal ist die Welt für die Wahrheit noch nicht bereit."

Shelley betrachtete Godwin mit gemischten Gefühlen. Er bewunderte den alten Mann für seinen Mut und seine politischen und philosophischen Gedanken sehr. Deshalb hatte er Kontakt mit ihm aufgenommen. Jedoch widersprach er immer wieder seinen eigenen Schriften. Ging es nicht darum, alle einengenden Konventionen der Gesellschaft abzustreifen, um eine freie Welt zu erschaffen, darunter auch die Ehe? Und nun mahnte er seine eigene Tochter zur Vorsicht. Vielleicht aber veränderte ein Mensch sich, sobald er die Verantwortung für eine Familie und für Kinder hatte. Dann wurde ein Revolutionär rasch zum Konservativen.

Nun, Shelley fühlte sich jung genug, um die erste der beiden Rollen zu erfüllen. Er warf Mary einen verstohlenen Blick zu, den sie erwiderte. Er lächelte und wusste, warum er sich plötzlich so euphorisch fühlte. Er hatte sich verliebt.

10.

Heller wandte sich überrascht um. Vor ihm stand ein breitschultriger, ziemlich großer, mindestens sechzigjähriger Mann mit grauem Vollbart, ebenso grauem Haar und stechenden blauen Augen unter buschigen Brauen. Sein braungebranntes Gesicht mit einer markanten Hakennase verlieh ihm das Aussehen eines Seemannes. Sein kräftiger Oberkörper deutete darauf hin, dass er zumindest früher viel Sport getrieben haben musste.

„Ist das etwa der junge Mann, von dem du mir erzählt hast, Claire?", sagte der Mann. „Der Deutsche, dem du auf dem Friedhof begegnet bist?"

Verwundert darüber, dass die junge Frau ihre Begegnung für berichtenswert gehalten hatte, warf Heller ihr einen fragenden Blick zu. Offenbar peinlich berührt blickte sie auf den Fußboden und sagte leise: „Ja, Professor Slythe!"

Der Professor schien die junge Frau zutiefst zu verunsichern, denn nun wirkte sie wie ein scheues, schüchternes Mäuschen.

„Sie haben von mir erzählt?", fragte Heller, an Claire Beaumont gerichtet. „Das ist aber schön. Ich hoffe, Sie haben nur gut über mich gesprochen."

Claire Beaumont hob ein wenig den Kopf und warf ihm einen ausgesprochen giftigen Blick zu.

„So, so!", dröhnte der Professor. „Ein Deutscher, dem Shelley in seinen Träumen erscheint. Äußerst interessant!"

Heller schluckte. Nun war es an ihm, giftig dreinzublicken. Hatte die Engländerin etwa diese blöde Geschichte weitererzählt? Hatte sie sie tatsächlich für bare Münze genommen?

„Und der gute Percy Bysshe hat in Ihrem Traum zu Ihnen gesprochen? Was hat er denn genau gesagt?", fragte der Professor und zog erwartungsvoll die Augenbrauen hoch. Heller presste die Lippen aufeinander.

„Ich kann mich nicht mehr erinnern", sagte er und lächelte entschuldigend. Die naive Frau ein bisschen auf den Arm zu nehmen, war kein Problem gewesen. Dieser Mann aber schien weniger leichtgläubig zu sein. Vermutlich wollte er nicht weniger, als dass Heller seinen Schwindel gestand.

„Das ist aber sehr schade", erwiderte der Professor. „Claire erzählte mir, Shelley habe Sie in Ihrem Traum gebeten, ein Liebesgedicht für ihn niederzuschreiben. Ist das wahr?"

Heller zuckte mit den Achseln. „Kann sein", sagte er. Er konnte nicht glauben, dass er dieses Gespräch führte. Um nicht als vollkommener Trottel dazustehen, fügte er hinzu: „Aber ich gebe nicht allzu viel auf Träume."

Der bärtige Professor grinste breit, spitzte dann die Lippen und sprach mit einer tiefen Bassstimme:

"O dreams of day and night!
O monstrous forms! O effigies of pain!
O spectres busy in a cold, cold gloom!
O lank-ear'd Phantoms of black-weeded pools!
Why do I know ye? why have I seen ye? Why
Is my eternal essence thus distraught
To see and to behold these horrors new?"

Der Professor lächelte selbstzufrieden, bevor er ergänzte: „Für den Fall, dass Sie nicht folgen konnten, habe ich noch eine deutsche Übersetzung parat, die ästhetisch bedauerlicherweise jedoch hinter das Original zurückfällt." Und er intonierte, allerdings mit weniger Ausdruck in der Stimme:

„Oh Träume des Tages und der Nacht!
O Graungestalten, Bilder ihr von Leid!
Geschäftige Geister in der kalten Nacht!
Langohrige Gespenster schwarzer Sümpfe!
Kenn' ich euch? Und warum sah ich euch? Warum
Ist so zerstört mein ewiges Dasein, dass
Ich neu und immer neu die Schrecken sehe?"

Die gestelzte Sprache des alten Mannes ging Heller auf die Nerven.

„Danke für die Erläuterung", sagte er kühl. „Klingt auf Deutsch genauso komisch wie auf Englisch. So spricht doch kein normaler Mensch."

Der Professor schmunzelte und erwiderte: „Poesie ist auch keine Alltagssprache, sondern magische Musik, aus Zauberworten komponiert, die reine Gedanken und verdichtetes Gefühl in sich bergen. Wahre Poesie verbindet Herz mit Verstand und hebt den Menschen zu den Göttern empor. Aber Sie sind mit den Feinheiten der Lyrik im Allgemeinen und der englischen Lyrik im Besonderen offenbar nicht vertraut."

Heller schüttelte grinsend den Kopf. „Nicht im Geringsten!"

„Sie hören sich an, als seien Sie auf Ihre Unwissenheit auch noch stolz, junger Mann", sagte der Professor und runzelte missbilligend die Stirn.

„Es gibt wohl kaum eine sinnlosere Beschäftigung, als Gedichte zu lesen oder gar zu schreiben", sagte Heller. „Reine Zeitverschwendung!"

„So, so!", sagte der Professor und musterte Heller von oben bis unten. „Ja, die Poesie hat es in diesen auf Effizienz, Geschwindigkeit und Schein der bunten Bilder getrimmten Zeiten schwer. Ebenso wie jene sensiblen Geister, die den Zauber der Poesie noch empfinden können."

Der Professor betrachtete Heller etwas abschätzig und fügte hinzu: „Vielleicht verstehen Sie die poetische Sprache nicht, weil Ihnen komplexe Gedanken und tiefgehende Gefühle fremd sind, mein Freund?"

Heller registrierte durchaus die Provokation, die in der letzten Bemerkung des Professors lag. Doch er war nicht in Rom, um sich Vorträge von alten Gelehrten anzuhören oder sich beleidigen zu lassen.

„Es hat mich gefreut, Ihre Bekanntschaft gemacht zu haben, Herr Professor", sagte Heller mit gekünstelter Freundlichkeit. „Doch nun muss ich mich verabschieden. Ich habe noch viel zu erledigen."

Der Professor grinste.

„Was müssen Sie denn erledigen, junger Mann? Eine weitere Kneipe testen?"

Heller lächelte gequält. Offenbar roch sein Atem nach Alkohol. Er wandte sich zum Gehen. Doch der bullige Mann stellte sich ihm in den Weg.

„Warten Sie, junger Mann! Ich habe einen Vorschlag für Sie. Warum kommen Sie heute Abend nicht zu einem geselligen Empfang, den ich in meiner Wohnung für eine besonders ehrbare Gesellschaft gebe. Dann können Sie mir eingehender von Ihren Träumen erzählen."

Heller sah den Professor verdutzt an. Der Professor hielt ihm die große und äußerst behaarte Hand hin, die Heller kurz betrachtete, dann zögerlich ergriff.

„Mein Name ist Archibald Slythe", sagte der Professor. „Ich bin Professor für englische Literatur mit dem Schwerpunkt romantische Poesie an der Universität von Oxford."

Der Professor drückte mit seiner Hand so fest zu, dass Heller schnell seinen Namen nannte und froh war, als Slythe den Griff wieder lockerte und losließ.

Slythe lächelte und blickte zu Claire Beaumont. „Das ist doch eine gute Idee, nicht wahr, Claire?"

Die junge Frau sah den Professor mit einer Mischung aus Überraschung und Entsetzen an. Sie schien sich Mühe geben zu müssen, ihre Ablehnung nicht allzu grob zu formulieren. Zögerlich sagte sie: „Ich glaube nicht, dass diesem Herrn mit seiner Abneigung gegenüber der Poesie der Abend besonders viel Freude bereiten würde, Professor Slythe."

Slythe lächelte wie ein gütiger Weihnachtsmann und schüttelte sanft den Kopf. „Vielleicht können wir unserem jungen Freund heute ja ein wenig Sinn für die Poesie vermitteln. Vermutlich hat er nur noch keinen Zugang zu ihr gefunden und weiß daher nichts von ihrer Macht. Aber das lässt sich ändern. Keine Seele ist verloren! Wir können ihn retten."

Die Lippen spitzend und sich wieder Heller zuwendend, fuhr Slythe fort: „Ich denke, dass Sie sich durchaus heute Abend amüsieren würden. Der britische Botschafter und seine Frau haben ihr Kommen angekündigt und einige weitere sehr interessante Persönlichkeiten. Man kann sagen, ich erwarte die Crème de la Crème der anglophonen Gesellschaft Roms bei mir."

Er zögerte, dann fügte er hinzu: „Außerdem werden zu herausragender Dichtung hervorragender italienischer Wein, vierzig Jahre alter schottischer Whiskey und ein paar leckere Häppchen serviert werden."

Heller lächelte gequält angesichts des Zwiespalts, der sich vor ihm auftat. Zwar hatte er keinerlei Lust, seinen Abend in Gesellschaft dieses alten Sonderlings und seiner grauen Maus zu verbringen. Andererseits war die Aussicht auf kostenlosen Alkohol und eventuell ein Abendessen bei seinen Geldnöten nicht die schlechteste. Vielleicht war ja auch die eine oder andere hübsche junge Frau aus reichem Hause eingeladen, mit der er eine lukrative Affäre beginnen konnte.

„Warum nicht?", erwiderte Heller.

„Wunderbar!", sagte Slythe und grinste breit. Er holte aus seiner Jacketttasche eine Visitenkarte und reichte sie Heller hin. „Hier steht meine Adresse. Kommen Sie um acht!"

Heller nickte, ohne zu wissen, ob er der Einladung folgen würde.

„Nun müssen Sie Claire und mich entschuldigen", sagte der Professor. „Wir haben noch zu arbeiten. Aber schauen Sie sich doch das exquisite Museum unten an."

„Da war ich schon", sagte Heller.

„Gut, gut!", sagte Slythe, der es plötzlich eilig zu haben schien, ihn loszuwerden. „Dann sehen wir uns heute Abend."

Mit diesen Worten drehte der Professor sich um und verschwand in einem anderen Zimmer. Heller wandte sich zu Claire Beaumont, die ihn bitterböse anstarrte.

„Wagen Sie nicht, heute Abend bei Professor Slythe aufzutauchen!", zischte sie leise.

„Warum denn nicht?", erwiderte Heller. „Ich bin sicher, das würde Ihnen eigentlich große Freude machen."

Er grinste Claire Beaumont herausfordernd an. „Dann bis heute Abend", sagte er so laut, dass es der Professor im Nebenzimmer hören musste.

Claire Beaumont presste die Lippen aufeinander. Sie wandte sich um, ließ sich auf ihren Stuhl nieder plumpsen wie ein trotziges Kind und beugte sich über ihr altes Buch, als wäre Heller nicht mehr da. Der betrachtete noch einen Moment lang ihren Hinterkopf und Nacken. Dann verließ er schmunzelnd das Büro, lief die Treppen hinab und trat, nachdem er sich seine Sonnenbrille aufgesetzt hatte, aus dem Museum in das gleißende Licht der Augustsonne. Einen Moment lang verharrte er auf dem Absatz vor dem Haus und fragte sich, warum dieser merkwürdige Professor ihn zu seiner Veranstaltung eingeladen haben mochte. Es war kaum vorstellbar, dass Slythe ihm die Geschichte mit dem Traum abnahm. Und sicherlich war ihm herzlich egal, was Heller von englischen Gedichten hielt. Worum ging es ihm aber dann? War er einfach nur besonders gastfreundlich?

Heller blickte an der Fassade des Museums hinter sich empor und musterte die ernsten Gesichter der drei Männer auf dem Plakat. Einer war vermutlich Keats, der andere Shelley, wer der dritte im Bunde sein mochte, wusste er nicht. Dabei fragte Heller sich, ob solche Poeten mit ihren Ergüssen je in der Lage gewesen waren, sich ihren Lebensunterhalt zu verdienen. Er konnte es sich kaum vorstellen. Und heutzutage war das vermutlich ganz undenkbar.

Bei diesen Gedanken kam ihm wieder seine eigene missliche finanzielle Lage in den Sinn. Er hasste es, kein Geld zu haben. Es war entwürdigend.

Während Heller nachdenklich über den Platz davonschlenderte, beobachtete ihn ein Mann mit einem misstrauischen und beinahe hasserfüllten Blick. Obwohl Heller sich einmal noch nach allen Seiten umsah, bemerkte er ihn nicht.

11.

Der Gestank war unerträglich – zumindest für den, der sich ihm nicht jeden Tag aussetzte. Der Duft von Alkohol, Verwesung, verbranntem Fleisch, geöffneten Leibern, vergorenen Magensäften und Fäulnis stieg in die Luft, drang in die Mauern, in die Kleidung und in die Körperritzen der Lebenden. Ein Mann in einem blutigen Kittel beugte sich über ein Stück gebratenes Schwein und biss gierig hinein. Auf dem Tisch vor ihm stand eine Reihe von gläsernen Behältern, in denen in einer Flüssigkeit Augenpaare und menschliche Organe schwammen. An einem Holztisch waren die Körper und Körperteile von Toten verstreut. Fünf Beine, über dem Oberschenkel abgetrennt, stapelten sich auf der einen Seite des Tisches, daneben lagen mehrere Arme. Einen Tisch weiter beugte sich ein Mann über den Rumpf einer Leiche, deren Brust er mit einer Säge geöffnet und deren Haut er mit einem Messer abgelöst hatte. Nun schnitt er tief ins Fleisch hinein. Der Mann fluchte, als ihm ein feiner Strahl Blut ins Gesicht spritzte. Drei umstehende Männer lachten.

„Will jemand noch einen Nachschlag?", fragte ein wohlbeleibter Bursche, der eine Pfanne in der Hand schwenkte, in die Runde. Darin brutzelten kleine Fleischstückchen. Zwei junge Männer kamen mit Schalen herbei, die mal als Teller, mal als Behälter für den Leichen entnommene Organe dienten. In einer Ecke betrachtete ein weiterer Student im Kittel den aufgeschnittenen und aufgedunsenen Bauch eines alten Mannes, der sich bereits zu zersetzen begonnen hatte. Mit einem Skalpell hob er einen Hautlappen an, woraufhin ein Gewimmel von weißen Maden in den blutigen Eingeweiden zum Vorschein kam. Grinsend griff er eine Flasche mit Alkohol und schüttete ihn in die Wunde. Sofort zogen sich die Maden in sich zusammen, um der beißenden Flüssigkeit zu entgehen.

In diesem Moment rief von einer Treppe her ein dreckiger, fast zahnloser Mann, der mit einem Helfer ein großes, in braunen Stoff gehülltes Bündel schleppte: „He, Metzgersgesellen! Bones hat frischen Nachschub für euch."

Ein großgewachsener Mann trat von einem Tisch, auf dem ein Toter mit geöffneter Lunge aufgebahrt war und neben dem ein bleicher, junger Mann mit ernstem Blick ins Nichts starrte. Der Großgewachsene trug keinen Kittel, sondern einen eleganten Gehrock. Sein Vollbart war akkurat geschnitten, das Haar fein frisiert. Er sah aus, als sei er eher auf dem Weg zur Oper oder zum Theater, als im Anatomiesaal eines Krankenhauses.

„Bringen Sie die Leiche hierher", rief der elegante Mann.

„Oh, Mr. Green! Sir!" stammelte der fast Zahnlose, der überrascht schien, den Chef der anatomischen Abteilung um diese Zeit bei der Arbeit anzutreffen.

„Na, machen Sie schon!", rief Joseph Henry Green. „Legen Sie die Leiche auf diesen Tisch hier!"

Die beiden Männer folgten der Aufforderung.

„Kommen Sie, Keats!", sagte Green. „Ich brauche Ihre geschickte Hand. Dann wandte er sich wieder an die Männer, die die neue Leiche gebracht hatten. „Wickeln Sie sie aus."

Die beiden Männer befreiten den Leib von dem Stoff. Als sie den Kopf einer sehr jungen Frau hervorholten, ging ein Raunen durch die Reihe der Medizinstudenten. Das Weiß der verdrehten, aus den Höhlen getretenen Augäpfel starrte aus dem blau angelaufenen Gesicht eines jungen Mädchens, an dessen Hals blauschwarze Würgemale zu sehen waren. Einige der Studenten begannen aufgeregt miteinander zu wispern. Green trat neben den Kopf des toten Mädchens, das noch keine Erwachsene war. Er schlug das Leintuch weiter zurück und enthüllte zwei kleine Brüste, über die sich mehrere blutverkrustete Striemen zogen.

„Eine Gehenkte?", fragte Green die beiden Leichenträger. „Oder eine Selbstmörderin?"

„Eine Waise", sagte der fast Zahnlose. „Die Magd eines Kutschers. Sie hing von einem Balken im Stall. Der Kutscher meinte, das arme Ding solle endlich zu etwas Sinnvollem dienlich sein."

Joseph Henry Green blickte den Leichenträger missbilligend und misstrauisch an.

„Gut", sagte er dann und zog aus einem Ledersäckchen ein paar Münzen, die er Bones in die schmutzige Hand drückte. „Nicht alles versaufen."

„Aber nicht doch", erwiderte Bones, während er sich verbeugte. „Ich hab' elf Kinder zu ernähren." Dann grinste er schief und zog sich mit seinem Kumpan schlurfend zur Kellertreppe zurück.

„So, meine Herren! Dann wollen wir uns mal ansehen, wie der menschliche Körper auf den Tod durch Ersticken reagiert. Keats, schneiden Sie dem jungen Ding den Hals auf!"

John Keats zuckte zusammen. Er hatte in Gedanken versunken auf die Brüste und Brustwarzen des Mädchens gestarrt, die ihn wie zwei Augen ansahen.

„He, John!", rief einer der Studenten spöttisch. „Hast du dich etwa in die Kleine verliebt?"

„Verliebt in den Tod", stimmte ein anderer namens Tibbs ein und lachte lauthals.

„Wie wäre es mit einem kleinen Gedicht der Dame zu Ehren?", forderte ein Dritter und blickte Keats schmunzelnd an.

„Ruhe!", polterte Green. „Behalten Sie Ihre hohlgeistigen Gedanken für sich und lassen Sie Keats seine Aufgabe verrichten. Im Übrigen hat jeder Tote sein Recht auf Würde."

Keats trat neben den Kopf der Toten, sein Skalpell fest umklammert. Erleichtert, dass er seinen Geist mit Hilfe von Opium vorher auf weiche Kissen gebettet hatte, machte er sich an die Arbeit. Er galt als Mr. Greens bester Student und strebte danach, den Lehrmeister nicht zu enttäuschen. Doch bevor er in das weiche, weiße Fleisch der Toten schnitt, legte er ihr seine freie Hand behutsam auf die kalte Stirn. Er betrachtete einen Moment das lange, verklebte schwarze Haar des Mädchens, dann fuhr er über dessen Augen und schloss die Lider.

„Vorsichtig, Mr. Keats", sagte Green. „Denken Sie immer daran: Das Messer eines Chirurgen kann im Abstand einer Haaresbreite Heilung oder den Tod bringen."

„Ja, Sir", sagte Keats leise. Er wollte heilen, die Kranken und Verletzten gesund machen, um sie dem düsteren Tod noch eine Weile vorzuenthalten. Tibbs irrte. Er war in den Tod nicht verliebt. Ganz im Gegenteil: Er hatte genug vom Tod, der Tod war sein Feind. Zu viele Menschen hatte er ihm schon entrissen: seinen Vater, seinen Onkel Midgley, die Großeltern, einen Bruder und die Mutter. Der Tod schien überall zu sein und sich ihm wie ein Fluch an die Fersen geheftet zu haben. Doch mit 21 Jahren war man für den Tod zu jung. Er hatte ja noch nicht einmal eine Frau geliebt.

Hatte dieses Mädchen einen Menschen geliebt? Vermutlich nicht, sonst wäre es nicht freiwillig aus dem Leben geschieden. Oder war genau das der Grund für seinen Suizid? Hatte jemand ihr das Herz gebrochen? Wie gerne hätte Keats die

Macht besessen, diese junge Tote mit seinen heilenden Händen wieder zum Leben zu erwecken. Stattdessen war er soeben dabei, diesem halben Kind die Kehle durchzuschneiden.

„Gut, Keats!", hörte er Mr. Green sagen. „Ganz behutsam."

Keats atmete ruhig. Er war froh, dass das Mädchen nicht mehr schreien konnte. Es war eine Sache, einen Toten aufzuschneiden. Eine ganz andere Angelegenheit war es, einen Lebenden bei vollem Bewusstsein zu operieren. Die Schmerzensschreie eines Menschen, dem man das Bein amputierte, den gebrochenen Arm schiente oder bei dem man die ins Fleisch eingewachsenen Verbände einer tiefen Wunde herabriss, waren für Keats schwer erträglich. Vor die Aufgabe gestellt zu sein, einen Menschen Kraft seiner Hände zu heilen oder ins Verderben zu stürzen, empfand er als eine Last, von der er nicht wusste, ob er sie würde ertragen können. Er hatte Talent in diesen Dingen. Doch Keats wusste, dass es noch einen zweiten Pfad in seinem Leben gab. Er war sich von Tag zu Tag sicherer, dass dies der Weg war, den er nehmen musste.

„Keats!", hörte er eine Stimme sagen. Jemand rüttelte ihn an der Schulter. „Sie können aufhören."

Keats blickte Green verblüfft ins Gesicht.

„Gut gemacht", sagte der Anatomielehrer und deutete auf den geöffneten Hals der Toten, in dem Luft- und Speiseröhre zu erkennen waren. Keats trat einen Schritt zurück, während Green zu einer ausschweifenden Erklärung anhob. Die Worte surrten an einer langen Kette durch den Raum, versanken aber bald in der Stille von Keats' Geist, der in andere, bezaubernde Gefilde schwebte.

Er wollte nicht als Gehilfe für irgendeinen Arzt sein Leben vergeuden. Er wollte die Schönheit des Daseins in Worte gießen. Das war seine Bestimmung.

12.

Die im obersten Stockwerk eines herrschaftlichen Altbaus liegende Wohnung von Archibald Slythe war beeindruckend, das musste Benjamin Heller zugestehen. Vor allem der saalartige Raum, den er eben betreten hatte. Teure Teppiche auf dem Boden und dunkles Parkett, alte Gemälde an den Wänden, riesige Vasen und marmorne Statuen von nackten Figuren, die im Raum verteilt waren, glitzernde Kronleuchter an der Decke. Dazu rieselte leise Klaviermusik, die aber durch das Stimmengewirr Dutzender Männer und Frauen, die zu zweit oder in Gruppen beieinanderstanden, beinahe übertönt wurde. Die meisten Herren trugen Smokings oder feine Anzüge, die mit Schmuck behängten Damen teuer wirkende Abendroben. Kaum jemand der Gäste schien jünger als sechzig Jahre alt zu sein. Dafür machten sie den Eindruck, zur wohlhabenden Schicht zu gehören.

Heller nahm von einem Tablett, das von einem Ober in Livrée herumgetragen wurde, ein Glas Champagner und genehmigte sich einen Schluck. Der Champagner prickelte angenehm in der Kehle und doch war Heller sich nicht sicher, ob es eine kluge Entscheidung gewesen war, die Einladung des Professors zu seinem Abendempfang anzunehmen. Er stand etwas verloren herum und hatte auch wenig Lust, mit einem der Gäste ein Gespräch zu beginnen. Was er an Satzfetzen aufschnappte, waren unter anderem die britische und internationale Politik Thema der Unterhaltungen, sowie die wirtschaftliche Lage bestimmter Unternehmen. Mit einer leichten Unruhe betrachtete Heller die kostbaren Broschen und Ketten der Damen, von denen eine einzige seine Geldprobleme weitgehend gelöst hätte. Doch er war sich nicht sicher, ob er sich als Langfinger eignete, auch wenn es ihn reizte.

Den Professor und Claire Beaumont entdeckte er nirgends. Stattdessen fiel ihm ein großgewachsener, hagerer Mann mit hoher Stirn, dünnem Haar und tief in den Höhlen liegenden Augen auf. Eine alte Frau in einem giftgrünen Kleid und mit leuchtend rot geschminkten Lippen redete auf ihn ein, er aber sah sich immer wieder prüfend im Saal um.

Plötzlich ertönte eine Glocke und eine Stimme bat die Anwesenden, einen weiteren Raum aufzusuchen. Die Gäste folgten der Aufforderung und schoben sich durch eine hohe Flügeltür. Heller hielt sich am Ende des Trosses und betrat einen weiteren Salon, der wie eine Bibliothek aussah. An den Wänden standen zu allen Seiten bis zur Decke mit Büchern gefüllte Regale. Im Raum waren mehrere Reihen von Stühlen aufgebaut, auf denen sich nun die Gäste niederließen. Am anderen Ende des Saales stand ein wuchtiges, schwarzes Piano, auf dem ein junger Mann im Frack und mit streng gescheitelten Haaren selbstvergessen klimperte. Als alle Gäste saßen, ließ der Pianist sein Stück ausklingen. Darauf verloschen die Leuchter und nur noch drei kleine Deckenlampen bestrahlten, wie Rampenlichter, einen Fleck vor den Stuhlreihen, zwei Schritte vom Klavier entfernt.

Heller hatte es vorgezogen, stehend neben der hinteren Tür zu verharren, denn so konnte er unbemerkt verschwinden, wenn es ihm zu langweilig wurde. Er trank seinen Champagner und bedauerte gerade, sich nicht rechtzeitig noch ein Glas besorgt zu haben, als aus einer Seitentür Professor Archibald Slythe trat. Er trug einen schwarzen Smoking, in dessen Revers eine weiße Blume steckte. Aus dem braungebrannten Gesicht blitzten unter den buschigen Brauen zwei verschmitzte

Augen, die hin und her huschten, als wollten sie jeden Gast einzeln begutachten. Der graue Bart glänzte im Scheinwerferlicht, als wäre er geölt. Slythe räusperte sich und das Gemurmel der Gäste verstummte. Er lächelte, hob das Kinn und breitete gleichzeitig die Arme aus, wie ein Priester, der in der Kirche seine Gemeinde segnet. Dann rief er mit feierlichem Gesicht und dröhnender Stimme:

"Happy is England! I could be content
To see no other verdure than its own;
To feel no other breezes than are blown
Through its tall woods with high romances blent:"

„Glücklich ist England! Es wär' mir genug,
Nur sein so sattes, frisches Grün zu sehn,
Nur seinen Wind zu spüren, dessen Wehn
Durch hohe Wälder stets Romanzen trug:"

Heller verdrehte die Augen.

"Yet do I sometimes feel a languishment
For skies Italian, and an inward groan
To sit upon an Alp as on a throne,
And half forget what world or worldling meant."

„Doch manchmal packt ein Sehnen meinen Sinn,
nach Italiens Himmeln, fast ist's ein Flehn
Auf einer Alpe wie ein Fürst zu stehn,
Und ich vergess' die Welt und dass ich Mensch doch bin."

Slythe hielt für einen Augenblick inne, sein rechter Mundwinkel zuckte zu einem verschwörerischen halben Lächeln empor und in einem Ton, der nun weniger gewaltig, sondern gekünstelt weich klang, fuhr er fort:

"Happy is England, sweet her artless daughters;
Enough their simple loveliness for me,
Enough their whitest arms in silence clinging:
Yet do I often warmly burn to see..."

„Glücklich ist England, seine Töchter zart;
Von sanftem Liebreiz, gut genug für mich,
Wenn ihre Arme mich ganz sanft umschlingen:
Doch oftmals packt es mich und wünschte ich..."

Nun wurde Slythes Gesichtsausdruck und Stimme fast weihevoll und als hätte er ein Geheimnis zu verraten, endete er:

"Beauties of deeper glance, and hear their singing,
And float with them about the summer waters."

„Es möge tief're Schönheit in mir singen,
Bei einer sommerlichen Wasserfahrt."

Nachdem der letzte Buchstabe ausgeklungen war, senkte Slythe das mächtige Haupt, beinahe unterwürfig, sich dem Urteil der versammelten Runde ausliefernd.

Es ließ nicht lange auf sich warten. Die alten Damen klatschten enthusiastisch, die Herren höflich, aber nicht weniger zustimmend. Kaum jemand verweigerte sich der allgemeinen Begeisterung, die Heller geradezu lächerlich fand.

Slythe lächelte breit. „Danke sehr, danke sehr, meine Freunde! Ich freue mich außerordentlich, dass Sie heute Abend meine Gäste sind. Ich verspreche Ihnen, dass Sie heute Zeuge einer außerordentlichen Darbietung werden, die die meine beinahe unwürdig wirken lässt."

Nachdem der Beifall abgeebbt war, fuhr Slythe in seinem tiefen Bass fort.

„Die Sprache ist ein mächtiges Instrument. Sie ist ein scharfes Schwert, zärtliche Liebkosung, Weltenschöpfer. Sie kann erschaffen, sie kann beglücken, sie kann verbinden, sie kann aber auch verletzen und vernichten. Doch ist Sprache wahr? Sind Worte wahr? Sind sie ein Abbild von Wirklichkeit? Oder sind sie nur ein matter Abglanz, ein dürres Gerippe lose miteinander verbundener Zeichen, denen wir Bedeutungen einer existierenden Wahrheit zuschreiben?"

Slythe hielt kurz inne und blickte im Rund umher.

„Schafft Sprache gar eine ganz eigene Wirklichkeit, der unseren nur entfernt ähnlich oder sogar getrennt von ihr, ihr gegensätzlich? Sind es etwa die Sprache und die ihr innewohnenden Gesetze, die unsere Wirklichkeit formen? Ist sie die Widersacherin der Wirklichkeit, ja, der Wahrheit selbst? Legt die Sprache sich wie ein Netz auf unser Erleben und bildet es dabei neu?"

Wieder machte der Professor eine Pause, suchte Augenkontakt zu dem einen oder anderen Zuhörer und sagte schließlich sehr langsam und als würde er ein Mysterium enthüllen: „Kann die Sprache ein zauberhafter Schlüssel sein, der den menschlichen Geist öffnet, um ihm eine ideale Welt zu zeigen und ihn zum Erhabenen, ja, zum Göttlichen zu führen?"

Slythe hob die Augenbrauen und ließ den Blick über den Saal schweifen.

„Herausragende Poesie ist genau das: ein magischer Schlüssel zu unseren Herzen und zu unseren Seelen. Die Verse von John Keats sind die Schwingen, die uns in höhere Sphären tragen. Erleben Sie nun mit mir einen wunderbaren Menschen, der den Geist des großen John Keats für Sie in unvergesslicher Weise lebendig werden lässt."

In diesem Moment kam dort eine Person durch die Tür, die Heller zunächst nicht erkannte. Sie trat aus dem Halbdunkel und lief mit langsamen Schritten auf den Platz im Scheinwerferlicht zu, von dem sich der Professor rückwärts schreitend und enthusiastisch applaudierend zurückzog.

Als das strahlende Licht auf die Gestalt fiel, begriff Heller, wen er da vor sich hatte. Sie trug ein weinrotes Kleid aus schillernder Seide, das fast bis zum Boden reichte und das einen schlanken weiblichen Körper umgab. Rot geschminkte, aufreizend geschwungene Lippen strahlten in einem marmorweißen und, wie Heller verblüfft zugestehen musste, äußerst ansehnlichen Gesicht. Er fragte sich, ob ihn der Champagner des Professors die Welt etwas rosiger sehen ließ.

Claire Beaumont blickte ernst, fast ängstlich drein. Heller sah, wie ihre Brust sich hob und senkte. Nach einem Moment schloss sie ihre Augen und alle Anwesenden verstummten. Nur das Knarren einiger Stühle und das Rascheln von Stoff waren noch zu vernehmen. Dann öffnete die junge Frau gleichzeitig ihre Lippen und Augen und sprach mit sanfter Stimme:

„Ode to a Grecian Urn", was Heller sich mit Ode an eine griechische Urne zu übersetzen versuchte. Wer war wohl auf die Idee gekommen, ein Gedicht über eine Urne zu schreiben? Die Antwort hätte er sich auch denken können.

„Ein Gedicht von John Keats", sagte Claire Beaumont. Dann begann sie zu sprechen.

"Thou still unravish'd bride of quietness,
Thou foster-child of silence and slow time...
Sylvan historian, who canst thus express
A flowery tale more sweetly than our rhyme:
What leaf-fringed legend haunts about thy shape
Of deities or mortals, or of both..."

„Du unbefleckte Braut verfallner Ruh,
Du Kind der Stille und der sanften Zeit...
Erzähler des Waldes, was murmelst du
Fabeln süßer, als meiner Verse Zärtlichkeit:
Was sind's für Mythen, die dich so umwehn
Mit Göttern und mit Sterblichen darin..."

An dieser Stelle drifteten Hellers Gedanken ab, die weiteren Worte erschlossen sich ihm nur ansatzweise, auch wenn sie durchaus melodiös klangen, fast wie geheimnisvolle Beschwörungen. Dafür konnte er den Blick nicht von Claire Beaumonts Gesicht und insbesondere ihren hübschen Lippen lassen. Einzig ein paar Satzfetzen blieben in seinen Ohren hängen. So meinte er, nach einigen Sätzen folgendes Paradox zu verstehen:

"Heard melodies are sweet, but those unheard are sweeter."

„Gehört sind Melodien süß, doch ungehörte sind noch süßer."

Im Folgenden ging es um Pfeifen, Jünglinge, Liebhaber und einmal rief die Vortragende voller Inbrunst und beinahe sehnsuchtsvoll, wenn nicht gar bedürftig, aus:

"More happy love! More happy, happy love! –"

„Mehr Liebesglück! Mehr glückliche, glückliche Liebe!"

Und schließlich verkündete sie feierlich:

"Beauty is truth, truth beauty, -that is all
ye know on earth, and all ye need to know –"

„Schönheit ist Wahrheit, Wahrheit ist schön – das ist's
Was ihr auf Erden wisst, und alles, was ihr
wissen müsst."

Als das letzte Wort verklungen war, herrschte im Raum eine Stille, die Heller fast unangenehm war. Alle Gäste schienen den Atem anzuhalten. Dann aber durchbrach das Klatschen zweier Hände die Ruhe und im nächsten Moment setzte tosender Beifall ein, der klang, als seien nicht fünfzig oder sechzig, sondern fünfhundert Menschen im Salon. Heller zögerte kurz, dann beteiligte auch er sich am Applaus, ohne den Blick von dieser merkwürdigen Claire Beaumont zu lassen. Der Frau war es soeben tatsächlich gelungen, ihn zu überraschen. Er hatte die Bedeutung des Gedichts zwar kaum verstanden. Doch die Stimme der Engländerin, ihre Art, den Tönen Ausdruck zu verleihen und die beinahe tänzelnden, sanft schwingenden Bewegungen ihres wohlgeformten Körpers hatten es zu seiner Verwunderung geschafft, ihn zu berühren. Die kratzbürstige Claire Beaumont hatte also auch eine andere, durchaus anziehende Seite.

In diesem Moment blickte sie in seine Richtung. Das feine Lächeln auf Claire Beaumonts Lippen verschwand, sie hob eine Augenbraue, zog die Stirn in Falten und setzte einen strengen Blick auf. Heller wusste nicht recht, was er mit dieser Reaktion anfangen sollte, doch Claire Beaumonts Miene veränderte sich bereits wieder. Im langsam verebbenden Applaus spitzte sie die Lippen und rief mit Nachdruck und einer gewissen Verzweiflung:

"When I have fears that I may cease to be
Before my pen has glean'd my teeming brain,
Before high piled books, in charact'ry,
Hold like rich garners the full-ripen'd grain;
When I behold, upon the night's starr'd face,
Huge cloudy symbols of a high romance,
And think that I may never live to trace
Their shadows, with the magic hand of chance;
And when I feel, fair creature of an hour!
That I shall never look upon thee more,
Never have relish in the faery power
Of unreflecting love! – then on the shore
Of the wide world I stand alone, and think
Till Love and Fame to nothingness do sink."

„Wenn Furcht mich fasst, mein Dasein könne enden,
Noch eh' die Feder, was mein Hirn erdachte,
In Schrift, in Büchern wusste zu vollenden,
Das reife Korn in volle Speicher brachte –
Wenn wolkengleich tief seltsame Legenden
Der Nacht besterntes Antlitz überfließen,
Und ich es weiß, dass nie mit Zufallshänden
Das Glück mir hilft, ihr Bild in Form zu gießen –
Und wenn ich fühle, Schönste du von allen,

Dass nur die flüchtige Stunde uns umfängt,
Dass nie mein Herz in jenen Zauberfallen
Gedankenloser Liebe träumend hängt –
Dann steh ich einsam vor den Ewigkeiten,
Bis Ruhm und Liebe in ein Nichts entgleiten."

Claire Beaumont verstummte mit weit aufgerissenen, ins Nichts starrenden Augen. Ihre bleiche Stirn schimmerte im Scheinwerferlicht.

Diesmal dauerte es noch länger, bis die Stille durchbrochen wurde. Es war die alte Frau in dem giftgrünen Kleid und den leuchtend rot geschminkten Lippen, die als erste in die Hände klatschte und begeistert rief:

„Bravo, Claire! Zauberhaft! Göttlich!"

Sofort stimmte der Saal in den Beifall ein und steuerte alle möglichen belobigenden Ausrufe bei. Aus dem Hintergrund trat mit breitem Lachen und einem weit ausholenden Klatschen Professor Slythe an Claire Beaumont heran und legte eine Hand auf ihre Schulter. Claire Beaumont zuckte bei der Berührung kurz zusammen, als erwache sie aus einer Trance oder als sei der Körperkontakt ihr unangenehm, dann aber lächelte auch sie. Der Professor machte ein sehr zufriedenes Gesicht. Schließlich erhob er die Hände und rief: „Mögen die Liebe und der Ruhm für unsere Claire niemals vergehen, sondern im Gegenteil sich ganz und gar ihr vor die Füße legen, als seien sie ihr sklavisch ergebene Wesen. Denn wer sonst hätte sie verdient, wenn nicht ein Mensch, der wie kaum ein anderer solch' erhabene Worte auf den Lippen trägt, die uns zu tiefer Einsicht führen? Und die uns, das hat sich heute Abend wieder erwiesen, in unserem tiefsten Inneren berühren, erschüttern und beglücken."

Der sogleich einsetzende, stürmische Beifall und Hochrufe gaben dem Professor recht. Auf Slythes Wink hin eilte ein Diener mit einem großen, bunten Blumenstrauß herbei und gab ihn dem Professor, der ihn wiederum mit großer Geste Claire Beaumont überreichte. Die blickte verunsichert umher, mit roten Flecken im Gesicht, als sei es ihr nun zutiefst peinlich, derart im Mittelpunkt des Interesses zu stehen. Slythe räusperte sich und erklärte:

„Nun wünsche ich Ihnen allen einen unterhaltsamen und anregenden Abend. In wenigen Minuten wird für Ihr leibliches Wohl gesorgt werden und ich hoffe, dass Sie in guten Gesprächen selbst für Ihr geistiges Wohlbefinden sorgen."

Der Pianist begann wieder auf dem Klavier zu klimpern, während sich die Gäste einer nach dem anderen von ihren Stühlen erhoben und im Raum und in den anderen Zimmern der Wohnung verteilten. Heller stand ein wenig unschlüssig da und überlegte, ob er zu Claire Beaumont hinübergehen sollte. Doch er war sich unschlüssig, was er ihr sagen sollte.

In dem Moment schwärmten Kellner mit Tabletts voller Getränke aus – Weißwein, Rotwein, Orangensaft, Wasser. Heller entledigte sich seines leeren Champagnerglases und griff sich zwei Gläser Rotwein. Das eine trank er in einem Zug leer und stellte es dem Kellner gleich wieder auf sein Tablett zurück. Den Inhalt des anderen Glases wollte er sich für die angekündigten Häppchen aufheben, die keine halbe Minute später eintrafen. Zwei junge Frauen, Angestellte eines Cateringservice, balancierten Tabletts mit Fleisch- und Garnelenspießchen auf ihren Händen durch den Saal und boten sie den Gästen an. Heller nahm sich zwei Spieße, zwinkerte der Bedienung zu und blickte dann kauend zu Claire Beaumont hinüber, die nun von mehreren alten Damen und Herren wie ein Popstar umringt wurde. Über Claire Beaumonts Gesicht huschte ein verschämtes Lächeln nach dem anderen und die nervösen roten Flecken auf ihren Wangen wollten nicht schwinden.

„Na, sind Sie auch den Versen der hübschen Claire Beaumont verfallen?", hörte er eine Stimme hinter sich.

Heller wandte sich um und blickte in das hagere Gesicht eines glatzköpfigen, älteren Mannes, dessen randlose Brille mit runden Gläsern und markant hervortretenden Wangenknochen Heller unwillkürlich an einen strengen Volksschullehrer erinnerten. Er war etwas kleiner als Heller und trug einen beigefarbenen Anzug, dazu eine rote Krawatte und ein gleichfarbenes Einstecktuch in der linken Brusttasche. An seiner rechten Hand prangten zwei große, goldene Ringe.

„Passen Sie auf, dass die Lyrik Sie nicht in den Wahnsinn treibt!", sagte der Mann. „Oder in den frühen Tod, wie einst Keats und Shelley! Der Tod lauert überall."

13.

Villa Diodati am Genfer See, Schweiz, in der Nacht vom 18. auf den 19. Juni 1816

„Entzünden Sie mehr Kerzen, Polidori! Sonst schaudern unsere Damen noch bevor wir wahrhaft Schauerliches vernommen haben", sagte George Gordon Noel Byron, der 6. Baron von Rochdale in der Grafschaft Palatine von Lancaster. Er hielt ein brennendes Hölzchen an seine längliche Meerschaumpfeife, deren weißen Porzellankopf ein vollbärtiger Mann mit Turban zierte. Nachdem er mehrmals am Mundstück gepafft und Rauchschwaden in die Luft geblasen hatte, lehnte er sich in seinem Sessel zurück und verfolgte, wie sein Leibarzt John Polidori durch den Raum hinkte und einen Docht nach dem anderen entzündete.

„Nun machen Sie schon!", rief Byron ungeduldig. Währenddessen legte Shelley ein weiteres Holzscheit in den Kamin. Er verharrte einen Moment auf den Knien und blickte in die Flammen. Feuer und Wasser faszinierten ihn zutiefst. Der Mensch bestand zum größten Teil aus Wasser und benötigte eine tägliche Zufuhr davon. Und Feuer war eine Kraft, die Leben erschuf, denn ohne die Wärme der Sonne wäre nichts auf der Erde. Aber Feuer war auch zerstörerisch. Feuer war wie die Liebe. Strahlend, bezaubernd, mächtig, alles verschlingend. Stoffe trafen aufeinander und vereinten sich, erschufen Leben und alle Gefühle, die das Leben mit sich brachte, die schönen wie die bedrückenden.

Shelley erhob sich und ließ den Blick über den großen Raum schweifen, in dem sie sich, wie so oft in den vergangenen Tagen, versammelt hatten. Er sah Mary, in einem Sessel sitzend, die Beine übereinandergeschlagen und in ein Buch vertieft. Das Haar seiner 19-jährigen Geliebten, die er gegen den Willen ihres Vaters dazu gebracht hatte, mit ihm England zu verlassen, fiel auf ihre blassen Schultern. Eine Strähne teilte die hohe Stirn in zwei Hälften. Die inzwischen 18-jährige Claire Clairmont dagegen hockte mit angezogenen Beinen auf dem Kanapee und betrachtete mit verstohlenem, schmachtendem Blick den genüsslich an seiner Pfeife saugenden Lord Byron. Die feine Wölbung unter ihrem Kleid verriet dem Eingeweihten, dass sich dort ein wachsendes Wesen verbarg, ein kleiner Byron oder eine Byronesse höchstwahrscheinlich, obwohl es ebenso ein Shelley sein konnte, auch wenn diese Möglichkeit beinahe auszuschließen war.

Zu Shelleys Bedauern schien Byrons Leidenschaft von Claire Clairmont kaum mehr in Wallung gebracht zu werden, dennoch hoffte er, der Lord werde das Resultat seiner kurzen Beziehung mit Marys Halbschwester anerkennen oder sie zumindest finanziell unterstützen. Sonst würde die Aufzucht des Kindes an Shelley selbst hängen bleiben. Und dies bedeutete bei seiner finanziellen Lage eine schwere Bürde.

Shelley sah zu einem der hohen Fenster, die auf den Balkon hinausführten und den Blick auf den Genfer See am Fuße der Anhöhe freigaben. Heftiger Regen prasselte gegen die Scheiben. Immer wieder zerriss ein greller Blitz die Dunkelheit der Nacht und tauchte den See unter ihnen in helles Licht. Der Donnerschlag folgte zwei Atemzüge später.

Shelley wünschte sich, das Gewitter möge sich fortbewegen und der Regen nachlassen, damit er und Byron endlich wieder mit dem Boot in See stechen könnten. Doch das Unwetter schien sich zwischen den Bergen und dem Gewässer festgekrallt zu haben und Gefallen daran zu finden, die Bewohner dieses Landstrichs in ihren Häusern gefangen zu halten. Der ganze Sommer war bereits überaus verregnet gewesen.

Wieder blitzte es. Shelley trottete grübelnd zu einem der Fenster und starrte in die Dunkelheit hinaus. Die vom Wind hin- und her geworfenen Äste in den Bäumen draußen sahen wie dürre Geisterwesen aus, die sich vom Stamm zu lösen versuchten und gewaltsam zurückgehalten wurden.

„Die Vorstellungskraft des Menschen kann Leben erschaffen", sagte Shelley.

Byron räusperte sich. „Zu unser aller Heil hoffe ich, dass diese Fähigkeit nicht allzu sehr in Mode kommt. Die Kreaturen, die aus meiner schwarzen Seele spähen, möchte ich zumindest nicht in natura begegnen. Ich halte sie lieber dort eingesperrt, wo sie sind."

Neben dem berühmten Dichter Byron fühlte Shelley sich stets wie ein kleines Glühwürmchen angesichts der Sonne. Auch wenn in London seit einiger Zeit haarsträubende Gerüchte über den Lord die Runde machten, behauptet wurde, er sei eine Beziehung mit seiner Halbschwester, der verheirateten Augusta Leigh, eingegangen, war Shelley überzeugt, Byrons poetisches Werk werde alle weltlichen Kleinlichkeiten überdauern.

„Ist es nicht seltsam, dass wir uns Wesen ersinnen können, die es niemals gab, und Ereignisse, die sich niemals zugetragen haben? Welchen Sinn macht diese Fähigkeit, wenn nicht die, uns eine meist verborgene, tiefe Wahrheit erblicken zu lassen? Die Wahrheit einer Welt, wie sie sein könnte?"

„Wenn ich mir aussuchen dürfte, welche meiner Phantasien Wirklichkeit werden, mag ich mir diese Gabe gefallen lassen", sagte Byron. „Jedoch fürchte ich, dass in uns allen genug dunkle, unzähmbare Kraft schlummert, um uns die Hölle auf Erden zu bereiten. Die menschliche Phantasie sollte im Zaum gehalten werden. Genauso wie manches Gefühl, das nichts als Leid erzeugt."

Er warf einen kurzen, unterkühlten Blick zu Claire, die sofort die Augen niederschlug.

„Ihnen ist hoffentlich bewusst, lieber Shelley, dass sich Ihr Glaube an Geister und andere Seltsamkeiten äußerst schlecht mit der von Ihnen so oft mit Inbrunst vorgetragenen Behauptung verträgt, Sie seien Atheist. Wenn Sie an Gott nicht glauben, kann es für Sie auch keine Geister geben. Oder wer hat dann die Geister erschaffen? Der Teufel etwa?"

„Ich glaube nicht an den christlichen Gott", erwiderte Shelley. „Doch ich glaube an mächtige Kräfte, die die Welt durchdringen und von denen wir Menschen noch kaum ahnen."

Draußen krachte wieder ein Donnerschlag, der alle im Raum zusammenfahren ließ. Kurz darauf blitzte es erneut. Mary blickte auf, schien über etwas nachzudenken und sagte dann:

„Ob Blitze in der Lage sind, den Toten Leben einzuhauchen?"

Shelley betrachtete sie mit Verwunderung. Dann wandte er sich zu Polidori.

„Was meinen Sie?"

Der Arzt, dessen schwarzes Haar und dunkle Augen den italienischen Vater verrieten, hatte alle Kerzen entzündet und wollte sich eben wieder auf eine unbesetzte Couch legen. Er hielt kurz inne und entgegnete: „Blitze tragen Elektrizität in sich, wie wir seit einiger Zeit wissen. Und Blitze können von tödlicher Kraft sein. Doch dass sie statt Leben zu töten, auch Tote zum Leben bringen können, bezweifle ich."

Shelley verzog den Mund, und auch Mary schien mit dieser Antwort nicht allzu zufrieden zu sein. Die Antwort des Mannes der Wissenschaft war in ihrer Nüchternheit einfältig und wenig inspirierend. Während Polidori sich nun niederlegte und seinen verstauchten Fuß umständlich auf ein rotes Kissen bettete, wandte Shelley sich an den Lord.

„Und was glauben Sie, Byron?"

Der Angesprochene hielt nun ein kleines, braunes Fläschchen in der linken Hand und betrachtete es forschend. Dann nahm er einen Schluck daraus und sprach:

„Die Wahrheit ist manchmal seltsamer als jede Fiktion. Warum also soll die Elektrizität, diese sonderbare Kraft, nicht in der Lage sein, dem Toten neues Leben einzuhauchen? Wenn es die Elektrizität ist, die uns am Leben hält?"

Shelley nickte, begab sich zu einem Sessel, der mit einem Blumenmusterstoff bespannt war, und ließ sich hineinfallen.

„Man sagt, Erasmus Darwin hätte tote Materie belebt. Man sagt, Luigi Galvani hätte mit Elektrizität den Schenkel eines Frosches in Bewegung gebracht. Vielleicht ist sie das Lebensprinzip schlechthin?"

Shelleys Augenlider zuckten, was sie manchmal taten, wenn ihn ein Gedanke begeisterte. Die flackernden Flammen des Kamins warfen zitternde, orangefarbene Flecken in sein Gesicht.

„Sie meinen also, Gott sei in Wahrheit ein Elektriker?", rief Byron und schmunzelte. Shelley wunderte sich über das Wort, das der Lord eben erfunden zu haben schien. Da schaltete sich wieder Polidori ein.

„Zugegeben, die Elektrizität ist eine wundersame Kraft. Doch ob sie irgendeinen Nutzen für den Menschen hat, wage ich zu bezweifeln. Schließlich ist sie wie ein wildes Tier, dessen Zähmung kaum gelingt. So wie die menschlichen Emotionen."

Shelley schwieg einen Moment lang nachdenklich, bevor er mit abwesendem Blick sprach: „Man müsste einen Blitz auf einem Friedhof einschlagen lassen. Dann höben sich die Deckel der Gräber und die Toten stiegen ins Freie."

Claire stöhnte auf und schüttelte sich. „Welch' grässlicher Gedanke", sagte sie mit angewidert verzogenem Gesicht. Sie ergriff den Unterarm ihrer Halbschwester, die neben ihr saß, ihr Buch immer noch vor sich haltend. Nun aber blickte Mary ernst drein und verfolgte die Unterhaltung mit wachsendem Interesse. Byron lachte.

„Lieber Shelley, ich warte auf Ihren Vorschlag, dass wir alle sogleich in den Regen hinausstürzen und den nächstgelegenen Friedhof aufsuchen, um ihre Theorie zu überprüfen."

Claire hoffte, dass der Lord bloß einen Witz gemacht hatte, denn nie im Leben wollte sie um diese Stunde einen Friedhof betreten. Mary dagegen hielt weniger die Uhrzeit, als vielmehr das Wetter davon ab, dem sofort nachzugehen. Doch vielleicht konnte man an einem anderen Tag darauf zurückkommen, wenn man sich einen geeigneten Unterstand für die Beobachtung eines Friedhofs während eines Unwetters organisiert hätte. Oder man holte einen Leichnam aus seinem Grab, bahrte ihn auf und wartete, bis ihn ein Blitz traf.

„Tun Sie, wie Ihnen beliebt. Bei diesem Regen bringen mich keine zehn Pferde vor die Tür", rief Polidori und nahm ein Schlückchen Laudanum gegen den pochenden Schmerz in seinem Knöchel. „Außerdem schlagen Blitze bevorzugt an hohen Stellen ein. Sie müssten ihre Leichen also am Besten auf die Spitze eines Berges legen. Auf den Mont Blanc vielleicht."

Polidori schmunzelte und blickte verstohlen in Marys Richtung. Die schien nun ganz in Gedanken versunken zu sein. Shelley entging der lüsterne Gesichtsausdruck des Arztes nicht. Er hatte zwar nichts dagegen, Mary mit anderen Männern zu teilen, solange sie ihm gleiches Recht bei Frauen zugestand. Dieser Mann jedoch behagte ihm nicht.

Plötzlich aber erstarrte Shelleys Miene und er erbleichte. Ein paar Herzschläge später sprang er kreischend von seinem Sessel auf, schlug eine Hand vor den Mund und riss seine Augen weit auf. Claire und Mary fuhren daraufhin ebenso zusammen, wie Polidori, dem vor Schreck sein noch nicht ganz geleertes Fläschchen aus der Hand fiel. Es kullerte zu Boden und ergoss den Rest der darin enthaltenen Flüssigkeit auf den dunklen Teppich. Dem Arzt entfuhr ein leiser Fluch.

„Still!", rief Shelley. „Still! Habt ihr nicht gehört?"

Er begann, sich langsam im Kreis zu drehen und seine Pupillen hin und her wandern zu lassen, als erwarte er von irgendwoher eine nahende Gefahr. Als er den großen Fenstern zugewandt war, hielt er inne, streckte schlafwandlerisch den Arm aus und zeigte mit ausgestrecktem Zeigefinger in deren Richtung. „Da!", rief er mit krächzender Stimme. „Sie kommen!"

Claire saß kerzengerade und kreidebleich, ihre beiden Händen krampfhaft um Marys Hand geschlungen. Mary, die Stirn in Falten, wirkte eher erbost, als erschrocken. Hin und wieder sorgte sie sich um den geistigen Zustand ihres Geliebten. Oder aber er war bloß ein verhinderter Schauspieler.

Byron hatte sich zwar auch umgewandt, um zu den Fenstern sehen zu können, doch er wirkte entspannt und sagte schließlich: „Hat der Blitz etwa schon auf dem Friedhof eingeschlagen? Kommen die lebenden Toten den Hügel hinaufgetorkelt?"

Polidori machte ein wütendes Gesicht.

„Ich bitte Sie", rief er. „Sie erschrecken die Damen zu Tode."

Mary blickte ihn streng an.

„Wäre es möglich, dass sich in Ihren Worten Ihre eigene Furcht widerspiegelt? Wir Frauen sind weniger schwache Wesen, als Sie vermuten."

Polidori machte ein gekränktes Gesicht. Dann schwiegen einen Moment lang alle und lauschten dem Prasseln des Regens auf den Scheiben und dem Knacken des brennenden Holzes im Kamin. Schließlich ließ Shelley den Arm sinken, sein Gesicht entspannte sich und er wandte sich mit der unschuldigen Miene eines Schuljungen um.

„Meine Nerven!", sagte er achselzuckend. „Ich war sicher, etwas Merkwürdiges gehört zu haben. Als wären wir nicht alleine, sondern als schliche da draußen etwas ums Haus."

Claire sah wie ein verwundetes Reh erneut zu Byron, als könne er ihr die Sicherheit bieten, nach der sie verlangte. Doch wie meistens ignorierte er die junge Frau. Marys Blick folgte Shelley, der sich wieder zu seinem Sessel begab und schlaff, wie eine losgelassene Marionette, hineinfallen ließ. Er wirkte fast leblos, stierte eine Weile ins Nichts, bis er die rechte Hand hob, seine Finger spreizte und sie aufmerksam betrachtete.

„Wozu eine menschliche Hand doch fähig ist", sagte er. „Sie kann Gedanken zu Papier bringen, Kleidung nähen, Teppiche knüpfen, ein Werkzeug bauen, einen Körper liebkosen, zuschlagen, würgen, stechen, schießen, töten. Und Maschinen erfinden, die uns das Heil oder den Untergang bringen werden."

„Oder sich mit einer zweiten Hand zum Gebet an eine Phantasiegestalt vereinen", warf Byron ein. „Nicht wahr, Shelley?"

Shelley legte den Kopf schief. Wieder zuckten Blitze, wieder schlug der Donner nieder, irgendwo schepperte ein Fensterladen. Und der Regen prasselte gegen die Scheibe, als bestünde er aus Steinchen. Shelley machte eine Faust, öffnete sie wieder, runzelte die Stirn.

„Stellt euch einen armen Sünder vor, der auf dem Schafott seiner Strafe zugeführt wurde, der Kopf durch das Fallbeil vom Rumpf getrennt, Hände und Füße ebenso abgeschnitten und dann auf einen Karren geworfen und zu einer Grube gefahren, in der man die Leichen der Gottlosen verscharrt. Doch auf dem Weg fährt die Kutsche über einen großen Stein, der Wagen macht einen Satz und eine Hand fällt auf den matschigen Weg. Blitze durchzucken den Himmel und schlagen in die Baumkronen ein. Schließlich lenkt eine unsichtbare, teuflische Kraft den Strahl in die leblose Hand hinein, die daraufhin zum Leben erwacht. Sie macht sich auf die Suche nach denen, die ihren Besitzer dem Scharfrichter auslieferten, und rächt sich blutrünstig für das, was man ihrem einstigen Träger angetan hat. Sie kriecht über den Boden, flink wie eine Ratte, erklimmt manche Mauer und klopft an Fenster und Türen ihrer Opfer. Da!"

Etwas schlug heftig gegen die Scheibe. Claire und Mary schrien fast zeitgleich auf. Polidori zuckte wieder stöhnend zusammen und drückte sich in seine Liege, als versuche er, einer nahenden Gefahr auszuweichen. Byron fuhr herum und blickte erbost in Richtung der Fenster. Auch er war zwar durch den plötzlichen Laut erschreckt worden, zeigte sich jedoch deutlich gefasster als der Rest der Abendgesellschaft.

„Ist die kalte Hand schon da um uns zu holen?", rief er in spöttischem Ton. Shelley war totenbleich geworden und starrte auf die Fenster.

„Da... da war etwas", stammelte er. „Ein geflügeltes Wesen mit Augen wie Feuer."

„Gott steh' uns bei!", rief Claire und schlug die Hand vor den Mund. Mary dagegen legte das Buch, das sie in den Händen gehalten hatte, zur Seite und erhob sich. Mit würdevollen Schritten lief sie über den Teppich zum mittleren der drei großen Fenster und presste das Gesicht gegen die Scheibe. Mary konnte in der schwarzen Nacht nichts erkennen, wusste aber, dass keine zweihundert Yards den Hügel hinab der See lag. Da zuckte wieder ein Blitz herab und tauchte eine stattliche Buche, die nicht weit vom Haus entfernt stand, in grelles Licht. Mary war sich bewusst, dass das menschliche Auge in der Nacht aus allerlei harmlosen Formen Gespenster produzierte, doch wäre sie von weniger kühlem Gemüt gewesen, hätte sie geschworen, dass in den Ästen des Baumes der schlaffe Körper eines Mannes hing.

Sie dachte an ihr totes Kind Clara, das sie viele Monate als Hoffnung im Leib getragen hatte. Nur dreizehn Tage hatte Clara geatmet, bevor sie wieder entschlafen war. *Wenn man sie wieder zum Leben erwecken könnte*, dachte Mary. Leben und Tod waren nur eine Haarspitze voneinander entfernt. Wenn man dieses Schicksal nur selbst beeinflussen könnte.

„Liebe Freunde, ich habe eine Idee", rief Byron plötzlich und erhob sich von seinem Sessel. Er lief zu einem wuchtigen Bücherregal. Zielsicher zog er eines davon heraus und hob es wie eine Trophäe in die Höhe. „Mein untrüglicher Instinkt teilt mir mit, dass Sie alle in der Stimmung für die Lektüre einer gespenstischen Erzählung sind. Dieses seltene Büchlein habe ich vor wenigen Tagen in einem kleinen Laden in Genf erstanden. Es ist die französische Übersetzung einer Sammlung deutscher Geistergeschichten."

Byron hielt das braun eingebundene Buch Shelley vor die Nase. *„Phantasmagoriana, ou Recueil d'Histoires d'Apparitions de*

Spectres, Revenans, Phantomes, etc.; traduit de l'allemand, par un Amateur", las Shelley.

„Ich weiß nicht, ob Geistergeschichten der nervlichen Anspannung der Damen und Mr. Shelleys zuträglich sind", wandte Polidori ein. Byron warf seinem Arzt einen verächtlichen Blick zu.

„Ich denke, Sie fürchten eher um Ihre eigene Gemütsverfassung, Polidori. Wenn Sie Angst vor Worten haben, schlage ich Ihnen vor, sich die Ohren zuzuhalten oder sich auf ihr Zimmer zurückzuziehen."

Polidori senkte peinlich berührt den Blick.

Shelley hatte das Buch ergriffen und begann darin zu blättern. „*La Tête de Mort – der Totenkopf!* Diese Geschichte klingt vielversprechend", sagte er, räusperte sich und fing laut zu lesen an.

Byron setzte sich leise wieder hin und lauschte Shelleys sanfter Stimme, die die Worte der Geschichte lebendig werden ließen. Mary hatte sich wieder gesetzt, Claire drückte sich an sie und die Halbschwestern folgten gebannt der Lesung. Polidori allerdings hatte ein grimmiges Gesicht aufgesetzt, hörte nur mit einem Ohr zu und ärgerte sich darüber, in Gegenwart der anbetungswürdigen Mary Godwin als Feigling dargestellt zu werden. Als die Erzählung aber an eine Stelle kam, an der Shelley seine Stimme verstellte und mit einem merkwürdigen Akzent einen Gaukler namens Calzolaro nachahmte, der zur Mitternachtsstunde zu einer Gruppe von Männern und Frauen sprach, lauschte auch Polidori mit einiger Anspannung.

„Das Leben ist da, um in den schwarzen Schlund, den wir Tod nennen, hinabzutauchen, und dort einem ganz neuen, stillen Reiche einverleibt zu werden. Es aus diesem Reiche wieder hervorzuziehen, darin besteht der Zweck aller höheren Kunst.

Mögen Toren und Schwachköpfe von Unmöglichkeiten schwatzen, der Weise beklagt sie, die nicht wissen, was möglich oder unmöglich, was wahr oder falsch, was Licht oder Schatten ist, die die großen Geister nicht kennen und begreifen, welche aus den stummen Grüften und Gräbern, aus den zerfallenen Gebeinen der Abgeschiedenen eine so schauerliche als wahre Sprache vor das erstaunte Ohr der Lebenden bringen."

Als im weiteren Verlauf der Geschichte jener Calzolaro unwillentlich einem am Friedhof ausgegrabenen Totenkopf den Geist seines eigenen Vaters entlockte, rieb Polidori atemlos die schweißnassen Hände aneinander.

Gut zwanzig Minuten später las Shelley den letzten Satz der schaurigen Geschichte zu Ende. Er verstummte und blickte abwesend über den oberen Rand des Buches zu Boden. In dem Moment begann die Standuhr am anderen Ende des Raumes wie ein musikalischer Schlusspunkt zwölf Mal zu schlagen. Auf Lord Byrons Gesicht breitete sich ein genüssliches Schmunzeln aus, bevor er voller Inbrunst verkündete: „Geisterstunde! Zeit, die Gespenster und Dämonen zu wecken."

Er drückte das Kreuz durch und sprach mit krächzender Stimme erst leise, dann immer lauter:

"Beneath the lamp the lady bowed,
And slowly rolled her eyes around;
Then drawing in her breath aloud
Like one that shuddered, she unbound
The cincture from beneath her breast;
Her silken robe, and inner vest
Dropt to her feet, and in full view,
Behold! Her bosom and half her side –

Hideous, deformed, and pale of hue –
O shield her! Shield sweet Christabel!"

„Im Lampenlicht die Frau sich neigte,
und langsam ihre Augen rollte;
Die Luft einsaugend sie dann zeigte
Was zitternd sie sich lösen sollte
Den Gürtel unter ihren Brüsten;
Ihr seidenes Kleid und ihr Korsett
Fielen herab, dann stand sie bloß,
Blickt her! Ihr Busen und ihr halber Leib –
Entstellt und grässlich, was ist los?
Oh bedeckt sie! Schützt die süße Christabel!"

Den letzten Vers hatte Byron fast geschrien, dann verstummte er und für einen kurzen Moment war nur noch das Prasseln an den Fenstern und das Knacken des Holzes im Kamin zu vernehmen. Polidori, Claire und Mary hatten die Augen auf Byron gerichtet. Nur Shelley starrte bewegungslos in eine andere Richtung. Mary legte den Kopf in den Nacken und stöhnte leise. Ihr Oberkörper war entblößt.

Shelley sah Marys wohlgeformte Brüste, Brüste aber, die einen schrecklichen Makel hatten. Entsetzt schrie er auf. Dann griff er sich an den Kopf, als litt er fürchterliche Schmerzen, sprang auf, ergriff eine brennende Kerze und rannte aus dem Zimmer, als wäre der Teufel hinter ihm her. Denn dort, wo eigentlich Marys Brustwarzen hätten sein müssen, hatten Shelley zwei Augen entgegengestiert.

14.

Heller runzelte die Stirn. Dann lachte er kurz auf.

„Machen Sie sich keine Sorgen um mich. Gegen Gedichte und Wahnsinn bin ich immun."

Der glatzköpfige Mann grinste. „Und gegen die Liebe sind Sie auch immun?"

„Ach, die Liebe!", sagte Heller. „Das ist ein großes Wort hinter dem am Ende nur ein paar Hormone stecken. Und irgendwer tut sich am Ende immer dabei weh. Man sollte die Finger davon lassen."

„Ich verstehe. Ich habe keinen Romantiker vor mir, sondern einen kühlen Kopf, der glaubt, seine Gefühle unter Kontrolle zu haben. Oder hatten Sie schon einmal Liebeskummer?"

Heller blickte kurz zu Claire Beaumont hin, auf die nun eine ältere Dame eifrig einredete. In einer Ecke hinter ihr entdeckte er den Gastgeber mit verschränkten Armen und gestrengem Gesicht, neben ihm den großen, hageren Typen mit den tiefen Augenhöhlen. Der Hagere sagte etwas mit verkniffenem Gesicht zu dem Professor, der nickte ernst.

„Nein", erwiderte Heller. „Vor solchen Verwirrungen hüte ich mich."

„Erstaunlich", antwortete der glatzköpfige Mann. „Dann verraten Sie mir doch, was Sie hierher verschlägt. Wenn Sie gegen die Poesie und die Verwirrungen der Liebe immun sind."

„Ich habe gestern zufällig Ms Beaumont kennengelernt", sagte Heller. „Und heute Nachmittag Professor Slythe. Und bei der Gelegenheit hat er mich eingeladen."

„Ist das wahr?" Der glatzköpfige Mann machte ein sehr verwundertes Gesicht. „Dann haben Sie ja ein seltenes Glück, dass Slythe Sie zum lyrischen Gottesdienst in seine heiligen Hallen vorgelassen hat. Diese Ehre gewährt er normalerweise nur wenigen auserwählten Jüngern der englischsprachigen romantischen Dichtung."

„Dann nehme ich an, dass Sie einer dieser Jünger sind?", erwiderte Heller.

Der glatzköpfige Mann rückte seine Brille zurecht und schmunzelte.

„Als Jünger würde ich mich selbst nicht bezeichnen. Eher als Experten der Materie. Ich bin Professor für englische Literatur mit dem Schwerpunkt Romantik an der Universität von Cambridge. George Kennington."

Er zog aus der Innentasche seines Anzugs eine Visitenkarte und reichte sie Heller, der sie kurz betrachtete und dann in sein Jackett steckte. Heller stellte sich ebenfalls vor.

„Ich habe meine Karten leider vergessen", sagte er, obwohl er gar keine besaß, und fuhr fort: „Sie sind also so eine Art Kollege von Professor Slythe?"

„Kollege klingt etwas zu versöhnlich", sagte Kennington lächelnd. „Wir forschen zwar beide über Keats, Shelley und andere englische romantische Poeten. Aber meine Arbeit hat einen ernsthaften Hintergrund, während Slythe sich eher …"

Kennington seufzte erneut und blickte sich um, als wolle er sicherstellen, dass ihm niemand zuhört … „in wilden Spekulationen ergeht."

Er beugte sich zu Heller vor und sprach mit leiser Stimme: „Slythe behauptet allen Ernstes, es gebe noch einige unentdeckte Werke von Keats und von Shelley, denen er auf der Spur sei. Das ist zwar nichts als heiße Luft. Leider gibt es jedoch genügend Menschen, die seinen Thesen Glauben schenken. So wie einige der Gäste hier. Und so wie Claire Beaumont."

Heller blickte zu der Stelle, an der die junge Frau eben noch gestanden hatte, doch Claire Beaumont war verschwunden. Auch Slythe sah er nicht mehr. Nur der hagere Mann befand sich noch am selben Platz. Seine Augen waren beinahe herausfordernd auf Heller geheftet.

„Slythe hat aber noch viel verrücktere Ideen auf Lager", sagte Kennington. „Er behauptete schon einmal allen Ernstes, Keats und Shelley seien ermordet worden. Absurd, nicht wahr?"

„Keine Ahnung", sagte Heller, den die Todesursache der beiden Dichter herzlich wenig interessierte.

„Wer ist eigentlich der dürre Typ da drüben?"

Kennington wandte den Kopf.

„Das ist Hector Trimball. Er ist Slythes Mädchen für alles. Ein bisschen Bodyguard, ein bisschen Sekretär und Diener. Nur in literaturwissenschaftlichen Fragen dürfte Trimball ein ungeeigneter Helfer sein."

In dem Moment trat die alte Frau in dem giftgrünen Kleid heran, die Heller zuvor bei diesem Trimball gesehen hatte.

„Professor Kennington!", rief sie. „Was für eine Überraschung, Sie hier anzutreffen. Haben Sie sich etwa mit dem Professor ausgesöhnt?"

Kennington beugte sich zu der ihm entgegengestreckten rechten Hand, ergriff sie und deutete darauf einen Kuss an.

„Welche außerordentliche Freude, Ihnen hier zu begegnen, Lady Rothermere", sagte Kennington. Als er den Oberkörper wieder aufgerichtet hatte, fuhr er fort: „Was Professor Slythe und mich betrifft, bleiben unsere wissenschaftlichen Ansichten so weit voneinander entfernt, wie die beiden Polkappen. Doch da er mir eine Einladung zu seinem Empfang geschickt hat, wollte ich die Gelegenheit nutzen, Ms Beaumont einmal selbst zu erleben."

„Und hat Sie der Auftritt unserer bezaubernden Claire nicht auch zutiefst ergriffen?", fragte Lady Rothermere.

„Natürlich hat er das", versicherte Kennington.

„Es ist mir ein Rätsel, warum unsere Claire noch keinen passenden Mann gefunden hat."

Lady Rothermere zuckte mit den Achseln und fuhr mit einem Seufzen fort: „Vielleicht ist es auch besser so. Claires Seele ist so zart und zerbrechlich wie eine Rose aus hauchdünnem Glas. Für ein Wunder wie sie kommt nur ein sensibler Poet in Frage. Und die sind heutzutage kaum noch anzutreffen."

Heller konnte sich ein spöttisches Lachen kaum verkneifen, als die Frau den Kopf zu ihm wandte und ihn prüfend musterte. „Und wer sind Sie, junger Mann?"

„Benjamin Heller ist mein Name", erwiderte er und nickte kurz mit dem Kopf. Die alte Frau sah ihm prüfend ins Gesicht. „Sind Sie zufällig ein Poet?"

„Damit kann ich leider nicht dienen", erwiderte Heller.

„Das ist schade", sagte Lady Rothermere. „Sind Sie wenigstens ein begeisterter Leser von Keats' Poesie?"

Heller schüttelte lächelnd den Kopf. Bevor die Lady darauf etwas erwidern konnte, ertönte ein helles Glöckchen. Archibald Slythe stand im Scheinwerferlicht neben dem Klavier und räusperte sich.

„Verzeihen Sie, meine lieben Freunde, wenn ich noch einmal um Ihre Aufmerksamkeit bitte."

Er wartete einen Moment, bis die Gespräche verebbt waren und fuhr dann fort: „Ich würde mich sehr freuen, wenn Sie mich am kommenden Donnerstagabend um 21 Uhr wieder hier beehren würden. Denn ich habe vor, Ihnen Enthüllungen zu machen, die ganz ohne Zweifel Ihr besonderes Interesse finden werden. Was ich Ihnen zu verkünden habe, wird die

Keats- und Shelley-Forschung revolutionieren, und ich übertreibe nicht, wenn ich davon ausgehe, dass danach unser aller Blick auf die beiden großen Dichter, ja, auf die Welt, die uns umgibt, nie mehr derselbe sein wird."

Slythe blickte sehr ernst in die Runde, bevor sich seine Miene aufhellte und er schloss: „Sie werden selbstverständlich für meine Soirée noch schriftliche Einladungen von mir erhalten. Und nun wünsche ich Ihnen weiterhin viel Vergnügen!"

Der bärtige Professor trat vom Klavier weg, die Gespräche unter den Gästen wurden wieder aufgenommen, diesmal jedoch lauter und erregter als zuvor. Lady Rothermere wandte sich mit erstauntem Gesicht an Kennington.

„Enthüllungen? Der Professor macht es aber spannend."

Kennington blickte etwas griesgrämig drein. „Versprechen Sie sich nicht allzu viel davon", sagte er.

Heller hatte nun genug von dem Geplauder und suchte nach einem Vorwand zum Gehen. „Wissen Sie zufällig, wo sich die Toilette befindet?", fragte er.

„Am hinteren Ende des Korridors", antwortete Kennington etwas mürrisch, setzte aber noch hinzu: „Ich hoffe, wir sehen uns wieder."

Heller lächelte, verabschiedete sich und verließ den Salon. Er fand die Toilette, wusch sich die Hände und betrachtete sich im Spiegel. Sich ein paar widerspenstige Haare glattstreichend, dachte er an die Worte, die Lady Rothermere über Claire Beaumont gesagt hatte. Sie sei eine zerbrechliche Rose! Heller grinste. Dornig war sie auf jeden Fall.

Nachdem er sich die Hände abgetrocknet hatte, trat er in den Flur zurück, schloss die Tür und wandte sich zum Gehen, als er beinahe mit jemandem zusammenstieß. Es war Claire Beaumont, deren Augen bei seinem Anblick zornig funkelten.

„Verfolgen Sie mich?", fragte Heller grinsend.

Claire Beaumont presste die Lippen aufeinander und wollte weiter. Doch Heller stellte sich ihr in den Weg.

„Sie haben sich da vorne mit Ihren Gedichten ganz gut geschlagen", sagte er.

„Es sind die Gedichte von John Keats und Sie haben sie doch gar nicht verstanden. Lassen Sie mich durch!"

Heller lächelte die kleine Person an, ohne zu weichen.

„Wenn Sie nicht immer so unfreundlich wären, sähen Sie beinahe attraktiv aus. Sie sollten das rote Kleid öfter und ihre Brille seltener tragen. Und mehr lächeln."

Claire Beaumont schüttelte grimmig den Kopf. „Behalten Sie Ihre Ratschläge für sich. Ich frage mich wirklich, warum der Professor Sie eingeladen hat."

„Vermutlich mag er mich", sagte Heller.

„Das kann ich mir überhaupt nicht vorstellen", erwiderte Claire Beaumont. „Leben Sie wohl!"

Sie versuchte erneut, an ihm vorbei zu gehen. Heller ergriff ihren Arm.

„Lassen Sie mich sofort los!", zischte die junge Frau. Bevor Heller etwas erwidern konnte, trat eine große Gestalt heran. Es war Trimball.

„Gibt es ein Problem?", fragte er und starrte Heller feindselig an. Der ließ Claire Beaumonts Arm los. Sie warf Heller einen verächtlichen Blick zu.

„Ja!", sagte Claire Beaumont an Trimball gewandt. „Ich möchte im Salon dem Pianisten lauschen und habe noch keine Begleitung."

Trimball zeigte grinsend seine schiefen Zähne. Er reichte Claire Beaumont den Arm, sie hakte sich ein und beide entfernten sich, ohne Heller noch eines Blickes zu würdigen. Obwohl er nichts von dieser Frau wollte, kränkte es ihn, wie abweisend sie sich ihm gegenüber verhielt.

In dem Moment trat Slythe aus einer nahen Tür und als er Heller erblickte, kam er gleich auf ihn zu.

„Da sind Sie ja!", sagte er. „Ich freue mich, dass Sie es geschafft haben. Gefällt Ihnen der Abend?"

Um nicht allzu unhöflich zu sein, nickte Heller, setzte aber hinzu: „Ich muss mich aber leider bald verabschieden."

„Aber nicht doch", erwiderte Slythe. „Hat Ihnen Claires Darbietung gefallen?"

„Sie hat Talent", sagte Heller.

Slythe hob die Augenbrauen. „Lieber Freund, Claire ist atemberaubend. Einzigartig! Es gibt keinen Menschen, der den Geist der Gedichte von John Keats derart verkörpert. Reine Magie."

Heller rang sich ein Lächeln ab, schwieg aber. Slythe sah sich noch einmal um und sagte dann: „Ich habe beobachtet, dass Sie sich mit George Kennington unterhielten. War es ein interessantes Gespräch?"

Heller blies die Backen auf. „Geht so", sagte er. „Er hat über Ihre Forschungen gesprochen."

„Das habe ich mir fast gedacht", sagte Slythe mit einem Lächeln. „Und ich vermute, seine Äußerungen waren nicht unbedingt positiv. Habe ich recht?"

Heller zuckte mit den Schultern. Slythe aber grinste und sprach: „Ganz im Vertrauen, junger Freund! Kennington und ich standen uns früher auf einer professionellen Ebene durchaus recht nah und ich schätze ihn für seine Verdienste um die Keats-Forschung. Doch inzwischen ist er ein alter, verbitterter Knabe, ohne Esprit, ohne Kreativität und frustriert darüber, dass seine eigenen Arbeiten wenig Beachtung finden. Was hat er Ihnen denn genau erzählt?"

Heller runzelte die Stirn. „Wollen Sie mich etwa aushorchen? Ich bin doch nicht Ihr Spion."

Slythe grinste breit und sprach: „Wissen Sie was? Kommen Sie mich morgen Mittag besuchen. Ich habe eventuell einen Auftrag für Sie."

Heller schüttelte den Kopf. „Ich glaube nicht, dass ich morgen Zeit habe."

„Sind Sie sich sicher?", sagte Slythe und blickte Heller ernst an. „Wenn wir uns einig werden, könnte ein Batzen Geld für Sie herausspringen."

„Warum glauben Sie, dass ich Geld nötig habe?", fragte Heller. „Sehe ich etwa so aus?"

Slythe grinste, betrachtete Heller einen Moment lang, als würde er einen Wagen begutachten und sagte dann: „Menschenkenntnis, mein Freund. Und Intuition."

Heller presste die Lippen zusammen. „Von wie viel Geld reden wir?"

„Von einer Summe, die Sie kaum ausschlagen werden."

Heller dachte nach. „Wie wäre es mit einem Vorschuss?"

„Warten Sie einen Moment", sagte Slythe und lief zu der geschlossenen Tür, durch die er zuvor in den Korridor getreten war. Heller blieb zurück, unsicher, ob er für diesen Mann irgendeinen seltsamen Auftrag erledigen wollte. Doch er brauchte Geld.

Schon öffnete sich die Tür wieder und Slythe kam heraus, einen weißen Briefumschlag in der Hand. Er reichte ihn Heller wortlos.

„Bis morgen um 12!", sagte der Professor, streckte ihm die behaarte Hand entgegen und drückte fest zu. „Seien Sie pünktlich!"

Heller mochte sich täuschen, doch er glaubte, einen drohenden Unterton in Slythes Stimme zu vernehmen. Der Professor wandte sich ab und entfernte sich in Richtung des großen Salons. Als er verschwunden war, betrachtete Heller den Umschlag in seiner Hand. Vorsichtig öffnete er die nur eingeschobene Lasche. Drei Geldscheine leuchteten ihm entgegen. 500 Euro. Heller steckte den Umschlag mit dem Geld in die Innentasche seines Jacketts und schlenderte dem Ausgang der Wohnung entgegen. Als er an der Tür zum Salon vorbeikam, sah er Claire Beaumont, die inmitten eines guten Dutzends weiterer Gäste neben Trimball saß und mit geschlossenen Augen dem Spiel des Pianisten zuhörte. Kennington saß neben Lady Rothermere zwei Reihen dahinter. Er erblickte Heller und ein Lächeln huschte über seine Lippen. Doch Heller ging weiter und verließ die Wohnung.

Als er im Treppenhaus stand, dachte er über das Geld in seiner Tasche nach. 500 Euro waren gut, das Vielfache noch besser. Wer nicht wagte, der gewann auch nicht. Heller war in der Stimmung, zu gewinnen. Er hatte das Gefühl, dass ihm das Glück wieder hold war.

15.

Wie Nadeln aus Eis stach die Luft Benjamin Haydon ins Ge-
sicht, als ein kalter Windstoß über den Weg zu Leigh Hunts
Haus fegte. Den Hals noch tiefer in den Mantelkragen zurück-
ziehend, trat Haydon mit kurzen, raschen Schritten vor die Tür
und zog an der Glockenleine. Haydon hatte sich um ein paar
Minuten verspätet.

Ein Bediensteter öffnete die Tür. Haydon trat schnell ins
warme Innere, nahm Hut und Mantel ab und reichte sie dem
Bediensteten.

„Die Herrschaften haben sich bereits zu Tisch begeben",
sagte der der Diener. Haydon zog am Saum seines Rockes,
drückte den Rücken durch und betrat den Raum. Vier Män-
ner und zwei Frauen saßen an einer langen Tafel, hinter der
in einem großzügigen Kamin ein wärmendes Feuer prassel-
te. Haydon hatte schon einige Male die Gastfreundschaft von
Leigh Hunt, dem weltgewandten Schriftsteller und Heraus-
geber der liberalen Zeitung *Examiner* genießen dürfen. Hunt
war ein reizender, herzlicher und überaus zuvorkommender
Gesellschafter, dem es ein Anliegen war, Menschen, denen er
sich künstlerisch und politisch nahe fühlte, unter seinem
Dach zusammenzuführen. Mit diesem Ziel war es drei Mo-
nate zuvor im selben Hause zur ersten Begegnung mit dem
jungen John Keats gekommen, der, eben gerade zwanzigjäh-
rig, seine ersten hoffnungsvollen Schritte als Dichter wagte
und ebenfalls zu dem heutigen Abend geladen war.

Haydon erblickte Keats an dem einen Ende der Tafel. Der

junge Poet maß zwar nur wenig mehr als fünf Fuß, jedoch war er mit einem relativ großen Kopf auf breiten Schultern ausgestattet. Als er Haydon sah, nickte er ihm mit einem freundlichen Lächeln zu. Haydon war sich Keats' Zuneigung gewiss. Das Sonett, das Keats ihm nach ihrer ersten Begegnung im vergangenen November gewidmet hatte, trug er noch immer bei sich wie eine Trophäe. Er mochte den jungen Dichter und war von dessen außerordentlicher Begabung überzeugt.

Neben Keats saß Elizabeth Kent, die jüngere Schwester von Marianne, Leigh Hunts Ehefrau. Elizabeth war in Haydons Augen nicht nur die Charmantere der zwei, sondern vor allem auch die Intelligentere und Tiefsinnigere, die viel eher zu Leigh und seinem Interesse an Kunst und Literatur gepasst hätte, als die doch recht einfältige Marianne.

Ihr gegenüber war Horace Smith platziert, mit bald vierzig Jahren der älteste Gast am Tische. Haydon hatte Smith bereits einmal getroffen, ebenfalls hier in Leigh Hunts Haus, und sich davon überzeugen lassen, dass es nicht ausgeschlossen war, Gedichte zu schreiben und damit Geld zu verdienen. Smith hatte vor einigen Jahren nicht nur mit einer Parodie auf englische Poeten wie Lord Byron einen Publikumserfolg erzielt, sondern in den vergangenen Jahren auch als Händler an der Börse eine geschickte Hand bewiesen.

Der Stuhl neben Smith war leer. Einen Mann im Raum hatte Haydon jedoch noch nie gesehen. Er wippte in einem Zustand merkwürdiger Unruhe auf seinem Stuhl genau gegenüber dem leeren Platz hin und her. Über den am Hals geöffneten Hemdkragen flossen von einem kleinen, runden Kopf lange braune und zottige Locken herab.

„Haydon, Sie kommen genau im richtigen Moment!", rief Leigh Hunt. „Die Speisen werden sofort aufgetragen."

Mit kurzen Verbeugungen grüßte Haydon die Damen am Tisch, nickte den Männern zu und ließ sich dann auf seinem Stuhl nieder. Sogleich traten zwei Diener heran, um die Gläser mit Wein zu füllen und die Teller mit gebratenem Huhn und Kartoffeln zu bringen. Dem jungen Mann auf der gegenüberliegenden Tischseite wurde statt Wein Wasser ins Glas geschenkt. Auf seinem Teller lagen lediglich mehrere Broccoliröschen.

Nachdem Hunt allen einen guten Appetit gewünscht hatte und man sich über die Speisen hermachte – der junge Mann gegenüber Haydon mit einem Eifer, der einem kleinen Stück Gemüse kaum angemessen schien – ergriff der Gastgeber das Wort.

„Haben Sie den *Examiner* von gestern schon zu Gesicht bekommen, mein lieber Haydon?"

Haydon schüttelte den Kopf. „Dazu hatte ich bedauerlicherweise noch keine Gelegenheit", entschuldigte er sich.

„Ich hoffe, Sie werfen einen Blick hinein", fuhr Hunt fort. „Darin finden Sie ein bemerkenswertes Gedicht von unserem Freund Shelley, dessen Bekanntschaft Sie meines Wissens nach noch nicht gemacht haben."

Shelley? Haydon hob neugierig die Brauen. Der Mann, der ihm gegenüber so inbrünstig seinen Broccoli verspeiste, als sei es ein Stück saftiger Braten, war niemand anderes als der ungestüme, angehende Baron, der mit seinen Schriften und Taten sich in den höheren Kreisen der Londoner Gesellschaft bereits so viele Feinde gemacht hatte, wie andere in ihrem ganzen Leben nicht gegen sich aufbrachten? Außer Lord Byron vielleicht.

„Zudem dürfen wir unserem lieben Gast zu seiner Hochzeit mit Mary Godwin, nun Mary Shelley, gratulieren", fuhr Hunt fort und hob sein Glas. Haydon bemerkte den sich eintrübenden, unglücklich wirkenden Blick seines Gegenübers, wusste ihn aber nicht recht zu deuten. Störte ihn, im Mittelpunkt von Hunts Rede zu sein oder die Tatsache, dass er mit der Tochter von William Godwin und Mary Wollstonecraft den Bund der Ehe eingegangen war? Oder schämte er sich dafür, dass er diesen Schritt gewagt hatte, nachdem nur zwei Monate zuvor sich seine erste Gattin Harriet im Hyde Park ertränkt hatte, ein Ereignis, an dem Shelley nicht vollkommen unschuldig war, wie man munkelte?

Die um den Tisch versammelte Gesellschaft hob die Gläser und nickte Shelley zu. Haydon dachte an eine weitere Tat Shelleys, die sich in Windeseile von englischen Reisenden im französischen Chamonix bis nach London herumgesprochen hatte. In einer Herberge in dem kleinen Alpenörtchen Chamonix nahe dem Mont Blanc hatte Shelley es gewagt, im Gästebuch als Beruf in griechischen Lettern die Worte *Demokrat, Philantrop, Atheist* einzutragen. Von diesen drei Zuschreibungen war es die letzte, die am ungeheuerlichsten und überaus anmaßend war.

Haydon fühlte sich auf einmal unwohl, wusste aber, worauf dieses Gefühl beruhte. Denn Shelley beobachtete ihn mit einem Schmunzeln, als wüsste er etwas, das Haydon zu verbergen gedachte. Als hätte der Dichter die Gedanken seines Gegenübers gelesen, sagte er plötzlich mit einer hohen, fast weiblichen Stimme:

„Ich würde gerne auf die hassenswerteste aller Religionen zu sprechen kommen, die christliche…"

Wie vom Donner gerührt, blickte Haydon in die Runde. Er fühlte sich in seinen Überlegungen ertappt, gleichzeitig aber herausgefordert durch die freche Art, in der Shelley gerade ihm, Benjamin Robert Haydon, dessen fester Glaube an die Lehre der christlichen Kirche außer Frage stand und jedermann bekannt war, diesen Satz entgegenschleuderte. Doch niemand am Tisch schien sich über Shelleys Worte zu empören. Hunt wirkte neugierig, was sein junger Freund als nächstes mitzuteilen hätte, die Damen setzten ein breites Lächeln auf und wirkten, als wollten sie den Gemüseknabberer am liebsten sofort verschlingen. Doch merkwürdigerweise hielt Shelley inne und konzentrierte sich wieder auf den Broccoli auf seinem Teller.

Horace Smith lenkte die Unterhaltung für eine Weile in eine andere Richtung, indem er den Namen des ehemaligen französischen Feldherrn und späteren Kaisers Napoleon fallen ließ, der seit mehr als einem Jahr unter Aufsicht der englischen Krone auf der kleinen Insel St. Helena im südlichen Atlantik lebte. Hunt meinte, der Kampf für die Freiheit gerate schnell zur Tyrannei, woraufhin Shelley sich in seinem Stuhl aufrichtete und es danach aussah, als wolle er seine Gedanken zu Napoleon darlegen. Doch die erhobene Hand Hunts ließ ihn innehalten.

„Ich habe mir geschworen, in meinem Haus jeden Streit über Religion und Napoleon zu unterbinden", verkündete Hunt.

Haydon atmete insgeheim durch. Umso überraschter war er, als Shelley, nachdem die Bediensteten das Dessert gebracht hatten, sagte, er halte sowohl die jüdische als auch die christliche Glaubenslehre für zutiefst widersprüchlich.

„Das sind sie nicht im Mindesten", widersprach Haydon augenblicklich. Shelley blickte ihn an und lächelte.

„Oh doch, das sind sie", insistierte Shelley mit ruhiger Stimme. „Und es fällt mir nicht schwer, meine Behauptung mit Argumenten zu unterlegen."

Shelley nahm einen Schluck aus seinem Wasserglas, während die Augen Hunts, Smiths und der Damen erwartungsvoll auf ihm ruhten. Keats dagegen blickte verstohlen und fast ein wenig mitleidig zu Haydon.

„Wenn ich den christlichen Glauben richtig verstehe, ist Gott allmächtig, er ist unendlich gut, er ist unendlich weise, er ist allwissend, allgegenwärtig, gerecht, vernünftig, barmherzig, nicht wahr?"

Haydon konnte nicht anders, als zustimmend zu nicken.

„Warum aber", brauste Shelley im nächsten Moment auf, „soll der Mensch einen Gott fürchten, der unendlich gut ist? Warum sollten wir uns um unsere Zukunft sorgen, wenn er unendlich weise ist? Wenn er allwissend ist, warum sollte man ihn dann damit langweilen, ihm Sorgen und Nöte im Gebet mitzuteilen? Wenn er allgegenwärtig ist, wozu braucht es dann Kirchen? Wenn er gerecht ist, warum sollten wir dann fürchten, dass er seine Geschöpfe, die er selbst mit all ihren Schwächen ausgestattet hat, bestraft? Wenn er barmherzig ist, warum sollte er dann überhaupt strafen? Wenn Gott gut, gerecht und barmherzig ist, kann es keine Hölle geben. Wenn es aber die Hölle gibt, dann ist der christliche Gott entweder nicht gut, gerecht und barmherzig oder er ist nicht allmächtig."

Haydon betrachtete Shelley mit einer Mischung aus Abscheu und Faszination. Mit Abscheu, da die Worte, die der junge Mann mit solcher Energie vorgebracht hatte, gotteslästerlich waren, mit Faszination, da er sie mit tiefer Überzeugung und klug formuliert hatte.

„Wohl gesprochen, Shelley", rief Hunt und klatschte in die Hände. Keats schwieg. Er betrachtete die Szene am Tisch, als sei er Zuschauer in einem merkwürdigen Theaterstück. Was er über Shelley dachte, ließ sich kaum erahnen.

„Sie vergessen eines", sagte Haydon „Gott hat uns, anders

als die Tiere, zu freien Wesen gemacht. Er gibt uns die Freiheit, moralisch zu handeln, zwischen Gut und Böse zu unterscheiden und uns dementsprechend zu verhalten. Wenn der Mensch darin fehlt und sich zum Bösen verführen lässt, hat er stets die Möglichkeit, seine Taten zu bereuen und sich zu bessern."

„Die Dankbarkeit aller Erdbewohner wird dem Allmächtigen für seine Güte gewiss sein", erwiderte Shelley spöttisch. „Doch warum sollte man an eine Macht glauben, die derart widersprüchlich ist? Oder geht die christliche Lehre fehl? Warum sollte ein allmächtiger und guter Gott dieses in sich zerrissene Wesen Mensch erschaffen? Um sich selbst über der Menschen Wahnsinn zu erheitern?"

„Weil der Mensch sich vor Gott erweisen muss, er nicht alles verstehen kann und von ihm abverlangt wird, zu glauben", sagte Haydon. „Der Glaube ist der Weg zu Gott."

Shelley schüttelte den Kopf. „Sie sagen also, da die Menschen nicht verstehen, sollen sie blind auf die Worte von Kirchenmännern vertrauen, ohne selbst Zugang zu deren vermeintlicher Wahrheit zu haben? Wenn es so ist, dann ist der Gott, wie ihn uns die christliche Kirche präsentiert, nichts als Aberglaube. Zu verlangen, an einen Gott zu glauben, den man nicht verstehen kann, bedeutet, den Menschen zu erniedrigen und in Dummheit zu halten. Der Mensch soll nicht hinterfragen, weder die christliche Kirche, noch die staatlichen Autoritäten. Das nenne ich das Böse."

Shelley starrte Haydon mit wildem Blick an. Der konnte nicht anders, als sich über die Aggressivität zu wundern, mit der dieser junge Heißsporn seine Thesen am Esstisch im Hause Hunts um sich warf. Hunt schien dieses Verhalten zu billigen, entgegen seines vorherigen Wunsches, Religion nicht zum Thema der abendlichen Gespräche zu machen. Seine Reaktion beschränkte sich auf ein zustimmendes Nicken in Shelleys Richtung.

„Was denken Sie darüber, Keats?", fragte Haydon und blickte den jungen Dichter ernsthaft an. Der erzitterte kurz, als bereite ihm die Ansprache Pein. Dann aber sprach er langsam:

„Das Leben ist ein Wunder und es kann nur eine unvorstellbare Macht sein, die es erschaffen hat. Man könnte jeden Tag die Pracht des Daseins besingen. Und doch gibt es so viel Leid. Und es gibt den Tod. Warum? Kann ein guter Gott das wollen? Oder steckt doch ein Teufel dahinter? Oder irren wir uns alle, weil unsere menschliche Vorstellungskraft allzu beschränkt ist? Vielleicht werden wir es nie ergründen, und doch ist es unsere Entscheidung, zu lieben und die Liebe zu mehren, das Böse mit noch mehr Liebe zu tilgen. Das ist vielleicht der wahre Gottesglaube."

Keats lächelte in sich gekehrt und für einen Moment war es still an der Tafel. Dann aber erhob Shelley wieder die Stimme.

„An einen Gott der wahren Liebe könnte ich glauben. An die Liebe kann ich glauben, weil ich ihre Existenz spüre und sie für die einzige Kraft halte, die uns Rettung bringt. Wenn der eigene Geist selbst dieser höheren Macht teilhaftig geworden ist, dann, und nur dann, ist sein Glaube berechtigt. Aber der strafende Gott der christlichen Kirche? Mit diesem Schreckgespenst vermag ich nichts anzufangen. Den könnt ihr Christen euch in den Hintern schieben."

Eben noch durch die Worte Keats' versöhnlich gestimmt, musste Haydon nun schlucken. Er wäre dem überheblichen Shelley am liebsten an die Gurgel zu gegangen. Es gelang ihm jedoch, sich zu beherrschen und lediglich festzustellen: „Also sind Sie tatsächlich ein Atheist, Shelley!"

Shelley lächelte. „Lesen Sie mein Gedicht im Examiner. Dann wissen Sie ein wenig mehr über das, was ich bin. Lesen Sie von mir aus all meine Gedichte. Denn ein Mensch ist ein vielfältiges Wesen, das viele Kräfte in sich trägt. Ich streite für das Leben und die Liebe. Und gegen das, was das Leben und die Liebe erstickt."

Haydon blickte zu Hunt hinüber, der von Shelley entzückt zu sein schien. Es blieb nur zu hoffen, dass er den Inhalt der Rede dieses Heißsporns mit einem kritischeren Abstand betrachtete. Hier in kleiner Runde zu sprechen, wie Shelley es tat, war mutig. Es öffentlich zu tun, wäre töricht, waghalsig, lebensgefährlich. Niemand sollte das besser wissen als Hunt, der zwei Jahre seines Lebens im Kerker verbracht hatte, weil er den Prinzen von Wales – den Prinzregenten und baldigen König – in einer Schmähschrift beleidigt hatte. Den Thronfolger öffentlich anzugreifen, war schlicht gefährlich. Wer von Freiheitsliebe und Gerechtigkeitssinn erfüllt war, musste behutsam vorgehen. Das würde auch Shelley lernen müssen. Oder er würde es eines Tages bitter bereuen. Daran hatte Haydon keinen Zweifel.

16.

Ein penetrantes Klingeln schreckte Heller aus dem Schlaf. Etwas vibrierte an seinem Oberschenkel. Er wälzte sich nach links und nach rechts, dann betastete er sein Bein. Verwundert stellte er fest, dass er in voller Kleidung auf dem Bett lag. Sein Kopf schmerzte.

Aus seiner Hosentasche zog er sein Mobiltelefon, hob ab und drückte es sich ans Ohr.

„Ja?", sagte er schlaftrunken.

„Heller!", rief eine Stimme, die er zuerst nicht zuordnen konnte. „Wo ist mein Geld?"

Heller fuhr zusammen. Er fluchte in Gedanken.

„Wenn ich bis morgen früh mein Geld nicht habe, bist du ein toter Mann. Meine Leute wissen, wo du steckst."

„Sie kriegen Ihr Geld", erwiderte Heller, obwohl er keine Ahnung hatte, wie er das anstellen sollte. Denn in dem Moment fiel ihm ein, was gestern Nacht nach dem Empfang bei Slythe geschehen war.

„Verdammt!", rief er und fuhr in die Höhe. Mit weit aufgerissenen Augen blickte er sich verängstigt nach allen Seiten um. Er erkannte ein abgedunkeltes Fenster, durch das rötliches Licht fiel, und die Schemen seltsamer Gegenstände, deren Bezeichnungen ihm zunächst nicht einfielen. Eine Stimme plapperte in der Ferne schrill und beinahe hysterisch. Sein Handy lag auf der Matratze neben ihm. Er ergriff es und hielt es sich ans Ohr.

„Brokman?", sagte er. Doch niemand antwortete. Heller blickte auf den kleinen Bildschirm, der die Zeit anzeigte. Es war 11 Uhr 30.

Hellers Mund war trocken, sein schweißüberströmter Leib zitterte. Mehrere Dutzend rasende Herzschläge vergingen, während denen er herauszufinden versuchte, ob der Anruf eben tatsächlich stattgefunden oder er ihn nur geträumt hatte. Er drückte auf seinem Handy herum. Jemand hatte tatsächlich versucht, ihn anzurufen.

„Verdammt!", rief Heller wieder, denn es gelang ihm einen Augenblick lang nicht, Wahrheit von Fantasie zu unterscheiden. Eines aber wusste er: er hatte in der Nacht noch sein gesamtes Geld verspielt. Und seine Armbanduhr. Im Hinterzimmer einer verrauchten Spelunke, in der er viel zu viele Whiskeys getrunken und dann beim Pokern so leichtsinnig geworden war, dass er nach einer anfänglichen Glückssträhne Spiel um Spiel verlor, bis er am Ende war.

„Du Idiot, du Idiot, du Idiot!", schrie er und schlug wütend auf die Matratze. Er konnte nicht fassen, dass es ihm wieder passiert war. Warum war er nach dem Abendempfang bei dem Professor nicht einfach nach Hause gegangen? Warum hatte er sich nicht im Griff? Was für ein lausiger Spieler war er? Nur absolute Anfänger betranken sich während des Pokerns. Er musste endlich mit dem Trinken aufhören. Und mit dem Spielen. Und mit dem Rauchen. Nach einer Schachtel Zigaretten in der Spelunke brannten ihm die Lunge und der Hals. Wie er nach Hause gekommen war, wusste er nicht mehr.

Dann kam ihm in den Sinn, dass der Professor ihn erwartete. Er durchsuchte sein Jackett und fand sowohl die Visitenkarte von George Kennington, als auch die von Archibald Slythe. Und zu seiner Erleichterung einen 20-Euro-Schein.

In seinem Zustand hatte er wenig Kraft und Lust, den Professor erneut zu treffen, aber seine finanzielle Lage ließ ihm keine Wahl. Heller sprang aus dem Bett, zog sich aus und duschte sich so schnell er konnte. Nachdem er die Zähne geputzt, drei Schmerztabletten eingeworfen und neue Kleidung angelegt hatte, eilte er aus dem Zimmer.

In der Rezeption im ersten Stockwerk begegnete er der alten Hotelbesitzerin. Bei seinem Anblick rief sie ihm etwas zu, doch er beachtete sie nicht und rannte weiter die Treppen hinab. Auf der Gasse schlug ihm drückende Hitze entgegen. An der nächsten großen Straße winkte er ein Taxi herbei, sprang hinein, zeigte Slythes Visitenkarte mit der Adresse der Wohnung und lehnte sich, die Augen schließend, im Rücksitz zurück. Ihm war übel und er hatte alles andere als eine gute Laune. Irgendwie wurde er das Gefühl nicht los, dass sein Leben ziemlich aus den Fugen geraten war. Nicht nur sein Leben, er selbst ebenfalls.

Eine gute halbe Stunde später hielt das Taxi vor dem Haus, in der Slythe wohnte. Heller reichte den Geldschein nach vorne.

„Grazie!", sagte der Fahrer. Sein Taxameter zeigte 17 Euro und 20 Cents. Heller zuckte mit den Schultern und kletterte aus dem Wagen. Nun war er offiziell mittellos.

Heller betrat das wuchtige gelbe Haus, dessen Tür offen stand, und fuhr mit dem Fahrstuhl in die oberste Etage. Als er vor die Wohnungstür des Professors trat und auf die Klingel drücken wollte, hörte er aus dem Wohnungsinneren eine Stimme. Sie drang zwar nur dumpf nach außen, jedoch klang sie äußerst erzürnt. Es war Slythe. Heller hielt das Ohr an die Tür und lauschte.

„Sie Bastard!", hörte er. „Das werden Sie nicht wagen! Ich schwöre bei Gott, dass Sie dafür bezahlen werden."

Dann hörte es sich an, als knalle jemand einen Telefonhörer auf die Gabel und es wurde still in der Wohnung. Heller wartete einen Moment, bevor er die Klingel betätigte. Eine gute Minute verging, dann öffnete sich die Tür. Ein breit lächelnder

Archibald Slythe stand vor ihm. Er trug einen crèmefarbenen Anzug aus Leinen und dunkelbraune Schuhe. In der Hand hielt er eine glimmende Pfeife, deren Duft sich mit einem Parfum mischte. Nichts deutete darauf hin, dass der Professor sich eben erst furchtbar aufgeregt hatte.

„Da sind Sie ja!", sagte er. Und fügte mit einem Blick auf seine Armbanduhr hinzu: „Beinahe pünktlich. Kommen Sie herein!"

Heller trat in die Wohnung, in der vom Empfang des Vorabends keine Spur mehr zu entdecken war.

„Hier entlang, mein Freund!", sagte der Professor, nachdem er die Wohnungstür geschlossen hatte. Er deutete zum Ende des Korridors und legte freundschaftlich die Hand auf Hellers Schulter. Während sie nebeneinander den Gang entlangliefen, fragte Slythe:

„Haben Sie schon die neuesten Nachrichten gehört?"

Heller verneinte.

„Dieser Sommer ist der heißeste seit Menschengedenken. Und die Chinesen und die Amerikaner sind kurz vor einem Krieg. Ich sage Ihnen: in spätestens hundert Jahren sind unsere Zivilisationen zusammengebrochen und es gibt kaum noch Menschen auf der Erde. Es muss etwas geschehen."

Heller zuckte mit den Schultern.

„Sie sehen etwas übermüdet aus", sagte Slythe mit einem Lächeln. „Haben Sie zu kurz geschlafen?"

„Ein wenig", entgegnete Heller.

„Dann kann ich Ihnen nur wünschen, dass Sie angenehme Träume hatten. In unserem kurzen Leben sollte auch der Schlaf voller Erlebnisse sein."

„Ich bevorzuge traumlose Nächte und traumhafte Tage."

„Der Schlüssel zu manchem Geheimnis liegt in unseren

Träumen verborgen. Halten Sie also auch an Morpheus' Brust die Augen offen."

Slythe hatte vor der Tür am Ende des Korridors angehalten, durch die er gestern verschwunden war, um die 500 Euro zu holen, und stand einen Moment schweigend da, die Hand auf der Klinke. Dann fragte er, ohne sich umzuwenden:

„Sind Ihnen in Ihren Träumen denn noch einmal Keats und Shelley erschienen?"

Heller versuchte, am Tonfall des Professors zu ergründen, ob dieser die Frage spöttisch oder ernst meinte.

„Nein!", antwortete Heller.

Slythe nickte, öffnete die Tür und sprach, während er in den dahinter liegenden Raum eintrat: „Sie wissen, dass der Boden unseres sogenannten Bewusstseins weich und durchlässig ist, die Grenzen unseres Geistes sind fließend. Tag und Nacht, Wirklichkeit und Traum, Leben und Tod sind weniger klar voneinander getrennt, als die meisten Menschen der modernen Zeit es wahrhaben wollen."

Heller ließ den Blick über den Raum schweifen. Er war groß und sah wie eine Mischung aus Arbeitszimmer und Bibliothek aus. Wie im Salon standen hier große, vom Boden bis zur Decke reichende Regale, in denen sich zahllose Bücher aneinanderreihten. Zwei hohe Fenster, die von schweren, dunkelroten Vorhängen eingerahmt wurden, ließen Tageslicht herein.

„Die romantischen Dichter haben das natürlich erkannt und gewusst, dass man Licht und Schatten, Gefühl und Vernunft nicht gegeneinander ausspielen kann", fuhr Slythe fort. „Es gibt keine reine Vernunft, sondern sie ist Spielball unserer Gefühle und der unsichtbaren Mächte, die in uns, in der Natur und im ganzen Universum walten. Die Vernunft ist oft ein recht hilfloser Beobachter, auch wenn sie uns manchmal Wege zu einer besseren Welt zeigen kann. Vorausgesetzt, ihr Antrieb ist die Liebe. Wollen Sie etwas trinken, Mr. Heller? Tee, Kaffee, Wasser oder etwas Alkoholisches? Einen Whiskey vielleicht?"

Heller zögerte. Er hatte sich eigentlich vorgenommen, heute keinen Alkohol anzurühren. Jedenfalls mindestens bis zum späten Nachmittag. Aber sein Kopf tat kaum noch weh. Und die Aussicht auf einen guten Whiskey war zu verlockend.

„Eine Tasse Kaffee wäre nett", antwortete er. „Und ein kleines Glas Whiskey. Aber nur ein kleines."

Slythe schmunzelte und verließ das Zimmer. Heller betrachtete die hohen Bücherregale, die sich beinahe bedrohlich aufzutürmen schienen. Wie eine Welle, die gleich brechen würde. Eine Kaskade aus unzähligen Worten.

Auf einer Seite des Raumes stand eine alte Kommode mit geschwungenen Beinen, auf der eine reich verzierte goldene Uhr aufgestellt war. An der Wand dahinter hing ein dunkles Gemälde. Zwischen den Fenstern befand sich ein wuchtiger Schreibtisch aus dunklem Holz. Auf der Arbeitsplatte türmten sich Papiere und Bücher. Schreibutensilien lagen herum und ein Briefbeschwerer in Form eines Ritters, der einen Drachen mit einer Lanze aufspießt, hielt einige Zettel unter sich.

Heller trat an den Schreibtisch. Einige der Bücher auf der Tischplatte waren, wie Heller mit einem Blick auf die Umschläge feststellen konnte, von Slythe selbst geschrieben. Er entdeckte auch ein Buch, dessen Autor George Kennington hieß. Ein Paar Briefumschläge lagen auf der linken Seite des Schreibtisches, zuoberst einer, der mit Archibald Slythes Namen versehen war. *Villa Adonais, Comune di Monteflavio* stand im Adressfeld.

Dann zog Heller eine Schublade des Schreibtisches auf. Er zuckte kurz zusammen, als er darin eine Pistole sah. Schnell schloss er die Schublade wieder und schlenderte ans Fenster. Draußen lag ein Innenhof, in dem Bäume wuchsen und den zu jeder Seite alte Häuser umschlossen. Unterhalb des Fensters war an der Außenwand ein etwas nutzloses Gitter angebracht, wie die Balustrade eines Balkons, aber ohne Balkon.

Die Tür knarrte und Slythe kam mit einer Flasche unterm Arm und zwei Gläsern in den Händen zurück.

„Setzen Sie sich doch!", rief er, auf zwei Sessel deutend, die vor einem Bücherregal um ein niedriges Tischchen gruppiert waren.

Heller folgte der Aufforderung.

„Hector wird uns gleich den Kaffee und das Wasser bringen", sagte Slythe, während er die Gläser auf den Tisch stellte, die Whiskeyflasche öffnete und zwei Daumen breit in jedes Gefäß füllte.

„Stoßen wir an!", sagte Slythe. „Auf die Macht der Poesie und auf die wunderbare Claire."

Heller hob die Mundwinkel zu einem gekünstelten Lächeln. Dann trank er einen Schluck. Der Whiskey schmeckte würzig und brannte sogleich in seiner Kehle.

„Der ist gut", sagte er.

„40 Jahre alt", entgegnete Slythe. „Aber kommen wir gleich zur Sache, Mr. Heller. Denn ich bin ein Mann der Tat und habe viel zu arbeiten. Ich bin jedoch auch ein Mann des Instinkts und wie Sie vielleicht wissen, trifft man manchmal die besten Entscheidungen aus dem Bauch heraus und nicht nach langen Überlegungen. Stimmen Sie mir zu?"

„Möglicherweise", sagte Heller und dachte betrübt an sein mieses Pokerspiel in letzter Zeit.

Slythe musterte ihn prüfend, bevor er fortfuhr: „Der Auftrag, den ich für Sie habe, setzt absolute Vertraulichkeit und

Verschwiegenheit Ihrerseits voraus. Und ein bisschen Schauspieltalent. Trauen Sie sich das zu?"

„Es kommt darauf an, was dabei für mich herausspringt."

„Es wird sich für Sie lohnen. „Ein paar Tausender können Sie sich schon verdienen. Vielleicht auch mehr, je nachdem, wie erfolgreich Sie sind."

„Und was müsste ich dafür tun?"

Heller versuchte, möglichst nüchtern zu klingen.

„Kennington", sagte Slythe. „Ich möchte, dass Sie ihn wieder treffen."

„Und wozu?"

„Ich möchte wissen, was er gegen mich im Schilde führt. Kennington fürchtet mich, beziehungsweise meine Forschungen und deren Ergebnisse. Er wird mich um jeden Preis daran hindern wollen, damit an die Öffentlichkeit zu gehen."

„Übertreiben Sie nicht ein wenig? Welches Interesse sollte er daran haben, das zu tun?"

„Täuschen Sie sich nicht in Kennington, Mr. Heller! Er ist wie eine hinterhältige Schlange, die zwar nur leise säuselt, aber tödlich zubeißen kann. Er bekämpft mich und meine Arbeit, wann immer er Gelegenheit dazu hat. Hat Kennington ihnen erzählt, dass ich auf der Suche nach bisher unentdeckten Werken von Keats und Shelley bin?"

Heller nickte und trank seinen Whiskey leer.

„Und hat er auch erwähnt, was ich über den Tod der beiden denke?", fragte der Professor.

„Sie glauben, die beiden wurden umgebracht", antwortete Heller.

Slythe brummte nachdenklich.

„Das hat er Ihnen also erzählt. Dann will ich Ihnen auch etwas erzählen. Ja, ich bin fest davon überzeugt, dass John

Keats und Percy Bysshe Shelley ermordet wurden. Und zwar nicht von irgendjemandem, sondern von Agenten der britischen Krone. Alle Welt soll an das Ammenmärchen von Keats' Tuberkulosetod und Shelleys Ertrinken im Meer glauben, damit niemand auf die Idee kommt, über die Hintergründe dieser Ereignisse nachzuforschen."

„Und die wären?", fragte Heller. Slythe musterte ihn prüfend.

„Ich weiß nicht, ob es klug ist, Sie zu weit in diese Geschichte einzuweihen."

In dem Moment klopfte es an der Tür.

„Herein!", rief Slythe etwas ungehalten. Die Tür öffnete sich und Hector Trimball erschien, ein Tablett mit Tassen und einer Kanne balancierend.

„Da sind Sie ja endlich!", sagte Slythe. „Ich dachte, Sie wären eingeschlafen."

Trimballs Miene schien über die Bemerkung ungerührt. Er stellte das Tablett auf den Tisch.

„Danke! Wir werden uns selbst bedienen. Haben Sie die Zugtickets schon gekauft?"

Trimball nickte. Dann verbeugte er sich kurz und verließ, einen kurzen, nicht besonders freundlichen Blick auf Heller werfend, wieder das Zimmer.

„Sie verreisen?", fragte Heller.

„Nur für einen Tag."

Er goss Kaffee in jede Tasse. „Zucker? Milch?"

„Nein, danke!", erwiderte Heller.

„In Ordnung!", sagte Slythe. „Ich werde Sie einweihen. Denn ich glaube, ich kann Ihnen vertrauen."

Der Professor räusperte sich. Dann sprach er mit gedämpfter Stimme: „Percy Bysshe Shelley zu töten, gab es einige

Gründe. Denn er war ein rebellischer Geist und griff die britische Krone und den Adel, dem er selbst entstammte, an, wo er nur konnte. Er war beinahe ein Revolutionär, der von einer Umwälzung der herrschenden Klassenverhältnisse im Vereinigten Königreich träumte. Permanent forderte er in Pamphleten und seinen Gedichten mehr Demokratie und eine Verbesserung der sozialen Verhältnisse der Unterschichten. Er liebäugelte sogar mit der Aufhebung des Privateigentums und hielt sogar die Ehe und die Monogamie für ein Unterdrückungsinstrument der herrschenden Klassen und der Kirche."

„Dem kann ich etwas abgewinnen", sagte Heller.

„Aber das war nicht der eigentliche Grund des Mordes an Keats und Shelley. Die beiden mussten sterben, weil sie gemeinsam an etwas arbeiteten, das die Geschichte der Menschheit verändert und die Mächtigen und Reichen dieser Erde in Angst und Schrecken versetzt hätte."

„Und was soll das sein?"

„Ein Gedicht!", sagte der Professor."

„Ein Gedicht?", wiederholte Heller ungläubig. „Warum sollte denn jemand vor einem Gedicht Angst haben?"

„Worte sind eine mächtige Waffe, mein junger Freund. Sie sind zwar von der menschlichen Vernunft geformt, doch wenn sie von tiefem Gefühl, von tiefer Liebe durchdrungen sind, durchbrechen sie jeden Schutzwall, den Menschen um ihr Herz errichtet haben. Das Gedicht, von dem ich spreche, ist von solcher Macht, dass kein Mensch, der es vernimmt, sich ihm entziehen kann. Es ist wie ein Zauber, der mit aller Kraft in Geist und Herz eindringt und für immer verändert. Ein Gedicht, das die Macht hat, jeden Menschen, der es liest oder hört, dermaßen mit Liebe zu erfüllen, dass das Böse in seinem Herzen keinen Platz mehr findet."

Heller versuchte Slythes eindringlichem Blick standzuhalten, ohne lauthals zu lachen. Ohne Zweifel nahm der Professor ihn auf den Arm, als kleine Rache für das, was Heller auf dem Friedhof mit Claire Beaumont angestellt hatte. Oder aber er war verrückt.

„Das klingt beeindruckend", erwiderte Heller in nüchternem Ton. Slythe strahlte über das ganze Gesicht.

„Beeindruckend?", rief er. „Es ist ein Wunder! Das mächtigste Liebesgedicht, das je geschrieben wurde. Und ich werde es finden."

Slythe schien ernsthaft begeistert. Oder er war ein hervorragender Schauspieler, ein Komödiant. Hatten die Briten nicht diesen skurrilen Humor? Schließlich glaubten sie auch an Geister in Spukschlössern und Monster in ihren Seen.

„Entschuldigen Sie, Mr. Slythe! Aber das klingt doch eher wie ein Märchen."

Slythe lehnte sich in seinem Sessel zurück, legte beide Hände auf die Knie, atmete tief ein und nickte dann betont langsam.

„Meinen Sie? Ich besitze einen Brief, in dem von dem Gedicht gesprochen wird. Einen Brief von Shelley an Keats."

In dem Moment schlug die goldene Uhr auf der Kommode dreimal. Heller trank seinen Kaffee leer und fragte sich, ob er um ein zweites Glas Whiskey bitten sollte. Ohne Zweifel bluffte der Professor mit seinem Gerede von seinem Zaubergedicht. Daran konnte kein erwachsener Mensch tatsächlich glauben. Dann aber dachte er an das Geld, das Slythe ihm in Aussicht gestellt hatte.

„Wenn ich nun Kennington treffe und herauszufinden versuche, was Sie wissen wollen, wie viel zahlen Sie mir dafür?"

„Fünftausend Euro. Tausend gleich, den Rest, wenn Sie Ihren Auftrag erledigt haben."

Slythe wirkte vollkommen ernst.

„Warum glauben Sie, dass Kennington mir irgendetwas erzählen würde? Er kennt mich doch kaum."

„Es kommt ganz darauf an, wie Sie es anstellen", sagte Slythe. „Erzählen Sie ihm, was ich Ihnen eben gesagt habe. Ich bin sicher, dass Kennington darauf reagieren wird. Schmieren Sie ihm Honig ums Maul. Tun Sie so, als würden Sie sich mit ihm gegen mich verbünden. Außerdem steht er auf hübsche Männer."

Heller schluckte.

„Ich aber nicht", erwiderte er. „Ganz und gar nicht."

„Kein Problem!", sagte Slythe schmunzelnd. „Seien Sie einfach freundlich zu ihm. Spielen Sie mit ihm. Männer sind seine schwache Seite. Und ich habe gesehen, wie er Sie gestern Abend mit seinen Blicken förmlich verschlungen hat."

„Ich möchte zweitausend als Vorschuss", sagte er dann. „Und insgesamt sechstausend."

Slythe seufzte.

„Gier ist keine Zier", sprach er, erhob sich von seinem Sessel und ging zu einem der Bücherregale. Er nahm mehrere Bücher heraus, griff durch die Lücke und schien auf irgendetwas herumzudrücken. Kurz darauf hatte er mehrere Geldscheine in der Hand.

„Hier", sagte der Professor. „Zweitausend Euro."

Heller nahm zufrieden die Banknoten entgegen, zählte sie und steckte sie in die Hosentasche. Es beruhigte ihn sehr, wieder flüssig zu sein. Auch wenn er auf diesen bescheuerten Auftrag keinerlei Lust hatte.

„Schreiben Sie mir hier Ihre Handynummer auf", sagte Slythe und reichte Heller einen Zettel und einen Bleistift.

„Wozu?"

„Damit ich Sie anrufen kann. Sie erwähnen Kennington gegenüber natürlich nicht, dass Sie heute noch einmal hier waren."

„Natürlich nicht", sagte Heller, zögerte einen Moment, dann notierte er seine Telefonnummer.

„Und wie bekomme ich das restliche Geld?", fragte er.

„Sobald Sie Ihren Auftrag erledigt haben. Am besten ist, sie treffen Kennington noch heute. Haben Sie seine Nummer? Er hat Ihnen doch sicherlich seine Visitenkarte gegeben?"

Heller nickte.

„Gut!", sagte Slythe. „Und noch ein letztes: Wenn Sie mein Haus verlassen, achten Sie auf den blauen BMW auf der anderen Straßenseite. Zwei Männer sitzen darin. Sehen Sie sich vor, dass Ihnen niemand folgt."

Heller machte ein skeptisches Gesicht. „Warum? Wer sind denn diese Männer?"

„Britischer Geheimdienst", sagte Slythe nüchtern und ohne dabei die Miene zu verziehen. „Ich werde beschattet, seit ich in Rom bin."

„Wirklich?", sagte Heller ungläubig.

„Glauben Sie etwa, was ich Ihnen erzählt habe, ist ein Ammenmärchen?", fragte Slythe ernst und schüttelte den Kopf.

Dann führte er Heller zur Wohnungstür, reichte ihm die Hand und sprach: „Viel Erfolg mit Kennington! Ich bin auf Ihren Bericht gespannt."

Nachdem sie sich verabschiedet hatten und die Tür ins Schloss fiel, fuhr Heller mit dem Aufzug nach unten und trat aus dem angenehm kühlen Hausflur in die Nachmittagshitze. Aus den Augenwinkeln suchte er nach dem blauen BMW, von dem Slythe gesprochen hatte. Tatsächlich entdeckte er ihn zwei Häuser weiter auf der gegenüberliegenden Straßenseite.

Zwei Männer saßen darin. War Slythe doch nicht paranoid?

Heller schlenderte in die andere Richtung davon, blieb aber an der nächsten Ecke stehen und ging in die Knie, um so zu tun, als müsse er seine Schnürsenkel binden. Den Trick hatte er in einem Film gesehen. Er blickte noch einmal zu dem Auto hin. Die Männer machten keine Anstalten, auszusteigen. Beruhigt erhob Heller sich wieder und setzte seinen Weg fort. Hinter der nächsten Straßenecke kramte er sein Handy und Kenningtons Visitenkarte hervor und wählte dessen Telefonnummer. Nach dreimaligem Klingeln ertönte eine Stimme.

„Kennington!"

„Ich bin es, Benjamin Heller."

17.

Sie haben gesagt, ich solle vorsichtig sein. Es sei noch zu früh, um gegen den Mann vorzugehen. Er sei der Sohn eines Barons, Mitglied des Oberhauses. Ich solle beobachten, ich solle Informationen sammeln, ich solle meinen Vorgesetzten berichten, ob der junge Herr Unternehmungen plane, die die öffentliche Ordnung und Moral gefährden und die königliche Autorität untergraben könnten. Und das tat ich. Gewissenhaft.

Mein Urteil über PBS stand früh fest. Ja, dieser Mensch gefährdete die öffentliche Ordnung, ja, er unterwanderte die Moral aufs Schändlichste, und ja, er untergrub die Autorität seiner Majestät George des Dritten und des Prinzregenten. Und er lästerte Gott, in Pamphleten, mit denen er ohne Skrupel die Seelen der Menschen zu vergiften versuchte.

PBS war ein schlechter Mensch, das bewiesen die Informationen, die ich von meinen Vorgesetzten erhalten hatte. Er bewies es auch selbst durch seine Taten in der Zeit meiner Beobachtung. Zu Kindern war er zwar freundlich und bestimmten Menschen gegenüber, wenn sie bedürftig waren, großzügig. Meine Vorgesetzten gingen aber davon aus, dieses Verhalten sei Teil eines hinterhältigen Plans, liederliche, gefährliche Menschen zu unterstützen und sich bei den einfachen Leuten einzuschmeicheln, um sie danach umso leichter aufwiegeln und für seine Ziele missbrauchen zu können.

Die Fakten, die man in dem Dossier über PBS zusammengetragen hatte, zeichneten ein sehr deutliches Bild. Obwohl Sohn eines Barons und mit Anspruch auf einen Sitz im Oberhaus, hatte er mit achtzehn Jahren zwei unerhörte Pamphlete geschrieben, deretwegen er im März des Jahres 1811 des University Colleges in Oxford verwiesen wurde. In dem einen griff er die christliche Religion auf niederträchtigste Weise an und verteidigte den Atheismus. In dem anderen attackierte er unverhohlen Seine Majestät, den König. Nach PBS' Weigerung, sich für die Schriften zu entschuldigen, brach sein Vater mit ihm. Endgültig zerschnitt PBS das Band zu seinem Elternhaus, als er vier Monate später mit der sechzehnjährigen Tochter eines Mannes namens John Westbrook, Besitzer des Mount-Street-Kaffeehauses am Grosvenor Square, nach Schottland durchbrannte, um sie dort zu heiraten. Die Sechzehnjährige mit Namen Harriet war die erste einer Reihe von unschuldigen Mädchen, die PBS in seinen Bann und ins Verderben zog. Offenbar erschütterte er nicht nur Harriets Glauben an den allmächtigen Gott, sondern versuchte darüber hinaus, ihren Körper anderen Männern anzubieten. Gleichzeitig äußerte er in Briefen seine Sympathie für die Umtriebe der Illuminaten. Er stellte sich also auf die Seite eines Geheimbundes, der alle gesellschaftliche Ordnung und Hierarchie, jegliche Religion sowie das Recht auf Privateigentum vernichten und sogar die Institution der Ehe abschaffen wollte. Als wäre das nicht genug, reiste PBS im Februar 1812 in Begleitung von Harriet und ihrer 29-jährigen Schwester Eliza Westbrook nach Irland, um die dortige Bevölkerung auf Versammlungen gegen die britische Krone aufzuwiegeln. Unter anderem forderte er die Gründung von Geheimbünden, um sich gegen die britische Herrschaft zu erheben. Gottlob sind unsere Agenten stets an der richtigen Stelle, wenn es darum geht, revolutionäre Aktivitäten zu beobachten und der Zentrale in Whitehall zu berichten. Meines Erachtens hätten meine Vorgesetzten zu diesem Zeitpunkt bereits eingreifen müssen, um das Problem PBS elegant aus der Welt zu schaffen. Doch sie wagten noch nicht, ein Mitglied des Adels zu direkt zu behelligen. Als wären alle Glieder der hohen englischen Gesellschaft gegen das Gift der Umstürzlerei immun. Ich bin es ge-

wohnt, die Befehle meiner Vorgesetzten auszuführen, doch gäbe man mir ein wenig freie Hand, so würde ich manches Problem an der Wurzel packen und ausreißen, bevor es auch noch andere Teile der Gesellschaft erfasst und großes Unheil anrichtet. Aufrührerisches Gedankengut ist wie die Pest, die sich verbreitet. Auch eine Kiste voller aufrührerischer Schriften und Briefe, die PBS im März 1812 leichtsinnigerweise von Irland nach Wales hatte verschiffen lassen, konnte meine Vorgesetzten nicht zum Eingreifen bewegen. Der Befehl von Innenminister Lord Sidmouth hieß: Beobachten und Informationen sammeln, Post aus und zu PBS' Haus abfangen, gesellschaftliche Kontakte von PBS und seines Kreises unterwandern und stören, aber nicht direkt eingreifen. Unser Versuch, durch die Streuung von Gerüchten bei den richtigen Personen dafür zu sorgen, dass der – gewiss nicht nur politische, sondern ebenso sexuelle – Kontakt zwischen PBS und einer gewissen unverheirateten Dame namens Elizabeth Hitchener aus Sussex ein Ende fände, scheiterte zunächst. Es gelang PBS, die Dame, eine Lehrerin, nach Wales zu locken, wo er sich mit seiner Frau, ihrer Schwester Eliza und einem irischen Diener namens Dan Healy niedergelassen hatte (die Bemerkung mag mir erlaubt sein, dass sich in dem Haus, das PBS und sein Kreis bewohnte, zutiefst widerliche Begegnungen zwischen den Bewohnern zugetragen haben müssen; im Übrigen brach PBS den Kontakt mit Miss EH, die meine Vorgesetzten über Monate überwachen und deren Post sie öffnen ließen, Ende 1812 ab).

Von Wales aus setzte PBS sein Treiben fort. Er und seine Anhängerschaft versuchten, ein aufwieglerisches Pamphlet und eine nicht weniger gefährliche Schrift in Form einer Ballade auf extravagante Weise unters Volk zu bringen: Sie stopften sie in Flaschen, die sie versiegelt ins Meer warfen; sie bauten kleine Boote, um sie zu transportieren, und konstruierten sogar Ballons aus Seide, die – von Feuer in die Höhe getragen – die Machwerke über das Land beförderten.

Im Juli 1812 folgte der nächste Schlag des unseligen PBS. In einem Pamphlet, das als Brief an Lord Ellenborough überschrieben war, trat er für einen radikalen Verleger ein, den der Lord wegen der Veröffentlichung einer umstürzlerischen, atheistischen Schrift zu einer Gefängnisstrafe von achtzehn Monaten verurteilt hatte. Darin forderte er nicht nur die gleiche Anerkennung aller Religionen, sondern auch noch die Freiheit der Presse (also freie Hand für Lüge, Aufwiegelei und Beleidigungen aller Art). Nun aber gelang es, der Schlange PBS zumindest einen kleinen Stich zu versetzen, indem die Behörden in der Ortschaft Barnstaple seinen Diener Dan Healy auf frischer Tat ertappten, als er die Pamphlete von PBS an Mauern und Bäume klebte. Healy wurde zu sechs Monaten Haft verurteilt. Unglücklicherweise war PBS nun gewarnt und floh mit seiner Entourage, so dass wir für eine gewisse Zeit seine Spur verloren.

PBS hielt sich angeblich im Herbst 1812 eine Zeitlang in London auf und traf vermutlich auf den verwitweten William Godwin, der 1792 mit einem umstürzlerischen Werk von sich reden gemacht hatte, in dem er die französische Revolution pries. Außerdem forderte auch er die Abschaffung der Ehe und stattdessen die freie Liebe. Godwin und PBS hatten seit einigen Monaten Briefverkehr gepflegt (der alte Mann hätte besser daran getan, die Schlange nicht in seinen Kaninchenbau einzulassen). Später erfuhren wir, dass PBS bereits im Januar 1813 in dem walisischen Ort Tremadoc sein aufrührerisches Treiben fortsetzte, indem er sich zunächst öffentlich gegen die Hinrichtung von vierzehn Arbeitern in York empörte. Die Männer hatten sich an einer ludditischen Verschwörung beteiligt. Außerdem beschimpfte er in den schärfsten und beleidigendsten Worten die rechtmäßige Verurteilung der Hunt-Brüder wegen eines Hetzartikels in der Zeitung Examiner gegen den Prinzregenten. Und er brachte einige Honoratioren des Ortes gegen sich auf, indem er behauptete, die dortigen Arbeiter würden ausgebeutet.

Sein nächstes Machwerk nannte er Queen Mab. Es kam im Sommer 1813 in Druck. Wieder aufrührerisch, ketzerisch und gegen die gesellschaftliche, politische und religiöse Ordnung gerichtet. PBS ließ nur wenige Exemplare an bestimmte Personen verteilen, aber wir konnten uns natürlich einige davon sichern.

PBS bekam im Juni eine Tochter. Wir registrierten, dass seine finanzielle Lage äußerst angespannt war, mit einem Erbe, das sein Vater ihm vorzuenthalten versuchte und einem Lebensstil, der ihn tief verschuldet hatte. PBS war von Gläubigern umringt (manches politische Problem löst sich, indem man den Gegner schlicht finanziell ins Verderben treibt).

1813/1814 verschlechterte sich offenbar sein Verhältnis zu seiner Frau Harriet. Sie lebten getrennt, sie in Bath, er in London. Im Juni 1814 lernte er William Godwins Tochter Mary kennen, Ende Juli floh er mit ihr und ihrer Halbschwester aus England in Richtung Frankreich. Mr. Godwin zeigte sich über diese Perfidie entsetzt, doch machten in London Gerüchte die Runde, der von ständigen Geldnöten Geplagte habe seine Tochter an PBS verkauft, um von diesem finanziell unterstützt zu werden. Die letzten Monate des Jahres 1814 verbrachte PBS mit seiner neuen Geliebten Mary Godwin und ihrer Halbschwester an verschiedenen Orten in London, gehetzt von Gläubigern und stets in Geldnöten. Harriet gebar in dieser Zeit einen Sohn. PBS war der Vater.

1815: In der Zeit keine offensichtlich umstürzlerischen Aktivitäten mehr, deshalb ließen meine Vorgesetzten die Beobachtung von PBS weitgehend einstellen (ich erlaube mir zu bemerken, dass ich diese Nachlässigkeit für einen großen Fehler halte, der nur dem permanenten Personalmangel unserer kleinen Behörde geschuldet ist). Mary gebar eine Tochter, die nach wenigen Tagen starb.

Im Januar 1816 brachte Mary einen Sohn zur Welt. Im Mai verließ PBS England ein zweites Mal mit Mary Godwin und ihrer Halb-

schwester Richtung Kontinent. Unter anderem Zusammentreffen mit Lord Byron in Genf, wie britische Reisende berichteten. Was heckten die Beiden aus? Neue Schmähschriften? Umsturzpläne?

Ende 1816: PBS zurück in England: erstes Treffen mit dem Verleger Leigh Hunt, der wegen eines unerhörten Pamphlets gegen den Prinzregenten im Jahr 1813 zu zwei Jahren Gefängnis verurteilt worden war. Im Oktober Selbstmord der zweiten Halbschwester von Mary, Fanny Imlay, im Dezember von Harriet, PBS' Ehefrau, im Hyde Park. Sie ertränkte sich. Gerichtsstreit zwischen PBS und Harriets Eltern um das Sorgerecht für die beiden Kinder, die er mit der Verstorbenen hatte. PBS verlor, u.a. wegen seiner politischen Ansichten und seines Unglaubens. In dieser Zeit mehrere Briefe von PBS und Mary Godwin, die er inzwischen geheiratet hatte, an Lord Byron.

Im Februar 1817 rief die Administration unseres Premierministers, Lord Liverpool, aufgrund aufrührerischer, ja aufständischer Bewegungen im ganzen Land den Alarmzustand aus. Es wurde beschlossen, alle gefährlichen politischen Subjekte genauer zu beobachten und zu überwachen. Ein Pamphlet tauchte noch im Frühjahr auf, in dem zu einer Wahl des Parlaments durch das Volk aufgerufen wurde und zwar durch alle gemeinen, nicht nur durch die durch ihren Besitz dazu befähigten Briten. Unterschrieben war es mit dem Pseudonym Eremit von Marlow. PBS wohnt mit seinem neuen Eheweib Mary und deren Halbschwester seit März in Marlow, so dass nahe lag, wer der Verfasser dieses Pamphlets war. Nun bin ich von meinen Vorgesetzten beauftragt, mich an die Fersen von PBS zu heften. Mit Genugtuung werde ich dieses Irrlicht auslöschen, wenn die Zeit dafür gekommen ist.

18.

George Kennington saß, in einem Buch lesend, an einem Restauranttisch auf einem kleinen, aber hübschen Platz, der von alten Häusern und einer Kirche gesäumt war. In der Mitte des Platzes plätscherte ein Brunnen. Ein paar Kinder spielten dort. Auf dem Tisch war für zwei Personen gedeckt, eine Flasche Wein stand in einem silberfarbenen Behälter. Kennington bemerkte Heller erst, als der ihn ansprach. Sofort erstrahlte sein Gesicht.

„Mr. Heller! Da sind Sie schon. Was für eine Freude! Setzen Sie sich!"

Kennington legte sein Buch auf den Tisch, während Heller sich auf dem Stuhl gegenüber niederließ.

„Ich habe mir erlaubt, schon einen sardischen Weißwein zu bestellen. Ich hoffe, das ist Ihnen recht."

Heller nickte, während Kennington die Flasche aus dem mit Eiswürfeln gefüllten Behälter zog, und ihm das Glas vollschenkte.

„Sind Sie auf dem Weg hierher am Pantheon vorbeigekommen?", fragte Kennington. „Es liegt ganz in der Nähe."

„Ich weiß nicht", sagte Heller. „Das alte Gebäude mit den riesigen Säulen und den Menschenschlangen davor?"

Kennington nickte. „Es ist ein eindrucksvoller Bau, finden Sie nicht? Das besterhaltene antike Gebäude in Rom."

Heller lächelte höflich.

„Viele ihrer Landsmänner haben das Pantheon in Gedichten besungen", sagte Kennington. „Tieck zum Beispiel. Aber auch Goethe war des Lobes voll, als er auf seiner Italientour hier Halt machte. Sie haben die *Italienische Reise* gelesen?"

Heller schüttelte den Kopf. „Ich lese nicht so viel", sagte er.

Kennington runzelte die Stirn. „Schade!" Und dann fügte er hinzu: „Auch Shelley liebte das Pantheon übrigens sehr. Während seines Aufenthalts in Rom hat er es immer wieder besucht."

Heller schwieg. Er wusste dazu nichts zu sagen.

„Was wollen Sie essen?", fragte Kennington.

„Was empfehlen Sie denn?"

„Die Linguine mit Meeresfrüchten als ersten Gang. Und danach den Seebarsch."

„Das nehme ich", sagte Heller zufrieden.

Kennington winkte den Kellner herbei und gab die Bestellung in perfekt klingendem Italienisch auf. Dann lehnte er sich genüsslich in seinem Stuhl zurück, musterte Heller und sagte: „Sie haben den gestrigen Abend gut überstanden? Nicht zu viel Poesie und sonstige Merkwürdigkeiten?"

Heller lächelte und trank einen Schluck Wein.

„Doch, ein bisschen zu viel Poesie für meinen Geschmack. Aber den alten Leuten scheint es gefallen zu haben. Alte Gedichte für alte Männer und Frauen. Außer Claire Beaumont kenne ich keinen halbwegs jungen Menschen, der an dem Zeug Freude hätte."

„Ich glaube, da irren Sie sich", sagte Kennington. „Immer mehr junge Menschen lesen wieder Gedichte. Trotz Internet, Smartphone und all ihrer Bilderfluten. Die Menschen sehnen sich nach dem Wesentlichen, nach Gefühlen in all dem hektischen Wahnsinn unserer Zeit. Und gute Dichter sind seit jeher in der Lage in schönen Worten das Wesentliche am Dasein zum Ausdruck zu bringen: Gedanken und Gefühle, aber auch innere Konflikte, die universell und zeitlos sind. Die Liebe zu Menschen und zur Natur, Sehnsucht, Verzweiflung, Enttäuschung, Angst, Wut, Hoffnung, den Wunsch nach einer besseren Welt, das Leiden an der Vergänglichkeit des Lebens: all das bewegt Menschen seit jeher. Sie etwa nicht?"

Heller verzog den Mund.

„Ich versuche, mich vor Gefühlen und Gedanken zu hüten, die mich unglücklich machen. Und das echte Leben interessiert mich mehr, als das viele Gerede darum. Ein echter Kuss ist tausendmal mehr wert, als ein Gedicht darüber. Sehen Sie das anders?"

Kennington schmunzelte. „Nein! Aber wir Menschen sind nun einmal mit der Gabe ausgestattet, uns Ereignisse vorzustellen und Gefühle und Gedanken mit Hilfe der Sprache wiederzugeben. Wir können anderen Menschen mit dieser Gabe vermitteln, was in unserem eigenen Geist vor sich geht. Und vielleicht auf diese Weise eine besondere Verbindung zu ihnen und zur Welt, die uns umgibt, herstellen."

„Das klingt reizend", sagte Heller.

Kennington schmunzelte. „Kennen Sie das?"

Dann hob er zu sprechen an:

> *„Schläft ein Lied in allen Dingen,*
> *die da träumen fort und fort,*
> *doch die Welt hebt an zu singen,*
> *triffst du nur das Zauberwort."*

„Das ist hübsch, nicht wahr? Es stammt von Ihrem Landsmann Joseph von Eichendorff und ist heute ebenso wahr wie vor fast 200 Jahren."

Heller trank einen großen Schluck Wein. Er würde von Slythe mehr Geld verlangen müssen.

Kennington musterte Hellers skeptisches Gesicht, grinste dann und fragte mit einem beinahe prüfenden Blick:

„Glauben Sie, dass man mit Worten Gefühle erzeugen kann? Vielleicht sogar Liebe? Kann man mit Worten das Herz eines Menschen gewinnen? Kann man mit Worten die Menschen empfindsamer für das Besondere, das Schöne und das Gute werden lassen?"

Heller zuckte mit den Schultern.

„Keine Ahnung! Aber nichts ist effektiver, als die Tat. Die einen Menschen reden, die anderen handeln."

Kennington schmunzelte.

„Ich mag Sie, Heller. Auch wenn wir uns nicht in jedem Punkt einig sind."

In dem Moment trat der Kellner heran und brachte zwei Teller mit dampfenden Nudeln, garniert mit Muscheln und rosafarbenen Garnelen.

„Lassen Sie es sich schmecken", sagte Kennington. Nach ein paar Bissen sprach er: „Hatten Sie die Gelegenheit, mit Slythe ein paar Sätze zu wechseln?"

„Oh ja! Auch wenn er mir ziemlich seltsame Geschichten erzählt hat."

„Und was hat er Ihnen erzählt?", fragte Kennington und machte ein interessiertes Gesicht.

„Er meinte, wenn ich ihn richtig verstanden habe, Keats und Shelley seien von britischen Geheimagenten umgebracht worden."

Kennington runzelte erst die Stirn, dann seufzte er.

„Diese Räuberpistole hat er Ihnen tatsächlich aufgetischt? Da ist gar nichts dran, auch wenn er nicht der erste ist, der so etwas behauptet. Wenn Slythe so weitermacht, wird bald jeder seinen Wahn erkennen. Poesie braucht zwar Fantasie und Einfühlungsvermögen, aber keinen Irrsinn. Wahrlich schöne Verse sind beeindruckend genug, um Menschen zu berühren."

Heller nahm einen weiteren Schluck Wein, spürte, wie schnell der Alkohol ihm zu Kopf stieg.

„Außerdem hat Slythe mir erzählt, er sei auf der Suche nach einem Gedicht, das Shelley und Keats gemeinsam geschrieben haben sollen. Das soll auch der Grund dafür sein, dass man sie umgebracht hat."

Kennington wollte gerade die mit Linguine umrollte Gabel zu den Lippen führen, hielt dann mitten in der Bewegung inne und starrte Heller mit offenem Mund und großen Augen an.

„Was?", sagte er. „Ist Slythe verrückt geworden? Der Mann ist reif für die Irrenanstalt."

„Soweit ich ihn verstanden habe, ist Slythe sogar kurz davor, dieses Gedicht zu finden", sagte Heller.

Kenningtons Mundwinkel zuckten und er zog die Stirn kraus. Dann legte er sein Besteck auf den Teller und lehnte sich in seinem Stuhl zurück. Nach kurzem Schweigen sprach er, mit beinahe mitleidvoller Stimme.

„Oje, Archibald Slythe ist tatsächlich seinen eigenen Wahnvorstellungen erlegen. Der arme Mann! Sollte er es wagen, derartigen Unsinn öffentlich zu verbreiten, ist er erledigt. Denn dann bleibt mir nichts übrig, als ihn mit aller Macht in die Schranken zu weisen. Wer sich außerhalb der Wissenschaft stellt, soll Romane schreiben, aber keinen Lehrstuhl an einer der renommiertesten Universitäten der Welt innehaben."

Kennington schenkte sich und Heller Wein nach und fuhr fort: „Das Werk von Shelley und Keats ist großartig genug. Man muss die Öffentlichkeit nicht mit irgendwelchen Zaubermärchen, Kriminalgeschichten und Verschwörungstheorien auf sie aufmerksam machen."

„Was wollen Sie denn gegen Slythe unternehmen?", fragte Heller, seinen Auftrag vor Augen.

„Ganz einfach: sollte er das, was Sie mir gesagt haben, öffentlich behaupten, dann werde ich ihn auf allen wissenschaftlichen Konferenzen und in allen Zeitschriften aufs Schärfste attackieren. Ich werde seinen Ruf zerstören. Und das bedeutet: keine Fördergelder mehr für seine Projekte, keine Anerkennung mehr in den universitären Kreisen sowie in der Öffentlichkeit, schließlich soziale Ächtung. Er wird arm und vereinsamt in seinem Kämmerchen in Oxford der guten alten Zeit nachweinen, als er noch rauschende Empfänge in Rom geben und angesehene wohlhabende Schöngeister um sich versammeln konnte."

„Sie klingen, als hätten Sie eine Rechnung mit Slythe offen", sagte Heller.

Kennington wischte sich mit seiner Serviette über den Mund. „Klingt es so?"

Der Spott, aber auch die Verbitterung in Kenningtons Stimme war nicht zu überhören.

„Es treibt mich zur Weißglut, dass dieser Scharlatan eine Gemeinde von glühenden Verehrern um sich schart, die ihn anhimmelt wie einen Propheten und ihn zweifelsohne mit allen möglichen finanziellen Mitteln unterstützt. All diese wohlhabenden Damen und Herren könnten ihr Geld sinnvoller investieren. Zum Beispiel in ernsthafte Forschungen der englischen Literaturwissenschaft. Oder in der Bewahrung unserer literarischen Schätze. Oder in Stipendien für junge Studenten, die sich hoch verschulden, um in meinem Land überhaupt eine Universität besuchen zu dürfen. Aber Slythe bringt es fertig und macht seine Anhänger glauben, ein solches Gedicht könne es wirklich geben. Das nächste Mal behauptet er, den Heiligen Gral gefunden zu haben."

Kennington war rot im Gesicht geworden. Er schnaufte mehrmals durch, dann sagte er: „Außerdem ärgert mich, dass er eine junge Dame wie Claire Beaumont missbraucht, um mit ihrem Talent all diesen Poesie-Verehrern endgültig den Kopf zu verdrehen. Ms Beaumont ist ein gutgläubiges, begeisterungsfähiges, sensibles, euphorisches und leider auch naives junges Ding mit einer großen Begabung. Sie würde für die Gedichte von John Keats durchs Feuer gehen und für Shelley vielleicht ins Wasser. Doch Slythe spannt sie und ihre Fähigkeit vor seinen Karren, um den Leuten Sand in die Augen zu streuen und sie vergessen zu lassen, welchen Unsinn er ansonsten verbreitet. Ich sage Ihnen eines: die Leute wollen geblendet werden und mit der richtigen Marketingmaschine können Sie den Menschen Stroh als Gold verkaufen."

Kennington zerknüllte seine Serviette, bevor er mit zerknirschtem Gesicht fortfuhr:

„Ms Beaumont bemerkt einfach nicht, was Slythe da mit ihr treibt. Ich wünschte, jemand könnte die junge Dame wachrütteln. Aber ich fürchte, in Slythe hat sie ihren Guru gefunden, ihren Vaterersatz."

„Ihren Vaterersatz?", fragte Heller verblüfft.

Kennington nickte.

„Ja, Claires Vater ist bei einem Verkehrsunfall tödlich verunglückt, als sie etwa acht Jahre alt war. Und ihre Mutter war psychisch ziemlich labil und hat sich kurz nach Claires achtzehntem Geburtstag umgebracht."

„Das ist ja furchtbar", sagte Heller. „Woher wissen Sie das alles?"

„Aus der Zeitung. Ihre Mutter hieß Jacqueline, eine Theaterschauspielerin, die eine Zeit lang in London recht erfolgreich war. Nach ihrem Selbstmord hat die Boulevardpresse über die Geschichte berichtet. Leider hat die arme Claire von ihren Eltern keinen Cent geerbt. Als sie dann ihr Studium in

Oxford begann, hat Slythe sie unter seine Fittiche genommen. So weit ich weiß, hat er sich sehr um sie gekümmert, auch finanziell. Dafür scheint sie ihm immer noch dankbar zu sein. Wahrscheinlich fühlt sie sich ihm verpflichtet."

Heller aß den letzten Bissen von seinem Teller. Als er heruntergeschluckt hatte, sagte er: „Das klingt ziemlich dramatisch. Die arme Claire Beaumont."

In dem Moment trat der Kellner an den Tisch und brachte den zweiten Gang. Als er wieder fort war, blickte Kennington Heller einen Moment lang schweigend an, schien sein Gesicht eingehend zu betrachten und gluckste dann: „Mr. Heller! Könnten Sie sich vorstellen, Claire zu verführen?"

„Das meinen Sie nicht ernst", erwiderte Heller sofort.

Kennington hob die Augenbrauen. „Warum denn nicht? Ich dachte, Sie seien ein Mann der Tat, der nicht viele Worte verliert, sondern handelt."

„Moment mal!", verteidigte sich Heller. „Ich bin sicher, dass ich Claire Beaumont irgendwie verführen könnte, wenn ich es wollte. Auch wenn ich glaube, dass sie ein ziemlich harter Brocken ist. Aber sie ist nicht mein Typ. Außerdem bin ich mir nicht einmal sicher, dass sie auf Männer steht."

Heller blickte in Richtung des plätschernden Brunnens. Der Gedanke, dass Claire Beaumont lesbisch sein könnte, war ihm eben spontan gekommen. Wenn das der Fall war, würde es ihr unterkühltes Verhalten ihm gegenüber wunderbar erklären.

Kennington schüttelte den Kopf.

„Nein, das glaube ich nicht", sagte er und fuhr fort: „Ach kommen Sie, Heller! Seit wann sind Männer wie sie so wählerisch? Sie sollen sie ja nicht heiraten und eine Familie mit ihr gründen, sondern sie verführen. Eine Nacht lang zumindest.

Trauen sie sich das etwa nicht zu?"

Kennington begann, seinen Fisch zu verspeisen.

„Natürlich traue ich mir das zu", erwiderte Heller. „Aber ich habe keine große Lust darauf. Außerdem hat Claire Beaumont Gefühle. Haben Sie nicht selbst gesagt, dass sie sensibel ist? Wie eine zerbrechliche Rose aus Glas, meinte auch die alte Lady gestern. Ich bin doch kein Unmensch, der eine zerbrechliche Rose…"

Heller hielt inne, denn der Kellner kam mit einer neuen Flasche Wein und schenkte die ausgetrunkenen Gläser voll.

„Grazie!", sagte Kennington zu dem Kellner und als der sich wieder entfernt hatte, wandte er sich an Heller.

„Sie sind also doch ein Mensch mit Skrupeln, Mr. Heller. Einerseits freut mich das für Sie, andererseits ist es schade, denn mir wäre die Sache ein hübsches Sümmchen wert. 5.000 Euro, wenn Sie mit Claire schlafen. Und wenn Sie es schaffen, dass sie sich in Sie verliebt, lasse ich noch mal 5.000 springen."

Heller schüttelte fassungslos den Kopf.

„Sie meinen das wirklich ernst? Eben noch erzählen Sie von Poesie und von Empfindsamkeit, und jetzt wollen Sie mich dafür bezahlen, dass ich Claire Beaumont ins Bett kriege?"

„Finden Sie das Angebot etwa anzüglich? Ich glaube eher, dass Sie fürchten, auf Granit zu beißen. Das würde Ihr männliches Ego sicherlich verletzen."

Kennington winkte ab. „Dann vergessen Sie eben meinen Vorschlag."

Heller blickte den Professor mürrisch an. Auf einen Schlag war Kennington ihm fast so unsympathisch geworden, wie Slythe es bereits war. Die beiden Männer hatten eindeutig einen Dachschaden. Und doch war die Aussicht auf weitere 10.000 Euro zu verlockend.

„Ich begehre Ms Beaumont aber nicht", sagte Heller. „Ich könnte sie natürlich verführen, aber das muss Ihnen mehr Geld wert sein. Schließlich soll ich in Wahrheit Ihr Werkzeug gegen Slythe sein, nicht wahr? Ich will…"

Heller dachte kurz nach „… 15 000 Euro."

„Abgemacht!", sagte Kennington so schnell, dass Heller sich ärgerte, nicht eine höhere Summe gefordert zu haben.

„Und 2000 Euro sofort!", schob Heller nach.

Kennington stöhnte auf. „Ach, Heller! So viel Geld habe ich jetzt doch nicht dabei. Aber ich mache Ihnen einen Vorschlag. Sie treffen Ms Beaumont heute noch und danach kommen Sie zu mir nach Hause und ich gebe Ihnen die Summe. Außer, Sie verbringen die Nacht mit ihr. Dann sehen wir uns erst morgen wieder und Sie erhalten gleich Ihren gesamten Lohn."

Heller schüttelte unwillig den Kopf.

„Wie soll ich Claire denn treffen? Ich weiß doch gar nicht, wo sie jetzt steckt."

„Sie ist vermutlich zu dieser Zeit noch im Keats-Shelley-Haus. Da ist sie normalerweise immer tagsüber unter der Woche und arbeitet an ihrer Doktorarbeit."

„Sie wird glauben, dass ich ihr nachstelle."

„Aber das kann sie doch. Das soll sie doch. Ein Mann verliebt sich in eine Frau und versucht ihr Herz zu erobern. Derartiges hat sich in der Menschheitsgeschichte bereits zugetragen.

Kennington grinste.

„Sie sind verrückt", sagte Heller.

19.

Von einer plötzlichen Brise herangetragen, schob sich ein dichter, grauer Schleier zwischen den blauen Himmel und den steinigen Gipfel des Berges, dem sich die Wanderer bis auf wenige hundert Schritte genähert hatten. Von einem Moment auf den anderen verschluckte die Wolkendecke nicht nur die eben noch hell leuchtende Sonne, sondern ebenso die Spitze des Berges selbst.

Charles Brown hielt inne, denn er ahnte, dass die graue Masse aus feinen Wasserbläschen in wenigen Augenblicken auch ihn und seinen Begleiter einhüllen und ihnen die Sicht nehmen würde. Diese Einschränkung wuchs sich auf dem höchsten Berg Großbritanniens in Windeseile von einer ästhetischen Beeinträchtigung zu einer lebensgefährlichen Behinderung aus. Auf dem Geröllfeld, das zum Gipfel führte, geriet man schnell aus dem Tritt und riskierte, Hunderte von Metern in die Tiefe zu rutschen, um dort mit zerschlagenen Gliedern liegen zu bleiben. Dieses Schicksal wollte Brown sowohl sich, als auch seinem leichtsinnigen Gefährten ersparen, der gut zwanzig Schritte vor ihm wacker und mit unverminderter Geschwindigkeit voranmarschierte, einen Wanderstock in der Hand, eine braune Mütze auf dem Kopf und ein Ränzlein mit Gepäck auf dem Rücken.

„He, Keats!", rief Brown. „Bleiben Sie stehen, sonst brechen Sie sich noch alle Knochen!"

Die kleine Gestalt reagierte nicht, sondern lief weiter dem Gipfel entgegen.

„Gottverdammt!", fluchte Brown und folgte seinem Freund. Er hielt jedoch inne, als eine plötzlich herannahende Wolke den Wanderer ganz und gar umhüllte, so dass sich Browns Sicht auf einen kleinen Umkreis von wenigen Metern beschränkte. Dass man an dieser Stelle von den Gipfeln vieler Berge umgeben war und an guten Tagen bis zum Meer blicken konnte, ließ sich nun nicht mal erahnen. Jeder weitere Schritt bevor sich die Wolke verzog, konnte tödlich sein.

„Keats!", schrie Brown wieder. „Warten Sie!"

Er erhielt keine Antwort. Um ihn war nichts als grauer Nebel und Stille. Brown fühlte sich, als sei er ganz alleine auf der Welt.

*

„Wie tausend tanzende Elfen", dachte Keats, als er die feinen Wassertröpfchen betrachtete, die um ihn durch die Luft flimmerten. Die karge, vegetationslose Geröllwüste war, vom dichten Nebel verborgen, zu einem kleinen Kreis um seinen Körper zusammengeschrumpft. Nichts erinnerte mehr an das geschäftige Treiben der Menschen in ihren Dörfern und Städten, das Keats oftmals als so unangenehm und geckenhaft empfand. Hier oben, in der kalten Luft nahe dem Gipfel des Ben Nevis, fühlte er sich der reinen, wilden Natur verbundener als je zuvor. An diesem Ort fand er, wonach er sich lange gesehnt hatte: Eindrücke, die seine Vorstellungskraft überstiegen. Genau diese Empfindungen hatte er seit Beginn dieser Reise durch Nordengland und nach Schottland gesucht, wie ein Forscher der übersinnlichen Wahrnehmung. Tief atmete er die feuchte Luft des Wolkennebels ein, das unangenehme Kratzen in seinem Hals ignorierend wie das Gebell eines Hundes in der Nacht. Ebenso wenig beachtete er den weit hinter ihm rufenden Brown, den wohl die Angst davor zurückhielt, rascher in das Unbekannte vorzustoßen. Keats dachte an Tom, seinen Bruder, der krank im Bett in London lag. Wenn Tom mit ihm nur all diese Eindrücke teilen könnte! Er würde dem Kranken in seinem nächsten Brief seine Erlebnisse so gut es ihm möglich war, schildern.

Er setzte seinen Weg fort, obwohl die Wolke ihn unvermindert gefangen nahm. Dieses Wagnis aber nahm er in Kauf, denn wahre Erkenntnis schien ihm unmöglich, wenn man nicht einen Zustand voller Unsicherheiten, Geheimnisse und Zweifel hinnahm. Man konnte sich nicht nur auf bloße Tatsachen und die Vernunft beschränken. Man musste sich ins Unbekannte vorwagen.

Er marschierte zielstrebig durch die feuchte Luft über das spitze graue Geröll, das den Berg an vielen Stellen bedeckte. Plötzlich aber stieß er auf eine Klippe, die sich vor ihm öffnete, dahinter gähnte ein Abhang, dessen Grund der Nebel verdeckte. Er mochte nur wenige oder aber Hunderte von Yards tief sein. Der Gedanke, nicht zu wissen, was sich unter dem Nebel verbarg, erfüllte Keats mit euphorischem Kribbeln. Er sah sich um und blickte in nichts als das Grau. Er wandte die Augen gen Himmel und sah Grau. Und in der Tiefe waberte ebenfalls grauer Dunst. Keinerlei Farbe außer Grau. Und doch schien ihm dieser Anblick so überaus vielfältig, dass Keats die Seele jubelte. Denn genauso empfand er den Zustand vieler Menschen in dieser Welt. Angesichts des Unbekannten, das das Jetzt bedeutete und die Zukunft brachte, konnte man, wenn man die Sinne und das Herz weit aufspannte, die wundervolle Pracht des Daseins spüren. Und glücklich sein.

Schnell setzte er sich auf einen Felsen, nahm sein Bündel vom Rücken und holte Papier und Feder hervor. Er tauchte sein Schreibutensil in die Tinte des Fläschchens, legte das Papier auf die Knie und begann zu schreiben, ohne noch einmal abzusetzen oder nach Worten suchen zu müssen, die wie von selbst aus der Feder flossen:

WRITTEN ON TOP OF THE BEN NEVIS
Read me a lesson, Muse, and speak it loud
Upon the top of Nevis, blind in mist!
I look into the chasms, and a shroud
Vapourous doth hide them – just so much I wist
Mankind do know of hell; I look o'erhead,
And there is sullen mist, – even so much
Mankind can tell of heaven; mist is spread
Before the earth, beneath me, – even such,
Even so vague is man's sight of himself!
Here are the craggy stones beneath my feet, –
Thus much I know that, a poor witless elf,
I tread on them, – that all my eye doth meet
Is mist and crag, not only on this height,
But in the world of thought and mental might!

GESCHRIEBEN AUF DEM GIPFEL DES BEN NEVIS
Belehre mich, oh Muse, und sprich laut,
auf Nevis' Gipfel, von Nebeln verhüllt!
Hab ich in verborg'ne Klüfte geschaut
Und weiß, dass, was mir meinen Blick hier füllt,
Die Menschheit von der Hölle weiß; Ich schau
Hinauf und seh' die düst're Nebelwand,
Nicht mehr der Mensch vom Himmel weiß, als Grau
In Schleiern vor mir liegt verdecktes Land,
Kaum klarer sieht der Mensch sein Ich.

Der schroffe Stein, auf dem ich stehe –
Auf dem ich schreite, sinnend gehe,
Worauf ich laufe, – alles, was ich sehe
Sind Nebel und Fels, nicht nur auf diesem hohen Feld,
sondern in meiner Geistes- und Gedanken-Welt.

Keats hob die Feder, las, was er geschrieben hatte und blickte dann zufrieden lächelnd über das Papier hinweg. Die Nebelschwaden waren zerrissen, die Wolken vom Wind davongetragen und das grüne Tal und die Abhänge mit ihren bizarren Formen breiteten sich vor ihm in ihrer Pracht aus. Keats fühlte tief in seinem Innern, wie sehr er das Leben liebte, die Natur, und wie sehr es jedes lebendige Wesen, ob Tier oder Mensch, wert war, mit Zärtlichkeit und Liebe behandelt zu werden. Das, so schwor er sich, wollte er stets tun, solange er lebte.

„Da sind Sie ja", rief jemand mit vorwurfsvoller, doch gleichzeitig erleichterter Stimme. Brown trat neben Keats, sah auf das Papier herab, das immer noch auf dessen Knien lag, und brummte.

„An manchen Tagen soll man bis nach Nordirland hinüber sehen können", sagte er mit seinem kräftigen schottischen Akzent.

„Bis ans Ende der Welt", antwortete Keats mit weicher Stimme. „Menschen reinen Herzens können bis ans Ende der Welt sehen."

Dann fing er zu keuchen und zu husten an.

20.

„Ms Beaumont ist vor ungefähr fünf Minuten fortgegangen", sagte die ältere Frau, die auch vor zwei Tagen bereits am Eingang zum Keats-Shelley-Museum gesessen hatte. Sie blickte über den Rand ihrer Brille, schien Heller aber nicht wiederzuerkennen. „Aber sie wollte später noch einmal wiederkommen. Normalerweise arbeitet sie bis sieben Uhr abends hier, manchmal auch länger. Ms Beaumont ist sehr fleißig."

„Hat sie gesagt, wann sie hierher zurückkehrt?", fragte Heller.

„In einer Stunde vielleicht. Sie macht um diese Zeit gerne einen Spaziergang zum Pincio-Park hinüber."

„Ist der Park groß?"

Die Frau nickte. „Aber Ms Beaumont sitzt am liebsten in der Nähe des Moses-Brunnen. Das hat sie mir zumindest erzählt."

Heller überlegte, ob er an Ort und Stelle auf Claire Beaumont warten sollte, fragte dann aber: „Können Sie mir den Weg dahin beschreiben?"

Die Frau tat es, Heller verabschiedete sich und verließ das Keats-Shelley-Haus, bog nach rechts und stieg die Stufen der breiten Spanischen Treppe empor. Als er oben bei einer Kirche und einem Obelisken, den er schon am Tag zuvor vom Fuß der Treppe aus gesehen hatte, angelangt war, musste er einen Moment lang verschnaufen. Selbst jetzt, am späten Nachmittag, war die Hitze noch drückend. Schließlich wandte er sich nach links und lief eine baumgesäumte Straße entlang, die zur linken Seite immer wieder den Blick auf die Dächer Roms und zahlreiche Kirchtürme und Kuppeln bot. Zikaden krächzten lauthals in den Zweigen der Bäume.

Nach gut zehn Minuten erreichte Heller den gesuchten Park und folgte weiter dem Weg, den die Frau im Museum ihm beschrieben hatte. An den Rändern der Kieswege standen Sitzbänke und steinerne Büsten. Auf den Bänken und auf dem Rasen saßen und lagen Menschen. Auch Heller hatte große Lust, sich aufs Gras zu werfen, denn er war erschöpft und müde.

Vor allem aber war er sich nicht sicher, ob er das, was er tun sollte, auch wirklich tun wollte. Moral war Ansichtssache, eine Frage der Perspektive. Manchmal verletzte man andere Menschen durch unbedachte Worte und Taten, manchmal nahm man es in Kauf, manchmal tat man es mit voller Absicht, wohl wissend, dass man jemandem weh tun würde.

Heller hielt inne, schloss für einen Moment die Augen und atmete tief durch. Er fühlte sich ein wenig haltlos, denn in den vergangenen Wochen waren einige Dinge in seinem Leben ziemlich schief gegangen und zerbrochen. Das hatte meistens an ihm gelegen, war jedoch nicht mehr zu ändern. Wie aber würde es weitergehen? Was würde seine Zukunft bringen? Hatte er das in der Hand? War man seines eigenen Glückes Schmied oder Zufällen und Kräften ausgesetzt, die man weder vorhersehen, noch steuern konnte? Benjamin Heller war sich nicht mehr so sicher.

Als er die Augen wieder öffnete, sah er Claire Beaumont. Sie saß auf einer Parkbank, die am Rande einer freien, von mehreren hohen und dicken Bäumen umgebenen Fläche stand. In der Mitte der Freifläche plätscherte ein Brunnen, aus dem ein mit kleinen Büschen bewachsener Felsen aufragte. Eine weibliche Statue aus grün angelaufener Bronze kniete auf der Kuppe des Steines vor der Figur eines Babys in einem Korb.

Heller drückte sich hinter einen Baum, um Claire Beaumont von dort in Ruhe beobachten zu können. Heute trug sie einen schwarzen Rock und eine hellblaue Bluse. Auf ihrer Nase saß wieder eine Brille, ihre Haare waren zu einem Zopf zusammengebunden. Neben ihr lag auf der Parkbank ein kleiner, blauer Rucksack. In der linken Hand hielt sie einen Stift, auf ihrem Schoß lag ein geöffnetes Büchlein. Ab und zu blickte sie auf und schaute zu dem Brunnen hinüber, an dem ein Mädchen und ein Junge ihre Hände ins Wasser hielten und feixten.

Claire Beaumont schrieb etwas in ihre Kladde, hielt inne, hob wieder den Kopf und ließ den Blick weiterschweifen. Auf einer anderen Parkbank hockten, auf Spazierstöcke gestützt, zwei alte Männer, die trotz der Hitze Anzüge und weiße Hüte trugen. Sie unterhielten sich. Von links kam eine Frau herangeschlendert, vor der ein kleines Kind mit einem Ball in der Hand lief.

Heller wischte sich den Schweiß von der Stirn. Die Zikaden lärmten fürchterlich. Claire Beaumont senkte den Kopf wieder und kritzelte in ihr Büchlein.

Plötzlich warf der kleine Junge seinen Ball in ihre Richtung. Der Ball kullerte auf dem Boden entlang und stieß an ihre Füße, die in Sandalen steckten. Claire Beaumont zuckte kurz zusammen und starrte einen Moment lang bewegungslos auf den roten Ball. Dann hob sie das Spielzeug auf, betrachtete es und lächelte. Das Kind tapste heran, blieb vor ihr stehen und sah sie mit großen Augen und offenem Mund an. Claire Beaumont hatte einen, wie Heller fand, seltsamen Ausdruck im Gesicht, als sei sie überrascht und fasziniert von dem kleinen Jungen. Sie lächelte, dann streichelte sie dem Jungen zärtlich über das braune, struppige Haar und reichte ihm sein Spielzeug. Vergnügt quietschend drehte der Junge sich um und lief zu seiner Mutter zurück. Claire Beaumont blickte ihm hinterher, nun mit einer etwas traurigen Miene, wie Heller fand. Dann fing sie wieder an, in ihr Büchlein zu schreiben.

Heller beschloss, sich aus der Deckung zu wagen und schlenderte mit langsamen Schritten auf Claire Beaumont zu. Sie bemerkte sein Näherkommen nicht und als er noch drei Schritte entfernt war, machte er auf sich aufmerksam.

„Ms Beaumont? Sind Sie das etwa?"

Claire Beaumont fuhr leicht zusammen und hob den Kopf. Im ersten Moment schien sie ihn nicht zu erkennen. Heller trat einen Schritt näher.

„Was für ein Zufall!", sagte er und lächelte breit. Claire Beaumont runzelte die Stirn.

„Sie schon wieder", sprach sie, und Heller war sich nicht sicher, ob ihre Stimme Überraschung, Enttäuschung oder Empörung ausdrückte.

Claire Beaumont blickte ihn einen Moment lang ausdruckslos an. Dann atmete sie hörbar aus und klappte ihr Büchlein zu.

„Was haben Sie da geschrieben?", fragte Heller. „Ein Gedicht?"

„Das geht Sie nichts an", erwiderte Claire Beaumont kühl. Sie steckte das Büchlein in eine Seitentasche ihres Rucksacks.

„Können Sie nicht einmal freundlicher zu mir sein?", sagte Heller und setzte ein gequältes Gesicht auf. „Ich habe Ihnen doch nichts getan."

Claire Beaumont musterte ihn missbilligend.

„Ich kann mir beinahe denken, dass Sie überhaupt nicht merken, wenn Sie andere Menschen beleidigen", sagte sie. „Sie sind ein ungehobelter Klotz ohne Empathie."

„Wer beleidigt hier wen? Sie kennen mich kaum und fällen so ein hartes Urteil über mich? Sind Sie etwa immer noch sauer auf mich, weil ich auf dem Grab von Shelley gelegen habe? Das war ein Versehen."

„Sie haben mich angelogen, nicht wahr?", sagte Claire Beaumont. „Sie haben gar nicht von Shelley geträumt."

Heller zog die Mundwinkel nach unten und schwieg einen Moment. „Ich war wütend, weil Sie mich so grob geweckt haben. Es tut mir leid!"

Claire Beaumont blickte ihn misstrauisch an.

„OK", sagte Heller. „Ich möchte mich aufrichtig dafür entschuldigen, dass ich auf dem Grab des großen Shelley eingeschlafen bin, mich abfällig über Poesie geäußert und Sie dann auch noch angeschwindelt habe. Das war wirklich sehr dumm von mir. Und gemein."

Claire Beaumont wirkte immer noch argwöhnisch, ihre Gesichtszüge waren aber etwas weicher als zuvor. Heller seufzte.

„Ich weiß, dass ich in meiner Wortwahl leider manchmal etwas ungeschickt bin, aber ich meine es niemals böse. Ich…" Er zögerte und machte ein grübelndes Gesicht. „… ich hatte mit Menschen schon viel Pech, wissen Sie. Und da legt man sich manchmal eine harte Schale zu."

Claire Beaumont blickte zu Boden, als dächte sie über seine Worte nach. Dann hob sie die Augen.

„Wenn man im Leben verletzt worden ist, sollte man nicht auch noch andere Menschen verletzen", sagte sie leise. „Sonst wird der Teufelskreis des Leidens niemals durchbrochen."

„Da haben Sie recht", sagte Heller und nickte mehrmals. „Das sollte man nicht tun."

Er versuchte, zerknirscht auszusehen. Dann fuhr er fort: „Wissen Sie, ich habe mich bisher nie wirklich mit Poesie beschäftigt. Ihre wundervolle Darbietung bei Professor Slythe gestern hat mir aber die Augen geöffnet."

Claire Beaumonts Miene verriet nicht, ob sie ihm glaubte. Sie musste wirklich naiv sein, das zu tun. Heller überlegte, wie er das Gespräch am Laufen halten konnte. Manchmal waren die einfachsten Ideen die besten.

„Darf ich Sie etwas fragen?", sagte er und setzte sich neben sie auf die Parkbank. Sie rückte ein Stück von ihm weg. „Was begeistert Sie an Keats und seinen Gedichten so sehr?"

Claire Beaumont schwieg einen Moment lang, blinzelte mehrmals, dann lächelte sie sanft.

„Seine Empfindsamkeit, seine Güte, sein scharfer Geist, der die grellen Trugbilder des Anscheins durchdringt und dahinter eine tiefere Wahrheit erkennt. Seine Ehrlichkeit und Aufrichtigkeit, mit der er seine innersten Gefühle ausdrückt. Seine Fähigkeit, mit Versen tiefste und das menschliche Bewusstsein beinahe übersteigende Eindrücke zu beschreiben. Keats' Poesie drückt für mich die Überzeugung aus, dass Schönheit und Liebe nicht nur Worte sind, sondern es sie wirklich gibt."

Die letzten Worte hatte Claire Beaumont beinahe geflüstert.

Heller grinste. Bevor Claire Beaumont es merken konnte, machte er wieder ein ernstes Gesicht.

„Ich muss zugeben, dass ich ein wenig vor einem Rätsel stehe. Als ich gehört habe, wie Sie diese Gedichte vorgetragen haben, war das sehr ergreifend. Aber wenn ich früher einmal ein Gedicht gelesen habe, hat es mich gelangweilt. Woran liegt das, glauben Sie?"

„An mir, hoffe ich", sagte Claire Beaumont, hob für den Bruchteil einer Sekunde den Blick und lächelte: „Nein, es liegt natürlich an Keats' Poesie. Schöne Sprache ist wie ein Lied, das durch seine Melodie und seinen Rhythmus bezaubert, durch seinen Text ergreift, und mit einer magischen Kraft die Seelen einfängt. Doch es gibt Menschen, bei denen die Kraft der Poesie ins Leere zu laufen scheint, wie Musik bei einem Tauben, Bilder bei einem Blinden. Vielleicht gehörten Sie bisher zu den Tauben und Blinden und sind nun hörend und sehend geworden?"

Heller hatte den Eindruck, dass die junge Frau ihre Worte sehr ernst nahm. Und dass sie gerne mitteilen mochte, woran sie glaubte.

„Und weshalb gibt es Menschen wie Sie, die bei Gedichten in Verzückung geraten, während andere mit ihnen nichts anfangen können?"

„Ich nehme an, es liegt an der Empfindsamkeit des jeweiligen Menschen, an seiner Bereitschaft und Fähigkeit, sich der Welt mit Liebe zuzuwenden", sagte sie. „Und die Poesie kann diese Fähigkeit bestärken."

„Glauben Sie wirklich?"

„Oh ja!", sagte Claire Beaumont mit Eifer. „Poesie ist ein Schlüssel zu den Wundern des Daseins. Die ganze Welt ist voller Poesie: die Natur, das Leben. All das rührt das Herz. Zumindest meines. Alles, was ich sehe, alles, was ich höre, rieche, schmecke, spüre, löst die allertiefsten Empfindungen in meiner Seele aus. Nichts ist mir gleichgültig. Als würde die Welt durch mich hindurchfließen. Und dann spüre ich, dass ich eins mit der Welt bin. Kennen Sie dieses Gefühl nicht auch?"

Sie sah ihn fragend an. Heller blickte auf ihren Mund und ihre Lippen, die tatsächlich hübsch geschwungen waren und die zu küssen sicherlich Freude bereiten würde.

„Ich weiß nicht, ob ich eins mit der Welt sein will", sagte er. „Denn vieles in dieser Welt ist alles andere als großartig."

„Ich weiß", sagte Claire Beaumont und weitete die Lider. „Zerreißt Ihnen all das Leid auf dieser Welt, die Grausamkeiten, die Menschen einander antun, die Zerstörung der Natur, die Ungerechtigkeiten, nicht auch das Herz? Es ist so traurig."

Heller konnte es kaum glauben, aber tatsächlich füllten sich Claire Beaumonts Augen mit Tränen, die im nächsten Moment über ihre Wangen kullerten. Weinende Frauen machten Heller nervös.

„Ich glaube, man sollte sich mit diesen Dingen nicht allzu sehr beschäftigen", sagte er schnell. „Sonst wird man selbst unglücklich. Man muss die schönen Seiten des Lebens genießen."

„Das versuche ich", sagte Claire Beaumont leise. „Ich wollte, ich könnte Menschen glücklich machen. Ihnen ihren Schmerz, ihre Ängste und ihre Wut nehmen. Sie die Liebe in ihrem Herzen spüren lassen."

Heller betrachtete das Gesicht der jungen Frau. Er war sich nicht sicher, ob er sie lächerlich oder einfach nur absurd idealistisch finden sollte. Der Mensch ist dem Menschen ein Wolf, hatte mal jemand gesagt. Wer derart an das Gute glaubte, wie Claire Beaumont es tat, musste zwangsläufig enttäuscht werden.

„Sie sind eine faszinierende Frau, Ms Beaumont."

Sie blickte ihn verwirrt an. Heller überlegte, ob jetzt der Moment gekommen war, die Engländerin zu küssen. Sein Instinkt sagte ihm, dass es zu früh dazu war. Andererseits: warum sollte sie ihm widerstehen können? Und er musste Geld verdienen.

Langsam beugte er sich nach vorne und näherte seinen Mund dem ihren. Einen Moment lang starrte sie ihn reglos an, dann weitete sie erschreckt die Augen und bevor sich ihre Lippen berühren konnten, zuckte sie zurück. Sie sprang von der Parkbank auf, ergriff ihren Rucksack und wandte sich zum Gehen.

„Ms Beaumont!", rief Heller. „Was ist los?"

Claire Beaumont blickte ihn mit strengem Blick an. Dann schüttelte sie den Kopf, drehte sich abrupt um und lief mit großen Schritten davon.

„Ms Beaumont! Warten Sie!"

Heller eilte hinterher. Doch er ahnte, dass er vorschnell gehandelt hatte. Obwohl er eben dabei gewesen war, Claire Beaumont ein wenig näher zu kommen und ihr Vertrauen zu gewinnen. Verdammte Ungeduld! Verdammte Impulsivität! Verdammtes Geld!

„Ms Beaumont!", rief er wieder. „Es tut mir leid! Warten Sie doch!"

Claire Beaumont blieb nicht stehen. Heller hätte sie zwar mühelos einholen können, aber er ahnte, dass er nichts erreichen würde, wenn er ihr nun weiter folgte.

Er hielt an und sah Claire Beaumont hinterher, bis sie hinter einer Biegung verschwand.

„He, Sie!", rief jemand.

Heller wandte sich um.

„Sie haben etwas verloren."

Ein älterer Mann kam ihm entgegen, ein kleines Büchlein in der Hand. Es war Claire Beaumonts Kladde.

21.

Der Regen fiel in nicht enden wollenden Bindfäden vom Himmel und schlug gegen die Fenster der schwarzen Gondel. Blitze zuckten durch die Nacht und erhellten für einen Moment die Lagune und die stattlichen Bauten Venedigs, deren wenige trüb funkelnde Lichter sich im sachten, doch stetigen Auf und Ab der Wellen langsam näherten. Draußen war es nass, windig und für einen Sommermonat ungewöhnlich kalt.

Percy Bysshe Shelley und Claire Clairmont saßen, in Decken gehüllt, schweigend nebeneinander. Er hatte seinen Arm um ihre Schulter gelegt und streichelte behutsam ihre rechte kalte Hand. Die lange Reise aus Bagni di Lucca, das Gewitter, die Dunkelheit und vor allem das Vorhaben, das sie nach Venedig geführt hatte, versetzten Claire in eine Aufregung, die stärker wurde, je näher sie ihrem Ziel kamen.

Um drei Uhr am Nachmittag waren sie in Padua aufgebrochen, um über die Kanäle ihrem Ziel entgegenzuschippern, nun war es bald Mitternacht. Claires Kopf lehnte an Shelleys Schulter, sie blickte schläfrig durch die Scheibe, von der die Tropfen rannen wie Tränen. Mit Wehmut dachte sie an ihre kleine Tochter, ihre und Lord Byrons Tochter. Seit vier Monaten, seit das Kind in Byrons Haushalt in Venedig wohnte, hatte sie Allegra nicht mehr gesehen. Claire bereute inzwischen die Entscheidung, ihm Allegra überlassen zu haben. Der Lord führte, wie man hörte, seit seiner Ankunft in Venedig vor zwei Jahren ein ausschweifendes Leben, in dem beständig wechselnde Frauen die einzige Konstante waren. Seit ihrer Begegnung in Genf verweigerte er jedes Treffen mit Claire.

Beunruhigende Briefe waren von Elise, Allegras Kindermädchen, gekommen, Briefe, die Claire in höchste Aufregung versetzt hatten. Elise hatte angemahnt, man solle sofort nach Venedig kommen, denn Byron habe das Kind bei Bekannten von sich untergebracht, dem englischen Konsul in Venedig und seiner Frau. Claire schauderte bei dem Gedanken, Allegra bei Fremden zu wissen. Doch nun ergab sich wenigstens die Gelegenheit, ihre Tochter zu sehen, ohne dass Byron davon erfuhr.

Wieder zuckte ein Blitz über den Himmel und erhellte eine Häuserfront, die sich ganz nah aus dem Wasser erhob. Die Gondel war in einen Kanal eingefahren, beidseitig von hohen Gebäuden gesäumt, die bei Tage besehen, nach allem, was von Venedig erzählt wurde, prächtig sein mussten, in der Dunkelheit jedoch nur zu erahnen waren.

Wenig später legte das Boot an einer steinernen Treppe an, gegen die das schwarze, brackige Wasser schlug. Der Gondoliere hob die Truhe, in der sie das Reisegepäck verstaut hatten, aus der Gondel. Shelley kletterte aus dem schwankenden Boot und reichte Claire die Hand. Ein Geruch nach Fisch und Schlamm und feuchtmodrigem Stein ließ sie die Nase rümpfen.

„Willkommen in Venedig!", sagte Shelley mit einem Lächeln, das Claire erwiderte, obwohl ihr kaum danach zumute war. Sie hätte die sagenumwobene Lagunenstadt lieber mit unbeschwertem Herz besucht. Gemeinsam stiegen sie die Treppe empor, die zu einer schwach beleuchteten Gasse hinaufführte. Der Gondoliere hatte bereits mit ihrer Truhe eine Pforte erreicht und zog an einem daneben angebrachten Seil. Eine Glocke bimmelte.

Als Shelley und Claire ebenfalls an die Pforte gelangt waren, öffnete sie sich und ein Mann trat heraus, eine Öllampe in der Hand. Er hielt sie vor das Gesicht der Ankömmlinge und musterte sie misstrauisch, bis der Gondoliere ihm berichtete, dass er die beiden englischen Gäste bringe, die durch einen Boten aus Padua angekündigt worden seien. Der Mann nickte und bat sie, einzutreten.

Auf dem Weg zu ihrem Zimmer im zweiten Stockwerk des Gebäudes fragte er Shelley über das Motiv ihrer Reise aus. Shelley gab an, sie seien als Touristen gekommen, woraufhin der Mann sofort wissen wollte, ob man auch gedenke, des berühmten englischen Dichters ansichtig zu werden, der in Venedig wohne. Der Name Lord Byrons musste nicht ausgesprochen werden, da jeder englische Tourist in Italien vom Aufenthalt des skandalumwitterten Dichters und bekanntesten britischen Exilanten in der Lagunenstadt wusste.

Shelley tat unentschlossen, denn es musste unbedingt vermieden werden, dass Byron von Claires Ankunft Kenntnis erlangte. Der Mann aber fuhr sogleich fort, das exaltierte Treiben des Lords in Venedig in den buntesten Farben zu schildern. Er berichtete von dem Palazzo Mocenigo, in dem Byron wohne und in dem er einen ganzen Zoo von Tieren versammelt habe, deren Laute am Tage und in der Nacht über den Canale Grande tönten. Er erzählte von den zahlreichen nächtlichen Eskapaden des Dichters, der sich bei Dunkelheit auf die Suche nach schönen, jungen Venezianerinnen machte. Er schilderte die neueste Eroberung Byrons, eine 22-Jährige namens Margarita Cogni, die eigentlich mit einem Metzger verheiratet sei. Und er säuselte etwas von einem ominösen Casino, in dem Byron angeblich eine Vielzahl von Gespielinnen halte.

Shelley schrieb den Großteil der Ausführungen der venezianischen Fabulierlust zu. Claire aber genügten die Fetzen der Konversation, die sie aufschnappte, um in Trübsinn zu verfallen. Sie hatte Byron für immer verloren. Nur der Gedanke, morgen ihr Kind zu sehen, machte ihr ein wenig Mut. Die Müdigkeit nach der langen Tagesreise war schließlich stärker, als jedes Gefühl der Bedrückung oder Vorfreude. Sobald Claire sich in dem geräumigen Zimmer ihrer Herberge niedergelegt hatte, schlummerte sie ein. Shelley dagegen setzte sich noch an den kleinen Schreibtisch, der unter dem Fenster ihrer Kammer stand, und warf im Kerzenschein einige Zeilen hin, in denen er Eindrücke der Reise schilderte. Dann löschte er das Licht und legte sich zu Claire. Es war nach Mitternacht.

*

Am nächsten Tag brachen Shelley und Claire in aller Frühe zum Haus des britischen Konsuls Hoppner auf. Dort wurden sie herzlich empfangen und man brachte die kleine Allegra sogleich zu Claire. Das Kind sah bleich aus, doch es schien gesund zu sein. Der Konsul nahm Shelley beiseite und unterhielt sich ausführlich mit ihm über Lord Byron. Er bestätigte, dass Byron Claire nicht wiedersehen wolle und von ihrer Anwesenheit in Venedig nichts erfahren dürfe. Die Hoppners stimmten überein, dass das Haus des Lords als Ort für ein nicht einmal zweijähriges Kind nicht tauge. Wie man aber Kind und Mutter auf Dauer mit Byrons Zustimmung zusammenführen könne, blieb ungeklärt.

Beim anschließenden Mittagessen berichteten das Ehepaar Hoppner einige bunte Details aus Lord Byrons Lebenswandel hier in Venedig. Doch so wie Shelley den Berichten ihres Gondolieres und des Besitzers ihrer Unterkunft skeptisch gegenübergestanden hatte, nahm er auch die Erzählungen des Konsulpaares nicht in allen Details ernst. Er wusste, wie stark die irreleitende Macht des Gerüchts sein konnte. Und Gerüchte waren es, die Lord Byron aus seinem Heimatland vertrieben hatten.

Gegen drei Uhr nachmittags ließ Shelley sich in der Gondel zum Palazzo Mocenigo bringen. Auf dem Landungssteg stand ein kräftig gebauter, großer Bursche mit langem Schnurrbart und ließ den Blick schweifen wie ein grimmiger Wächter. Aus dem Haus hinter ihm drangen tatsächlich ungewöhnliche Geräusche: Hundegebell, das Geschrei von Affen und Vogelgezwitscher. Shelleys Gondoliere legte an und Shelley kletterte aus dem Boot. Er verspürte eine innere Unruhe und fragte sich, wie Byron wohl auf die unerwartete Begegnung reagieren würde. Zwei Jahre waren seit ihrem letzten Zusammensein in Genf vergangen, zwei Jahre, in denen sich im Leben und Charakter eines Menschen nichts und alles verändern konnte. Vielleicht war Shelley ihm überhaupt nicht willkommen.

Der schnurrbärtige Riese auf dem Landungssteg ließ den Gast passieren, nachdem Shelley sich als alten Freund des Lords zu erkennen gegeben hatte. Die Glocke an der Pforte zum Palazzo wurde geschellt, und nach einer Weile erschien ein Gesicht, das Shelley kannte: es war Byrons Diener Fletcher. Er bestätigte, dass Byron vor kurzer Zeit die Morgentoilette und sein Frühstück beendet habe, bat Shelley ins Haus und bedeutete ihm zu warten, bis der Diener seinen Herrn über den unerwarteten Gast informiert hätte. Staunend betrachtete Shelley einen in einem Käfig liegenden Wolf und einen Fuchs, schnurrende Katzen und zwei herumtollende Äffchen. Von oben hörte er die Stimme einer Frau. Sie schien erzürnt zu sein.

„Verschwinde!", rief dann eine männliche Stimme. „Wir hatten unseren Spaß! Was willst du noch, undankbares Weib?"

Es dauerte nicht lange, bis Fletcher zurückkam, und Shelley aufforderte, ihm zu folgen. Sie stiegen in den zweiten Stock des Palazzos und betraten einen geräumigen Salon, in dem Shelley zuerst ein grüner Papagei auffiel, der auf einer Stange saß und mit dem Schnabel an seinem Gefieder zupfte. In einem Sessel nahe der Fenster zum Canale Grande saß Lord Byron, seinen seit Geburt leicht verkrüppelten Fuß von sich gestreckt. Er war in den vergangenen zwei Jahren fülliger geworden, das Gesicht teigiger, das Haar länger, doch er strahlte immer noch die aristokratische Erhabenheit aus, die Shelley einerseits bewunderte, gleichzeitig aber verachtete. Dies war der hochintelligente, tiefsinnige, doch so zynische Mann, der die jungen Frauen pflückte und verzehrte, als seien sie süße Trauben – der größte lebende Poet des Vereinigten Königreichs.

Byron erhob sich lächelnd.

„Mein lieber Shelley, welche Freude!", rief er. Es klang aufrichtig. Sie gaben sich die Hände, dann bat Byron seinen Gast, sich niederzusetzen. Nachdem er Fletcher aufgefordert hatte, noch eine Tasse und eine Kanne mit frischem Tee zu bringen, wandte sich der Lord Shelley zu.

„Was führt Sie nach Venedig, lieber Freund?"

Shelley erklärte, dass er mit Mary, Claire und den Kindern nach Padua gereist sei und da Claire sich um das Wohlergehen ihrer Tochter sorge – und hier schwindelte er aus Vorsicht ein wenig – allein die Fahrt nach Venedig unternommen habe, um zu ergründen, ob ein Wiedersehen des Kindes mit der Mutter zu ermöglichen sei. Und natürlich, um Lord Byron selbst wieder zu begegnen. Byron blieb freundlich, bekräftigte, wie glücklich er sei, Shelley wiederzusehen und entschuldigte sich nach einer Weile sogar, Allegra nicht nach Florenz geschickt zu haben. Er wolle bei den Venezianern nicht den Eindruck erwecken, er sei seiner eigenen Tochter bereits überdrüssig geworden. Doch er beeilte sich anzukündigen, dass er Allegra gerne für eine Woche zu Claire nach Padua bringen lassen könne und dass die Mutter ihre Tochter sogar ganz zu sich nehmen dürfe und er, Byron, in diesem Falle auch weiterhin für Allegras Auskommen sorgen würde.

Shelley war über diese unerwartete Großzügigkeit sehr erfreut. Er hatte die verächtliche Ablehnung nicht vergessen, die Byron Claire gegenüber in Begegnungen und in den Briefen der vergangenen zwei Jahre ausgedrückt hatte. Allerdings konnte Allegra nur dann wieder ein Teil von Shelleys Haushalt sein, wenn Byron wirklich für Allegra bezahlen würde. Shelleys Kasse war für einen weiteren Esser an der Tafel zu sehr geplündert. Zu viele Menschen baten ihn um Geld und es gab Bittsteller, die er nicht abweisen konnte.

Wenig später sprang Byron plötzlich von seinem Sessel auf.

„Meine Pferde!" rief er. „Meine Pferde müssen ausgeritten werden. Wollen Sie mich begleiten?"

Shelley bejahte enthusiastisch und so ließen sich die beiden Männer von Byrons Gondoliere über den Canale Grande und die Lagune zu den Stallungen auf der Insel Lido bringen, wo die Pferde des Lords untergebracht waren. Nachdem die Tiere gesattelt waren, trabten die beiden über den Strand am Meer entlang und sprachen über die jüngeren Ereignisse ihres Lebens: über Byrons letztes poetisches Werk – den vierten Gesang des *Childe Harold*, das von der britischen Leserschaft begeistert aufgenommen worden war – und über die in dem Literaturmagazin *Quarterly Review* vor kurzem veröffentlichten Angriffe auf Shelley wegen seiner atheistischen Ansichten; über die Liebschaften des Lords und über die Gerüchte, Byron habe ein Verhältnis mit seiner Halbschwester Augusta Leigh gehabt; über den Selbstmord von Shelleys erster Ehefrau Harriet und über den darauffolgenden Sorgerechtsstreit um die gemeinsamen Kinder mit Harriets Eltern, den Shelley wegen seiner religionsfeindlichen Ansichten verloren hatte.

Schließlich unterhielten sie sich über die politische Lage in England und auf dem Kontinent, wo die Monarchen wieder mit unverminderter Härte regierten und jegliches Freiheitsbestreben ihre Völker unterdrückten.

„Was meinen Sie, Byron?", rief Shelley. „Wird es bald zu einer großen Revolution kommen?

„Wenn Sie in Ihren Schriften weiterhin die Menschen derart aufstacheln, wird sich eine Revolution kaum vermeiden lassen", erwiderte Byron und lachte.

Shelley kränkte der Spott des Lords, doch er ließ es sich nicht anmerken. Zu sehr erfüllte es ihn mit Euphorie, neben dem berühmtesten englischen Dichter dieser Zeit zu reiten.

„Wenn Sie eine Revolution wollen, müssen Sie selbst zur Tat schreiten, mein Freund!", rief Byron, als sie sich wieder den Pferdeställen näherten. „Pamphlete allein werden die müden Massen nicht in Aufruhr versetzen. Aber sehen Sie sich vor, was Sie begehren. Wie in jeder individuellen Seele steckt auch in der Menschheit insgesamt ein dunkler Kern, der gezügelt werden sollte."

Shelley wollte eben heftig widersprechen, als sie ihr Ziel erreichten und Byron vom Pferd stieg. Auf dem Weg zum Palazzo berichtete der Lord, dass in Venedig – wie auch damals in Genf – die englischen Touristen ihn manches Mal mit Fernstechern zu erblicken versuchten, als sei er ein seltenes, wildes Tier.

„Diese Menschen haben keinen Anstand", sagte er und fügte grummelnd hinzu: „Was ist ein berühmter Mensch? Ein berühmter Mensch ist jemand, der von Menschen gekannt wird, von denen er froh ist, sie seinerseits nicht zu kennen."

Im Salon brachte Fletcher einen Rum für Byron und ein Glas Gin für Shelley. Und während die Sonne über dem Westen unterging und das Wasser durch den Canale Grande plätscherte, floss die Diskussion der beiden Männer unmerklich, aber willentlich zu den Themen, die Byron und Shelley auch am Genfer See schon zutiefst beschäftigt hatten.

„Wer hat nun diese schlechte Welt erschaffen?", fragte Byron. „Ein Gott oder ein Dämon?"

„Die Gestalten, von denen Sie sprechen, gibt es nicht", antwortete Shelley unverzüglich. „Sie sind nichts als Phantasien, denen menschliche Wünsche und Ängste zugrunde liegen. Was Sie Teufel nennen, ist nichts als das Schlechte, das in den Seelen mancher Menschen liegt, und alles Böse ist vom Menschen selbst gemacht. In der Natur aber kommt das Böse nicht vor."

„Sie leugnen immer noch die Grundlagen des Christentums?", fragte Byron schmunzelnd. „Ich finde den Glauben an die Lehren des Christentums allein deshalb schon reizvoll, weil ich mir dann vorstellen kann, ich würde eines Tages verdammt sein."

Er hielt kurz inne, dann fuhr er fort.

„Die menschliche Seele ist von Leidenschaften durchzogen und vom Hang zum Bösen geprägt. Wir mögen zwar zwischen der Idee, gut zu sein, und der Hingabe zum Bösen hin und hergerissen sein. Am Ende siegt das Böse. Das ist unser Schicksal."

Shelley schüttelte heftig den Kopf.

„Von Schicksal zu reden, ist eine Entschuldigung, um die eigene Schwäche als unabänderlich darzustellen. Jeder Mensch verfügt über den freien Willen, das Gute in sich zum Triumph zu führen und das Schlechte in seine Schranken zu weisen. Ungerechtigkeit, monarchische und religiöse Unterdrückung und Gewalt sind Menschenwerk. Und wenn die Völker einmal frei und gleich sind, wird auch das Gute obsiegen."

„Freier Wille", wiederholte Byron gedankenverloren und kaute auf dem Nagel des linken Zeigefingers. „Ich fürchte, in Wahrheit sind unserer Freiheit engere Grenzen gesetzt, als Sie sich vorstellen wollen. Denn gegen das Böse in uns hat unsere sogenannte Moral wenig auszurichten. Wir sind unseren niederen Gelüsten und der Sünde ausgesetzt, wie ein Holzstöckchen dem tosenden Meer. Und sind wir auch zum Guten fähig, reißen die Mächte des Bösen doch stets an uns. Und wir sind zu schwach, um uns zu wehren. Das ist das ewige Drama des Menschen."

„Sie machen es sich zu leicht, mein Lord", rief Shelley. „Und sie machen es all denen leicht, die sich bequem in den Verhältnissen einrichten, weil sie willensschwach sind. Mit der Rechtfertigung, der Mensch sei eben schlecht und träge. Er mag träge sein, aber wenn wir uns das Gute erträumen können, wenn wir es besingen können, dann können wir auch danach handeln."

„Ach Shelley! Sie wissen, dass auch mir Ungerechtigkeit und Unterdrückung ein Gräuel sind und die Freiheit das höchste Gut", sagte Byron. „Doch Ihre Träume sind Utopien. Der Mensch ist zu schwach."

„Nein", sagte Shelley. „Ich gebe die Hoffnung nicht auf. „Wir können eine gute Welt erreichen, wenn wir das Gute, die

Liebe und das Mitgefühl in den Menschen entfachen. Das ist die höchste Aufgabe des Poeten."

„Was ist Hoffnung?", fragte Byron düster. „Nichts als Schminke auf dem Gesicht der Existenz. Die leichteste Berührung mit der Wahrheit wischt sie fort und dann sehen wir, mit was für einer hohlwangigen Hure wir es zu tun haben. Gegen die Idiotie der Menschheit kommen wir nicht an, Shelley. Nicht mit Worten und vermutlich auch nicht mit Taten. Die Menschheit wird zu Grunde gehen, mein Freund, wenn nicht morgen, so in einhundert, zweihundert oder spätestens in dreihundert Jahren."

Shelley schüttelte ernst den Kopf.

„Ich werde sie retten", sagte er leise.

22.

Heller stand an einer steinernen Brüstung nahe dem Brunnen, an dem er eben noch mit Claire Beaumont gesessen hatte, das Notizbüchlein der Engländerin in seiner Hand. In der Tiefe unter ihm lag ein weiter, ovaler Platz, in dessen Mitte ein Obelisk aufragte.

Er zögerte kurz, dann öffnete er die Kladde. Auf der Innenseite des schwarzen Ledereinbandes stand in kleiner, aber hübscher Handschrift ein Name.

CLAIRE VIRGINIE BEAUMONT

Heller schmunzelte über den zweiten Vornamen. Er schien ihm passend. Darunter stand ein Straßenname, eine Adresse in Rom. Er blätterte die Seiten durch. Ungefähr zwei Drittel des Büchleins waren mit Schrift gefüllt, kurzen Bemerkungen, Gedichten, Gedanken. Und Erlebnissen, wie Heller vermutete. Es schien sich um eine Mischung aus Notizen und Tagebucheinträgen zu handeln, denn am oberen Ende der Seiten tauchten immer wieder Daten auf. Der erste Eintrag war etwa zwei Wochen her, der letzte stammte von heute.

Heller las, hatte aber Schwierigkeiten, die Schrift zu entziffern. Er fand den Tag, an dem sie sich auf dem Friedhof getroffen hatten. Sie hatte ihren Besuch dort notiert und ein Gedicht über Keats' Grabmal geschrieben. Heller erwähnte sie jedoch mit keinem Wort. Auch auf den folgenden Seiten fand er seinen Namen nicht, was ihn fast ein wenig kränkte. Dann aber sah er einen Satz, der doch von ihm zu handeln schien. Er war von gestern.

Der Empfang des Professors war ein Erfolg. Ich war zu Beginn sehr nervös, doch Keats' Verse hielten mich sanft im Arm und trugen mich in die Lüfte. Es ist eine Wonne, seine Worte zu verkünden. Die Gäste waren sehr angetan. Leider war auch der impertinente Deutsche da. Ein unmöglicher Mensch. Warum nur hat der Professor ihn eingeladen?

Heller runzelte ärgerlich die Stirn. Er blätterte zur letzten beschriebenen Seite. Dort hatte sie ein weiteres Gedicht zu Papier gebracht.

Casual thoughts in the Pincio, stand in der obersten Zeile der Seite. Und dann folgten ein paar Verse.

Do you see the children's faces,
Still so innocent and gay?
Laughing thoughtless and serene,
Like the sun's bright morning ray.
See the old man with the crutches,
Did his dream of life come true?
Does he hope there's heaven waiting
Beautiful, eternal, blue?
As the birds sing in the trees,
As worms crawl in the muddy earth,
As Sisyphos pushes stones
As death is the child of birth.
I'll be patient and I'll wait,
Till the answer comes to me,
If there's destiny and fate,
And who I will be.
Never ask what for and why,
As the nights forever change …

Sieh das Antlitz dieser Kinder,
Voller Unschuld, voller Wonne,
Lachen frei und so gelassen,
Wie das Licht der Morgensonne.
Sieh den alten Mann mit Krücken,
Wurden seine Träume wahr?
Hofft er, dass der Himmel wartet
Schön und blau und ewig da?
Vögel singen in den Bäumen
Würmer kriechen durch erdigen Kot
Sisyphos rollt Stein um Stein
Das Kind der Geburt ist der Tod.
Mit Geduld will ich erwarten
Bis die Antwort ist mein Hirt
Ob es Schicksal gibt und Fügung
Und was aus mir wird.
Frage nie wofür, warum,
Wie die Nächte stets vergeh'n...

Da endete das Gedicht. Heller blickte auf, klappte das Buch zu und steckte es in die Gesäßtasche. Dann lief er an der Balustrade entlang, vor der Touristen Fotos von sich schossen. Eine schmale Treppe führte direkt an einer hohen Steinmauer entlang, die oben an der Aussichtsterrasse endete. Auf halbem Weg begegneten Heller ein junger Mann und eine Frau, die Hand in Hand die Stufen erklommen. Die Frau war ausgesprochen hübsch und Heller musterte sie so unverhohlen, dass der Mann ihn böse anblickte. Nachdem die Beiden an ihm vorübergegangen waren, blieb Heller abrupt stehen, drehte sich um und betrachtete das wohlgeformte Hinterteil der Frau. Sie trug eine enge Jeans und ihre hellrote Bluse war so kurz, dass man den unteren Teil ihres braungebrannten Rückens sehen konnte. Eine Rose war dorthin tätowiert.

In dem Moment verspürte Heller einen Windstoß und ein dumpfer Schlag ertönte hinter ihm. Verblüfft wandte er sich um. Als er sah, was keinen halben Schritt vor ihm auf dem Boden lag, zuckte er zusammen. Ungläubig starrte er auf einen Ziegelstein, der in mehrere Teile zerbrochen war. Heller brauchte noch einmal zwei Atemzüge, um sich klar zu machen, dass der Stein eben heruntergefallen war und ihm um Haaresbreite den Schädel eingeschlagen hätte.

Einen weiteren Schreckmoment später blickte er an der Mauer empor in die Höhe. Gut zehn oder auch fünfzehn Meter über sich sah er die Brüstung, an der er zuvor gestanden hatte. Er glaubte einen Kopf zu erkennen, der sich in diesem Augenblick schnell zurückzog.

Heller zögerte nicht, sondern rannte die Treppe wieder hinauf. Er überholte das Paar, erreichte keuchend die Aussichtsterrasse und lief zu der Stelle, von der der Stein gefallen war. Drei japanische oder chinesische Touristen, zwei Frauen und ein Mann, standen wenige Schritte entfernt und waren eben im Begriff, mit ihren Smartphones Bilder von sich selbst vor der dahinterliegenden Stadt zu knipsen.

„War hier eben jemand an der Brüstung?", fragte er die Leute. Die drei blickten ihn verständnislos an. Dann hielt ihm eine der Frauen ihr Smartphone entgegen.

„Foto?", sagte sie.

Heller schüttelte ungehalten den Kopf und sah sich um. Einige Meter entfernt entdeckte er einen Haufen mit mehreren Ziegelsteinen und einen Sack Mörtel. Er ließ den Blick schweifen und musterte die Gesichter der Menschen auf der Aussichtsterrasse. Doch niemand nahm sonderlich Notiz von ihm.

„Haben Sie jemanden gesehen, der gerade einen Ziegelstein runtergeworfen hat?", rief er laut in die Runde. Manche Leute schüttelten verneinend den Kopf, andere blickten Heller an, als sei er verrückt.

Heller lehnte sich an die Balustrade, denn plötzlich begannen seine Knie zu zittern. Erst jetzt wurde ihm richtig bewusst, dass er dem Tod vermutlich um einen Schritt entkommen war.

Ein Klingeln schreckte ihn aus seinen Gedanken. Er brauchte einen Moment, bevor er begriff, dass es sein eigenes Handy war. Er zog es aus der Hosentasche, blickte skeptisch auf die ihm unbekannte Nummer, dann hob er ab und presste es ans Ohr. Die Stimme am anderen Ende der Leitung konnte er im ersten Moment nicht zuordnen.

„Heller, Heller, Heller", sagte sie. „Hast du wirklich geglaubt, dass du dich vor mir verstecken kannst?"

„Brokman!", sagte Heller nach kurzem Zögern.

„Hast du wirklich gedacht, ich lasse dich einfach so davonkommen? Ich kriege dich, mein Freund! Ich kriege jeden, der mich zu betrügen versucht. Wir sind unterwegs. Und wenn ich dich in den Fingern habe, wirst du es bereuen."

„Ich habe das Geld fast zusammen", stammelte Heller ins Telefon. „Geben Sie mir noch zwei Tage, dann zahle ich alles zurück."

„Das solltest du, wenn dir dein Leben lieb ist. Deine Zeit ist fast abgelaufen."

„Ich…", begann Heller, doch er hörte nur noch ein gleichmäßiges Tuten.

Heller fluchte und biss sich so fest auf die Unterlippe, dass sie blutete. Er dachte nach, dann kramte er in seinen Hosentaschen nach den Visitenkarten von Slythe und Kennington. Er wählte zuerst Slythes Nummer. Das Telefon klingelte mehrere

Male, bis ein Anrufbeantworter ansprang.

„Sie haben den Anschluss von Archibald Slythe erreicht. Bei wichtigen Nachrichten sprechen Sie bitte jetzt!"

„Hallo Mr. Slythe", sagte Heller. „Ich habe Kennington getroffen und kann Ihnen darüber berichten. Und ich hätte gerne mein Geld. Rufen Sie mich zurück!"

Als nächstes wählte er die Nummer von Kennington. Der Professor hob sofort ab.

„Hier ist Benjamin Heller. Ich brauche Ihre Hilfe."

23.

Mühlsteinschwer lagen die gebundenen Seiten auf dem Tisch vor ihm. Wie die zwei Gewichte einer Waage: links ein kleines, leichtes Bändchen, gefüllt mit den Erzeugnissen seines Geistes und mit dem schlichten Titel *POEMS*, rechts dieses giftige Machwerk, voll von bösartigen, ungerechten und verletzenden Gedanken eines üblen Kopfes, der nicht einmal den Mut besessen hatte, mit seinem Namen die Schrift zu unterzeichnen, sondern sich hinter dem Kürzel Z verbarg.

Keats bog bedrückt die Seiten des *Blackwood's Magazine* um, jenes Literaturmagazins, dessen Inhalt ihn derart getroffen hatte. Unter dem verächtlichen Zwischentitel *Cockney School of Poetry* fand er seinen Namen.

--------*Über Keats,*
der Musen vielversprechender Sohn, und welche Heldentaten
er noch vollbringen könnte...

Von allen Manien dieses verrückten Zeitalters ist die am wenigsten heilbare, aber auch am meisten verbreitete, keine andere als die Metromanie.

Keats blickte kurz von der Zeitschrift auf und sann über das Wort nach. *Metromanie.* War es eine Manie, eine Obsession, ein Zwang, Gedichte zu schreiben? Eine Art Geisteskrankheit? Keats seufzte und setzte seine Lektüre fort.

Zeuge der Krankheit des menschlichen Verstandes zu sein,
wie schwach sie auch ausgeprägt sein mag, ist betrüblich;
aber das Schauspiel eines, auf den Zustand von Wahnsinn
reduzierten, fähigen Geistes, macht einen natürlich zehnmal
mehr betroffen. Mit dieser Art von Bedauern haben wir über
den Fall von Mr. John Keats nachgedacht.

Dieser junge Mann scheint von der Natur Talente von
exzellenter, wenn nicht überragender Art erhalten zu haben,
Talente, die, wären sie zum Zwecke irgendeines nützlichen
Berufes eingesetzt worden, aus ihm einen angesehenen, sogar
bedeutenden Bürger gemacht hätten. Seine Freunde, so haben
wir gehört, bestimmten ihn für die Karriere der Medizin, und
er war vor einigen Jahren Lehrling bei einem ehrenwerten
Apotheker in der Stadt. Aber all das wurde durch einen plötz-
lichen Anfall der Krankheit zerstört, die wir angedeutet ha-
ben. Ob Mr. John mit einem harnlösenden oder mit einem
Beruhigungsmittel zu einem Patienten nach Hause geschickt
wurde, bei dem die poetische Manie schon weit gediehen war,
wissen wir nicht. Nur so viel ist sicher: er hat sich infiziert
und das durch und durch. Einige Zeit hofften wir, dass er mit
ein oder zwei Anfällen davonkommen würde, aber in letzter
Zeit sind die Symptome schrecklich. Der Wahnsinn der ,Po-
ems' war auf seine Weise schlimm genug, aber er hat uns
nicht halb so ernstlich alarmiert, wie die ruhige, beständige,
unerschütterliche, blödsinnige Idiotie von ,Endymion'. Wir
hoffen jedoch, dass in einer so jungen Person mit einer ur-
sprünglich so guten Verfassung selbst jetzt die Krankheit
nicht vollkommen unheilbar ist. Zeit, eine strikte Behand-
lung und vernünftige Zurückhaltung richten einiges selbst
für viele offenbar hoffnungslose Kranke aus: Und wenn Mr.
Keats in einem Moment der geistigen Klarheit seinen Blick

auf unsere Seiten werfen sollte, wird er sich vielleicht von der Existenz seiner Krankheit überzeugen lassen, was in solchen Fällen oft ausreicht, um dem Patienten gute Heilungschancen zu ermöglichen.

Betrübt sah Keats von seiner Lektüre auf. Wie war es möglich, dass Menschen, die sich Literaturkritiker nannten, zu solcher Häme und Boshaftigkeit fähig waren? Ihm schien, als liebte, wer Derartiges schrieb, die Poesie nicht, als verstünde er sie nicht und lobe nur, was bereits allgemein anerkannt war oder was im Fahrwasser von bereits Anerkanntem schipperte.

Keats beugte sich wieder über das Heft und las weiter, mit welchem Spott dieser Autor ihn und seine Gedichte überschüttete. An den *POEMS* ließ er kein gutes Haar und für Keats' Werk *Endymion* hatte er nichts als Verachtung übrig. Er kritisierte, Keats schreibe ein Gedicht, das sich aus der griechischen Mythologie schöpfe, ohne die griechische Mythologie im Original gelesen zu haben.

Im Folgenden zitierte er einige Passagen aus *Endymion*, ohne sie noch eingehend zu kommentieren, als sprächen sie für sich selbst. Doch er endete noch einmal mit bösem Spott.

Wir wagen eine kleine Prophezeiung: dass sein Buchhändler nicht ein zweites Mal 50 Kröten auf irgendetwas, das er schreibt, riskieren wird. Es ist besser und weiser, ein verhungerter Apotheker zu sein, als ein verhungerter Poet. Also zurück zum Laden, Mr. John, zurück zu Pflastern, Pillen und Salbdosen etc. Aber, um Himmels Willen, junger Sangrado, sei beim Praktizieren ein wenig sparsamer mit Beruhigungs- und Schlafmitteln, als du es in deiner Poesie warst.

Keats keuchte. Er versuchte ruhig durchzuatmen, um die Wirkung der Worte abzuschwächen. Doch plötzlich überfiel ihn wieder ein Hustenreiz, den er nicht unterdrücken konnte, und der aus ihm herausbrach, wie ein explodierender Vulkan. Er schüttelte sich, hielt sich den Hals und wünschte sich, er könne den Schmerz in der Kehle besänftigen. Und wenn es doch nur noch drei Jahre waren, die ihm zu Leben blieben?

Als der Husten nachließ, klappte Keats das *Blackwood Magazine* zu und lehnte sich mit geschlossenen Augen in seinem Stuhl zurück. Hatte Shelley doch recht gehabt, als er ihm geraten hatte, nicht zu jung seine Gedichte zu veröffentlichen? Aber er bereute seine Entscheidung, seine Gedichte und *Endymion* den Menschen zum Urteil unterbreitet zu haben, nicht. Mochte der Stil *Endymions* vielleicht nicht immer überzeugend sein, er hatte den Sprung ins Meer der Poesie wagen müssen, um sich mit ihr auseinanderzusetzen. Besser war es, Fehler zu machen und an ihnen zu wachsen, als nichts zu wagen. Besser war es, zu scheitern, als nicht unter den größten aller Dichter zu sein.

Keats erhob sich. Es war an der Zeit, nach Tom zu sehen, der in seinem dunklen Zimmer wartete, Blut spuckend und totenbleich.

24.

„Das sind ja tolle Geschichten, die Sie mir da erzählen. Ein Stein, der Sie beinahe erschlägt, ein Russe, der Sie verfolgt…"

Kennington nippte an seinem Tee und lehnte sich in seinem weißen Ledersessel zurück. „Wie können Sie so töricht sein und so viel Geld verspielen?"

Heller blickte zerknirscht drein.

„Ja, das war dumm von mir", sagte er. „Aber in der Vergangenheit habe ich beim Pokern ein ganz gutes Händchen gehabt. Nur in den letzten Wochen hatte ich eine Pechsträhne."

Kennington schmunzelte.

„Meinen Sie tatsächlich, dass es so etwas wie Glück oder Pech gibt? Sie waren leichtsinnig, mein Freund. Jeder ist für seine Taten selbst verantwortlich. Und es gibt Dinge, von denen ein vernunftbegabter Mensch besser die Finger lässt."

„Können Sie mir nun das Geld leihen?", fragte Heller ungeduldig.

Kennington nahm einen weiteren Schluck Tee und kreuzte die Beine übereinander. Seine nackten Füße steckten in roten Lederslippern. Er trug eine weiße Leinenhose und ein weißes Hemd. Die Wohnung, in der er residierte, lag im obersten Stockwerk eines alten Gebäudes an einem kleinen Platz in der Nähe des Tibers. Das Wohnzimmer, in dem sie an einem niedrigen Glastisch saßen, war größtenteils mit weißen, modernen Möbeln eingerichtet: weißen Bücherregalen, weißen Sesseln und einem weißen Sofa. Auch die Wände waren weiß getüncht. Eine breite Glasfront gab den Blick auf die gegenüberliegenden Häuser und eine Kirche frei. Und auf den Himmel über der Stadt.

„Die Summe, von der sie sprechen, ist keine Lappalie, Heller. Und wir haben eigentlich eine andere Vereinbarung. Wie lief es im Übrigen mit Ms Beaumont? Haben Sie sie getroffen?"

Heller seufzte.

„Ja, das habe ich. Und ich glaube inzwischen, sie mag mich ganz gerne."

Er blickte Kennington an und dachte über seinen nächsten Satz nach. „Ich habe sie geküsst", sagte er dann. „Zumindest mehr oder weniger."

„Mehr oder weniger?" Kennington grinste. „Es hätte mich gewundert, wenn die schüchterne Claire sich so schnell küssen ließe. Sie müssen ihr Herz mit Poesie gewinnen."

Heller rümpfte die Nase. „Soll ich ihr etwa ein Gedicht schreiben?"

„Das könnte durchaus funktionieren. Schreiben Sie ihr ein Liebesgedicht!"

Kennington lächelte breit, und Heller war sich nicht sicher, ob er den Vorschlag ernst meinte.

„Oder Sie tragen ihr ein Gedicht vor, das sie gerne hat. Auch, wenn es Ihnen zu glauben schwerfällt: Claire Beaumont kann nur auf elegante Weise erobert werden. Mit Beharrlichkeit, aber Geduld. Und mit Worten, die sie rühren. Alles andere ist ihr zu plump."

Heller verzog den Mund.

„Können Sie mir das Geld nun auslegen oder nicht?", fragte er.

„Ich könnte das tun", sagte Kennington. „Aber tatsächlich haben wir eine Vereinbarung getroffen. Und ich bin gerne bereit, Ihnen die Summe zu zahlen, die sie benötigen. Aber dafür müssen Sie sich bei Ms Beaumont mehr ins Zeug legen."

Heller presste die Lippen aufeinander.

„Verstehen Sie nicht? Wenn Brokman mich findet, macht der mich fertig. Der bringt mich um."

Kennington brummte nachdenklich. „Sie sagten, der Kerl heißt Vladimir Brokman?"

Heller nickte.

„Vielleicht kann ich Ihnen auf andere Weise helfen", sagte Kennington. „Ich werde mal ein paar Kontakte spielen lassen."

Heller blickte den Professor überrascht an.

„Was für Kontakte?"

„Lassen Sie das meine Sorge sein. In meinem Alter kennt man den einen oder anderen interessanten und einflussreichen Menschen. Schließlich ist Cambridge eine Elite-Universität."

Heller verstand nicht recht, wie ihm ehemalige Literaturstudenten helfen sollten, doch Kennington winkte ab und sah auf seine Armbanduhr.

„Ah, es ist Zeit für ein Glas Gin Tonic. Wollen Sie auch einen?"

Heller nickte. Kennington stellte seine Tasse Tee ab, erhob sich und verließ den Raum. Einen Moment lang verharrte Heller auf seinem Sessel, dann stand er ebenfalls auf und sah sich im Raum um. In einem Regal entdeckte er in einer Halterung ein merkwürdig geformtes Messer mit einem kurzen, hölzernen Griff und einer ebenso kurzen, scharfen, spitz zulaufenden Klinge. Daneben stand eine gerahmte Fotografie in Schwarz-Weiß. Zwei junge Männer waren darauf abgebildet, die in die Kamera lächelten und sich die Arme um die Schultern gelegt hatten. Der kleinere der beiden ähnelte Kennington.

Bei den Büchern schien es sich vor allem um literaturwissenschaftliche Werke verschiedenster Autoren zu handeln, darunter auch Archibald Slythe und George Kennington. *Über Wahrheit und Lüge in der Keats/Shelley-Forschung*, hieß eines von

Kenningtons Büchern. *Fälschungen erkennen* ein anderes. Und eines von Slythes Werken trug den Titel: *Ekstase: Über Liebe, Drogen und Poesie.*

Heller zog es heraus. In dem Moment trat Kennington ein und räusperte sich.

„Haben Sie etwas Spannendes entdeckt?"

„Sie besitzen ein Buch von Professor Slythe?", sagte Heller und wandte sich um. Kennington hielt zwei schlanke Gläser in den Händen, in denen jeweils ein Strohhalm steckte. Eines davon reichte er Heller.

„Warum nicht?", sagte Kennington. „Ich muss doch wissen, was mein alter Freund so von sich gibt. Es ist recht langweilig, war aber ein Publikumserfolg."

„Der Titel klingt vielversprechend", sagte Heller.

„Ja. Wie ich schon sagte: Marketing ist Slythes Stärke. Aber beurteilen Sie ein Buch nicht nach seinem Umschlag oder Titel. Der Inhalt ist schwach."

„Und was steht da drin?"

„Es geht um den Einfluss von Drogen auf poetische Werke und das Denken im Allgemeinen, insbesondere bei Shelley", erwiderte Kennington. „Er glaubte, Opium würde Menschen dazu bringen, gesellschaftliche Regeln zu hinterfragen. Und so würde in der Bevölkerung die Bereitschaft zu radikalem politischem und sozialem Wandel möglich."

Kennington lächelte. „Zum Wohl!", sagte er dann und schlug sein Glas leicht gegen das von Heller. Dann deklamierte er mit kräftiger Stimme:

"Give me women, wine, and snuff
Untill I cry out ‚hold, enough!'
You may do so sans objection

Till the day of resurrection:
For, bless my beard, they aye shall be
My beloved Trinity."

„Gebt mir Weiber, Schnupftabak und Wein
Bis ich rufe: Haltet ein!
Tut das ohne Gegenfrage
Bis zum Auferstehungstage
Und ich hoffe, ihr versteht
Sie sind meine Trinität."

„Müsste es nicht heißen: Gebt mir Weiber, Schnupftabak und Gin?", fragte Heller.

„Künstlerische Freiheit", erwiderte Kennington. „Eigentlich entspricht das kleine Gedichtchen gar nicht dem Charakter von John Keats, obwohl es von ihm stammt. Denn das ausgelassene Leben war nicht so sehr seine Sache."

„Haben Keats oder Shelley Drogen genommen?", fragte Heller mit Blick auf das Buch in seiner Hand.

Kennington hob die Augenbrauen.

„Oh ja, und nicht zu knapp. Shelley zumindest. Vor allem Laudanum, eine Opiumtinktur, die unter Schriftstellern im 18. und 19. Jahrhundert wegen ihrer beruhigenden und die Kreativität anregenden Wirkung weit verbreitet war. Außerdem hat es einen schmerzstillenden Effekt. Gelegentlich nahm Shelley auch reines Opium zu sich, was seine bereits vorhandene überspannte, die Fantasie fördernde Wahrnehmung zweifellos verstärkte. Oder aber seine Wahnvorstellungen. Denn die Drogen ließen ihn Dinge sehen, deren Existenz höchst fraglich war."

„Was denn zum Beispiel? Gespenster?"

Zu Hellers Verblüffung nickte Kennington.

„Ja, Gespenster zum Beispiel. Oder tote Kinder, die aus dem Meer auftauchten. Oder weibliche Brüste mit Augen. Oder Menschen, die ihn umbringen wollten. Man kann getrost behaupten, Shelley sei in manchen Phasen seines Lebens paranoid gewesen und außer Stande, Fantasie von Wirklichkeit zu trennen."

Heller steckte das Buch zurück und saugte an seinem Strohhalm.

„Sind Sie das auf dem Bild?", fragte er und zeigte auf die gerahmte Fotografie.

„Ja, das bin ich", sagte Kennington.

„Und der andere Mann?"

„Ein Freund", sagte Kennington mit ernstem Blick. „Ein sehr guter Freund."

„Das ist aber nicht Slythe, oder?"

Für einen Moment verzog Kennington beinahe angeekelt den Mund. Dann schüttelte er den Kopf.

„Nein, das ist er nicht. Setzen wir uns wieder!"

Es klang weniger wie ein Vorschlag, als wie ein Befehl. Als sie auf den Sesseln Platz genommen hatten, blickte Kennington Heller prüfend an.

„Sie sagten, sie hätten noch nie Liebeskummer gehabt. Waren Sie denn mal richtig verliebt?"

Heller dachte nach.

„Ich glaube schon. Aber ich habe gelernt, dass man sich vor zu vielen Gefühlen in Acht nehmen muss."

„Also hatten Sie doch Liebeskummer."

Heller schwieg einen Augenblick, bevor er erwiderte: „Das geht Sie nichts an."

Und um das Gespräch in andere Bahnen zu lenken, fragte er: „Wie lange kennen Sie und Slythe sich eigentlich?"

„Schon sehr lange. Seit der Armee."

„Sie waren gemeinsam in der Armee?"

Heller blickte Kennington verwundert an. Dieser dünne Mann sah kaum wie ein ehemaliger Soldat aus.

„Ja, das waren wir. Und dann trafen wir uns beim Studium in Oxford wieder."

„Und irgendwann wurden Sie Konkurrenten?"

Kennington machte ein schwer zu deutendes Gesicht.

„Lassen Sie es mich so sagen: Slythe und ich schlugen irgendwann unterschiedliche Wege ein. Er bevorzugte die billige Show, Lug und Trug, ich dagegen die manchmal trockene, doch knallharte Wissenschaft. Er produziert bunt schillernde Luftblasen. Und ich lasse sie zerplatzen."

„Und wie?"

„Indem ich die Lüge von der Wahrheit trenne. Indem ich zum Beispiel originale Schriften von gefälschten unterscheide. Sie glauben gar nicht, wie viele Menschen aus gefälschten Dokumenten, angeblich authentischen Briefen oder gar Gedichten und anderen schriftstellerischen Werken Kapital schlagen wollen."

„Gibt es gefälschte Gedichte von Keats und Shelley?", fragte Heller.

„Gefälschte Gedichte sind nur wenige aufgetaucht. Denn Poesie nachzuahmen ist nicht einfach. Gefälschte Briefe gibt es einige. Und es kommen immer wieder neue dazu. Unter Sammlern ist die Nachfrage nach Schriften berühmter Dichter riesig. Vor einigen Jahren haben einige Briefe, die Shelley an einen Jugendfreund geschrieben hatte, 45.000 Britische Pfund bei einer Auktion erzielt. Und ein kleiner Teil von Lord Byrons Korrespondenz wurde im Jahr 2009 in London für das Zehnfache versteigert. Sie können sich vorstellen, dass solche immensen Summen Fälscher auf den Plan rufen."

„45.000 Pfund für ein paar Briefe?"

Heller war verblüfft.

„Ja! Deshalb kommt es immer wieder vor, dass jemand behauptet, auch von Shelley oder Keats verschollene Schriften entdeckt zu haben. Was nicht vollkommen ausgeschlossen ist, da zum Beispiel eine Vielzahl von Briefen, die zwischen Lord Byron und Shelley hin und her gingen, verschwunden sind. Manche Schriften liegen lange Zeit verborgen in irgendwelchen Archiven, Kellern oder Dachböden. Und genau das ist der Schwerpunkt meiner Arbeit. Taucht solch ein angebliches Dokument auf und ich bekomme es zu Gesicht, dann kann ich Ihnen genau sagen, ob es echt ist."

„Wie überprüft man das denn?"

„Da gibt es mehrere Ansätze", hob Kennington an und man merkte, dass er diesen Vortrag nicht zum ersten Mal hielt. „Wenn man ein vermeintliches Original vor sich hat, untersucht man zunächst, ob die Handschrift mit anderen, gesicherten Dokumenten übereinstimmt. Ich würde aus zehn Metern Entfernung immer die stolz aufgerichteten Buchstaben eines John Keats erkennen und seine unvergleichlichen, nach den vorhergehenden Buchstaben ausgreifenden kleinen d's, ebenso die in die Zukunft strebende, ungeduldige Schrift eines Shelley und die langgezogenen Dächer, mit denen er seine T's verzierte. Das ist mein Steckenpferd. Hilfe dagegen brauche ich, wenn es um chemische Prozesse geht. Denn der zweite Ansatz ist, mit chemischen Mitteln zu untersuchen, ob das Papier, auf dem ein Brief, eine Urkunde oder ein schriftstellerisches Werk verfasst wurde, aus einer bestimmten Zeit stammt. Und selbst, wenn das Papier dem angegebenen Alter entspricht, sollte auch die Tinte nicht nachträglich hinzugefügt worden sein."

„Und das kann man so eindeutig feststellen?"

„Ziemlich eindeutig", erwiderte Kennington. „Manchmal sind sowohl Papier als auch Tinte wirklich aus der angegebenen Zeit, aber in den aufgetragenen Tintenpartikeln entdeckt man Spuren neuartiger Substanzen, die es damals noch nicht gab. Auch das ist ein klarer Hinweis, dass man misstrauisch sein sollte."

„Und wenn alles original ist? Dann sind Sie zufrieden?"

Kennington grinste breit.

„Keineswegs! Es gibt noch eine Möglichkeit, die jedoch umstritten ist. Und die besteht darin, den Schreibstil des Verfassers genau zu analysieren. Für Experten verwendet etwa Shakespeare Worte, Sätze, Grammatik und poetische Stilmittel auf eine ganz bestimmte Art und Weise. Es ist wie ein Fingerabdruck, der sich in jedem seiner Werke wiederfindet. Und selbst, wenn ein Autor mit neuen sprachlichen Mitteln experimentiert und seinen Stil über die Jahre wandelt, kann man diese Übergänge mitverfolgen. Kein Dichter ist in der Lage, aus dem Nichts einen vollkommen neuen Stil zu kreieren, der mit dem, was er vorher schrieb, nichts mehr zu tun hat. Zumindest nicht in der Poesie."

„Wenn Slythe tatsächlich irgendein Gedicht oder Brief von Shelley und Keats vorlegt, könnten Sie herausfinden, ob es echt ist, richtig?"

„Ohne Zweifel kann ich das. Wenn Slythe etwas Derartiges aus dem Hut zaubert, dann wäre es selbstverständlich meine Pflicht, diesen Betrug aufzudecken."

Kennington trank seinen Gin leer und stierte einen Moment lang auf den Boden.

„Wenn ich das tue, fürchte ich allerdings, dass Slythe mich umbringen würde."

Heller runzelte die Stirn.

„Meinen Sie das ernst?"

„Todernst! Ich wäre nicht sein erstes Opfer."

25.

Die Rauchschwaden des Vesuv stiegen aus dem Krater empor, sogleich vom Winterwind nach Westen auf die Bucht hinaus geweht, wo sie sich in alle Richtungen zerstreuten. Obwohl die Sonne immer wieder durch die Wolken brach, jagten kalte Brisen durch die Straßen und Gassen der toten Stadt am Fuße des Vulkans. Die bröckelnden Gemäuer und Ruinen, die so lange unter der Erde gelegen hatten, blickten schweigend auf ihre Besucher herab. Säulenreihen, auf denen einst steinerne Dächer geruht hatten, ragten nun bizarr und stolz in den Himmel. Wo einst das Leben blühte, Männer und Frauen sich geliebt, Kinder gespielt hatten, wo gearbeitet und gefeiert, getrunken und getanzt worden war, da starben einst, an einem Tag viele tausend Einwohner dieser prächtigen Stadt. Dem Gott der Unterwelt hatte es nach Blut gedürstet und Vulkan holte die Opfer, nach denen Pluto verlangte, mit Feuer und dem unentrinnbaren Regen heißer Asche.

Der Tod lauerte überall, zu allen Zeiten. Dies durfte man niemals vergessen. Das war der Preis für das Glück des Lebens und er würde es immer sein.

Shelley lief mit langsamen Schritten über die großen, abgerundeten Steinplatten, ab und zu einen Blick auf die Reste Pompejis werfend, die in den vergangenen Jahrzehnten ausgegraben worden waren, dann wieder in seine Gedanken versinkend. Ein stechender Schmerz im Bauch quälte ihn. Was aber war die körperliche Pein gegen die seelische, die sie alle in sich trugen? Clara, ihre geliebte Tochter, der sie den gleichen

Namen gegeben hatten, wie ihrem drei Jahre zuvor verstorbenen Töchterchen, war vor zwei Monaten in Venedig ebenfalls verschieden. Gerade ein Jahr war sie alt geworden, die Ruhr hatte sie dahingerafft. Und seitdem war Mary in tiefe Verzweiflung versunken. Auch ihr gemeinsamer Sohn, der zweijährige William, vermochte es im Moment nicht, sie aufzuheitern. Shelley hatte das Gefühl, als wäre seine Ehefrau verschwunden, als hätte sie ihn mit seiner eigenen Traurigkeit in dieser bedrückenden Welt alleine gelassen. Ihr wundervoller Körper war noch da, aber ihr Geist hatte sich an einen dunklen Ort zurückgezogen. So niedergeschlagen er selbst war, dorthin konnte er ihr nicht folgen.

Shelley blieb nichts übrig, als Mary und auch Claire mit allerlei Ausflügen in ihrem Winterquartier Neapel abzulenken. Hierher waren sie gereist, um die kalte Jahreszeit in wärmeren Gefilden zu überstehen. Auch Claire war in schlechter Verfassung, denn sie sehnte sich so sehr nach ihrer Tochter, die Lord Byron trotz aller Bitten nicht mit ihr reisen ließ. Stattdessen hatte er sie in einem Konvent von Nonnen untergebracht, was er für eine bessere Betreuung für das Kind hielt als die der leiblichen Mutter.

Doch das war noch nicht alles. Elise, das Kindermädchen, war schwanger und würde bald niederkommen. Shelley wusste nicht, was mit dem Kind geschehen sollte. Wenn irgend möglich, würde er es behalten. Er befürchtete aber, Mary würde das nicht zulassen. Sie argwöhnte wohl, wer der Vater war.

Und schließlich plagte Shelley mehr und mehr das Heimweh nach England. Hier in Italien waren Begegnungen mit klugen und interessanten Menschen so selten wie sauberes Wasser zum Trinken. Und wenn er daran dachte, was in der Heimat geschah, wie die politische Lage sich immer weiter zuspitzte, wie die Menschen immer mehr unterdrückt wurden, dann fühlte er sich hilflos, da er in der Ferne weilte. Aber wie konnte er zurückkehren? Er galt inzwischen als verfemter Mann, als ein Abtrünniger seiner Kreise, in denen man ihn nicht mehr willkommen heißen würde.

Shelley schrieb und schrieb, und sandte seine Werke an Hunt, damit der sie verlegte. Doch selten sah er sie gedruckt, als verschwänden seine Verse an unbekannten Orten. Es war, als riefe er mit Inbrunst in einen dunklen Wald hinein. Als sende er Botschaften, die niemals gelesen wurden. Nur, wenn er in England wäre, könnte er auf die Veröffentlichung seiner Schriften drängen. Hier in Italien war er machtlos.

Shelley wusste, wie schwer die Gesetze der Regierung auf den Schultern der Denker und Dichter und Verleger lasteten. Gegen die Monarchie oder gegen die Religion zu schreiben oder solche Schriften zu verbreiten, galt als aufrührerischer Akt und wurde mit Gefängnis bestraft. Bis hierher nach Italien reichten die Greifarme der britischen Krone nicht – so hoffte Shelley zumindest. Aber dadurch blieben seine Schriften in England unveröffentlicht. Sein Tun war sinnlos. Was nützte das beste Gedicht, wenn niemand es je zu Gesicht bekam?

Der italienische Führer, den Shelley für den Tag gemietet hatte, damit er ihnen die Geheimnisse Pompejis zeigte, bog in eine Gasse ein, die zu einem kleinen Eckhaus führte. Davor stand ein junger Bursche. Als sie es erreicht hatten, nahm der Führer Shelley zur Seite und flüsterte ihm ins Ohr.

„Die Bilder, die Malereien. Anrüchige Bilder! Nicht für die Damen."

Er wies auf einen kleinen Durchgang, durch den man in das halbverfallene Haus, gelangte. Shelley schlüpfte hindurch. Drinnen reichte ihm der Bursche eine entzündete Öllampe, führte ihn in eine Nebenkammer und deutete auf die Wände.

Shelley trat näher heran und hielt den Atem an. Im flackernden Licht der Lampen waren bemerkenswert wirklichkeitsgetreue Malereien von nackten Männern und Frauen zu sehen, die es in den verschiedensten Stellungen miteinander trieben: die Frau auf dem liegenden Mann, die Frau rücklings sitzend auf dem Mann, er stehend vor der liegenden Frau, beide stehend. Ein bebildertes Brevier der sexuellen Möglichkeiten. Shelley dachte an Ovid und dessen *Liebeskunst* und andere Beweise, dass die Menschen im antiken Rom die Liebe weitaus freizügiger praktizierten, als es die darauffolgenden christlichen Kirchen offiziell zulassen wollten. Eine despotische und lebensfeindliche Religion war das Christentum, das ein wesentliches Element des Daseins und der Liebe zu verdrängen versuchte. Wahre Freiheit war auch die Freiheit der Liebe und des körperlichen Begehrens. Und wer sie unterdrückte, wollte die Freiheit insgesamt unterdrücken, davon war Shelley überzeugt.

Shelley betrachtete eine Weile die nackten Leiber, die er ausgesprochen anziehend und erregend fand. Er dachte an die draußen wartende Mary und an Claire, deren Körper er verehrte und liebte. Was sie wohl von diesen Darstellungen halten würden? Vermutlich würden die beiden Italiener sie für leichte Mädchen halten, wenn sie sich hieran erfreuten. Aber war von Bedeutung, was die Männer dachten? Warum sollte Frauen verwehrt sein, was Männern erlaubt war?

„Mary! Claire!", rief Shelley. „Kommt herein und seht euch das an!"

Der italienische Bursche blickte ein wenig verwirrt. Er ahnte wohl, was Shelley vorhatte. Mary und Claire erschienen in der schmalen Öffnung.

Als die beiden Halbschwestern neben ihm standen, streckte Shelley den Arm aus und hielt seine Öllampe vor die Wände mit den Malereien. Claire zuckte im ersten Moment erschreckt zusammen und stöhnte leise auf. Mary machte ein missbilligendes Gesicht und warf Shelley einen maßregelnden Blick zu. Sie verließ die Kammer sofort wieder. Claire blieb noch einen Moment.

„Komm!", sagte Shelley leise zu ihr. „Ich zeige dir noch etwas."

Er wedelte mit der Hand und bedeutete dem italienischen Burschen, den Ort zu verlassen. Als der fort war, nahm Shelley Claires Hand und führte sie zu einer weiteren erotischen Malerei. Claire betrachtete sie fasziniert und ein wenig beschämt. Shelley blickte sie von der Seite an, dann trat er vor sie und begann, ihre Brüste und ihren leicht gewölbten Bauch zu streicheln. Und dann küsste er sie.

Ein fernes Grollen und ein leises Zittern zeigten an, dass sich auch im Bauch der Erde Leben regte.

26.

„Slythe hat schon einmal jemanden umgebracht?", fragte Heller fassungslos.

Kennington nickte.

„Ja, das hat er. Ein Mord konnte ihm aber nicht nachgewiesen werden. Denn er hat geschickt alle Spuren verwischen und jegliche Schuld von sich gewiesen. Doch wenn Archibald Slythe etwas will, geht er über Leichen."

„Ist das denn allgemein bekannt? All die reichen Leute würden ihn doch nicht besuchen kommen, wenn sie wüssten, dass er ein Mörder ist."

Kennington wog den Kopf hin und her.

„Sie wissen es nicht. Nur sehr wenige Menschen wissen davon. Und es ist zu lange her, als dass man ihn heute noch dafür belangen könnte."

„Aber Mord verjährt doch nicht", entgegnete Heller.

„Ich sage Ihnen ja: ihm Mord nachzuweisen, war auch damals kaum möglich."

„Und was ist genau passiert?"

Kennington seufzte.

„Ich möchte nicht davon sprechen. Es reißt zu viele alte Wunden auf."

„Aber Sie wissen, dass Slythe jemanden umgebracht hat? Kannten Sie den Toten?"

Kennington zog die Mundwinkel nach unten.

„Slythe wird eines Tages den Preis für seine Tat bezahlen."

Nachdem er diese Worte gesagt hatte, hob er die rechte Hand und sprach mit Grabesstimme:

"Death is here and death is there,
Death is busy everywhere,
All around, within, beneath,
Above is death – and we are death.

Death has set his mark and seal
On all we are and all we feel,
On all we know and all we fear...

First our pleasures die – and then
Our hopes, and then our fears – and when
These are dead, the debt is due,
Dust claims dust – and we die too.

All things that we love and cherish,
Like ourselves must fade and perish;
Such is our rude mortal lot –
Love itself would, did they not."

    „Der Tod ist hier, der Tod ist dort,
    Der Tod schlägt zu an jedem Ort,
    um uns, in uns, in den Erden,
    gewiss ist, dass wir sterben werden.

    Der Tod hinterlässt seine Spuren
    In unserem Selbst, was ihr erfuhren,
    was wir fühlen, was wir fürchten...

    Erst sterben die Lüste – dann
    Die Hoffnung, Angst, nichts davon kann
    Dem Tode trotzen, wir büßen hier

Staub zu Staub – dann sterben wir.

Alles, was wir lieben und begehren
Muss – wie wir – erlöschen, sich verzehren;
Das ist das harte Los der Sterblichkeit –
Und schenkt der Liebe Ewigkeit."

Als er fertig war, fing der Professor lauthals zu lachen an. „Das ist unser aller Schicksal, mein Freund! Finden Sie sich damit ab."

Heller zuckte mit den Schultern. „Ich lebe lieber noch länger."

Kennington nickte. „Und darauf hole ich uns beiden noch einen Gin Tonic, einverstanden?"

„Haben Sie auch etwas zu essen da?"

„Ich kann Ihnen Nüsse und Oliven bringen. Und uns eine Lasagne aufwärmen, wenn Sie damit zufrieden sind."

„Hauptsache, etwas Nahrhaftes", erwiderte Heller.

Kennington verließ das Zimmer. Einen Moment später tauchte er jedoch schon wieder auf.

„Fast hätte ich etwas vergessen. Wir müssen Sie endlich auf Ihre nächste Begegnung mit Claire Beaumont besser vorbereiten."

Er ging zu seinem Bücherregal und zog einen schmalen Band heraus.

„Hier!", sagte er und reichte Heller ein rotes Büchlein. „Schlagen Sie Seite 22 auf und lesen Sie sich das Gedicht „A Love's Philosophy" durch. Es ist von Shelley und sollte Ihnen bei Ms Beaumont dienlich sein. Sie liebt das Gedicht."

Heller nahm das Buch etwas widerwillig entgegen und betrachtete Vorder- und Rückseite mit skeptischem Blick.

„Sie meinen also tatsächlich, ich soll ihr ein Gedicht aufsagen? Dann verlange ich den dreifachen Lohn."

„Werden Sie nicht anmaßend. Schließlich muss ausgerechnet ich Ihnen sagen, wie man zartbesaitete Frauen beeindruckt."

Feixend verschwand der Professor wieder. Heller blätterte die angegebene Seite auf und überflog die Zeilen.

„The fountains mingle with the river…", las er leise.

„Oh Gott!", sagte Heller und blies die Wangen auf.

Als Kennington zurückkam, hatte er das Gedicht einmal durchgelesen.

„Und Sie meinen, das funktioniert?"

Kennington reichte ihm das Glas und nickte.

„Garantiert! Sie müssen es nur mit Gefühl vortragen. Dazu sollten Sie doch in der Lage sein."

„Na ja, wenigstens ist es nicht so schwermütig."

Heller klappte das Buch zu.

„Behalten Sie es!", sagte Kennington. „Bevor Sie Ms Beaumont wiedersehen, sollten Sie es auswendig können."

„Was für eine Tortur", entgegnete Heller und sog durch den Strohhalm Gin Tonic in sich hinein.

„Ich glaube, Sie wissen nicht, was echter Schmerz bedeutet. Was wirkliche Qualen sind."

Kennington blickte Heller ernst an.

„Haben Sie schon einmal einen nahen Angehörigen sterben sehen? Einen guten Freund verloren? Ein Kind? Das sind Schmerzen, die man niemals vergisst."

Einen Moment lang schwieg der Professor. Dann erhob er sich, ging zu einer Musikanlage und drückte darauf herum. Kurz darauf tönte klassische Musik aus den Lautsprechern.

„Der Tod ist überall, mein Freund. Alles ist vergänglich. Keats war vom Tod umgeben. Sein Vater starb, als er etwa acht

Jahre alt war, mit vierzehn sah er seine Mutter an Tuberkulose krepieren. Und mit 23 seinen Bruder Tom. Gut zwei Jahre später biss auch er ins Gras, angesteckt mit Tuberkulose und durch eine Quecksilbertherapie zur Strecke gebracht. Ein fürchterlicher Tod. Aber die Ärzte wussten es damals nicht besser. Und für Keats, der die Schönheit der Welt so liebte, war der Gedanke fast unerträglich, dass diese Schönheit durch den Tod von ewiger Dunkelheit verschluckt würde. Genießen Sie also jeden einzelnen Tag, Heller! Es könnte ihr letzter sein."

27.

Wentworth Place, Hampstead Heath, England, April 1819

Seit dem Tod seines Bruders Tom hatte sich Vulkanasche auf die Landschaft von John Keats' Seele gelegt und verbarg die Sonne am Himmel. Drei Monate waren seitdem ins Land gezogen. Vermutlich hätte sich der Eisenpanzer der Schwermut immer noch fest um seine Brust gezogen, wäre nicht dieses Mädchen in sein Leben getreten, dieses schöne, elegante, anmutige, alberne Mädchen.

Keats lächelte. Da saß sie nun kaum zwei Schritte von ihm entfernt auf dem Kanapee, mit gesenktem Haupt und konzentriertem Blick auf ihr Strickzeug starrend. Wie geschickt ihre bleichen Hände die Nadeln führten, die in wildem Tanz die Wollfäden ineinander banden. Sie ging mit großem Ernst zur Sache, als sei die Herstellung eines Strumpfes eine mindestens ebenso bedeutsame Tätigkeit wie die Operation eines verletzten Mannes. Das Rot ihrer wohlgeformten Lippen hob sich leuchtend von der bleichen Haut ihres schmalen, ebenen Gesichts ab. In ihrem braunen Haar trug sie Schleifchen, ebenso blau wie ihre Augen.

„Beobachten Sie mich, Mr. Keats?"

Die Frage aus Fanny Brawnes Mund erschreckte ihn, denn er fühlte sich tatsächlich ertappt, als hätte er etwas Unrechtes getan.

„Nein, nein", beeilte er sich zu versichern. „Ich bewundere nur Ihre Geschicklichkeit."

„Fanny, ich möchte nicht, dass du Mr. Keats in Verlegenheit bringst", sagte eine weibliche Stimme, die trotz ihres strengen

Tons nicht ihre Gutmütigkeit verbergen konnte. Sie gehörte einer älteren Dame, die in einem einfarbigen, dunkelblauen Kleid aus dickem Stoff auf einem Sofa saß und in Stickereien vertieft war. Es war Fannys Mutter.

„Machen Sie sich keine Sorgen, Mrs. Brawne", wiegelte Keats ab. „Es ist wahr, dass man um Erlaubnis bitten sollte, bevor man einer Meisterin ihres Fachs bei der Arbeit zusehen darf."

Fanny Brawne kicherte.

„Wenn Sie meine Spielerei für meisterlich halten, dann müssten die Couturiers von Paris für Sie unerreichbare Götter sein."

Keats senkte den Blick und sah kaum den Boden vor seinen Augen. Was war das nur für ein Gefühl, das ihn durchströmte? Dieses prachtvolle Prickeln von Kopf bis Fuß, dieser Sturm im Herzen, dieser sanfte Druck in der Brust, als würden wunderschöne Blüten im Leib sich öffnen?

„Mr. Keats?", sagte Fanny Brawne plötzlich. Keats blickte auf und sah ihre neugierigen Augen auf ihn gerichtet. „Wann geben Sie mir Ihr nächstes Gedicht zu lesen?"

Keats räusperte sich, sammelte die versprengten Worte zusammen, die in Gegenwart dieser jungen Frau noch ungezügelter in seinem Sinn herumtanzten, und sagte schließlich:

„Mein Geist ist noch nicht so weit, Ms Brawne. Er sammelt Eindrücke, Gefühle und Gedanken, so lange, bis sie schwer genug sind, um aus ihm heraus- und in meine Hände hineinzufließen."

„Wollen Sie damit andeuten, Ihnen mangele es hier an Eindrücken und an Gefühl?", fragte Fanny Brawne und machte ein verblüfftes Gesicht. Sie hatte ihre Strickarbeit unterbrochen und sah ihn mit großen Augen an.

„Fanny!", rief ihre Mutter mahnend. „Du sollst Mr. Keats nicht ausfragen, als wärst du die katholische Inquisition!"

„Es ist in Ordnung, Mrs. Brawne", sagte Keats und hob beschwichtigend die Hand. „Ms Brawnes Frage ist legitim und verdient eine Antwort."

Fanny Brawne sah ihn abwartend und beinahe herausfordernd an.

„Nun?", fragte sie und deutete ein Lächeln an. Keats atmete tief durch.

„Es ist seltsam", sagte er. „Manchmal vergehen Monate, bis ein erster Gedanke sich zu einem Gedicht ausformt, ein anderes Mal braucht es nur wenige Sekunden. Dann kommen die Worte wie aus dem Hinterhalt und fordern mit Nachdruck, niedergeschrieben zu werden. Es bedarf dann nicht mehr, als eines zusätzlichen Gedankenfetzens, eines Gefühlshauchs oder eines winzigen Ereignisses. Wie die Flut, die den Damm bricht, stürzen dann die Verse hervor, um das Ungesagte, aber Gedachte und mit vielfacher Kraft Gespürte, in Sprache zu formen. Es kann das Rascheln der Blätter eines Baumes sein, das Plätschern eines Baches, der Gesang eines Vogels, das Knistern von Stoff am Körper einer Frau, ein Lächeln oder ein Blick; das Gefühl von heiterer Freude, von sanfter Melancholie oder aber eine ferne Erinnerung. Und das ist der Tropfen, der das Glas zum Überquellen bringt und den poetischen Geist in Erregung versetzt, so dass er sich in einer Eruption auf Papier ergießt. Für den Dichter bedeutet dieser Augenblick das höchste Glück."

Fanny Brawne lächelte und obwohl sie es kaum zeigte, verzückte sie die zarte Empfindsamkeit, Klugheit und Eloquenz dieses kleinen, schmalen Mannes, dem sie erst drei Monate zuvor zum ersten Mal begegnet war. Er machte eigentlich nicht viel her, dieser John Keats, er war weder reich, noch nahm er eine gehobene Position in der Gesellschaft ein. Auch hatte er nichts mit der männlichen Eleganz der Offiziere gemein, die viele Mädchen in Fannys Alter anhimmelten. Doch was waren Geld, Status und Aussehen gegen die Schönheit der Seele, gegen Intelligenz und Humor?

„Haben Sie sich schon entschieden, wovon ihr nächstes Gedicht erzählen wird?", fragte Fanny Brawne, deren Neugier noch nicht gestillt war.

Keats blickte sinnierend ins Nichts.

„Mich beschäftigen im Moment mehrere Gedanken, die ich gerne poetisch verwenden möchte. Einer davon betrifft das Verhältnis von Freude zu Schmerz, von Glückseligkeit zu Trauer."

Fanny Brawne ließ den Blick nicht von Keats' Lippen, während er redete. Sie musste daran denken, wie unendlich niedergeschlagen er nach dem Tod seines Bruders gewesen war. Dass Keats nun wieder lachen konnte, rechnete Fanny nicht zuletzt ihrem Zuspruch und Trost zu, mit denen sie ihn fast täglich versorgt hatte, als seien ihre Worte und ihre Zuneigung Medikamente gegen seinen Schmerz.

„Freude und Pein sind zwei Seiten einer einzigen Medaille", sagte Keats. „Wer nicht bereit ist, Traurigkeit und Melancholie zuzulassen und in all ihren Tiefen zu spüren, der wird niemals den Gipfel der Glückseligkeit erreichen können."

Fanny Brawne machte ein nachdenkliches Gesicht und kaute auf ihrer Unterlippe. Sie war sich nicht sicher, ob sie Keats' Worten zustimmen wollte, denn wie konnte er solch' negative Gefühle wie Trauer und Furcht gutheißen?

„Mr. Keats?", fragte Fanny Brawne und legte ihre Stirn in Falten. „Denken Sie nicht, dass das Leben für traurige Momente viel zu kurz ist und das Ziel sein sollte, so glücklich wie möglich zu sein?"

Keats lächelte versonnen und erwiderte: „Wem es möglich ist, Tag für Tag glücklich zu sein, ist gesegnet. Doch die Welt und das Leben bestehen nicht nur aus Glück, sondern halten für uns manch' bittere Erfahrung bereit. Ich wünschte, Ihnen könnten derartige Erlebnisse erspart bleiben und Sie wären niemals mit Krankheit oder Tod eines Ihnen lieben Menschen konfrontiert. Aber das Leben und die Liebe, der Schmerz und der Tod sind Aspekte unseres Daseins, die unteilbar sind. Wir können ihnen nicht entfliehen. Sie zu akzeptieren und sich mit Leidenschaft in das Abenteuer des Lebens mit all seinen Facetten zu stürzen, halte ich für unsere Bestimmung, wenn wir zu wahrhaften Menschen heranreifen wollen."

Schweigend betrachtete Fanny Brawne Keats' ernsthaftes Gesicht. Er erwiderte ihren Blick, senkte den seinen aber sogleich und sah auf seine im Schoß liegenden Hände. Keats wusste Fanny nicht immer richtig einzuschätzen. Mal wunderte er sich über ihre Naivität, mal über ihre Schlauheit und schnelle Auffassungsgabe. Sie konnte mit Eifer diskutieren, sogar über Politik, am liebsten aber über Literatur. Und dann wieder brach ein helles Lachen aus ihr heraus, wenn irgendjemand etwas Törichtes angestellt oder einen dummen Scherz gemacht hatte. Fanny Brawne war ein ungewöhnliches und, wie John Keats Tag für Tag stärker empfand, sehr schönes Mädchen. Bei allem, was er ihr vorher erklärt hatte, war ihm der Gedanke unerträglich, dass auch Fanny Brawnes Schönheit eines Tages würde sterben müssen.

In diesem Augenblick begann die Wanduhr zu schlagen und als der letzte der vier Gongs nachhallte, erhob sich Mrs.

Brawne und mit fester Stimme, die keinen Widerspruch dulde-
te, sagte sie:

„Fanny! Es ist Zeit, unseren Tee einzunehmen. Hole Marga-
ret und Samuel und sage ihnen, dass sie den Tisch eindecken
sollen."

Fanny Brawne legte ihr Strickzeug beiseite, raffte ihr Kleid
und huschte aus dem Raum. Keats sah ihr nach, achtete nicht
auf das leise Zittern seiner Hände und sein heftig klopfendes
Herz. Das angenehme Kribbeln in seiner Brust bemerkte er
wohl, doch er stand dem Phänomen seiner neu erwachsenen
Gefühle verwundert gegenüber. War sie das, die erotische Lie-
be, der man nachsagte, sie sei eine alles verschlingende Feuers-
brunst?

28.

Heller wedelte ungeduldig mit der rechten Hand. Doch keines der weißen Taxis, die er vom Straßenrand aus entdecken konnte, stoppte. Er schien in die morgendliche Rush Hour geraten zu sein.

Dann aber blieb genau vor ihm ein schwarzer Wagen stehen. Er war zerbeult und ziemlich schmutzig. Durch die geöffnete Seitenscheibe rief ihm der Fahrer etwas zu.

„Dove vuoi andare?"

Heller hielt sich den Zeigefinger ans Ohr und schüttelte den Kopf. Der Mann wiederholte seine Frage in schlechtem Englisch.

„Via Sabelli", antwortete Heller.

Der Mann musterte ihn einen Moment lang, dann forderte er ihn auf, hinten einzusteigen. Heller aber zögerte.

„Ist das ein Taxi?", fragte er misstrauisch.

Der Fahrer, dem dichte schwarze Bartstoppeln auf dem fülligen Gesicht wuchsen, lächelte breit.

„Also, kostenlos nehme ich dich nicht mit", erwiderte der Mann am Steuer, über dessen Bauch sich ein rotes T-Shirt mit irgendeinem schwarzen Gesicht darauf spannte. Der Fahrer sah zwar nicht besonders alt aus, sein Schädel aber war, bis auf einen mönchischen Haarkranz, kahl. Hinter dem linken Ohr klemmte eine selbstgedrehte Zigarette.

Hinter dem schwarzen Wagen kam es zu einem Stau, die ersten Hupen ertönten. Irgendjemand schimpfte auf Italienisch.

„Steigst du ein oder nicht", rief der Mann am Steuer. „Auf ein offizielles Taxi kannst du um diese Uhrzeit lange warten."

Heller seufzte, öffnete die hintere Tür und kletterte auf den Rücksitz des Wagens, auf dem allerlei Dinge lagen: mehrere zerfledderte Comics, ein kleiner roter Ball mit weißen Punkten, leere Zigarettenschachteln, mehrere leere Colaflaschen, eine Babyrassel und eine Wasserspritzpistole. Noch bevor er die Tür vollkommen geschlossen hatte, fuhr der Mann los.

„In die Via dei Sabelli, also?", fragte der Fahrer.

Heller nickte. Der Mann blickte ihm in der Reflektion des Rückspiegels ins Gesicht.

„Schnall' dich besser an, ich fahre schneller als James Bond."

„Hauptsache, ich komme sicher ans Ziel", erwiderte Heller.

Er gähnte. Es war kurz nach acht Uhr morgens. Eigentlich zu früh für Heller, denn bei Kennington war es nicht bei zwei Glas Gin Tonic geblieben. Sie hatten noch gut gegessen und dann ein paar Gläser Wein getrunken. Doch Kennington hatte ihm geraten, Claire Beaumont zeitig in ihrer Wohnung aufzusuchen. Und diesmal hatte Heller sich beinahe diszipliniert aus dem Bett gequält.

Heller sah nach vorne. Am Rückspiegel des Wagens hingen friedlich vereint eine Kette aus roten Perlen und einem Kreuz daran, ein Bild von Jesus Christus, ein Foto von Che Guevara mit Zigarre im Mund und ein kleiner gold-roter Wimpel, auf dem ROMA stand. Aus dem Autoradio tönte irgendeine Rockmusik aus den siebziger Jahren.

„Bist du Deutscher?"

Heller zögerte kurz mit der Antwort, dann nickte er.

„Aus welcher Stadt?"

„Aus Frankfurt."

„Ah, Frankfurt! Da war ich mal für ein paar Tage. Auf der Buchmesse. Aber diese Verlagsleute sind anstrengend. Das ist echt ein hartes Geschäft geworden. Vor allem für Autoren."

Der Fahrer lachte.

„Aber es gab ja schon viele Schriftsteller, deren Talent nicht erkannt wurde. Und Maler. Und Musiker. Aber was soll's? Kunst ist ja nicht für die Industrie, sondern für die Menschen gemacht."

Der Fahrer beschleunigte, und als sie an eine Ampel kamen, die eben auf Rot sprang, gab er noch mehr Gas.

„Ich habe mal bei einem kleinen Verlag als Lektor gearbeitet. Nur linke Literatur. Marx, Lenin, Gramsci und so weiter. Später Foucault, Baudrillard, Deleuze und Guattari. All den postmodernen Mist. Da bin ich dann ausgestiegen. Die Wahrheit ist keine Frage der Ästhetik, sondern der Gerechtigkeit. Hasta la victoria siempre!"

Der Fahrer hob grinsend die rechte Faust.

„Ich heiße übrigens Giovanni."

Eigentlich hatte Heller auf eine Unterhaltung am frühen Morgen keine Lust. Dazu war er noch zu müde. Schließlich aber stellte er sich ebenfalls vor.

„Sehr erfreut!", sagte Giovanni. Eine halbe Minute schwieg er. Dann aber blickte er in den Rückspiegel, runzelte die Stirn und schüttelte den Kopf.

„Deine Freunde fahren ganz schön bekloppt Auto."

„Welche Freunde?", fragte Heller.

„Na die, die uns verfolgen, seit du bei mir eingestiegen bist."

Heller wandte sich um und blickte durch das Rückfenster.

„Siehst du den blauen BMW mit den zwei Typen darin?", fragte Giovanni. Heller sah den Wagen, der gut dreißig Meter hinter ihnen fuhr, konnte aber nicht erkennen, wer darin saß.

„Das sind nicht meine Freunde", sagte Heller. „Bist du sicher, dass die uns verfolgen?"

„Hundertprozentig sicher!", sagte Giovanni. „Aber wenn du willst, können wir das gleich herausfinden."

Im nächsten Moment drückte der Italiener das Gaspedal bis zum Anschlag durch. Mit quietschenden Reifen hüpfte der Wagen nach vorne und beschleunigte mit lautem Röhren. Die nächste Ampel durchfuhr er, als die gerade von Orange auf Rot umsprang. Heller blickte wieder nach hinten und sah, dass der blaue BMW ebenfalls beschleunigt hatte. Er passierte die Ampel bei Rot und wäre fast mit einem kreuzenden Wagen kollidiert.

Giovanni bog an der nächsten Ecke nach rechts ab, überfuhr dabei fast eine Frau, die eben die Straße überqueren wollte, und gab wieder Gas. Kurz bevor er an der nächsten Abbiegung nach links fuhr, tauchte der BMW wieder hinter ihnen auf. Heller war fast sicher, dass es der Wagen war, den er am Tag zuvor vor Slythes Haus gesehen hatte. Oder aber Brokmans Leute hatten ihn gefunden.

Sie rasten auf einem mit Bäumen bewachsenen Platz an einem offenen Markt vorbei und bogen dann wieder nach rechts in eine Wohnstraße hinein. Der blaue Wagen folgte immer noch.

Giovanni hatte die Tachonadel auf 90 hochgetrieben. Wenn es auch in Rom so etwas wie Geschwindigkeitsbegrenzungen gab, dann würde bald die Polizei sie verfolgen. Wieder nahm Giovanni eine Kurve so schnell, dass die Reifen quietschten.

„Langsamer!", rief Heller, der nicht in einem zerfetzten Autowrack sein Leben lassen wollte.

„Willst du die Kerle loswerden oder nicht?", rief der Italiener. „Wir haben sie gleich abgehängt."

Heller hatte keine Ahnung, woher Giovanni diese Zuversicht nahm, doch als Nächstes fuhr er in verkehrter Richtung in eine Einbahnstraße hinein, wo ihnen laut hupend mehrere Autos entgegenkamen. Giovanni aber wich geschickt auf einen Seitenstreifen aus, schlängelte sich um mehrere Bäume und verließ die Einbahnstraße am anderen Ende wieder. Doch der blaue BMW ließ sich nicht abschütteln.

„Mann, sind die hartnäckig", sagte der dicke Italiener. „Ich möchte wirklich wissen, was die von dir wollen."

„Ich auch", entgegnete Heller.

„Wollen wir sie fragen?"

„Besser nicht", erwiderte Heller.

Giovanni zuckte mit den Achseln und sagte: „Wir sind sie gleich los."

Heller war skeptisch. „Du bist Optimist, scheint mir."

Der Fahrer tippte gegen den Jesus aus Holz, der während der Raserei eifrig hin und her hüpfte. „Wer an den Mann der Schmerzen glaubt, den der Herrgott für unsere Sünden geopfert hat, findet immer einen Weg", sagte er und grinste. „Mach ein schmerzverzerrtes Gesicht!"

Heller war verwirrt, doch der Italiener ließ ihn nicht ausreden und rief: „Jetzt!"

In dem Moment bog er nach rechts in eine kleine Straße ein und hielt an. Sie standen vor einer geschlossenen Schranke.

„Toller Plan!", dachte Heller. „Endstation."

Doch Giovanni hatte seine Fensterscheibe hinuntergekurbelt und rief einem uniformierten Mann in einem Wachhäuschen etwas zu. Für einen Moment glaubte Heller, sein Fahrer liefere ihn direkt bei der Polizei ab.

„Emergenza! Il signore aveva un accidente."

Der Wächter nickte, drückte auf etwas und im nächsten Moment hob sich die Schranke. Sofort gab der Italiener Gas. Als sie ein Stück gefahren waren, wandte Heller sich nach ihren Verfolgern um. Die mussten vor der sich schließenden Schranke eine scharfe Bremsung hinlegen.

„Nur für Notfälle!", feixte Giovanni.

Heller erkannte, dass sie sich auf dem Gelände eines Krankenhauses befanden.

„Und wie kommen wir hier wieder raus?", fragte er.

„Durch den Notausgang", antwortete Giovanni. Kurz darauf kamen sie an eine weitere Schranke, die sich von selbst öffnete, und ließen das Krankenhausgelände hinter sich.

Giovanni grinste. „Ich kenne das Gelände wie meine Westentasche. Hier wurden meine drei Kinder geboren."

Heller drehte sich nach den Verfolgern um, von denen nichts mehr zu sehen war. Dann klopfte er Giovanni auf die Schulter. „Das hast du sehr gut gemacht", lobte er.

„Gern geschehen!", erwiderte der Italiener. „Das hat Spaß gemacht. Hätte nicht gedacht, dass mir so was mal passiert."

„Ich auch nicht", sagte Heller.

„Wer auch immer die waren, aus Rom stammen sie auf keinen Fall", urteilte Giovanni und fügte hinzu: „Ich glaube, das waren Ausländer."

„Wie kommst du darauf?", fragte Heller.

Giovanni zuckte mit den Schultern. „Die fuhren irgendwie merkwürdig. So, als machten ihnen die Verkehrsregeln hier Schwierigkeiten."

Heller blickte Giovanni fragend an. Wenn er sich richtig entsann, hatte niemand von ihnen irgendeine Verkehrsregel beachtet.

„Ich glaube, der Fahrer war Engländer", sagte Giovanni.

„Engländer?", wiederholte Heller erstaunt.

„In England fahren die Leute doch auch auf der falschen Fahrbahn, nicht wahr?"

Nachdenklich starrte Heller aus dem Fenster. Plötzlich verlangsamte Giovanni das Tempo und hielt schließlich an.

„Was ist los?", fragte Heller.

„Wir sind in der Via dei Sabelli."

Heller schaute aus dem Fenster und sah eine schmale Straße, in der sich zu beiden Seiten alte neben neue Häuser reihten. Weiter vorne lagen Werkstätten.

„Wohnst du hier?", fragte Giovanni.

Heller schüttelte den Kopf. „Nein, eine Freundin von mir."

Giovanni hob die Augenbrauen.

„Eine Freundin? Oder deine Freundin?"

Er kicherte. Heller blickte auf die Hausnummern. Als er Claire Beaumonts Adresse sah, bat er Giovanni anzuhalten.

„20 Euro", sagte Giovanni.

Heller reichte ihm die Summe nach vorne und stieg aus dem Auto.

„Warte einen Augenblick!", rief Giovanni. Er öffnete sein Handschuhfach und holte eine kleine Karte heraus. „Wenn du wieder ein Taxi brauchst, ruf' mich an. Jederzeit zu Diensten! Und solltest du die Karte verlegen, dann wähle 0039-DIVA EROTICA."

„Diva erotica?", wiederholte Heller stirnrunzelnd und steckte die Karte in die Hemdtasche. Giovanni grinste.

„Na, die Buchstabenkombination auf deinem Handy ergibt meine Telefonnummer. Schlau, nicht wahr?"

Heller nickte.

„Dann wünsche ich dir viel Glück mit der Frau."

Giovanni trat auf das Gaspedal und fuhr mit quietschenden Reifen davon. Als der Wagen hinter der nächsten Ecke verschwunden war, schlenderte Heller auf das weiße Haus zu, in dem Claire Beaumont wohnte.

„The fountains mingle with the river…", wiederholte er leise.

29.

„Kommen Sie bitte mit", sagte die gebeugt gehende, alte Italienerin mit gebrochener Stimme und knipste eine Taschenlampe an. Vor ihnen lag eine Kellertreppe.

„Mein Gott! Ich bin hier schon seit Jahren nicht mehr gewesen. Sie müssen wissen, dass ich das Haus seit dem Tod meiner Mutter kaum betreten habe."

„Mein Beileid!", sagte der englische Herr in perfektem Italienisch. „Wann ist Ihre werte Mutter denn von uns gegangen?"

„Vor beinahe zwanzig Jahren", antwortete die Frau, während sie vorsichtig Schritt um Schritt die Stufen zum Keller hinabstieg und sich dabei mit ihrer zitternden linken Hand am Geländer festhielt.

Der Engländer hatte im Erdgeschoss des abgelegenen Landhauses keine Möbel entdeckt, nur kahle Wände mit verblichenen Tapeten und schmutzige Steinböden. Der Eingang des einsam gelegenen Landhauses war von einer schweren Kette versperrt gewesen.

„Sehen Sie sich vor!", sagte die Frau, als sie den Fuß der Treppe erreichten. „Dieser Ort gehört seit Langem den Spinnen und Ratten."

„Und den Mäusen", sagte der Mann, der ebenfalls eine Taschenlampe bei sich hatte und nun damit in dem niedrigen Keller herumleuchtete. Das Licht scheuchte einige kleine Nager auf. Der Keller war mit vielen unordentlich neben- und hintereinander gestellten alten Möbeln gefüllt, einige davon mit Tüchern verhüllt. Über allem lag eine zentimeterdicke Staubschicht.

„Wann war das letzte Mal jemand hier unten?", fragte der Engländer.

„Schon zu Lebzeiten meiner Mutter wurde dieser Teil des Kellers kaum mehr betreten. Und wahrscheinlich wäre es bis zu meinem Tode so geblieben, hätten Sie mich nicht angerufen."

Der Engländer fuhr mit dem Finger über einen alten, verzierten Schrank, der im restaurierten Zustand sicherlich mehrere tausend Euro einbrächte. Hier unten lagerte allein an Möbeln ein Vermögen. Doch der wahre Schatz war ein anderer.

„Was hatten Sie denn mit dem ganzen Zeug vor?"

„Wenn ich einmal tot bin, kommt das wohl alles auf den Müll. Dafür interessiert sich niemand mehr."

„Und was ist mit Ihren Kindern?", wollte der Mann wissen. Die Frau schüttelte schwerfällig den Kopf.

„Ich habe keine", sagte sie. Mit einer Hand klopfte sie auf ein Polster, von dem eine Staubwolke aufstieg.

„Alter Plunder!", sagte die Frau abfällig. „Ich hätte das Zeug schon damals abholen lassen sollen."

„Ich bin froh, dass Sie es nicht getan haben", sagte der Mann. Die alte Frau wandte sich um und blickte zu ihm auf.

„Und Sie glauben wirklich, dass man mit alten Briefen und Postkarten auf Flohmärkten Geld verdienen kann?"

Sie machte ein verständnisloses Gesicht.

„Nun, viel ist es nicht", sagte der Engländer. „Ein, zwei Euro pro Stück vielleicht. Aber Kleinvieh macht eben auch Mist."

Die alte Italienerin schüttelte den Kopf.

„Was den Leuten so alles einfällt", sagte sie. „Zu meiner Zeit haben wir unser Geld für ein Stück Brot zusammengekratzt und heute verschwenden die Menschen für alte Briefe ihren Lohn. Mir scheint, es gibt zu viel Geld in der Welt."

„Sie wissen gar nicht, wie recht Sie damit haben", sagte der Mann schmunzelnd. „In welcher Truhe sind denn die Papiere, von denen Sie sprachen, Signora?"

Die alte Frau verengte die Lider und ließ den Blick über den Kellerraum schweifen.

„Es ist schon so lange her", sagte sie mit brüchiger Stimme. „Ich war noch ein Kind, als wir hier unten Verstecken gespielt haben."

Dann wandte sie sich um. „Wie alt sind Sie, mein Herr?", fragte sie ihren Gast.

„Vierundsechzig", antwortete dieser.

„So jung", sagte die Frau. „Da haben Sie ihr Leben ja noch vor sich." Sie lächelte matt.

„Nun ja", sagte der Engländer, doch die alte Frau unterbrach ihn sofort wieder.

„Waren Sie im Krieg?", fragte sie.

„Falkland", antwortete der Herr. „Als Marineoffizier."

Die alte Frau machte ein Gesicht, als wüsste sie nicht, wovon der Mann spräche. Dann seufzte sie und sagte: „Für mich begann der Krieg im September 1943, als die Deutschen hier in der Gegend auf Partisanenjagd gingen."

„Das war sicherlich eine schlimme Zeit", sagte der Engländer. Ihm war bewusst, wie platt seine Bemerkung klang. Doch er spürte, dass die alte Italienerin etwas auf dem Herzen hatte, das sie loswerden wollte, und dass er dabei als geduldiger Zuhörer und Stichwortgeber willkommen war.

„Sehr schlimm, mein Herr, sehr schlimm", sagte die alte Frau. „Wenn Partisanen Wehrmachtssoldaten oder SS-Männer getötet hatten, dann kamen die Deutschen, um Vergeltung zu üben. Auch in unser Dorf kamen sie, auch auf unseren Hof. Es war schrecklich."

Die Italienerin seufzte und für einen viel zu langen Moment, um als Blinzeln durchzugehen, schloss sie die Augen, als betrachte sie den Film ihrer Erinnerung vor ihrer inneren Leinwand.

„Mein Bruder", fuhr sie fort, „ging zu den Partisanen, als er siebzehn war. Eines Morgens war er verschwunden. Meine Eltern wussten sofort, was geschehen war, doch uns erzählten sie, er sei nach Pisa gelaufen, um nachzusehen, ob der Schiefe Turm noch stehe."

Sie kicherte glucksend, dann atmete sie schwerfällig ein, bevor sie fortfuhr: „Natürlich war mein Bruder nicht in Pisa, sondern mit den Partisanen in den Wäldern, die unser Dorf damals umgaben. Sie überfielen einen Trupp Deutsche auf der Hauptstraße vier Kilometer von hier, töteten drei von ihnen und erbeuteten Waffen. Und zwei Tage später kam die SS zu uns."

Die Italienerin seufzte. Der Engländer lauschte geduldig, obwohl sein historisches Interesse an diesem Haus mehr als hundertzwanzig Jahre weiter in die Vergangenheit reichte als die Zeit der deutschen Besatzung Norditaliens.

„Mein Vater hatte sie schon aus der Ferne gesehen, wie sie mit ihren Autos und Motorrädern über den staubigen Feldweg heranrasten. Meine Mutter scheuchte meine beiden Schwestern und mich hierher in den Keller und sagte uns, wir sollten uns so verstecken, wie wir es beim Spielen immer taten, so gut, dass uns niemand finden würde. Auch der große, böse Wolf nicht."

Die Italienerin blickte sich im Kellerraum um.

„Damals standen die Möbel schon so durcheinander. Als Kinder hielten wir diesen Raum für ein geheimnisvolles, unterirdisches Labyrinth und glaubten, in den Schränken und

Truhen verbargen sich die Zugänge zu fremden, wunderbaren Welten. Wenn wir uns normalerweise hier versteckten, dann erzählten wir uns danach erschwindelte Geschichten von den unglaublichen Erlebnissen, die uns in dem alten Kleiderschrank oder in der großen Truhe widerfahren waren."

Die alte Frau lächelte, ihre Augen glänzten jedoch traurig. „Wie sehr hätte ich mir gewünscht, mein Versteck und das meiner Schwestern hätte an jenem unseligen Tag tatsächlich in ein fernes Land geführt, weg von dem Grauen in der echten Welt."

Nun setzte sich die alte Italienerin wackelig in Bewegung, schob sich an mehreren Möbelstücken vorbei, wobei ihre Schürze über den Staub wischte und Schlieren auf den Oberflächen hinterließ. Bei einer von mehreren im Keller gelagerten Truhen hielt sie inne.

„Das hier war mein Versteck, und die Deutschen hätten sicherlich auch mich gefunden, wenn sie die Truhe hätten öffnen können. Doch auf wunderbare Weise gelang es ihnen nicht, so sehr die Männer draußen auch daran zogen und schlugen. Gott hielt seine schützende Hand über mich."

Sie stand einen Moment, schweigend über den Kasten gebeugt, der durchaus einem kleinen Kind Platz bieten konnte, dann murmelte sie mehr, als dass sie sagte: „Meinen Schwestern war dieses Glück nicht beschieden."

Der englische Herr trat mit leisen Schritten hinter die alte Frau. Er war nun durchaus neugierig geworden, wie die Geschichte weiterging. Die Italienerin tat ihm den Gefallen und fuhr fort: „Sie nahmen alle mit: Vater, Mutter, meine Schwestern. Meinen Vater erschossen sie noch auf dem Hof. Meine Schwestern…".

Sie machte eine Pause. „Nur Mutter überlebte, da die Partisanen die Deutschen überfielen und Mama befreiten."

Plötzlich wandte sie sich mit einem Ruck um und sagte: „Öffnen Sie die Truhe!"

Der Mann zog am Deckel. Tatsächlich ließ er sich nur mit einiger Mühe heben, denn die Scharniere waren verrostet und schwergängig. Mit beiden Händen gelang es ihm und als er es geschafft hatte, nahm er wieder die Taschenlampe zur Hand, die er in die Manteltasche gesteckt hatte, und leuchtete in die Truhe. Darin lagen bündelweise vergilbte Papiere und Briefumschläge, manche mit alten, brüchigen Schnüren zusammengebunden, die meisten jedoch lose und zerknittert. Auf den ersten Blick ließ sich das Alter der Schriften nicht feststellen.

„Ja, die Briefe", sagte die alte Frau. „Viele Jahre lang mochte ich den Keller nicht mehr betreten. Aber irgendwann habe ich es doch getan und die Kiste aufgemacht. Und dann habe ich mich wieder an all diese Briefe erinnert. Ich weiß, wie fasziniert ich von der wunderschönen Schrift auf den Papieren war. Ich konnte natürlich nichts davon lesen."

„Haben Sie eine Idee, wie die Briefe ursprünglich hierher gekommen sind?"

Die Frau nickte.

„Meine Mutter hat mir erzählt, unser Bauernhaus habe einst einem feinen Herrn aus England Zuflucht geboten. Er sei mit seiner Familie auf der Fahrt von Pisa ans Meer von einem Unwetter überrascht worden und mein Ururgroßvater oder vielleicht dessen Vater habe sie für zwei Tage und Nächte bei sich aufgenommen. Und als sie abgereist seien, hätten sie diese Truhe und einen Teil der darin enthaltenen Briefe und Schriften hiergelassen und seien niemals mehr gekommen, um sie abzuholen."

„Darf ich mal sehen?", sagte der Engländer, der neben die alte Italienerin getreten war. Sie nickte und der Mann beugte sich über die Truhe, um ein paar Papiere herauszunehmen. Er betrachtete sie eine Weile aufmerksam, dann ergriff er ein weiteres Bündel. Er erkannte sofort die geschwungene, unverwechselbare Handschrift des Autors. Mit Mühe verbarg er seine innere Erregung, doch ein zufriedenes Lächeln konnte er nicht für sich behalten. Er hatte gefunden, wonach er so lange gesucht hatte. Der Weg hatte sich gelohnt.

„Sehr hübsch", sagte er, darum bemüht so nüchtern wie möglich zu klingen.

„Sie wollen sie also haben?", fragte die alte Italienerin. Der Mann nickte.

„Haben Sie die tausend Euro dabei?", fragte die Frau. Der Mann zückte unverzüglich sein Portemonnaie und zog mehrere Geldscheine hervor. Die Alte griff sofort danach und steckte sie in ihre Schürze. Dann wandte sie sich zu der Truhe und starrte noch einmal schweigend hinein. Sie bemerkte nicht, wie ihr Besucher aus seiner Manteltasche ein Seil zog und es in beide Fäuste nahm. Er zog es straff, schlang es in einer schnellen Bewegung um ihren Hals und zog es zusammen. Die Reaktion der Frau war anders, als er erwartet hatte. Sie wehrte sich nicht, ächzte nur einmal kurz und gab einen quietschenden Laut von sich, bevor sie in sich zusammenfiel, als hätten sich Muskeln und Knochen in Nichts aufgelöst.

Der Mann ließ sein Opfer sanft zu Boden gleiten und betrachtete die Frau einen Moment lang, um sicher zu gehen, dass das Leben aus ihr gewichen war. Dann nahm er einen Sack, in den er den gesamten Inhalt der Truhe warf. Als er damit fertig war, hob er die alte Frau, die leicht wie ein Kind war, in die Truhe und schloss den Deckel. Er trug den Sack in seinen Wagen, den er draußen vor dem baufälligen Gemäuer geparkt hatte, holte aus dem Kofferraum zwei Kanister mit Benzin, trug sie in den Keller, verschüttete den Inhalt über der Truhe und weiteren Möbeln und entzündete schließlich ein Streichholz, das er in eine Benzinpfütze neben der Truhe warf. Sogleich schlugen die Flammen hoch und fraßen sich in Windeseile über die Möbel und durch das Holz. Als ein Teil des Kellers brannte und er sicher sein konnte, das die Alte ihrem Versteck niemals mehr entkommen würde, stieg er die Treppe hoch, setzte sich in seinen Wagen und fuhr zufrieden davon. Dass er vergessen hatte, die tausend Euro wieder an sich zu nehmen, fiel ihm erst jetzt ein, doch ihm war die Summe gleichgültig, schien sie doch lächerlich im Vergleich zu dem unermesslichen Schatz, den er dafür erworben hatte.

30.

Heller überflog die Namen auf dem Klingelschild. *Beaumont* stand an oberster Stelle. Gerade wollte er auf die Klingel drücken, als sich die Haustür öffnete und ein Mann mit einem Hund an der Leine heraustrat. Er warf Heller einen kurzen Blick zu, murmelte etwas und schlenderte dann mit dem Tier über den Bürgersteig davon.

Heller nutzte die Gelegenheit und trat ins Hausinnere. Es roch nach einem Putzmittel und frisch gewaschener Wäsche. Am Ende eines kurzen Korridors lag das Treppenhaus. Es gab einen kleinen Fahrstuhl, dessen Außentür zerkratzt und beschmiert war. Heller stieg ein und fuhr hinauf.

Von der obersten Etage gingen zwei gegenüberliegende rot angestrichene Türen ab. Er las die Klingelschilder und fand Claire Beaumonts Wohnung. Vorsichtig legte er das Ohr an die Tür. Erst hörte er nichts und fürchtete schon, sie sei bereits fort. Oder sie schliefe noch. Dann aber vernahm er von innen ein helles Pfeifen, kurz gefolgt von schnellen Schritten.

Heller klingelte. Es dauerte einen Moment, bis sich Schritte näherten und eine weibliche Stimme erklang. Sie wirkte erstaunt.

„Chi è?"

Kurz war Heller über das Italienisch verwirrt. Daher zögerte er einen Augenblick, bevor er erwiderte: „Ich bin es, Benjamin Heller!"

Heller hatte eine Reaktion erwartet, doch als nach einer Viertelminute noch immer keine Antwort erfolgt war, klopfte er.

„Ms Beaumont? Sind Sie da? Ich bin es. Benjamin Heller!"

„Ja", hörte er.

„Machen Sie die Tür auf, Ms Beaumont? Ich habe Ihnen etwas mitgebracht."

Die Antwort kam nun prompt. „Nein!"

Heller hatte nicht erwartet, dass Claire Beaumont ihm vor Freude um den Hals fallen würde. Dass sie ihm so strikt den Einlass verweigern wollte, kränkte ihn jedoch beinahe.

„Woher haben Sie meine Adresse?", fragte sie durch die geschlossene Tür.

„Sie steht in dem Büchlein, das Sie im Park verloren haben."

Im nächsten Moment wurde ein Schlüssel umgedreht, dann die Tür aufgerissen.

„Sie haben mein Notizbuch", rief Claire Beaumont mit weit aufgerissenen Augen. Sie starrte durch ihre Brillengläser auf die Kladde in seiner Hand. Im nächsten Moment griff sie danach. Heller gab sie ihr.

„Sie haben doch nicht darin gelesen?", fragte sie mit sorgenvoller Stimme und blickte ihn prüfend an.

„Natürlich nicht", erwiderte Heller. Er machte ein unschuldiges Gesicht. Sie blickte ihn kurz zweifelnd an. Dann huschte ein Lächeln über ihre Lippen.

„Danke, dass Sie es vorbeigebracht haben."

„Keine Ursache!"

Einen Moment lang schwiegen beide.

„Kann ich auf einen Kaffee hereinkommen?", fragte Heller. „Ich bin so früh aufgestanden, dass ich noch nichts gefrühstückt habe."

Claire Beaumont zögerte.

„Ich muss gleich zum Keats-Shelley-Haus fahren", sagte sie.

Sie sah noch nicht zum Ausgehen bereit aus, denn sie trug eine graue Trainingshose und ein weißes, viel zu großes Hemd. Ihre Füße waren nackt, ihre Haare nur notdürftig gekämmt.

„Ich bitte Sie!", sagte Heller. „Ich bin extra so früh gekommen, um Ihnen das Buch zu geben."

„Sie hätten es auch ins Museum bringen können."

Sie atmete tief durch. Dann rollte sie mit den Augen. „Na gut! Kommen Sie herein! Aber nur für eine Viertelstunde."

Heller folgte der Aufforderung und trat ein. In der Wohnung duftete es angenehm frisch, nach einem Parfüm, Shampoo oder Duschgel. Und Räucherstäbchen.

„Ich kann Ihnen aber nur Tee anbieten."

„Tee ist auch prima! Hauptsache, etwas zu trinken."

Claire Beaumont schloss hinter ihm die Tür.

„Gehen Sie schon mal ins Wohnzimmer vorne links!", sagte sie. „Aber nichts anfassen."

Sie verschwand in der Küche. Heller lief ans Ende des kurzen Korridors und betrat einen hellen Raum. Als er das Chaos darin sah, wunderte er sich, denn er hatte Claire Beaumont für einen ordentlichen Menschen gehalten. Auf dem Schreibtisch vor dem Fenster, dem Sofa, einem kleinen Sessel und auf zwei Stühlen, selbst am Boden stapelten sich Bücher und zahlreiche Papierhaufen.

Im nächsten Moment kam Claire Beaumont zurück, zwei dampfende Tassen in ihrer Hand.

„Hier!", sagte sie und reichte Heller eine davon.

„Sie scheinen viel zu tun zu haben", sagte er.

„Oh ja! Im Herbst will ich meine Doktorarbeit einreichen."

„Wow!", sagte Heller. „Dann muss ich Sie ja bald Dr. Claire Beaumont nennen. Das klingt gut. Und Sie schreiben natürlich über Keats oder Shelley, nehme ich an."

„Ja", sagte Claire Beaumont. „Ich schreibe über das Konzept der Liebe in der Poesie von John Keats und Percy Bysshe Shelley."

„Das klingt ungemein sexy", sagte Heller. „Und was halten die beiden Herren von der Liebe?"

Claire Beaumont blickte ihn skeptisch an.

„Ich weiß nicht, ob Sie das wirklich interessiert."

„Doch, doch! Man kann über die Liebe doch nie genug lernen."

Heller schmunzelte und fragte sich, was diese Frau wirklich über das Thema wusste.

Claire Beaumont seufzte, dann sprach sie: „Für Keats und Shelley ist die Liebe das Grundprinzip des Lebens, das in allem Sein steckt und alle Wesen miteinander verbindet. Die Kraft der Liebe ist in jedem von uns angelegt und vereint uns mit uns selbst, mit anderen Menschen, mit der Natur und dem gesamten Dasein. Ohne sie gäbe es keine Welt, sie überdauert alles. Ohne die Liebe gäbe es das Gute und Schöne und das Wahre nicht, das in uns ist und in allen Erscheinungen und das uns das Leben lieben lässt."

„Das wäre schade", warf Heller ein. Claire Beaumont beachtete seine Bemerkung nicht.

„Haben Sie schon einmal die Einheit zwischen sich und einem Baum verspürt, zwischen sich und dem Mond, zwischen sich und dem Universum? Diese magische Verbindung, die jeder von uns mit der Natur und allen Lebewesen hat? Dieses allumfassende Glücksgefühl, wenn Sie einen Menschen, ein lachendes Kind, eine Landschaft, den Regen und den Wind spüren? Wenn Sie tief in sich fühlen, wie wundervoll das Leben ist und wie dankbar wir jeden Tag sein sollten, dass wir leben und wir die Welt wahrnehmen und in ihr sein dürfen?"

Claire Beaumont sah Heller erwartungsvoll an. Der konnte sich ein Schmunzeln über die kindliche, recht alberne Begeisterung der jungen Frau kaum verkneifen. Sie schien seine Mimik jedoch mit Zustimmung zu verwechseln und setzte ihren Monolog fort.

„Viele Menschen scheinen das nicht in sich zu spüren. Sie glauben, ihr Geist und Leib seien vom Rest der Welt getrennt. Sie glauben, andere Menschen, Tiere, Pflanzen, die Sonne, der Wind und das Wasser seien losgelöst von ihnen. Dabei ist es offensichtlich, dass alles Sein miteinander verbunden ist. Das Leid jedes Menschen ist das Leid jedes anderen und die Freude eines Menschen ist die Freude aller Menschen. Die Vergiftung der Meere vergiftet auch mich und ein gequältes Tier ist zugleich meine Qual."

„Und wenn ich mir in den Finger schneide, tut es ihnen weh?", fragte Heller etwas spöttisch. Claire Beaumont ging über seinen Einwurf hinweg.

„Die Menschheit krankt an einem Mangel an Mitgefühl und Liebe. Zu viele Menschen haben sich eine harte Schale zugelegt und verfolgen nur ihre eigenen Interessen. Sie sind grausam und kalt, denn sie haben Angst vor dem Schmerz, der Einsamkeit und dem Tod. Diese Angst lässt sie zu misstrauischen, machtbesessenen, gierigen und rücksichtslosen Wesen werden, die Lust am Leid anderer und an der Vernichtung haben. Sie bekämpfen sich erbittert mit Worten und mit Taten, hören einander nicht zu, beleidigen und verletzen sich gegenseitig. Oder sie werden apathisch und abgestumpft, so dass sie Zerstörung, Gewalt und Leid hinnehmen und nichts dagegen tun. Durch dieses Verhalten droht die Erde, auf der wir alle leben, zu einem Planeten des Todes zu werden, auf dem das bunte Leben, das hier einst herrschte, unwiederbringlich ausgelöscht wird. Und das nur, weil die meisten Menschen die ohnehin kurze Spanne Zeit, die ihnen gegeben ist, in sinnloser

Jagd nach kurzfristigen Vergnügungen verbringen und dabei zertrampeln, was an Schönheit und Zärtlichkeit in der Welt ist."

Claire Beaumont schien beinahe vergessen zu haben, dass Heller noch im Raum war. Sie lief auf und ab, mit zu Fäusten geballten Händen, und sprach, als übe sie für ein Theaterstück.

„Doch es gibt Hoffnung!", rief sie. „Der Mensch muss erkennen, wie kostbar das Leben und wie erhebend die Liebe ist. Es genügt, Herz und Geist zu öffnen, um die Liebe zu spüren, die in uns vorhanden ist und die um uns herum gedeiht. Nur, wenn wir dies tun, bannen wir das Böse aus unserem Inneren und treten ihm entgegen, wo immer es uns begegnet."

Claire Beaumont lächelte fast selig, doch ihre Augen waren tränennass. Sie schien von ihren eigenen Worten sehr ergriffen zu sein und vollkommen überzeugt von dem, was sie von sich gab.

Heller betrachtete sie mit einer Mischung aus Staunen und Belustigung. Ihn faszinierten die Hingabe, mit der sie sprach, und ihre glühende Begeisterung, die sich in ihrem Gebaren ausdrückte. Andererseits war sie zweifellos ein wenig verrückt. Natürlich waren derartige Ideale und Träume ihrem Alter geschuldet. Aber umso härter würde der Zusammenprall mit der Wirklichkeit sein.

„Und was haben die Gedichte von Keats damit zu tun?", fragte Heller. Claire Beaumont hob den Blick und lächelte.

„John Keats gehörte, so wie Shelley, zu den wenigen Menschen, die bereits vor zweihundert Jahren erkannt haben, auf welchem Holzweg die Menschheit sich befindet. Sie wussten, dass nur die Liebe, die Empfindsamkeit und das Mitgefühl die Menschen retten können und für sie war eines der stärksten Werkzeuge, um diese Gefühle zu entfachen und zu verstärken, die Poesie. Sie erweckt das Licht der Liebe, in der das Böse vergehen wird, wie ein Vampir im Strahl der aufgehenden Sonne, und die Menschheit wäre gerettet, um den Weg zum höheren Sein einzuschlagen."

Amen!, dachte Heller. „Ich fürchte, Sie überschätzen die Macht der Worte", sagte er. „Die meisten Menschen sind ziemlich fies drauf oder bekloppt. Und die große Mehrheit werden Sie durch Gedichte niemals erreichen. Durch schöne Worte ist noch kein Mensch vom Teufel zum Engel geworden."

„Aber die Poesie ist ein Schlüssel zu den verschlossenen Herzen der Menschen", erwiderte Claire Beaumont beinahe flehend.

Das werden wir gleich mal ausprobieren, dachte Heller. Er grinste, versuchte sich zu konzentrieren und begann zu sprechen.

> *"The fountains mingle with the river*
> *And the river with the ocean*
> *The winds of heaven mix forever*
> *With a sweet emotion."*

> *„Die Quellen fließen in die Flüsse*
> *Flüsse werden dann zum Meer,*
> *Die Himmelswinde tauschen Küsse*
> *Mit zärtlichem Begehr."*

Claire Beaumont blickte ihn erstaunt an. Heller jedoch hatte den Eindruck, dass er die Sätze zu mechanisch herunterleierte. Also versuchte er, mehr Intensität in die Worte zu legen.

> *"Nothing in the world is single;*
> *All things by a law divine*

In one another's being mingle;--
Why not I with thine?"

      „Nichts ist auf der Welt allein,
      Jedes Ding ist göttlich hier
      Alles möchte Eines sein;--
      Warum ich nicht auch mit dir?"

Zufrieden bemerkte Heller, dass ein Lächeln über Claire Beaumonts Lippen huschte und sie ihn interessiert anblickte. Er versuchte sich auf die letzten beiden Strophen zu konzentrieren.

"See! the mountains kiss high heaven,
And the waves clasp one another;
No sister flower would be forgiven,
If it disdained its brother.

And the sunlight clasps the earth,
And the moonbeams kiss the sea;--
What are all these kissings worth,
If thou kiss not me?"

      „Schau! Der Berg küsst Himmelslüfte
      Und die Wellen mischen sich;
      keine Blume hätte Düfte,
      zankten auch die Blumen sich.

      Sonnenlicht umarmt die Erd',
      und das Mondlicht küsst das Meer,
      was sind diese Küsse wert,
      schenkst du mir keine Küsse her?"

Claire Beaumonts Wangen leuchteten rot. Ihre Augen waren geschlossen, ihre Lippen leicht geöffnet. Heller grinste, näherte sich ihr vorsichtig, dann küsste er sie. Sofort zuckte sie zurück, riss die Augen auf und verpasste ihm eine klatschende Backpfeife.

Im ersten Moment war er sprachlos. Er sah, wie Claire Beaumont sich die Hände an die Wangen hielt und ein Gesicht machte, als sei sie selbst erschrocken über ihre Reaktion. Doch in ihm stieg Wut auf, die er nicht an sich halten konnte.

„Was soll das, Ms Beaumont?", schimpfte er. „Ist das der Dank, dass ich Ihnen Ihr blödes Notizbuch vorbeigebracht habe? Und dass ich für Sie dieses bescheuerte Gedicht auswendig gelernt habe? Sie sind eine undankbare dumme Gans. Und wissen Sie was, Ms Beaumont? Sie sind auch noch komplett durchgeknallt. Sie werden bei Gedichten feucht, bewundern tote Poeten und faseln die ganze Zeit von der Liebe. Aber in Wahrheit haben sie keine Ahnung, was das überhaupt ist. Das hat nämlich auch mit Berührung und Zärtlichkeit zu tun. Doch bei der ersten menschlichen Annäherung rasten Sie aus. Wahrscheinlich sind Sie gar nicht in der Lage, einen echten, lebendigen Menschen zu lieben. Vielleicht sind Sie selbst gefühlskalt."

Claire Beaumont stand mit weit aufgerissenen Augen und kreidebleich vor ihm. Sämtliches Blut schien ihr aus dem Gesicht gewichen. Dann sagte sie mit leiser, aber fester Stimme:

„Gehen Sie, Mr. Heller! Verlassen Sie sofort diese Wohnung!"

Heller zögerte und machte einen Schritt auf sie zu. Er war zwar immer noch wütend, wusste aber, was er mit seinem Ausbruch angerichtet hatte. Er musste die Situation retten.

„Ms Beaumont...", sagte er etwas hilflos. „Es tut mir leid!"

„Gehen Sie ab!", erwiderte sie. „Hauen Sie endlich ab!"

31.

Vollkommen reglos saß Keats am Fenster und horchte in die Stille des Morgens, die nur ein einziger Laut dann und wann durchbrach. Sphärenmusik erklang da draußen, während in Keats' Innern das Herz vor Zärtlichkeit und Leidenschaft überquoll. Er mochte sich nicht rühren, aus Angst, dieses Gefühl könnte gleich wieder entfliehen, wie ein scheuer Vogel. Diesen Augenblick genießen und dafür beten, dass er nie mehr vergehen möge.

Keats schloss die Augen, lauschte, fühlte, sah in seinem Geist das Antlitz jener jungen Frau vor sich, die zum Mittelpunkt all seines Denkens und all seines Fühlens zu werden drohte. Es gab nur noch Fanny Brawne. Sie war es, die ihn machtvoll anzog, und seinem Leben eine neue Richtung gab, die ihn neu bestimmte, wie ein Magnet Eisenspäne um sich zentrierte.

Wie beschrieb man die Glückseligkeit, dieses alles durchdringende Gefühl, das den Leib federleicht werden ließ, die Sinne zärtlich umfing und den Geist aufspannte? Nichts schien mehr Last, alles nur Lust. Schmerz, Krankheit, Tod waren für einen Moment gebannt.

Diesen Zustand in einem Menschenleben zu erreichen, war ein gewaltiges Geschenk, ihn auch noch bewahren zu wollen, schien vermessen. Und doch: wer hätte nicht davon geträumt, das Gefühl höchsten Glücks in sich für alle Zeit erhalten zu können, es mit einem gläsernen Gefäß zu umfangen, damit es nie mehr weiche?

Aber nein, es war unmöglich. Das Glück war ein wundervoll singender, doch freiheitsliebender Vogel, der kam, wann er wollte, blieb, solange es ihm beliebte und davonflatterte, wann immer ihm danach war. Es war ein Teil der ewigen, erhabenen Schönheit, die der Mensch zwar schauen und an der er für eine bestimmte Zeit teilhaben durfte, die für immer bei sich zu tragen ihm aber verwehrt war. Man tat gut daran, das Glück dankbar zu genießen, wenn es einen umfing.

Keats dachte an die Küsse, die er mit Fanny getauscht hatte. Ihre Lippen waren so weich, ihre Haut so geschmeidig. Er hatte sich so glücklich gefühlt, wie nie zuvor.

Vor dem Fenster brach der Morgen an, auf dem Horizont im Osten lag ein feuerroter Streifen. Der unschuldige Vogel im Baum schlug sein einsames Lied an, während die süßeste Fanny nebenan schlief und träumte, nur durch eine Holzwand von Keats' Zimmer getrennt. Bezaubernder Gesang! Bezaubernde Fanny! Mit dir will ich mich vereinen, von dir mich niemals trennen. Du bist, was ich mir erträumt habe, du bist, was mich aus mir selbst erhebt und mich zu einem neuen Wesen erhöht. Wenn dieser Augenblick nur nie verginge…

Was war das Geheimnis der Liebe? Erst jetzt, da er sie in dieser neuen Dimension fühlte, wusste sich Keats darüber Rechenschaft abzugeben. Liebe entstand im Angesicht äußerer und innerer Schönheit, in der Begegnung mit einem Wesen, dessen Güte, Lebensfreude und Zuneigung das Herz gefangen nahm. Liebe entstand im Vertrauen, in der Hingabe an einen Menschen, dem man die eigene Seele vollkommen öffnen durfte, ohne fürchten zu müssen, verspottet oder verwundet zu werden.

Oh, die Sorge, von ihr verletzt zu werden, nahm Tag für Tag zu, je mehr sein Denken und Fühlen um sie kreiste. Und wenn es einen Menschen gab, der die feine Spöttelei liebte und jede Ernsthaftigkeit mit einer scherzhaften Bemerkung aufzulösen wusste, dann war sie es. Aber ihre Witze waren klug, und sie war ebenso imstande, Bedeutsames in seiner Tiefe zu erfassen und entsprechend behutsam zu behandeln.

Fanny Brawne war noch jung und in vielen Dingen unerfahren. Doch sie war eine gelehrige, wissbegierige Schülerin von schneller Auffassungsgabe und mit ihr gemeinsam die Werke anderer Autoren oder auch die seinen zu lesen, bereitete Keats unwahrscheinliche Freude. Sie befruchteten sich gegenseitig, denn so wie er ihre poetischen Fähigkeiten fortbildete, ließ sie ihn in Tiefen seines eigenen Seins eintauchen und Empfindungen entdecken, die sich ihm bisher verborgen hatten. Fanny Brawne war das Wunder seines Lebens. Niemals durfte er sie mehr verlieren.

Keats erhob sich von seinem Stuhl, achtete nicht auf das klirrend umfallende braune Fläschchen am Boden und schlich auf leisen Sohlen zur Zimmertür, vorbei am fast erloschenen Kamin und an seinem Bett. Im Vorbeigehen nahm er sich von einem kleinen Tisch ein paar Papierbögen und einen Stift. Dann trat er in den Korridor hinaus und stieg vorsichtig die Treppe hinab. Als eine Stiege knarzte, hielt er inne und lauschte. Er wollte auf keinen Fall Brown wecken, der im Zimmer neben dem seinen schlief. Nichts rührte sich und Keats setzte seinen Weg nach unten fort. Im Parterre durchquerte er den Salon, in dem er so oft mit Brown zusammensaß, meist schreibend, manchmal parlierend, und öffnete die gläserne Tür, die auf die Terrasse und in den Garten hinausführte. Die Strahlen der Morgensonne berührten eben die Wipfel der nahen Bäume und tauchten sie in goldenes Licht. Keats wandte den Blick zum direkt angrenzenden Haus, in dem Fanny mit ihrer

Mutter und ihren Geschwistern Samuel und Margaret seit April wohnte. Die große Nähe zu ihr erfüllte ihn mit gemischten Gefühlen, denn sie beglückte ihn in dem Maße, wie sie ihn ängstigte. Fanny war ein Feuer, das ihn zu verschlingen drohte. Im Moment jedoch verlieh sie ihm außergewöhnliche Kräfte.

Wieder trällerte die Nachtigall, die im Pflaumenbaum im Garten ihr Nest gebaut hatte, ihre Weise. Im Bann dieses Gesangs, gewiegt durch die sanfte, klare Luft des Morgens, noch von der Trägheit der Nacht umfangen und angenehm umnebelt von den so sonderlichen Gefühlen, die sich in ihm aufgetan hatten, ergriff Keats einen der Gartenstühle auf der Veranda und trug ihn über das taufeuchte Gras zum Pflaumenbaum hinüber, wo er sich niederließ und ohne langes Zögern die Feder auf das Papier führte.

Zwei oder drei Stunden saß Keats selbstvergessen und schrieb und schrieb, bis er erschöpft gegen die Lehne sank. Bevor er zum Haus zurückging und die versgefüllten Seiten auf eine Bücherreihe im Regal des Salons warf, las er noch einmal stumm den letzten Vers, der seine Melancholie in Worte fasste.

Forlorn! the very word is like a bell
To toil me back from thee to my sole self!
Adieu! the fancy cannot cheat so well
As she is fam'd to do, deceiving elf.
Adieu! adieu! thy plaintive anthem fades
Past the near meadows, over the still stream,
Up the hill-side; and now ,tis buried deep
In the next valley-glades:
Was it a vision, or a waking dream?
Fled is that music: – Do I wake or sleep?

Verlassen! Das Wort ist wie ein Glockenschlag
Um mich von dir zurückzutragen
Leb wohl! Denn Phantasie nicht so betrügen mag
Wie viele von der trügerischen Elfe sagen.
Leb wohl! Leb wohl! Deine Klage sanft verweht
Über nahe Wiesen, einen stillen Bach
Die Hügel rauf; und taucht nun doch
Tief in die Lichtung eines Tals hinein und geht,
War's wahr oder lieg im Traum ich wach?
Fort ist der Klang: – wach ich oder schlaf ich noch?

32.

Heller lief mit schnellen Schritten die Straße entlang, die ihn von Claire Beaumonts Haus wegführte. Er war wütend auf die junge Frau, aber auch wütend auf sich selbst und seine mangelnde Selbstbeherrschung, die ihm immer und immer wieder in die Quere kam. Eigentlich hatte er sich für einen vernünftigen, abgebrühten Menschen gehalten. Aber Claire Beaumont konnte ihn zur Weißglut bringen. Sie war schuld an seinem Ausbruch gewesen. Diese Frau benahm sich wie eine unberührbare Eisprinzessin, die sich zu fein für normale Menschen hielt und der man nicht zu nahe kommen durfte.

Zerbrechliche Rose!, dachte er verächtlich. *Eher eine Stechpalme.*

Ein leises Klingeln und Vibrieren in seiner Hosentasche riss Heller aus den Gedanken. Er fingerte sein Handy heraus und hob ab.

„Wo sind Sie?", sagte eine Stimme, die schlecht gelaunt klang. Die Leitung rauschte.

„Wer ist dran?", fragte Heller.

„Ich bin es, Archibald Slythe."

Heller schluckte. Er fühlte sich wie auf frischer Tat ertappt.

„Ich bin in der Stadt unterwegs", sagte er. Er wollte auf keinen Fall offenbaren, wo er eben gewesen war. Slythe schwieg einen Moment lang.

„Was haben Sie von Kennington erfahren?", fragte er dann.

„Ich will erst mein Geld", erwiderte Heller.

„Ich lasse es Ihnen sofort mit einem Boten in Ihr Hotel bringen, sobald Sie mir erzählt haben, was Kennington vorhat."

Heller zögerte.

„Ich fahre gleich nach unserem Gespräch in mein Hotel und dann will ich das Geld haben", sagte er schließlich.

„Kein Problem! In einer Stunde haben Sie Ihren Lohn."

Nun gab Heller in Auszügen wieder, was Kennington ihm erzählt hatte. Als er fertig war, hörte er einen Moment lang nur das Rauschen und ein Knacken in der Leitung. Dann aber erklang erneut Slythes Stimme.

„Haben Sie schon einmal einen Menschen umgebracht?"

„Machen Sie Witze?", erwiderte Heller. „Natürlich nicht. Warum sollte ich so etwas tun?"

„Es ist gar nicht so schwer", sagte Slythe. „Ich war in der Armee und weiß, wovon ich spreche."

„Das interessiert mich nicht", sagte Heller. „Ich habe noch nie einen Menschen getötet und habe es auch nicht vor."

„Auch nicht für 100.000 Euro?", fragte Slythe.

Heller schluckte. Die Summe verschlug ihm fast die Sprache. „Sie machen einen Scherz."

„Ich scherze nicht, Mr. Heller. 100.000, wenn Sie George Kennington aus dem Weg räumen."

„Ich soll Kennington umbringen?", sagte Heller fassungslos. „Warum?"

„Er will mich fertigmachen, er will mein Lebenswerk zerstören. Glauben Sie wirklich, er lässt es dabei bewenden, ein paar Artikel gegen mich zu schreiben? Wenn er erfährt, dass ich das Gedicht von Shelley und Keats gefunden habe, wird er mich beseitigen lassen. Mit allen Mitteln."

„Beauftragen Sie doch einen Profikiller! Oder machen Sie es selbst. Ich bin für so etwas nicht zu haben."

„Überlegen Sie es sich, Heller! Ich denke, Sie können das Geld sehr gut gebrauchen."

„Sie sind verrückt!"

Slythe lachte kurz auf.

„Hören Sie, Heller! Sie sind der geeignete Mann für diesen Auftrag. Sie sind skrupellos und wagemutig genug. Außerdem waren Sie schon bei ihm, er vertraut Ihnen. Er wird keinen Verdacht schöpfen, wenn Sie ihn erneut aufsuchen. Töten Sie ihn und klauen etwas Wertvolles aus seiner Wohnung. Dann wird die Polizei glauben, einer seiner Strichjungen hätte ihn aus Habgier umgebracht."

„Nein!", sagte Heller. „Das mache ich auf keinen Fall!"

Slythe seufzte.

„Schade! Dann vergessen Sie auch das restliche Geld. Sollten Sie es sich noch einmal anders überlegen, dann rufen Sie mich an! Aber heute noch."

Mit diesen Worten legte Slythe auf. Heller starrte fassungslos auf sein Handy.

„So ein Schweinehund!", rief er. „So ein verdammter Schweinehund!"

Er drehte sich um und überlegte, ob er zu Claire Beaumont zurückgehen und ihr erzählen sollte, was Slythe von ihm verlangte. Dann wüsste sie, welchem Irren sie ihr Vertrauen schenkte. Er zweifelte aber, dass sie ihm glauben würde. Vor allem nach dem, was eben geschehen war.

Das Telefon klingelte erneut. Heller fluchte.

„Ja?", rief er unwirsch.

Einen Moment antwortete niemand. Dann sagte eine Stimme: „He, Heller! Warum so unfreundlich? Hier ist Kennington. Haben Sie schlecht geschlafen?"

„Ach, Sie sind es", sagte Heller.

„Ja, ich bin es. Ich wollte Ihnen eine frohe Botschaft überbringen. Ich habe einen guten Freund angerufen und der hat wiederum einen guten Freund in Frankfurt angerufen. Und der hat mit ein paar Leuten dort gesprochen. Ich glaube, ihr Problem mit diesem Brokman ist so gut wie gelöst."

„Was?", rief Heller. „Wie haben Sie das hingekriegt?"

Kennington lachte. „Sie wissen doch, wie das in solchen Fällen ist: man sollte besser nicht alle Details kennen."

Heller konnte kaum glauben, was er gehört hatte. Und doch fühlte er sich ungemein erleichtert. Einen Moment lang überlegte er, ob er Kennington von Slythes Mordauftrag erzählen sollte. Doch schon sprach Kennington weiter.

„Dafür aber habe ich noch eine Bitte an Sie, denn eine Hand wäscht die andere."

„Ich soll aber niemanden für Sie umbringen?"

„Aber nein! Sie sollen nur Slythe für ein paar Stunden überwachen. Ich denke, er hat vor, heute sein kleines Wundergedicht zu finden. Oder angebliches Wundergedicht."

Heller verdrehte die Augen. Die Spielchen dieser beiden verrückten Professoren gingen ihm gehörig auf die Nerven. Vor allem, weil er sich wie ihr Spielball fühlte.

„Muss das sein?"

„Ja, das muss sein. Ich habe Ihnen gesagt, dass ich Ihnen Ihren Brokman vom Hals schaffe. Das habe ich getan. Im Gegenzug helfen Sie mir jetzt auch noch einmal. Haben Sie übrigens Ms Beaumont schon getroffen?"

Heller zögerte kurz. Dann bejahte er.

„Und, wie lief es diesmal?"

„Wir machen Fortschritte", sagte Heller. „Wir stehen kurz vor der Hochzeit."

„Das freut mich aber für Sie!"

Kennington kicherte.

„Sie werden Sie vermutlich heute Abend beim Empfang der Shirers wiedersehen."

„Noch ein Empfang? Wieder mit Gedichten?"

„Und mit Claire Beaumont als Stargast. Das wollen Sie sich doch nicht entgehen lassen."

Heller ächzte.

„Ich teile Ihnen später die Adresse der Shirers mit. Der Empfang beginnt um 19 Uhr. Aber vorher fahren Sie zu Slythes Haus, warten davor und melden sich bei mir, sobald Sie ihn zu Gesicht bekommen. Ich bin ziemlich sicher, dass er heute etwas tut, womit wir ihn entlarven können."

„Muss das sein?", erwiderte Heller genervt. „Das klingt ziemlich anstrengend. Und vielleicht ist er gar nicht zu Hause."

Er erinnerte sich daran, dass Slythe verreisen wollte.

„Wenn er bis fünf Uhr nachmittags nicht aufgetaucht ist, können Sie die Aktion beenden", sagte Kennington.

„Haben Sie niemand anderen für diesen Job?"

Kennington antwortete mit scharfer Stimme.

„Ein Anruf von mir, und Ihr Freund Brokman wird Ihnen wieder auf die Pelle rücken. Ich hoffe, das ist Ihnen klar. Wenn man unter Ehrenmännern Abmachungen trifft, sind die einzuhalten."

„Ok, Ok! Ich mache es. Aber dann sind wir quitt."

„Vergessen Sie nicht, mich zu Ihrer Hochzeit mit Ms Beaumont einzuladen! Und Ihr erster Sohn sollte den Namen George tragen."

Kennington lachte schallend. Dann schloss er: „Also, rufen Sie mich an, sobald Sie etwas von Slythe zu berichten haben. Und noch eins: sollte er das Haus verlassen, folgen Sie ihm. Ich möchte wissen, wohin er geht. Bis dann!"

Kennington legte auf. Heller blickte missmutig auf sein Telefon. Als er den Kopf hob, stellte er fest, dass er während des Telefonats ziellos durch die Gegend gelaufen war und nun nicht mehr wusste, wo er sich befand. In der Nähe entdeckte er aber mehrere wartende Taxis. Er trat auf die Straße.

In dem Moment schrie jemand.

Heller wandte sich um. Als er den dunklen Wagen sah, der auf ihn zuraste, konnte er sich einen Moment lang vor Schreck nicht bewegen. Im letzten Moment gelang es ihm, zur Seite zu hechten. Er knallte gegen die Motorhaube eines geparkten Wagens und von dort auf den harten Asphalt. Der Aufprall nahm ihm die Luft und ihm wurde schwarz vor Augen.

Als er wieder zu sich gekommen war und sich aufgerappelt hatte, war der Wagen hinter der nächsten Ecke verschwunden. Heller glaubte, sich an einen blauen Wagen zu erinnern, doch er war sich nicht sicher. Nervös blickte er sich in alle Richtungen um. Am Himmel ballten sich dunkle Wolken zusammen.

33.

Villa Valsovano, Livorno, Großherzogtum Toscana, Italien, September 1819

Percy Bysshe Shelley lief in seinem gläsernen Refugium hin und her wie eine Raubkatze in ihrem Käfig. Er konnte seinen Zorn nicht anders bändigen, als durch ruhelose Bewegung. Wie weggeblasen waren die Reste der Melancholie, die in den vergangenen Monaten sein ständiger Begleiter gewesen waren. Hier oben in seinem Turm auf dem Dach ihrer neuen Residenz vor den Stadtmauern Livornos hatte er sich den Sommer über zurückgezogen, um nicht auch in den Strudel von Marys Schwermut hineingerissen zu werden. Als im Juni auch noch ihr gemeinsamer vierjähriger Sohn William in Rom vom Fieber dahingerafft wurde, versank Mary endgültig in den tiefen Fluten der Verzweiflung, denen auch Shelley nicht entging. Er hatte seinen kleinen William über alle Maße geliebt. Das Schicksal war grausam. Drei Kinder hatte es bereits aus ihrer Mitte gerissen. Und Mary verstieg sich in manchen Momenten zu dem Wunsch, sie könne die Toten ins Leben zurückholen, wie es Victor Frankenstein in ihrem Roman vermochte. Doch sie wusste nur zu genau, wie gefährlich es sein konnte, das Schicksal herauszufordern.

Shelley aber strampelte, kämpfte, nahm seine Willenskräfte zusammen und gab sich ganz und gar derjenigen Macht hin, die ihn am ehesten aus dem tiefen Tal des Trübsinns führte. Wie ein Besessener schrieb er an einem Theaterstück über die römische Famile Cenci, die Geschichte eines grausamen Vaters, der wie ein Tyrann über seine Familie herrschte, eine Geschichte von Mord, Inzest, Vergewaltigung, Rache und Ungerechtigkeit. Shelley spie die Sätze auf das Papier, wie eine tiefe Übelkeit, einen Groll, der aus seinem Leib und seiner Seele heraus musste, damit er als Mensch weiterleben konnte.

Come, obscure Death,
And wind me in thine all-embracing arms!
Like a fond mother hide me in thy bosom,
And rock me to the sleep from which none wake.
Live ye, who live…

Komm, dunkler Tod,
Nimm' mich in deine weiten Arme!
Verberge mich an deiner Brust wie eine liebevolle Mutter,
Und wiege mich in jenen Schlaf, von dem niemand mehr erwacht.
Lebt weiter, die ihr lebt…

Das Werk war seit wenigen Wochen vollendet, Shelley hatte es an seinen Verleger Ollier in London geschickt, damit der es drucken und veröffentlichen würde – ohne Shelleys Namen zu nennen, da sein Ruf in England zu sehr Schaden genommen hatte.

Doch nun hatte er von einem Ereignis gehört, das jegliche Melancholie in ihm wegbrannte, wie ein loderndes Feuer das welke Herbstlaub. Elf Menschen waren getötet worden und viele Hundert von den Säbeln englischer Soldaten schwer verletzt. Arbeiter, ihre Frauen und Kinder, die am 16. August auf St. Peters Field bei Manchester friedvoll für mehr soziale Gerechtigkeit und gegen die Ausbeutung marschiert waren. Die englische

Regierung, so schrieben es die Zeitungen, die Shelley erst jetzt zugesendet bekommen hatte, verteidigte das Massaker, der Prinzregent ebenso, so wie der Innenminister Lord Sidmouth, Außenminister Castlereagh und Premierminister Liverpool.

Es war eine Schande! Es war der erneute Beweis, dass die Monarchie und das ganze englische System der Ausbeutung und Unterdrückung moralisch am Ende waren. Die Zukunft würde für die Menschen, das normale Volk, düster sein, wenn nun nicht etwas geschähe. Die Revolution musste das ganze Land wie ein Fieber packen, die Menschen ergreifen und die Massen gegen die Ungerechtigkeit marschieren lassen, bis die Tyrannen fielen. Es fehlte nicht viel, dann würde das Feuer lodern und ganz Britannien erfassen. Der Scheiterhaufen war errichtet, die Sprengsätze angebracht, es fehlte nur noch der Funke, der die Flammen der Revolution entzünden würde. Ein Funke nur.

Shelley hielt wieder inne und blickte voller Ingrimm aus dem Fenster. Und dann schrie er aus voller Kehle über die toskanische Landschaft: „Wacht auf, Ihr müden Löwen, steht auf! Werft die Ketten ab und wehrt Euch! Eure Gegner, die Reichen und die Mächtigen sind nur Wenige, Ihr aber seid die Masse, ihr seid Viele! Erhebe dich, Volk von England! Erhebt euch, Völker dieser Erde!"

Schweiß stand Shelley auf der Stirn, er atmete heftig. Doch noch nie zuvor hatte er so klar wie in diesem Moment erkannt, dass die Menschheit nur dann eine Zukunft hatte, wenn die Tyrannei, die Ausbeutung und die Unterdrückung ein Ende hätten. Die Massen hatten die Macht, es fehlte nur das Fanal, das sie in Bewegung setzte. Und er, Percy Bysshe Shelley, würde der Auslöser für die große Erhebung sein. Mit der Macht seiner Worte!

Shelley setzte sich an den Schreibtisch, legte mehrere Bogen Papier vor sich hin, ergriff seine Feder und schloss für einen Moment die Augen. In seinem Geist tauchten Bilder auf, Gefühle strömten durch ihn, die zu Worten wurden, zu Bedeutung. Und die Notwendigkeit, sie auszudrücken, packte ihn wie ein Fieber. Shelley begann zu schreiben.

As I lay asleep in Italy
There came a voice from over the Sea.
And with great power it forth led me
To walk in the visions of Poesy.

I met Murder on the way –
He had a mask like Castlereagh –
Very smooth he looked, yet grim;
Seven blood-hounds followed him…

Als einst ich in Italien schlief
Eine laute Stimme vom Meer mich rief.
Sie drängte mich mit Energie
Zu wandern in den Visionen der Poesie.

Auf dem Weg sprach mich ein Mörder an,
wie Castlereagh sah aus der Mann,
Wirkte fein, doch voller Härte,
sieben Bluthunde auf seiner Fährte…

Shelley schrieb zwölf Tage lang, ohne jemandem im Haus davon zu erzählen. In seinen Versen nahm er sich die Mitglieder der sogenannten britischen Elite vor, den verschwendungssüchtigen Prinzregenten, die Regierung und all die Stützen dieses verfaulten Systems: die Kirchenmänner, die Anwälte, den Adel und die Spione, die im ganzen Land das Volk aushorchten und überwachten. Er pries die Freiheit, eine Welt der Liebe als die einzige Lebensform, in der Menschen gedeihen und ihr volles Potential entfalten können, frei von Unterdrückung und Ausbeutung. In wenigen Versen entwarf er seine Vision des großen Aufstands der Massen, friedliche Demonstrationen und Streiks im ganzen Land, die, so nahm er an, von den Sicherheitskräften der Mächtigen niedergeschossen würden. Doch die Schande dieser Grausamkeit, begangen an Wehrlosen, würde das Ende der alten Ordnung einläuten und ein neues Zeitalter eröffnen.

Als Shelley die letzten Zeilen niederschrieb, war er überzeugt, mit seinen Worten jedes Herz zu regen und zur Tat zu bewegen, um endlich den Traum von einer besseren Welt zu verwirklichen, der ihm zum Greifen nahe schien. Denn Poesie konnte die Welt verändern.

And that slaughter to the Nation
Shall steam up like inspiration,
Eloquent, oracular;
A volcano heard afar.

And these words shall then become
Like Oppression's thundered doom
Ringing through each heart and brain,
Heard again — again — again —

Rise like Lions after slumber
In unvanquishable number —
Shake your chains to earth like dew

Which in sleep had fallen on you —
Ye are many — they are few.

Das Gemetzel der Nation
Wird für euch Inspiration,
Wortgewandt und rätselhaft
Ein Vulkan erklingt mit Kraft.

Und die Worte werden dann
Dieser Unterdrückung Bann,
Es erklingt in Herz und Hirn,
Bietet Ihnen nun die Stirn!

Steht wie Löwen auf, erwacht!
Denn wer zahllos ist, hat Macht
Werft die Ketten von euch ab
Die im Schlafe man euch gab -
Eure Vielzahl sei ihr Grab.

34.

In dem Moment, als der erste Regentropfen vom Himmel fiel, trat Archibald Slythe aus dem Haus. Zumindest war es ein Mann, der die massige Statur des Professors hatte und einen Bart trug. Doch ein Hut und ein schwarzer Schirm verdunkelten sein Gesicht.

„Das muss er sein", sagte Benjamin Heller.

„Na, endlich!", erwiderte Giovanni. „Ich dachte, wir sitzen hier, bis unsere Hintern platt sind."

Heller rieb sich die schmerzende Schulter.

„Wir haben lange genug gewartet", ergänzte Giovanni. Heller nickte. Er hatte kaum noch daran geglaubt, dass Slythe auftauchen würde. Nun aber lief der Engländer mit schnellen Schritten über den Bürgersteig und blieb neben einem niedrigen roten Sportwagen stehen. Er schloss ihn auf und stieg hinein.

„Wow, ein alter Fiat Spider", rief Giovanni. „Ich glaube, das ist das Modell von 1976."

„Ja, schönes Auto", bestätigte Heller. „Folge ihm!"

„Yes, Sir!"

Während Slythe aus der Parklücke fuhr, ließ Giovanni den Wagen an. Es donnerte. Aus vereinzelten Tropfen wurde ein Regenguss.

„Mama mia!", sagte Giovanni. „Jupiter zürnt."

Er manövrierte seinen Wagen auf die Straße, wendete ihn und fuhr dem roten Fiat hinterher.

Heller hatte Giovanni nach dem Gespräch mit Kennington und nachdem er beinahe überfahren wurde, angerufen. Ihm schien der Italiener der richtige Mann für diesen merkwürdigen Auftrag zu sein. Ein normaler Taxifahrer hätte vermutlich unangenehme Fragen gestellt. Ein bisschen Geheimagent zu spielen und eine Verfolgungsjagd schien genau nach Giovannis Geschmack zu sein.

„Verlier' ihn nicht aus den Augen!", sagte Heller, als er den roten Wagen ein gutes Stück vor ihnen abbiegen sah.

„Keine Sorge! Giovanni Valentino lässt sich nicht so leicht abschütteln."

Heller wandte den Kopf zu Giovanni und grinste.

„Giovanni Valentino? Heißt du wirklich so?"

„Cooler Name, nicht wahr?", erwiderte Giovanni, während er kräftig aufs Gaspedal trat und auf eine stärker befahrene Straße hinaus fuhr. Drei Autos vor ihnen rollte Slythes Fiat.

„Du hast mir noch gar nicht erzählt, wie es bei deiner Freundin war", sagte Giovanni. „Habt ihr Spaß gehabt?"

„Es geht so", antwortete Heller. „Ich weiß nicht, ob wir so richtig zusammenpassen."

„Bist du in sie verliebt?"

Giovanni grinste.

„Sei nicht so neugierig", erwiderte Heller. „Die Frau ist ziemlich kompliziert."

„Das macht doch nichts. Komplizierte Frauen sind eine Herausforderung. Und wenn sie es wert ist, dann musst du um sie kämpfen."

Es donnerte, der Regen wurde stärker. Inzwischen leuchteten bei fast allen Autos die Scheinwerfer.

„Du musst schneller fahren, sonst verlieren wir ihn", rief Heller.

„Unsinn!", entgegnete Giovanni, gab Gas und überholte ein Auto vor ihnen. „Da vorne ist er doch."

Der Italiener stellte die Scheibenwischer an, die unregelmäßig und quietschend hin und her zuckten. Sie kamen kaum gegen den nassen Film an, der das Glas hinunterfloss.

Sie fuhren eine Weile auf einer Straße am Tiber entlang, bis der rote Wagen an einer Ampel rechts abbog und über eine Brücke den Fluss überquerte. Auf der anderen Seite bog er links ab und nahm dort die Uferstraße.

Giovanni stellte das Autoradio an. Sofort dröhnte Musik aus den Lautsprechern. Es war ein Lied der *Doors*: *Light my Fire*. Giovanni sang den Text lauthals mit, ballte die linke Hand zur Faust, als halte er dort ein Mikrophon, und als er zum letzten Mal eine unbekannte Dame aufgefordert hatte, in ihm ein Feuer zu entzünden, musste Heller lachen.

„Du solltest auftreten", sagte Heller. „Mit dem Namen und dann auch noch dieser Stimme."

„Nicht wahr? Das sollte ich. Mit dem Lied auf der Gitarre habe ich meine Paola bezirzt."

Sie durchfuhren einen Tunnel, an dessen niedrigster Stelle sich eine große Pfütze gebildet hatte, dann einen zweiten. Als sie wieder an der Oberfläche waren, folgten sie der Straße noch eine Weile, bis Slythes roter Wagen blinkte und nach rechts abbog.

„Wir sind in Trastevere", sagte Giovanni. Heller hatte keine Ahnung, wo sie sich befanden.

„Dein Freund hält an", sagte der Italiener als nächstes. Tatsächlich blieb Slythes Wagen vor einem mehrstöckigen, alten Haus stehen. Die Scheinwerfer des Fiat erloschen.

„Fahr' vorbei und lass mich hinter der nächsten Ecke raus", bat Heller. Als sie an Slythes Wagen vorüberrollten, stieg eben eine kräftige Gestalt aus. Heller war sicher, dass es sich um den Professor handelte.

„Soll ich hier warten?", fragte Giovanni, nachdem auch er gestoppt hatte.

Heller nickte, dann sprang er aus dem Wagen und lief durch den strömenden Regen ein paar Meter zur Ecke zurück. Er kam gerade noch rechtzeitig, um Slythe unter seinem Regenschirm, mit dem Hut auf dem Kopf und einem silbermetallenen Aktenkoffer in der Hand in einer Gasse verschwinden zu sehen.

Heller rannte hinterher und war bereits nach ein paar Schritten bis auf die Haut durchnässt. Slythe bog am Ende der Gasse nach links ab. Heller folgte leise fluchend. Kein normaler Mensch war mehr auf der Straße zu sehen. Alle hatten sich eilig vor dem Gewitter und dem Regen in Sicherheit gebracht. Immerhin verschluckte das laute Prasseln der Tropfen das Geräusch seiner Schritte.

Am Ende der Gasse spähte Heller um die Ecke. Gut dreißig Meter voraus entdeckte er Slythe, der über einen offenen Platz erst auf ein altes, heruntergekommenes Gebäude zulief und dann zwischen diesem und einem anderen verschwand.

Heller wartete kurz ab, dann überquerte auch er mit schnellen Schritten den Platz. Die Gasse, in der Slythe verschwunden war, lag fast im Dunkeln. Er konnte gerade noch sehen, wie Slythe über eine Treppe hinab stieg. Heller wartete wieder einen Moment, dann lief er hinterher. Am unteren Ende der Treppe erblickte er eine Tür. Slythe war nicht mehr zu sehen. Heller stieg ebenfalls hinab. Unten angekommen, sah er ein Schild neben der Tür.

Federico Rinaldi. Libri è manuscritti antiquarii, stand darauf.

Heller drückte vorsichtig gegen die Tür. Zu seiner Verwunderung ließ sie sich öffnen. Er schob sie ein Stück weit auf und spähte durch den Spalt in einen kleinen, dunklen Vorraum. Der Geruch von Staub und altem Papier schlug ihm entgegen. Niemand war zu sehen und so trat Heller ein. Nachdem er die

Eingangstür leise hinter sich geschlossen hatte, schlich er zur nächsten Tür, die angelehnt war. Auch sie schob er ein wenig auf. Den Raum, der sich dahinter befand, konnte er im ersten Moment kaum erkennen. Als sich seine Augen aber ein wenig an die Dunkelheit gewöhnt hatten, erblickte er einen niedrigen, jedoch offenbar weiträumigen Keller. Darin standen, in mehreren Reihen hintereinander, große Regale, die bis zur Decke reichten. Sie durchmaßen fast die gesamte Breite des Kellers und ließen nur einen schmalen Mittelgang frei, der in den hinteren Bereich des Raumes führte. Den Mittelgang beleuchteten eine Handvoll Glühlampen, die an Drähten von der Decke baumelten.

Heller schlüpfte durch die Tür. Der Keller maß gut zwanzig Meter in der Breite und fast das Doppelte in der Länge. Er war jedoch so niedrig, dass man mit den Fingern beinahe die Decke berühren konnte. Der Abstand zwischen den gut zwei Dutzend hintereinander aufgereihten Regalen betrug jeweils höchstens einen Meter. Da sie auch am Rand einen schmalen Durchgang freiließen, musste man die Regale nicht zwangsläufig durch den Mittelgang passieren.

Am Ende des Kellers glaubte Heller eine weitere Tür zu erkennen, durch die ein wenig Licht fiel. Von dort erklangen leise Stimmen. Heller überlegte kurz, dann schlich er am ersten Regal bis zur Außenwand entlang und von dort an den Regalreihen vorbei bis fast in den hinteren Teil des Kellers. Als er noch drei Reihen von der hinteren Wand entfernt war, trat er zwischen die Gestelle und musterte die dort abgelegten Kartons. Sie standen dicht nebeneinander und waren jeweils nur etwas breiter als ein Blatt Papier. Heller blickte auf eines von ihnen und entdeckte eine Beschriftung, die mit der Hand angefertigt worden war. *Lettere italiane. Anni 1854-1863.*

Heller sah den nächsten Karton an und las wieder. *Lettere italiane. Anni 1864-1873.*

Behutsam zog er eine Kiste hervor und öffnete sie. Darin lagen Plastikhüllen. Er fasste hinein und zog zwei von ihnen hervor. Sie enthielten vergilbte Briefumschläge oder Papiere, die in eine Folie eingeschweißt waren. Heller versuchte zu lesen, was auf ihnen stand, doch er konnte die Schrift nicht entziffern. Also schloss er den Karton wieder und betrachtete weitere Kisten. Auch auf ihnen waren Jahreszahlen verzeichnet und eine andere Aufschrift: *Lettere straniera scritta al territorio italiano.*

Heller dachte einen Moment lang nach, dann schlich er bis zum hinteren Ende des Kellers, bis er den tiefen Bass von Archibald Slythe vernahm. Und eine zweite männliche Stimme.

Als Heller vor der Tür stand, lugte er durch den Spalt. Dahinter befand sich ein kleiner Raum. Slythe beugte sich eben über einen Tisch und betrachtete mit einer großen Lupe ein Papier, das auf einem Tisch lag. Ein merkwürdiger Geruch hing in der Luft, eine Mischung aus Farbe und irgendeinem chemischen Gebräu.

Slythe sagte ein paar Worte, woraufhin der andere Mann, der einen weißen, fleckigen Kittel trug und älter als der Professor zu sein schien, etwas erwiderte. Es klang Italienisch. Slythe legte die Lupe auf den Tisch, nahm das Papier und schob es behutsam, als wäre es sehr zerbrechlich, in eine daneben liegende Mappe. Er ergriff seinen am Boden stehenden Aktenkoffer, öffnete ihn und ließ die Mappe darin verschwinden. Wieder sagte Slythe etwas, woraufhin der andere Mann ihm eine kleinere Schachtel reichte. Slythe öffnete sie und betrachtete den Inhalt. Nachdem er sie geschlossen und in seinem Aktenkoffer verstaut hatte, zog er einen Briefumschlag aus seiner Manteltasche und reichte sie dem Mann. Der griff in den Umschlag und zog ein dickes Bündel Geldscheine heraus, das er zu zählen begann. Als er damit fertig war, sagte er etwas. Es klang nicht allzu freundlich. Slythe antwortete. Wenn Heller es richtig interpretierte, entspann sich ein kurzes Wortgefecht, woraufhin Slythe noch einmal in seine Manteltasche griff, um einen zweiten Umschlag herauszunehmen. Der andere Mann zog auch daraus ein Bündel Banknoten. Nun schien er zufrieden zu sein, denn er nickte lächelnd.

Daraufhin nahm Slythe seinen Koffer und seinen Regenschirm, verabschiedete sich und wandte sich zur Tür. Heller zog sofort den Kopf zurück und schlich, so schnell er konnte, zur Außenwand zurück, die zu seiner Erleichterung fast in Dunkelheit lag. Gerade, als er das Regalende erreicht hatte, trat Slythe aus der Kammer. Der Professor zögerte kurz, blickte nach links und nach rechts, dann lief er durch den Mittelgang in Richtung des Kellerausgangs.

Heller hielt den Atem an. Slythes Schritte entfernten sich, eine Tür schlug und es wurde still im Keller. Nur aus der Ferne war noch der Regen zu hören. Heller wartete noch einen Moment, bevor er sich der Kammer wieder näherte. Die Tür stand weiter offen, so dass er einen Teil der Kammer gut überblicken konnte. Auf einer Seite standen mehrere Metallschränke. Der Mann nahm eben einen Stapel Papiere aus einem der Schränke, die er dann auf einen zweiten Tisch legte. Mehrere kleine Behälter und Glasgefäße, in denen Stifte und Federn steckten, waren dort aufgereiht. Der Mann ließ sich auf einem Stuhl nieder, ergriff einen der Stifte, tauchte ihn in ein Gefäß und begann vorsichtig auf dem bräunlichen Papier zu schreiben.

In dem Moment läutete es. Der Mann zuckte zusammen und grummelte etwas. Er steckte den Stift in seinen Behälter zurück und erhob sich schwerfällig.

Heller musste sich beeilen, um noch unbemerkt von der Tür wegzukommen, bevor der alte Mann heraustrat und durch den Mittelgang zum Kellereingang schlurfte. Dabei schimpfte er leise vor sich hin. Eine Tür quietschte.

„Lei chi è, signore? Cosa vuoi?", sagte der alte Mann. Er klang überrascht. Ein kurzer Aufschrei hallte durch das Kellergewölbe.

Heller kauerte an der Wand des Kellergewölbes. Er hatte keine Ahnung, was geschehen war. Plötzlich aber vernahm er zwei fremde Stimmen und kurz darauf tauchten zwei Männer vor der Kammer auf. Der eine trug einen Mantel, der andere eine Lederjacke. Der mit der Lederjacke hielt den reglosen Körper des Alten auf dem Arm. Der andere schleppte eine kleine Kiste. Sie verschwanden in der Kammer.

Heller fragte sich, ob es nicht an der Zeit war, schnell von hier zu verschwinden. Doch bevor er sich entschieden hatte, das Weite zu suchen, traten die beiden Männer bereits wieder aus der Kammer und liefen hastig in Richtung Ausgang. Die Tür schlug zu, dann war es still.

Einen Moment lang blieb Heller noch auf dem Boden sitzen. Als sich nichts mehr rührte, erhob er sich und lief zur Kammer. Die Tür stand weit offen. Er entdeckte den alten Mann, der wie eine schlaffe Puppe auf seinem Stuhl saß. Seine Augen waren weit aufgerissen, wirkten aber leblos. Speichel floss aus seinen Mundwinkeln. Heller trat vorsichtig näher. Ein paar Glasbehälter lagen zerbrochen am Boden. Zwei Schränke standen offen. In einem davon waren nebeneinander mehrere Apparate aufgereiht. Auf dem Boden stand etwas, aus dem Drähte ragten und rote Ziffern leuchteten. Heller sah genau hin und erkannte, dass sie ihre Form veränderten. 00:20 wurde eine Sekunde später zu 00:19, dann zu 00:18.

Hellers Herz schien einen Sprung in Richtung seines Halses zu machen. Als die Ziffern 00:15 anzeigten, rannte er. Während er an den Regalreihen vorbeihetzte, zählte er leise rückwärts. 14, 13, 12, 11, 10, 9, 8, 7...

Ihm schien, dass die Regalreihen nicht mehr endeten und der Gang vor ihm sich immer länger zog, wie Kaugummi.

... 6, 5, 4, 3 ...

Heller ließ die letzten zwei Regalreihen hinter sich und riss die Tür zur Vorkammer auf.

... 2, 1, 0.

Ein infernalischer Knall ertönte, dann schlug eine unsägliche Kraft gegen Hellers Rücken, Kopf und Beine. Er hob vom Boden ab und knallte mit Wucht gegen die Ausgangstür des Kellers. Dann wurde es höllisch heiß.

35.

Henry Addington, vor fünfzehn Jahren von König George dem Dritten zum Viscount Sidmouth geadelt, betrachtete das überlebensgroße Porträt, das vor mehr als zwanzig Jahren von ihm angefertigt worden war. Das Bildnis sollte ihm schmeicheln, ihm, der als Sohn eines Arztes das vorher Undenkbare erreicht hatte und erst zum Parlamentsspecher, dann in den Rang eines Premierministers aufgestiegen war. Es schmeichelte ihm durch die Insignien der Macht – durch den schwarzblauen Umhang aus Samt, der mit goldfarbenen Tressen verziert war, durch die grauweiße Perücke, deren Locken ihm über die Schultern fielen, das prächtige Pult, den purpurnen Baldachin und die Herrschaftspapiere. Und natürlich durch den edlen distanzierten und selbstbeherrschten Gesichtsausdruck, der einen Mann mit einer höheren Bestimmung und Vorsehung kennzeichnete.

Nun war er Innenminister, ein Abstieg, wie manche höhnten, doch mochte er als Premier in der offenen Kriegsführung gegen die napoleonischen Truppen nicht die glücklichste Hand gehabt haben, in den wirklich entscheidenden Schlachten, die er nun in seinem Amt schlug, war er der unangefochtene Meister. Da mochten sie ihn alle attackieren, die feigen Parlamentsabgeordneten, die Schreiberlinge oder die Anhänger seiner politischen Gegner aller Couleur – ganz gleich ob Whigs oder Tories. Im Kampf gegen den Aufruhr und das Chaos durfte man nicht zimperlich sein, wollte man am Ende nicht den Untergang des Königshauses, das Zerbrechen der

Ordnung und die Herrschaft des einfachen und launenhaften Volkes riskieren. Es bedurfte einer Vielzahl von Finessen und Instrumenten, um durchzusetzen, was er für richtig erachtete. Gewalt anzuwenden, war nur eine von ihnen.

Lord Sidmouth trat an das herrschaftliche Fenster seines großen Arbeitszimmers und blickte in den frühlingshaft aufblühenden Park hinaus. *Der König ist tot! Lang lebe der König!*

Der seit langen Jahren sieche und geisteskranke George der Dritte war Ende Januar gestorben und der Prinzregent ihm als George der Vierte auf den Thron gefolgt. Es änderte sich also kaum etwas an der Ordnung im Lande, denn der Prinzregent hatte schon seit 1811 die Regierungsgeschäfte inne – oder was er dafür hielt. In Wahrheit mischte sich der prunk- und fresssüchtige dicke Mann, der inzwischen auch noch vom Laudanum abhängig war, kaum in die Politik seiner Regierung ein. Alles, was ihn antrieb, war der Luxus und eine möglichst rasche Scheidung von seiner verhassten Ehefrau, Caroline von Braunschweig. Mit dem Erreichen dieses Ziels war inzwischen ein Großteil des Staatsapparates beschäftigt: Beamte und Parlamentarier, Richter und Minister, selbst die Opposition und die Zeitungen widmeten sich mit großem Elan diesem Rosenkrieg – der verhasste neue König George der Vierte gegen sein, beim Volke beliebtes, Eheweib. Sollten sie nur alle ihre Froschaugen auf dieses unwürdige Schauspiel richten. Lord Sidmouth behielt die wirklich wichtigen Angelegenheiten im Blick. Und die waren von epochaler historischer Dimension und Bedeutung. Die Menschheit stand unmittelbar vor Umbrüchen gigantischen Ausmaßes. Die landwirtschaftlich geprägten Gesellschaften, in denen reich und mächtig war, wer einen Adelstitel innehatte und Grund und Ackerboden besaß, beziehungsweise erbte, waren im Begriff, sich aufzulösen und einer neuen Ordnung Platz zu machen. In Zukunft wären jene reich und mächtig, die über Fabriken und Maschinen verfügten. Rauchende Schlote und gewaltige Apparate würden Güter und Kapital in einer ungeheuren Geschwindigkeit und Masse produzieren. Der Landarbeiter würde an Bedeutung verlieren, ebenso der Handwerker, Maschinen traten an ihre Stelle. Die Massen der Arbeiter wären in Zukunft gut, um diese Maschinen zu bedienen, aber zweifellos würden Hunderttausende nichts weiter zu tun haben, als zu verarmen und zu sterben. Die Zukunft lag deutlich vor Lord Sidmouths Augen: ein Heer von Mittellosen, das sich um die wenigen noch vorhandenen, aber gering bezahlten Arbeiten prügeln würde, stünde gegen eine kleine Minderheit von wohlhabenden Bürgern, reichen Fabrikbesitzern und Adligen – wobei der müßige Adel zwar weiterhin im Oberhaus Macht innehatte und als Landbesitzer sein Geld verdiente, aber von den tätigen Bürgern der Oberschicht mehr und mehr an den Rand gedrängt würde.

War nicht Lord Sidmouth selbst das beste Beispiel für diese Entwicklung? Er war nur der Sohn eines Doktors – wenngleich des Leibarztes eines ehemaligen Premierministers – aber er hatte sich durch das Studium der Rechte, mit Fleiß, Intelligenz und mit Hilfe einflussreicher Gönner zum Mitglied des Parlaments hochgearbeitet, dann zum langjährigen Sprecher des Parlaments, schließlich zum Premierminister. Wie hatten seine Gegner ihn verspottet. Nun aber war er Inhaber des wichtigsten Amtes im Königreich. Wenn auch manch einer das anders sehen mochte. Doch als Innenminister konnte man aus der zweiten Reihe die Fäden ziehen und das tun, was andere nicht wagten oder schlicht nicht verstanden.

Es galt nicht weniger, als die Zukunft Großbritanniens und damit die Zukunft der gesamten Welt unter Führung der britischen Krone vorzubereiten. Dies würde nur gelingen, wenn an der Spitze des Staates und der Gesellschaft eine kleine Elite von eifrigen und klugen Männern stünde, um die Staatsgeschäfte zu lenken.

Lord Sidmouth hatte keinen Zweifel, dass die Maßnahmen und Gesetze, die er in den vergangenen Jahren durch das Parlament geboxt hatte, die einzige Chance waren, um den Umsturz und einen Terror, wie er der 1789er Revolution in Frankreich gefolgt war, zu verhindern. Wollte der König, dass sein Kopf in den Schlamm der Straßen Londons fiel? Wollte der Adel, dass man ihn aus seinen Palästen vertrieb und mit seinem Blut die Themse rot färbte? Und wollten sich die Bürger vom Pöbel unterjochen lassen, damit ihre Töchter als Huren endeten? Nein! Sie alle hatten Angst und deshalb vertrauten sie ihm, Lord Sidmouth. Sie vertrauten ihm, wenn er die Rechte der Bürger aufhob, mit denen diese doch nicht umgehen konnte, wenn er Zeitungen mit hohen Steuern in den Ruin trieb oder sie zensierte, wenn er jegliche Versammlung als umstürzlerisch und Hochverrat verbot, und wenn er jedem mit Gefängnis und Verbannung drohte, der Gott, König und die staatliche Ordnung in Wort und Schrift angriff und in Frage stellte. Nur eine harte Hand war in der Lage, die Kräfte des Chaos zu zähmen; die weiche Hand fachte die Anarchie an. Wer von den Herren Ministern bis vor kurzem noch anderer Meinung gewesen war, muckte nach der Aufdeckung der Cato Street-Verschwörung durch Lord Sidmouth und seine Polizisten nicht mehr auf. Gestern erst hatten die Verschwörer ihre gerechte Strafe erhalten und waren gehängt und dann geköpft worden. Auch Lord Sidmouth hatte auf der Todesliste der Verschwörer gestanden. Und es war sein eigener, in die Gruppe eingeschleuster Agent gewesen, der die anderen Rebellen zum

Attentat auf die Regierung überredet hatte. Ein genialer Schachzug. Diese Methode, das wusste der Innenminister, mochte nicht jedem gefallen, effektiv war sie allemal. Das Böse in den Menschen wurde provoziert sich zu zeigen, wie die Ratten, die ihrem ausgeräucherten Loch entfliehen, um draußen in die Falle zu tappen. Agenten, die im Verborgenen agierten und politische Gegner aus dem Weg räumen konnten, selbst wenn das Gesetz es verbot oder ein Gericht es untersagte, waren das Instrument der Zukunft, wollte man als Innenminister wirksam seine Aufgaben erfüllen. Er träumte davon, genug Mittel und Mitarbeiter zur Verfügung zu haben, um alle Untertanen zu überwachen, die er für eine Gefahr hielt.

Dieser Gedanke brachte Lord Sidmouth zu dem Schreiben, das auf seinem Lesepult lag. Es stammte von einem der fähigsten Männer der Auslandsabteilung, die im Geheimen für den Innenminister arbeiteten. Niemand durfte fürs Erste von dieser Abteilung erfahren, deren bisher viel zu kleines Budget vom Parlament nicht genehmigt worden war und vermutlich in Zeiten des äußeren Friedens auch nicht genehmigt würde. Deshalb finanzierte Lord Sidmouth die wenigen Dutzend Agenten dieser Sektion vorerst aus schwarzen Kassen und aus seiner eigenen Geldbörse.

Lord Sidmouth hatte den Brief aufgebrochen und überflog noch einmal die Zeilen seines Agenten, der mit wichtigen Aufgaben auf der italienischen Halbinsel betraut war.

Mein Lord, begann der Brief, der auf den Monat April datiert war,

wie gewohnt, will ich Euch die Geschehnisse der vergangenen drei Monate und die Handlungen der beobachteten Personen in ei-

nem kurzen Abriss schildern und im Anhang meine Empfehlung für ein weiteres Vorgehen abgeben. Zuerst zu Lord Byron:

LB hat Venedig, und damit das Herrschaftsgebiet des Kaisers von Österreich, verlassen und sich in Ravenna niedergelassen, das zum Kirchenstaat gehört. Zwei Gründe scheinen ihn bewogen zu haben, nach Ravenna zu gehen. Erstens ein heftiges Liebesverhältnis zu der zwanzigjährigen Teresa Guicciolo, Frau des vierzig Jahre älteren Grafen Guicciolo. In Ravenna wohnt LB nun im Hause des Grafen, was widersinnig erscheint, unter den Einwohnern der italienischen Halbinsel jedoch durchaus üblich ist. Jede Frau von Stand hat hier ein Recht auf einen cavalier servente, wie jeder Mann das Recht auf seine Mätressen hat. Allerdings scheint in diesem Fall der Graf die Konkurrenz mit großer Sorge zu sehen. Es kommt in seinem Hause in den letzten Wochen zu immer heftigeren Eifersuchtsszenen und Streitereien zwischen dem Grafen und der Gräfin, während LB aus Angst vor vom Grafen angeheuerten Attentätern das Haus nur mit Säbel und Pistole verlässt.

Der zweite Grund des Umzugs nach Ravenna wird Eure Lordschaft jedoch mehr interessieren: Sowohl die Gräfin als auch ihr Vater, Graf Gamba, haben Verbindungen zu den Carbonari, einem Geheimbund mit inzwischen mehreren Hunderttausend Mitgliedern. Die Carbonari sind inzwischen nicht nur im Königreich Neapel aktiv, um die Herrschaft König Ferdinands des Ersten zu untergraben, sondern auch in den anderen italienischen Gebieten. Ich prophezeie, dass sich Fürst Metternich dringend Gedanken machen muss, wie er ihnen beikommen will, denn wenn diese erfolgreich sein sollten, werden sie ähnlichen Bewegungen auf dem gesamten Kontinent Auftrieb geben und zur Gefahr für sämtliche Monarchien werden.

LB, um den ersten Teil meiner Bemerkungen abzuschließen, interessiert sich sehr für die Carbonari und ist dabei, mit ihnen in Kontakt zu treten.

PBS hat sich mit MS und CC in Pisa niedergelassen. MS ist im November mit einem Sohn niedergekommen. Der letzte Briefkontakt zwischen PBS und LB, von dem wir wissen, war ein Brief von letzterem, in dem es vor allem um sein Verhältnis zu CC und dem gemeinsamen Kind ging. Davor der Brief, dem die beiden aufwieglerischen Pamphlete beigefügt waren, über die ich Euch, mein Lord, bereits berichtete und die Euch in Abschrift vorliegen sollten. Ich gehe davon aus, dass Ihr eine Veröffentlichung dieser Machwerke zu verhindern wusstet.

Zusammenfassend möchte ich bemerken, dass LB von den Agenten des Papstes, aber auch von denen Metternichs nicht aus den Augen gelassen wird. PBS wird zwar ebenfalls überwacht, jedoch weitaus nachlässiger, was sich vor allem mit der zurückhaltenden, schwächlichen Politik des Großherzogs der Toscana, Ferdinand des Dritten, erklärt, der, obschon Habsburger und Bruder des Kaisers Franz des Zweiten, kaum gegen liberale Umtriebe auf seinem Territorium durchgreift. Wüsste ich nicht von der Wirksamkeit der hiesigen Polizei und der Spitzel, würde ich behaupten, sämtliche Revolutionäre des Kontinents könnten im Großherzogtum ihr Unwesen treiben. Doch keine Sorge, mein Lord: Ich und meine Leute stehen bereit und schlagen zu, sobald Ihr den Befehl dazu erteilt.

Eine letzte Bemerkung sei mir erlaubt: Ihr habt mir bislang Zurückhaltung aufgetragen. Ich bitte erneut nachdrücklich um die Erlaubnis, selbstständig über das Vorgehen zu entscheiden, sollten besagte Personen zu Handlungen übergehen, von denen Gefahr für die Sicherheit und Ordnung ausgehen könnten und sollte rasches Eingreifen gefordert sein.

Mein Lord,

ich verbleibe hochachtungsvoll und in Erwartung weiterer Anweisungen

M.

Lord Sidmouth legte den Brief in den Kasten, in dem er geheime Dokumente aufbewahrte, und rieb sich die Augen. Der bekannteste britische Exilant Lord Byron, stürzte sich von einem Liebesabenteuer ins nächste, fand aber noch die Zeit, sich mit italienschen Umstürzlern einzulassen. Und dieser Shelley konnte selbst fern der Heimat, neben seinen häuslichen Affären, das Agitieren nicht lassen. Mochten die beiden nie mehr den Boden des Königreichs betreten und sich in Aufständen gegen andere Herrscher aufreiben!

Doch so einfach war die Angelegenheit nicht. Jede neue Schrift Byrons wurde von bestimmten Kreisen des englischen Publikums erwartet, wie ein verschollenes und wiederentdecktes Kapitel der Heiligen Bibel. Und Shelleys letzte Schriften, die er nach England gesandt hatte, waren nicht weniger als der offene Aufruf zur Rebellion, Pamphlete, deren Veröffentlichung unter allen Umständen verhindert werden musste, koste es, was es wolle.

Lord Sidmouth nahm die Abschriften der beiden als Gedicht verfassten Aufrufe zum Aufstand des englischen Volkes mit spitzen Fingern in die Hand. Shelley hatte sie auf dem Seeweg aus Italien an seinen Verleger Ollier und den Herausgeber Leigh Hunt gesandt, mit der Bitte um rasche Veröffentlichung. Nichts dergleichen würden die beiden jemals wagen, solange ein Lord Sidmouth das Amt des Innenministers innehatte. Sie wussten, dass ihnen bei einer Publizierung und Verbreitung der Schriften der Tower oder gar das Schafott blühte. Shelley konnte schreien und schreiben, was er wollte, niemand würde in England von ihm hören oder lesen. Seine Gedanken und Worte sollten im Nichts verhallen.

Lord Sidmouth las noch einmal die ersten Zeilen des einen Machwerks.

Men of England, wherefore plough
For the lords who lay ye low?
Wherefore weave with toil and care
The rich robes your tyrants wear?
Wherefore feed and clothe and sage,
From the cradle to the grave,
Those ungrateful drones who would
Drain your sweat – nay, drink your blood?

  Männer Englands, wozu pflügen
  Für die Lords, die euch betrügen?
  Wozu weben, nähen, Stoffe spannen
  Für die teuren Roben der Tyrannen?
  Wozu füttern, kleiden, dienen
  Von der Wiege bis zum Grabe,
  Diese ungerechte Dronenbrut,
  Die euch quält – ja, trinkt gar euer Blut?

Wofür hält dieser Mensch uns? Für Vampire?, dachte Lord Sidmouth und lächelte schmallippig. Er legte das erste Gedicht beiseite und ergriff das zweite Poem. Es attackierte im ersten Teil die wichtigsten Minister der britischen Regierung – Lord Sidmouth eingeschlossen – massiv und namentlich. Es wetterte aufs Heftigste gegen die Ordnung und es rief zum Widerstand der Bevölkerung gegen seine Herren auf. Aber wie? Was hatte sich dieser verirrte Sohn des englischen Landadels für eine bizarre Finte ausgedacht, um dem vermeintlichen Feind entgegenzutreten? Mit welcher perfiden Strategie wollte er die Regierungen und Regimenter Englands und schließlich der Welt besiegen? Lord Sidmouth wusste nicht, ob er über diesen Einfall lachen oder ihn als besonders hinterhältige Variante der Rebellion ernst nehmen sollte. Denn Shelley rief nicht etwa dazu auf, zu den Waffen zu greifen und zu kämpfen, um die gesellschaftliche Ordnung umzustürzen. Nein! Er forderte vom Volk, sich seinen Herren vollkommen zu verweigern und sich notfalls abschlachten zu lassen, aber niemals auch nur die Faust zu heben.

Was war dieser Shelley: ein Wahnsinniger, ein Tollkühner oder ein Genie? Je mehr er darüber nachdachte, desto erleichterter war Lord Sidmouth, dass dieser seltsame Dichter sich mehr als tausend Meilen entfernt aufhielt. Denn nichts war gefährlicher als ein charismatischer, wortgewaltiger Führer der Revolution, der in der Lage war, die verarmten Massen aufzustacheln. Sein Agent in Italien hatte Recht: sollten Shelley oder Byron auch nur einen falschen Schritt machen, musste unverzüglich gehandelt werden. Dann erhielte der Agent die Erlaubnis, zum letzten Mittel zu greifen.

Rise like Lions after slumber
In unvanquishable number –
Shake your chains to earth like dew
Which in sleep had fallen on you –
Ye are many – they are few.

Steht wie Löwen auf, erwacht!
Denn wer zahllos ist, hat Macht
Werft die Ketten von euch ab
Die im Schlafe man euch gab –
Eure Vielzahl sei ihr Grab.

Lord Sidmouth las die letzte Zeile, als in ihm der Entschluss reifte, dass Shelley ein Verräter war, der nichts als den Tod verdient hatte.

36.

Etwas fühlte sich unerträglich heiß an. Etwas pfiff ohrenbetäubend. Etwas schmerzte ungeheuerlich. Zum Glück gab es einen Lichtschimmer und einen Luftzug, der die Pein ein wenig erleichterte.

Heller schreckte hoch. Sein Körper brannte. Jedenfalls kam es ihm so vor. Er versuchte sich zu bewegen, ächzte. Sein Körper tat weh. Er öffnete die Augen, sah lodernde Flammen. Heller hustete, würgte und schmeckte den Rauch. Ätzende Gerüche stiegen ihm in die Nase. Es gelang ihm, sich aufzustützen und auf die Knie zu gehen. Die Tür von der Vorkammer ins Kellergewölbe war geborsten und aus den Angeln gesprungen. Der Keller brannte lichterloh. Einige Regale waren durch die Wucht der Explosion umgerissen worden, andere standen in Flammen.

Hinter sich entdeckte Heller die metallene Ausgangstür. Sie war merkwürdig verschoben, aber noch intakt. Er griff nach der warmen Klinke und zog daran. Die Tür öffnete sich ein Stück, doch dann klemmte sie. Er erhob sich, packte die Klinke mit beiden Händen und zog kräftiger. Nun gelang es ihm, die Tür so weit aufzubekommen, dass er durch die Öffnung passte und ins Freie gelangen konnte. Sirenen klangen in der Ferne, näherten sich. Heller versuchte zu verstehen, was geschehen war, und als er es begriff, wusste er, dass er schnell von hier verschwinden musste. Taumelnd stieg er die Treppe hinauf. Oben angekommen, sah er zwei ältere Leute, einen Mann und eine Frau, die ihn mit großen Augen und erschrockenen Gesichtern anstarrten, als sei er ein Dämon, der aus der Hölle gekrochen kam. Er schwankte ihnen entgegen.

Sie wichen zur Seite. Heller lief an ihnen vorüber und begann, so rasch es seine zitternden Beine erlaubten, den Platz vor sich zu überqueren. Die Sirenen näherten sich rasch von rechts, also wich er nach links aus und lief in die nächstbeste Gasse hinein. Jemand rief ihm etwas hinterher. Doch Heller beschleunigte und spurtete bis zum Ende der Gasse, wo er wieder abbog, eine kleine Straße entlang hastete, die nächste Gasse durchlief, dann wieder abbog und ziellos einen Fuß vor den nächsten setzte, um den Ort des Geschehens möglichst weit hinter sich zu lassen.

Irgendwann kam er an eine große Straße und an eine Brücke, die über den Tiber führte. Er überquerte sie und registrierte nur beiläufig, dass entgegenkommende Passanten ihm sonderbare Blicke zuwarfen. Das Pfeifen in seinen Ohren war immer noch unerträglich laut.

Nachdem er gut zehn Minuten ohne anzuhalten gerannt war, ging ihm die Puste aus und er setzte sich auf eine niedrige Mauer. Vornüber gebeugt schnaufte er tief durch und versuchte, seine übereinander stolpernden Gedanken zu ordnen. Er war dem Tod knapp entronnen, nicht aber der alte Mann im Keller. Das leblose Gesicht des Alten fiel ihm ein, die weit aufgerissenen Augen. Der Mann schien bereits tot gewesen zu sein, bevor er ein Opfer der Flammen wurde. Umgebracht von den zwei Unbekannten.

Heller war übel. Er wollte sich übergeben. Die Tatsache, dass er innerhalb von zwei Tagen dreimal fast sein Leben verloren hätte, ließ ihn erzittern. In welche Geschichte war er nur hineingeraten?

Hellers Kehle war trocken und er hatte noch den Geruch von Brand und Chemikalien in der Nase. Er fühlte sich benommen, fast ein wenig wie betäubt, der Boden drehte sich. Er war zwei Mördern begegnet und er wusste, dass auch er ihnen sofort zum Opfer gefallen wäre, hätten sie ihn im Keller entdeckt. Warum aber musste der Alte sterben? Wegen alter Briefe? Und hatte Slythe etwas mit dem Mord zu tun? Der hatte schließlich von ihm gefordert, Kennington zu töten…

Erst jetzt fiel Heller auf, dass es zu regnen aufgehört hatte. Der Boden war noch nass und an vielen Stellen auf der Straße und an den Gehwegen hatten sich Pfützen gebildet. Die Reifen vorüberfahrender Autos ließen das Wasser in hohem Bogen in alle Richtungen spritzen. Heller hob den Kopf und sah Bäume, von deren Zweigen und Blättern Wasser tropfte.

Ein Mann im Anzug kam vorbei, der Heller verwundert ansah. Kurz darauf folgte eine Frau mit Kinderwagen, die bei seinem Anblick ein angeekeltes Gesicht machte. Heller blickte an sich herab und erkannte, dass seine Kleidung von Ruß verschmiert war. Dann betastete er seine Stirn, die ihm weh tat. Als er seine Hand betrachtete, hatte er Blut an den Fingern. Er fluchte. Sein Schädel brummte.

Dann fiel ihm Kennington ein. Heller zog sein Handy aus der Tasche und sah, dass es halb vier am Nachmittag war. Er wählte die Nummer des Professors. Nach dreimaligem Klingeln meldete sich Kennington.

„Ich bin es", sagte Heller. „Ich habe Slythe verfolgt."

Kennington schwieg einen Moment lang, dann entgegnete er, beinahe ungehalten: „Sie sollten mir gleich Bescheid geben, sobald er aus dem Haus kommt. Wo ist er hingegangen?"

Heller erzählte, was geschehen war, Kennington hörte die ganze Zeit über stumm zu. Am Ende seiner Erzählung äußerte Heller einen Verdacht, den er hegte.

„Ich glaube, dieser alte Mann, der gestorben ist, hat in dem Keller nicht nur alte Briefe aufbewahrt. Er hat auch Briefe gefälscht. Und vielleicht hat Slythe für eine Fälschung das viele Geld hingeblättert."

Es dauerte mehrere Sekunden, bevor Kennington sprach.

„Das ist durchaus möglich", sagte er. „Aber ich bin vor allem froh, dass Ihnen nichts geschehen ist. Für mich ist das erneut der Beweis, dass Slythe Dreck am Stecken hat. Er geht für seinen Wahn über Leichen."

„Aber wir wissen doch gar nicht, ob Slythe und die Killer etwas miteinander zu tun haben", entgegnete Heller. „Oder meinen Sie, Slythe hat den alten Mann von ihnen beseitigen lassen, um Spuren zu verwischen?"

Heller dachte nach. Wenn Slythe zwei Killer für diesen Mord beauftragen konnte, warum dann nicht auch für einen Mord an Kennington? Warum sollte er dafür einen Amateur wie Heller beauftragen?

„Ich traue Slythe inzwischen jede Wahnsinnstat zu", sagte Kennington. „Passen Sie auf, dass er nicht auch Sie aufs Korn nimmt!"

Heller seufzte. Am liebsten hätte er schleunigst diese unheilvolle Stadt verlassen.

„Mein Geld, Mr. Kennington! Ich hätte gerne das Geld, das Sie mir versprochen haben. Ich habe es mir verdient."

Kennington lachte.

„Aber Sie haben Ms Beaumont doch noch gar nicht verführt."

„Ich wäre eben fast umgebracht worden", entgegnete Heller. „Sie haben mich gezwungen, Slythe zu verfolgen."

„Regen Sie sich nicht auf, Heller! Heute Abend bekommen Sie Ihr Geld. Wir treffen uns beim Empfang der Shirers. Ich bin gespannt, ob Slythe auch dort sein wird. Wo sein Schützling auftritt, dürfte er nicht weit sein."

„Ich weiß nicht, ob ich dorthin gehen sollte", sagte Heller. Dabei dachte er vor allem an Claire Beaumont. Sie wäre sicherlich nicht erfreut, ihn wiederzusehen.

„Keine Sorge, Heller! Slythe wird es kaum wagen, vor den illustren Gästen der Shirers Unsinn anzustellen. Um sieben Uhr geht der Empfang los. Ich werde Sie anmelden. Wir treffen uns dort. Lassen Sie sich mit einem Taxi dorthin bringen. Und bringen Sie Ihren Ausweis mit."

Kennington nannte Heller die Adresse und riet ihm dann, sich vor dem Abend auszuruhen.

Heller musste wieder an den Mordauftrag denken, den Slythe ihm gegeben hatte. Wusste Kennington in welcher Gefahr er schwebte? Er musste es zumindest ahnen.

„Mr. Kennington!", sagte Heller. „Ich muss Ihnen noch etwas Wichtiges sagen."

In dem Moment hörte er auf der anderen Seite der Leitung eine Türklingel.

„Erzählen Sie mir den Rest heute Abend", erwiderte Kennington. „Ich kriege Besuch."

Mit diesen Worten legte Kennington auf. Heller blieb noch einen Moment lang auf der niedrigen Mauer sitzen. Er dachte an Claire Beaumont, die vermutlich immer noch im Keats-Shelley-Haus saß. Die junge Frau schrieb über die Idee der Liebe, während in der wahren Welt Gewalt an der Tagesordnung war. Und der von ihr bewunderte Professor war selbst darin verstrickt.

Heller erhob seinen schmerzenden Körper, suchte ein Taxi und ließ sich zu seinem Hotel bringen. Auf dem Weg dorthin fiel ihm ein, dass er Giovanni vergessen hatte.

37.

Pisa, Großherzogtum Toscana, Norditalien, 27. Juli 1820

Mein lieber Keats,

Ich höre mit großem Schmerz von dem gefährlichen Unglück, das Sie erleiden mussten, & Mr. Gisborne, der mir darüber berichtet, fügt an, Sie hätten weiterhin ein schwindsüchtiges Erscheinungsbild. Diese Schwindsucht ist eine Krankheit, versessen auf Menschen, die so gute Verse schreiben, wie Sie es getan haben, & mit der Hilfe eines englischen Winters kann sie oft ihres Ausleseprozesses frönen. Ich glaube nicht, dass junge & liebenswerte Dichter dazu verpflichtet sind, ihren Appetit zu stillen, denn nicht zu diesem Zweck sind sie mit den Musen ein Bündnis eingegangen. Aber ernsthaft (denn ich mache Witze über etwas, das mich sehr besorgt), ich denke, Sie würden gut daran tun, den Winter in Italien zu verbringen & auf diese Weise einen ungeheuerlichen Unglücksfall zu vermeiden, & wenn Sie es für so notwendig erachten, wie ich es tue, & solange Sie Pisa & seine Gegend weiterhin als für Sie angenehm betrachten, sind sich Mrs. Shelley & ich einig, Sie mit der Bitte zu bedrängen, hier bei uns zu wohnen. Sie können über das Meer nach Leghorn kommen (Frankreich zu sehen lohnt sich nicht & das Meer ist besonders förderlich für schwache Lungen), das nur wenige Meilen von uns entfernt liegt. Sie sollten auf jeden Fall Italien sehen & Ihre Gesundheit, die ich als Anlass dafür vorschlage, könnte Ihnen dafür eine Entschuldigung sein. Ich erspare mir Reden über die Statuen, & Bilder & Ruinen &, was eine noch größere Unterlassung ist, über die Berge & Ströme, die Felder, die Farben des Himmels & den Himmel selbst.

Kürzlich habe ich Ihren ‚Endymion' wieder gelesen, sogar mit einem neuen Sinn für die poetischen Schätze, die er enthält, obgleich es Schätze sind, die mit uneindeutiger Verschwendung ausgeschüttet werden. Das werden die Leute für gewöhnlich nicht ertragen & das ist der Grund für die vergleichsweise wenigen Kopien, die davon verkauft wurden. Ich bin überzeugt, dass Sie zu den großartigsten Dingen fähig sind, wenn Sie nur wollen. Ich sage Ollier immer wieder, dass er Ihnen Kopien meiner Bücher schicken soll. Ich könnte mir vorstellen, dass Sie ‚Der entfesselte Prometheus' ungefähr zur selben Zeit wie diesen Brief erhalten werden. Ich hoffe, dass Sie ‚Die Cenci' schon bekommen haben. Es wurde fleißig in einem anderen Stil komponiert.

„Weit da drunten liegt das Gute! Doch weit über uns das Großartige!"

In der Poesie habe ich versucht, feste Systeme & Manierismen zu vermeiden. Ich hoffe, dass diejenigen, die mich an Genie übertreffen, den gleichen Plan weiterverfolgen.

Ob Sie in England bleiben oder nach Italien reisen, glauben Sie mir, dass Sie meine sorgenvollen Wünsche für Ihre Gesundheit, für Ihr Glück & Ihren Erfolg bei sich tragen, wo immer Sie sind & was immer Sie unternehmen & dass ich verbleibe als Ihr ergebenster

P.B.Shelley

*

Hampstead, August 1820.

Mein lieber Shelley.

Ich bin sehr dankbar, dass Sie – in einem fremden Land und mit einem beinahe überbeschäftigten Geist – mir den Brief geschrieben haben, der neben mir liegt. Wenn ich Ihre Einladung nicht annehme, wird es durch einen Umstand verursacht sein, den ich deutlich voraussehe. Es gibt keinen Zweifel, dass ein englischer Winter mir den Rest geben würde und das in einer langwierigen, hassenswerten Weise. Daher muss ich entweder reisen oder nach Italien fahren, wie ein Soldat, der den feindlichen Linien entgegenläuft. Meine Nerven sind im Moment mein schlimmster Teil, dennoch fühlen sie sich erleichtert darüber, dass, ganz gleich wie schlimm es kommt, ich nicht dazu bestimmt bin, an einem Fleck so lange zu bleiben, bis ich irgendeinen der vier Bettpfosten besonders hasse. Ich bin froh, dass Ihnen mein ärmliches Gedicht ein wenig gefällt, das auszulöschen ich gerne auf mich nehmen würde, wenn es möglich wäre, würde ich mich um meinen Ruf so sehr sorgen, wie ich es früher getan habe. Ich habe eine Kopie von ,Die Cenci' erhalten, von Ihnen selbst und von Hunt. Es gibt darin nur einen Teil, den ich beurteilen kann – die Dichtung und die dramatische Wirkung, die von vielen Geistern heutzutage als Mammon betrachtet werden. Es wird gesagt, dass ein modernes Werk einen Zweck haben muss, der ein Gott sein kann. Ein Künstler muss Mammon dienen; er muss ,Selbst-Aufmerksamkeit' haben, vielleicht Selbstsucht. Ich bin mir sicher, dass Sie mir vergeben werden, wenn ich aufrichtig anmerke, dass Sie Ihren Großmut zügeln und mehr wie ein Künstler sein und jede Spalte Ihres Themas mit Gold füllen sollten. Der Gedanke an eine solche Diszipliniertheit muss wie kalte Ketten auf Sie fallen, der vielleicht niemals sechs Monate mit zusammengeklappten Flügeln da saß. Und ist das nicht eine außergewöhnliche Aussage für den Schreiber von Endymion, dessen

Geist wie eine Packung verstreuter Karten war? Ich werde aufgeho-
ben und zu einem knappen Sieg geordnet. Meine Vorstellungskraft
ist ein Kloster und ich bin sein Mönch. Ich erwarte Prometheus jeden
Tag. Könnte ich meinen eigenen Wunsch wahr werden lassen, dann
hätten Sie ihn immer noch als Manuskript oder Sie wären dabei, das
Ende des zweiten Akts zu verfassen. Ich erinnere mich, wie Sie mir in
Hampstead Heath geraten haben, meinen ersten Mehltau nicht zu
veröffentlichen. Ich gebe Ihnen diesen Ratschlag zurück. Die meisten
Gedichte in dem Band, den ich Ihnen schicke, wurden in zwei Jahren
geschrieben und wären niemals gedruckt worden, wenn es nicht aus
Hoffnung auf Gewinn gewesen wäre. Sie sehen also, dass ich Ihren
Rat nun annehme. Ich muss noch einmal meine tiefe Empfindung
Ihrer Freundlichkeit gegenüber ausdrücken und meinen aufrichtigen
Dank und meine Hochachtung für Mrs. Shelley hinzufügen. In der
Hoffnung, Sie bald zu sehen,

verbleibe ich Ihr ergebenster,

John Keats.

38.

Der Prunk in der Villa von Michael und Josephine Shirer ließ Heller staunen. Wenn ihm Slythes Wohnung extravagant vorgekommen war, so wähnte er sich hier beinahe in einem Palast. Er war durch eine große Pforte in eine Halle getreten, deren Wände mit verziertem Holz getäfelt waren. Ein riesiger Lüster hing von der Decke, der Boden war mit schwarzen und weißen Fliesen ausgelegt. Wertvoll aussehende Vasen standen auf weißen Steinsäulen, die Wände dahinter waren mit Teppichen drapiert. Im hinteren Teil der Halle führte eine Freitreppe zu zwei Seiten in das erste Stockwerk, von wo Musik und Stimmengewirr erklangen.

Zwei kräftig gebaute Männer in schwarzen Anzügen hatten Heller in Empfang genommen und während der eine von ihnen seinen Körper abtastete, überprüfte der andere seinen Ausweis. Als sie fertig waren, erhielt Heller seinen Ausweis zurück und konnte passieren. Ein Bedienster des Hauses brachte ihn über die große Freitreppe in den ersten Stock. Dort waren in einem großen Saal bereits etwa zweihundert Menschen beisammen und unterhielten sich lautstark. Wie vor zwei Tagen bei Slythe liefen junge Frauen und Männer durch die Reihen, die den Gästen Getränke und verschiedenerlei Häppchen anboten. An den Wänden hingen mehrere Gemälde, auf denen Porträts von Männern und Frauen aus vergangenen Zeiten und Landschaften abgebildet waren. Drei junge Leute – eine Geigerin, ein Kontrabassist und eine Flötenspielerin – standen auf einer Seite des Raumes und musizierten.

Heller ließ, auf der Suche nach Kennington, den Blick durch den Saal schweifen, konnte ihn jedoch nicht entdecken.

Auch Slythe erblickte er nirgends, was ihn jedoch eher beruhigte. Langsam lief er zwischen den Gästen hindurch, von denen er einige von Slythes Empfang wiedererkannte.

Schließlich sah er den schönen Rücken einer schlanken, jungen Frau. Sie trug ein dunkelrotes Abendkleid aus Samt, das fast bis zum Boden reichte, und hochhackige schwarze Schuhe. Es war Claire Beaumont. Neben ihr stand Hector Trimball in einem dunklen Anzug. Er erblickte Heller und verzog kurz den Mund.

Heller zögerte, denn er hatte keine Ahnung, wie Claire Beaumont auf sein Erscheinen reagieren würde. Außerdem schien der Ort kaum für eine Unterhaltung oder gar Aussprache über das Vorgefallene geeignet. Dann aber schlenderte er doch hinüber und trat zu der Engländerin.

„Hallo Ms Beaumont!", sprach er sie an, ohne Trimball eines Blickes zu würdigen.

Claire Beaumont zuckte kurz, als habe er sie erschreckt. Sie wandte sich zu ihm und sah ihn für einen Moment ernst an. Dann fixierte sie seine Stirn.

„Was haben Sie denn gemacht?", fragte sie. „Hat sie jemand verprügelt?"

Sie deutete auf die kleine Wunde und Beule an seiner Stirn.

„Das kommt von einer Bombenexplosion", sagte Heller trocken. „Und vorher wäre ich beinahe überfahren worden."

Claire Beaumont sah ihn einen Moment lang verwirrt an. Dann schüttelte sie den Kopf.

„Sie können es nicht lassen, mir Ihre unsinnigen Lügen aufzutischen, nicht wahr? Glauben Sie, ich würde Ihnen noch ein Wort glauben?"

„Natürlich nicht", erwiderte Heller. „Wo ist übrigens Professor Slythe?"

„Der ist noch auf Reisen", sagte Trimball ohne zu zögern und blickte Heller scharf an.

„Er ist noch auf Reisen? Sind Sie sicher?"

Heller beobachtete Trimballs Reaktion und fragte sich, warum er log.

In dem Moment beendeten die drei Musiker ihr letztes Stück, die Gäste klatschten Beifall. Heller nutzte die Gelegenheit, beugte sich zu Claire Beaumont und sagte so leise, dass niemand sonst es hören konnte:

„Ich möchte mich bei Ihnen für meine gemeinen Worte von heute früh entschuldigen. Sie waren völlig unangemessen."

Claire Beaumont sah ihn kurz an, dann senkte sie den Blick.

„Und mir tut die Ohrfeige leid."

Heller sah aus den Augenwinkeln, dass Trimball ihn zornig anstarrte.

Ein Räuspern klang durch den Saal, verstärkt durch Lautsprecher. Die Gastgeber waren an eines der vor den Musikern aufgebauten Mikrophone getreten. Der rundliche, etwa siebzigjährige Michael Shirer, der ein Vermögen mit Immobilien und einem Investmentfonds gemacht hatte, trug einen Smoking, an dem mehrere Orden angebracht waren, die weißhaarige und fast einen Kopf größere Josephine Shirer ein beigefarbenes Abendkleid.

„Meine sehr verehrten Damen und Herren", begann Michael Shirer. „Nach dieser wundervollen Musik möchte ich die Gelegenheit nutzen, Sie zu diesem Abend in unserem Hause sehr herzlich willkommen zu heißen. Ich will aber nicht viele Worte verlieren, denn wie Sie wissen, habe ich zwar in Gelddingen ein recht gutes Händchen. Für die rhetorischen Finessen aber ist meine geliebte Frau Josephine zuständig. Deswegen übergebe ich das Wort an sie."

Er machte einen Schritt zurück und Mrs. Shirer trat breit lächelnd ans Mikrophon.

„Oh, wie sehr ich mich freue, Sie alle hier zu sehen. Ich bin außerordentlich entzückt, dass Sie an einem Werktag so zahlreich unserer Einladung gefolgt sind, um jene Tradition fortzuführen, die unser verehrter Professor Slythe eingeführt hat. Ich kann Ihnen versprechen, dass Sie heute einen Genuss ganz besonderer Art erleben werden."

Mrs. Shirer lächelte verschmitzt, dann fuhr sie fort: „Auch wenn mich die betreffenden Exzellenzen um Diskretion baten, bin ich dennoch stolz darauf, zu diesem Ereignis sowohl den Botschafter des Vereinigten Königreichs, als auch den Botschafter Australiens begrüßen zu dürfen."

Applaus ertönte, der offensichtlich zwei Herren galt, die in der ersten Reihe nebeneinander standen. Kopfnickend nahmen sie die Huldigung entgegen.

Nachdem Mrs. Shirer noch weitere Gäste namentlich begrüßt hatte, sah sie suchend umher, entdeckte Claire Beaumont, lächelte und rief dann:

„Ganz besonders freue ich mich, dass uns heute Abend die Ehre zu Teil wird, einem der erhabensten Werke des großen Dichters John Keats lauschen zu dürfen. Vorgetragen von der wunderbaren Claire Beaumont."

Applaus brandete im Saal auf. Heller beugte sich erneut zu der Engländerin.

„Was für eine Ehre, dass auch ich hier sein darf", sagte er und grinste.

„Ich weiß nicht, ob Sie das in drei Stunden auch noch behaupten."

„Wieso in drei Stunden?", fragte Heller verblüfft.

„So lange dauert das Gedicht."

Claire Beaumont wandte sich schmunzelnd ab und lief durch die Reihen nach vorn zu den Gastgebern, trat neben sie und verbeugte sich. Dann bat Mrs. Shirer alle Anwesenden in einem angrenzenden Raum auf den dort bereitgestellten Stühlen Platz zu nehmen.

Heller war sich ziemlich sicher, dass Claire Beaumont ihn auf den Arm genommen hatte. Er blickte sich noch einmal nach Kennington um, doch erfolglos.

„Wenn Sie Claire noch einmal zu nahe kommen, bringe ich Sie um", hörte er plötzlich eine Stimme hinter sich. Heller drehte sich erstaunt um. Und sah nur die Rückansicht des sich entfernenden Hector Trimball.

„Was haben Sie gesagt?", rief Heller ihm hinterher. Trimball beachtete ihn nicht und verließ den Saal durch die Tür, durch die Heller zuvor eingetreten war. Einen Moment lang überlegte er, ob er ihm folgen solle. Doch dann begab auch er sich in den nächsten Saal, wo schon viele der Gäste Platz genommen hatten. Er fand einen freien Stuhl in der letzten Reihe und setzte sich hin. Von Kennington fehlte immer noch jede Spur.

Im vorderen Bereich des Saals war ein Stehpult aufgestellt, auf dem ein Buch lag. Offenbar war selbst eine Claire Beaumont nicht in der Lage, ein dreistündiges Gedicht auswendig zu lernen. Allerdings glaubte Heller noch immer nicht, dass sie die Wahrheit über die Dauer ihres Vortrags gesagt hatte.

Dann erloschen die Lichter im Saal, so dass nur noch das Stehpult angestrahlt wurde. Claire Beaumont trat mit ernstem Gesicht heran, und die Stimmen verstummten. Ihre Brust hob und senkte sich, dann öffnete sie die Lippen und begann.

„Endymion! Von John Keats."

Sie lächelte. Dann begann sie mit fester, wohlklingender Stimme ihren Vortrag.

"A Thing of Beauty is a Joy Forever!
Its loveliness increases; it will never
Pass into nothingness; but still will keep
A bower quiet for us, and a sleep."

> *„Ein Ding der Schönheit ist für immer Glück!*
> *Wächst noch an Lieblichkeit, vergeht kein Stück*
> *Im Nichts; es hält auf alle Ewigkeit*
> *Ein Örtchen ruhigen Schlafs für uns bereit."*

"Full of sweet dreams, and health, and quiet breathing.
Therefore, on every morrow, are we wreathing
A flowery band to bind us to the earth,
Spite of despondence, of the inhuman dearth
Of noble natures, of the gloomy days,
Of all the unhealthy and o'er-darkened ways
Made for our searching: yes, in spite of all,
Some shape of beauty moves away the pall"

> *„Mit süßen Träumen, sanft atmendem Mund.*
> *So flechten jeden Tag wir einen Bund*
> *Aus Blumen, der uns eint mit Erd' und Stein,*
> *Trotz der Verzweiflung, unmenschlicher Pein*
> *Für edle Wesen, trotz der dunklen Zeiten,*
> *Mit ihren schweren, düst'ren Seiten,*
> *Selbst wenn wir suchen am finstersten Ort,*
> *Nimmt Schönheit den schwärzesten Schleier fort."*

Auch wenn die Worte wieder beinahe spurlos durch Heller hindurchrieselten, konnte er nicht anders, als den Klang der Verse aus Claire Beaumonts Mund zu bewundern. Wie selbstsicher, in sich versunken und eins mit dem, was sie tat, wirkte die junge Frau nun. Von der Zerbrechlichkeit und Ängstlichkeit, die sie bei ihren ersten Begegnungen ausgestrahlt hatte, war nichts mehr zu spüren. Wenn sie Gedichte rezitierte – zumindest die von John Keats – schien sie ganz in ihrem Element zu sein, als wäre sie ein unmittelbares Sprachrohr für diese Verse. Und tatsächlich schien die junge Frau dadurch eine Metamorphose durchzumachen. Ein unscheinbarer Mensch wirkte nun beinahe sexy.

Während Claire Beaumont nun von dunklen Geistern sprach, von Sonne, Mond, Bäumen, Schafen, Narzissen und Wäldern, glitt Hellers Blick an ihrem schlanken Körper entlang, an ihren Hüften und zu ihren Beinen, um dann wieder zu ihrem Gesicht zu wandern, zu ihren rot geschminkten Lippen und ihren strahlenden, fast glühenden Augen. Sie hatte ihn nicht küssen wollen und das fand er ein wenig schade, denn er hätte er ihre Lippen doch gerne länger auf den seinen gespürt und diesen Körper berührt.

"Therefore, 'tis with full happiness that I
Will trace the story of Endymion.
The very music of the name has gone
Into my being, and each pleasant scene
Is growing fresh before me as the green
Of our own vallies: so I will begin
Now while I cannot hear the city's din..."

„Mit großer Freude schreibe ich sogleich
Die wundersame Sage des Endymion.
Der sanfte Klang des Namens hat sich schon
Mit mir vereint, und seines Lebens Bild

Ersteht vor mir, so grün und frisch und mild,
Wie Gras in uns'ren Tälern – ich beginne
Mich fern der Stadt nun dieses Lieds besinne…"

Heller fühlte, wie plötzlich bleierne Müdigkeit in seinen Leib fuhr. Er konnte die Augen kaum aufhalten, schloss sie für einen Moment, spürte einen warmen Schauer. Dann tauchte er in eine Sphäre zwischen Wachen und Schlafen ein, in der er noch hörte, aber sich nicht mehr rührte, und in der sich Traumbilder mit seiner Wahrnehmung mischten. Er sah duftende alte Wälder, einen jungen Mann, der in einem schwankenden Boot auf einem kleinen Fluss saß und viele Verse schreiben wollte, unter schattenspendenden Bäumen an einer Uferböschung, zwischen Gänseblümchen und summenden Bienen, die über den Klee flogen.

"O magic sleep! O comfortable bird,
That broodest o'er the troubled sea of the mind
Till it is hush'd and smooth! O unconfin'd"

„Oh Schlafes Zauber! Oh du erhab'ner Vogel,
Du brütest über uns'res wirren Geistes Leid,
Bis es ganz ruhig ist, sanft, von aller Last befreit,"

Und hörte dabei diese beständig klingende, doch sanfte Stimme, die ihn zu goldenen Schlössern, grotesken Brunnen, glitzernden Grotten am Meer im Mondlicht und in sonderbare Märchenwelten führte.

"…Endymion was calm'd to life again.
Opening his eyelids with a healthier brain,

He said: "I feel this thine endearing love
All through my bosom…"

„… So fand Endymion sanft ins Leben zurück
Hob mit wachem Geist die Lider ein Stück
Und sprach: „Ich spüre deine allumfassende Liebe
In meinem Herzen…"

Poesie hatte ihren Ursprung in der Anbetung von Göttern und Geistern, hatte Kennington erzählt, und war früher mit Tanz und Musik verbunden: tanzende Menschen, die mit lyrischen Liedern den Göttern huldigten. Heller grinste im Schlaf und er merkte es.

"And then I fell asleep. Ah, can I tell
The enchantment that afterwards befel?
Yet it was but a dream: yet such a dream
That never tongue, although it overteem
With mellow utterance, like a cavern spring,
Could figure out and to conception bring
All I beheld and felt…"

„Und dann fiel ich in Schlaf. Soll ich berichten,
Und von den Zaubern, die ich sah, euch dichten?
Ein Traum war's nur, doch so voll irrer Tricks,
Dass keine Zunge, gleich welchen Geschicks
Je sagen könnte, was ich dort erlebte,
Gleich welches Bild mit Worten sie erstrebte,
Bleibt unklar, was ich dort empfand und sah…"

Heller saß allein im Salon. Die Stühle waren leer, die anderen Besucher längst gegangen, das Licht gelöscht. Nur der matte Strahl des Mondenscheins leuchtete den zwei Gestalten den Weg, die sich zum letzten Gast des Abends gesellten. Es dauerte einen Moment, bis er die beiden jungen, bleichen Männer in ihrer verstaubten Kleidung erkannte.

„Schauen Sie ihn sich an!", sagte Shelley. „Wie andächtig er Ihren Versen lauscht."

„Meinen Sie, es liegt an meiner Poesie?", erwiderte Keats. „Ich denke, eher, die junge Dame hat ihn verzaubert.

„Die Liebe!", sagte Shelley.

„Die Liebe!", bestätigte Keats. „Sie allein ist die Rettung."

„Und ohne sie ist alles nichts."

„Alles vergeht, doch die Liebe hat Ewigkeit."

„Worte, Worte, Worte!", erwiderte Heller verärgert. „Blablabla!" Doch die beiden wunderlichen Poeten schienen auf diesen Einwand vorbereitet und begannen abwechselnd zu deklamieren:

Shelley:
"Words and poetry are vain
Like a gentle summer rain
Like the whispering leaves in trees,
Like the humming of the bees."

Keats:
"Like the howling of the sea,
Like the letters R and G,
Like the fog, a sunny gaze
And the smiling of a face."

Shelley:

"Yet,

If my words can touch one soul
They will reach their highest goal.
If they shake one single heart
Words will always be my art."

Keats:

"Only love can heal the pain,
Only love can lead thy brain
To a vision soft and bright
To a light that clears the night."

Shelley:

"Follow not the demons hollow
That will offer hate and sorrow
That will lure you in a trap
Golden, but a deadly snap."

Keats:

"With an open heart and eye
You will see the reason why
You are living and you'll die
Why the end is just a lie."

Shelley:

"Use your power, that's your due,
To give gentle love that's true
To the souls sincere and longing
'Fore you hear your death bell ringing."

Keats:
"Love is like a magic force
As a wingéd, golden horse
That can calm grief, woe and tears
And abolish all the fears
That are haunting you and me
Let it your religion be."

Shelley:
„Wort und Vers, sinnloses Streben
Wie ein sanfter Sommerregen
Wie im Baum das Blätterwispern
Und das stete Bienenflüstern."

Keats:
„Wie das Heulen von der See,
Wie die Lettern R und G,
Wie der Nebel, Sonnengischt,
Und ein lächelndes Gesicht."

Shelley:
„Doch,
Wenn mein Werk ein Seelchen rührt,
Es zum höchsten Ziele führt,
Bringt es einem Herz den Frieden,
Werd' ich immer Verse schmieden."

Keats:
„Nur die Liebe heilt die Pein,
Liebe trägt dein Hirn allein
Zu Visionen froh und sacht

Zu dem Licht, das klärt die Nacht."

Shelley:
„Folge nicht Dämonenstimmen
Die nur Hass und Trauer bringen
Die dich in die Falle locken
Golden klingen Totenglocken."

Keats:
„Wenn Herz und Augen offen sind,
Den Grund erkennst du dann geschwind,
warum du stirbst, warum du bist,
Warum dein Ende Lüge ist."

Shelley:
„Deine Macht ist deine Kraft,
Wahre Liebe sie erschafft
Schenk' sie treuen, guten Seelen,
Ehe Totenglocken dir befehlen."

Keats:
„Liebe ist eine magische Macht
Ein gold'nes Pferd fliegt durch die Nacht
Sie endet Tränen, Trauer, Schrecken,
Wird die Ängste sanft bedecken,
Die uns bedrücken, schwer wie Blei,
Die Liebe deine Göttin sei."

„Das Gedicht ist nicht von uns", flüsterte Shelley leise. „Es könnte von dir sein."

„Rette Claire!", sagte Keats.

„Rette Claire!", sagte Shelley.

Etwas kitzelte Heller. Benommen öffnete er die Augen und griff an seinen Oberschenkel. Sein Handy vibrierte lautlos. Vorsichtig zog er es aus der Hosentasche und blickte darauf. Kennington hatte ihm eine Nachricht geschickt.

Bitte kommen Sie sofort zu mir! Ich weiß, was Slythe plant. Sie sind in großer Gefahr.

In dem Moment brandete um Heller herum tosender Applaus auf. Einige der Gäste erhoben sich und klatschten im Stehen. Hochrufe schallten durch den Saal. Noch immer schläfrig erhob Heller sich ebenfalls und strebte zum hinteren Ende des Saales. Im nächsten Raum wählte er Kenningtons Nummer. Er ließ es mehrmals klingeln, doch niemand hob ab.

Unentschlossen blickte Heller in den Saal hinein und sah, wie Claire Beaumont eben die Augen schloss und das Gedicht fortsetzte.

"O SOVEREIGN power of love!"

„O unumschränkte Macht der Liebe!"

Einen kurzen Moment lang sah Heller das Bild zweier Gestalten vor sich, die auf ihn einredeten. Er schüttelte sich. Dann durchquerte er den Raum, stieg die Treppe in die Vorhalle hinunter und verließ die Villa. Die abendliche Luft war warm und feucht. Mücken schwirrten umher, Fledermäuse schlugen Haken. Mehrere Taxis standen auf der Straße. Heller stieg in das erste davon ein und nannte dem Fahrer Kenningtons Adresse.

39.

An Bord der Maria Crowther, nahe der Küste der Isle of Wight, September 1820

Endlich hatte sich der Sturm der vergangenen Tage gelegt, das tosende Meer sich beruhigt und der Himmel aufgeklart. Doch war es in den ersten Tagen ihrer Reise zu viel Wind gewesen, der ihr Fortkommen behindert hatte, so blies er nun kaum noch. Die *Maria Crowther* kam kaum von der Stelle und lag in der Meerenge zwischen der britischen Insel und der Isle of Wight in Sichtweite der beiden Küstenstreifen fest. Ihr Schiff und die weitere Reise von London nach Neapel waren ebenso den Launen der Naturkräfte ausgesetzt, wie der Verlauf jedes menschlichen Lebens. Doch auch in den dunkelsten Stunden konnte manchmal aus dem Nichts ein Lichtlein sich entzünden, das den Nebel des Trübsinns zu vertreiben vermochte. Die Naturgewalten waren stark, der menschliche Genius jedoch nicht vollkommen hilflos, auch wenn es oftmals so schien.

Keats dachte an die junge, hübsche Miss Cotterell unter Deck, mit der Severn und er sich die Kajüte teilten. Ein weiterer Passagier war eine alte Dame namens Miss Pidgeon. Während Keats der hohe Seegang der vergangenen Tage kaum etwas anhaben konnte, hatten Severn und die beiden Damen ihn schlecht vertragen. Insbesondere das Mädchen hatte fürchterlich ausgesehen und sich nicht leicht aufmuntern lassen. Auch jetzt fühlte es sich zu schwach, um an Deck hinaufzukommen, was jedoch nicht nur am Seegang lag, sondern vor allem an der Krankheit, die das bleiche, fast pausenlos hustende Ding mit den glasigen Augen und den fiebrig roten Wangen befallen hatte: die Schwindsucht. Auch Miss Cotterell war eine Todgeweihte, wenn das wärmere Klima Italiens sie nicht zu retten vermochte.

Keats selbst hatte den Eindruck, die frische Seeluft tue ihm gut, wenngleich er sich wenige Illusionen über sein Schicksal machte. Für den Moment fühlte er sich etwas besser, doch wie viel galt dieses Etwas gegen das tiefsitzende Leid in seiner Brust? Mit der linken Hand zog Keats den Brief aus seiner Tasche, den er an seinen guten Freund Brown geschrieben hatte, und überflog ihn still.

Samstag, 28. Sept.
Maria Crowther
Vor Yarmouth
Isle of Wight

Mein lieber Brown,

Die Zeit für einen angenehmen Brief von meiner Seite ist noch nicht gekommen. Ich habe es immer wieder aufgeschoben, Ihnen zu schreiben, weil ich spürte, wie unmöglich es war, Sie mit einer ermutigenden Hoffnung auf meine Genesung aufzuheitern; heute früh im Bett hat sich mir die Angelegenheit in einer anderen Weise dargestellt; Ich dachte, ich schreibe Ihnen ‚während es mir behagt‘ oder ich könnte zu krank werden, überhaupt noch zu schreiben, und wenn dann der Wunsch, geschrieben zu haben, stark würde, wäre mein Elend groß. Ich habe noch viele Briefe mehr zu verfassen und ich segne meine Sterne, dass ich damit begonnen habe, denn die Zeit scheint zu drängen – dies könnte meine beste Gelegenheit sein. Wir haben eine Flaute und ich bin an diesem Morgen ruhig genug. Wenn mein Geist zu bedrückt scheint, können Sie es bis zu einem gewissen Grade darauf schieben, dass wir seit zwei Wochen auf See sind, ohne wirklich vorangekommen zu sein. Ich war sehr enttäuscht, Sie nicht in Bedhampton getroffen zu haben, und der Gedanke quält mich, Sie könnten heute in Chichester sein. Es hätte mich gefreut, nach London aufzubrechen, allein der Sinneseindrücke wegen – denn was sollte ich dort tun? Ich könnte meine Lungen oder den Magen oder andere schlimmere Dinge schließlich nicht hinter mir lassen. Ich möchte über Themen schreiben, die mich nicht aufregen – eines muss ich jedoch erwähnen und dann bin ich damit fertig. Selbst wenn mein Körper von sich selbst genesen würde, dieses würde es verhindern – das, wofür ich am meisten leben möchte, wird der hauptsächliche Anlass meines Todes sein. Ich kann nichts dagegen tun. Wer kann etwas dagegen tun? Wäre ich gesund, würde es mich krank machen, und wie kann ich es in meinem Zustand ertragen? Ich wage zu behaupten, dass Sie in der Lage sind, zu erraten, auf welches Thema ich abziele – Sie wissen, was mein größter Schmerz während des ersten Teils meiner Krankheit in Ihrem Hause war. Ich wünsche mir Tag und Nacht den Tod, um mich von diesen Schmerzen zu befreien, und dann wieder wünsche ich den Tod fort, denn der Tod würde sogar diese Schmerzen zerstören, die immer noch besser als nichts sind. Land und Meer, Schwäche und Niedergang sind große Trenner, der Tod aber ist der große, endgültige Scheider. Wenn der Schmerz dieses Gedankens durch meinen Verstand hindurch gegangen ist, dann kann ich sagen, dass die Bitternis des Todes vorüber ist. Ich wünsche mir oft, dass Sie mir mit dem Besten schmeicheln. Ich denke, ohne es zu erwähnen, dass Sie mir zuliebe für Miss Brawne ein Freund sein würden, wenn ich tot bin. Sie denken, dass sie viele Fehler habe – aber stellen Sie sich mir zuliebe vor, sie habe keinen einzigen – wenn es irgendetwas gibt, was Sie mit Worten oder Taten für sie tun können, werden Sie es tun. Ich bin im Moment in einem Zustand, in dem

Frauen als bloße Frauen nicht mehr Macht über mich haben können, als Stöcke oder Steine, und doch ist der Unterschied meiner Empfindungen gegenüber Miss Brawne und meiner Schwester bemerkenswert. Die eine scheint die andere in unglaublichem Maße zu verschlucken. Ich denke selten an meinen Bruder und meine Schwester in Amerika. Der Gedanke, Miss Brawne zu verlassen, geht über alles Grauenvolle weit hinaus – das Gefühl der Dunkelheit überkommt mich – ständig sehe ich ihre Gestalt unaufhörlich verschwinden. Einige der Sätze, die sie gewöhnlich benutzte, während sie mich zuletzt in Wentworth betreute, klingen in meinen Ohren. – Gibt es ein anderes Leben? Werde ich erwachen und entdecken, dass alles nur ein Traum war? So muss es sein, wir können nicht für diese Art von Leiden erschaffen worden sein. Der Empfang dieses Briefes wird eines der Ihren sein – ich werde nicht mehr über unsere Freundschaft sagen, oder eher über die Ihre mir gegenüber, als dass, so wie Sie es verdienen zu entkommen, Sie niemals so unglücklich wie ich sein werden. Ich werde in meinen letzten Momenten an Sie denken. Ich werde es wagen, Miss Brawne zu schreiben, wenn es heute möglich ist. Ein plötzliches Ende meines Lebens mitten in einem dieser Briefe wäre keine schlechte Sache, denn es hält einen eine Zeitlang in einer Art fiebrigen Zustand. Obwohl ich von einem Brief, der länger als alles ist, was ich seit langer Zeit geschrieben habe, ermüdet bin, wäre es besser, ewig fortzufahren, als aufzuwachen und Gegenwind zu spüren. Wir erwarten, dass wir heute Nacht Portland Roads erreichen. Der Käpt'n, die Besatzung und die Passagiere sind schlecht gelaunt und müde. Ich werde Dilke schreiben. Ich fühle, als beendete ich meinen letzten Brief an Sie – mein lieber Brown –

Ihr zugeneigter Freund
John Keats

Keats faltete den Brief, den er heute abzusenden gedachte, zusammen. Solange sie sich in der Nähe des englischen Festlands befanden, war dafür noch Zeit. Und niemand konnte voraussagen, wann günstigere Winde aufkommen würden, die sie endlich Richtung Westen und schließlich nach Süden trugen.

Nach Süden! Dorthin, wo die Sonne auch im Winter länger schien und die Luft so sehr wärmte, dass bereits im Februar die Bäume knospten und die Blüten der Blumen aufsprangen. Ein Klima, das einer angeschlagenen Lunge wohltun sollte – zumindest für eine Weile. Doch so verheißungsvoll der Gedanke war und so notwendig die Reise aus medizinischer Sicht: sie bedeutete, dass die Distanz zwischen den beiden Liebenden noch größer wurde, als sie durch Keats' Krankheit bereits war.

Der Gedanke an Fanny zerriss ihm schier das Herz. Die Magie ihrer Zuneigung für ihn wirkte jedoch auch in der Ferne, ja, sie schien mit jeder Meile, die die Distanz zwischen ihnen zunahm, weiter zu wachsen – zumindest seine Sehnsucht nach ihr und der Schmerz, von ihr getrennt zu sein.

Was mochte Fanny jetzt gerade tun? Saß sie stickend und nähend in ihrem Wohnzimmer in Wentworth Place, die Mutter bei sich, die mit gestrengem Blick ein Buch las, und die Geschwister Samuel und Margaret, die ihrer großen Schwester Fanny bewundernd bei der Arbeit zusahen? Dachte sie an ihn und an die zärtliche Verbindung, die, vom Leben kaum versprochen, ihnen schon wieder entrissen wurde?

Fanny befand sich kaum siebzig Meilen entfernt. Die Möwen, die über der Maria Crowther ihre Kreise zogen, würden die Strecke in nicht einmal zwei Stunden zurücklegen können. Warum spielte ihm das Schicksal derart grausame Streiche?

Warum gewährte es ihm einen Blick auf das Glück, das das Leben sein konnte, und legte gleich darauf ein schweres, schwarzes Leintuch darüber? Wenn es einen Gott gab, der das Schicksal seiner Geschöpfe entwarf, dann war dieser Gott grausam. Wenn alles Leben nur Zufall war, ergab nichts einen Sinn. Und wenn er durch all das Leid geprüft werden sollte, dann fragte sich Keats, was er tun könne, um zu bestehen.

Die kalte Seeluft brannte scharf in seiner Lunge. Dennoch fühlte er sich körperlich wohler, als noch vor einer Woche in London. Vielleicht bot sich ihm noch eine letzte Chance, ins Leben zurückzukehren, vielleicht würde die wärmende Sonne Italiens die Anzeichen der Krankheit seiner Lunge vertreiben, so dass er im Frühjahr zurückkehren konnte, quicklebendig, voller Tatendrang und in Aussicht einer glückseligen Zukunft an der Seite einer wundervollen Frau? Und dann würde er um Fannys Hand anhalten, mit dem Segen ihrer Mutter, und dann würde aus Miss Fanny Brawne *Mrs. Frances Keats* werden.

Wohltuende Euphorie durchströmte Keats' Körper bei dieser Vorstellung. Sie würden Kinder haben, drei oder vier, und er würde schreiben und dichten und die Wunder des Lebens in all ihrer Schönheit besingen!

Von dieser Vorstellung sanft getragen, nahm Keats den Band *Poetische Werke* von William Shakespeare aus der Tasche, die zu seinen Füßen lag, und schlug ihn auf. Das Buch war ihm von einem guten Freund geschenkt worden. Der Zufall führte ihn nach einigem Blättern zu dem Gedicht *A Lover's Complaint*, das auf der rechten Seite des Buches begann. Die linke Seite war unbeschrieben und eignete sich daher für Keats' Zwecke. Er nahm die Feder zur Hand und begann mit schneller Hand auf der oberen Hälfte der Seite das Gedicht zu schreiben, das er vor mehr als einem Jahr für Fanny erdacht hatte.

Bright star, would I were steadfast as thou art –
Not in lone splendour hung aloft the night
And watching, with eternal lids apart,
Like Nature's patient, sleepless Eremite,
The moving waters at their priestlike task
Of pure ablution round earth's human shores,
Or gazing on the new soft-fallen mask
Of snow upon the mountains and the moors –
No – yet still stedfast, still unchangeable,
Pillow'd upon my fair love's ripening breast,
To feel for ever its soft swell and fall,
Awake for ever in a sweet unrest,
Still, still to hear her tender-taken breath,
And so live over…

Glanzvoller Stern, stünd' ich wie du so prächtig,
Ich blickte nicht in jeder dunklen Nacht,
Herab mit ewig weitem Aug', bedächtig,
Als Eremit, der ruh'los uns bewacht,
Auf die Gewässer, die den Priestern gleich,
Der Erde Küsten weihend klären
Oder auf Masken, die stets neu und weich
Als Schnee der Landschaft Ruh' gewähren
Nein – standhaft doch und ohne Hast bestimmt,
Spürt' ich an meiner Liebsten Brust gebettet,
Den sanften Atem, der in ihrem Körper glimmt,
Und der mit süßer Lust mein Dasein rettet
Um ohne End' ihr sanftes Atmen zu vernehmen:
Und dies in aller Ewigkeit…

Keats zog die Augenbrauen verärgert zusammen, als er seinen Fehler bemerkt hatte, kritzelte das Wort *over* aus und schrieb *ever* darüber. Dann ergänzte er die letzten Worte seines Gedichts.

– or else swoon to death.

– oder tot ein Leben lang!

Er starrte auf die Sätze, die ihm so leicht von der Hand gingen, wenn er an Fanny dachte. Wie der Aderlass, der das heiße Blut abkühlen sollte, gab das Gedicht der Emotion und dem Chaos seiner Gedanken Form, damit es ungebändigt im Geiste weniger Unheil anrichtete.

Wie sehr wünschte er sich, Fannys Schulter zu küssen, sie in seine Arme zu nehmen. Doch sein Körper würde keine leidenschaftliche Berührung mehr erleben. Wenn er sich nur ein letztes Mal würde aufbäumen können, sich zu etwas Großem sammeln, das eine unsterbliche Spur in den Seelen der Menschheit hinterließe…

40.

Der Platz vor Kenningtons Haus war menschenleer, als Heller um kurz nach zehn Uhr abends an die Eingangstür trat. Er suchte die Klingel und drückte auf den Knopf neben dem Namen des Professors. Kurz darauf summte die Tür. Heller trat ein und lief durch den Korridor zum Treppenhaus. Bevor er die Stufen emporstieg, fiel ihm eine Überwachungskamera auf, die in einer Ecke unter der Decke hing und auf den Gang gerichtet war. Etwas knarrte einige Stockwerke über Heller und er glaubte, Schritte zu hören. Dann klapperte eine Tür. Doch auf dem Weg nach oben begegnete ihm niemand.

Als Heller die höchste Etage erreicht hatte, musste er einen Moment lang Atem schöpfen. Dann trat er vor die Tür zu Kenningtons Wohnung. Ehe er die Hand zur Klingel geführt hatte, sah er, dass die Tür einen Spalt weit offen stand. Heller schob sie auf und trat ein.

„Mr. Kennington?", rief er und lauschte. Der Korridor lag im Dunkeln. Nur aus dem Wohnzimmer am Ende des Ganges schimmerte ein schwaches Licht. Leise Klaviermusik war zu hören.

„Mr. Kennington?", rief Heller noch einmal. „Sind Sie da, Mr. Kennington?"

Niemand reagierte. Heller schloss leise die Tür hinter sich und wollte das Licht im Gang anschalten. Doch es funktionierte nicht.

„Mr. Kennington?", rief Heller wieder.

Es blieb still. Nur die Musik lief weiter. Mit langsamen Schritten tastete Heller sich durch den Korridor. Noch einmal rief er Kenningtons Namen. Ohne Erfolg.

Plötzlich trat er auf etwas Hartes. Heller bückte sich und hob einen Gegenstand auf. Er war das Messer mit dem dicken Knauf und der kurzen, spitzen Klinge, das er am Tag zuvor im Regal des Professors gesehen hatte. Heller hob es auf und erreichte, behutsam einen Fuß vor den nächsten setzend, die offene Wohnzimmertür. Eine kleine Stehlampe neben dem Bücherregal brannte, der CD-Spieler lief, doch niemand war zu sehen. Allerdings roch es ein wenig nach Zigarettenqualm. Er konnte sich nicht daran erinnern, Kennington rauchen gesehen zu haben. Vielleicht hatte er Besuch gehabt.

„Mr. Kennington?", rief Heller. Als wieder keine Antwort kam, trat er in das Wohnzimmer. Ihm fiel nichts Besonderes auf, bis auf ein vergilbtes, mit Hand beschriebenes Papier, das auf dem niedrigen Tischchen lag. Heller nahm es zur Hand. Es fiel ihm nicht leicht, die Schrift darauf zu entziffern.

6. Dezember 1820.
My dear Keats…

Heller überflog neugierig die Zeilen und übersetzte sich deren Inhalt so gut es ihm möglich war.

Mein lieber Keats,

wie überaus glücklich ich bin, dass Sie in unser gemeinsames Projekt eingewilligt haben. Wie Sie ahnen werden, müssen wir es nicht nur vor jedermann geheim halten – auch vor unseren Nächsten –, sondern bei seiner Ausführung zudem mit größter Vorsicht vorgehen. Meine Biographie gibt mir ausreichend Anlass zu der Vermutung, dass die Schergen des Bösen, die Feinde des glücklichen, gerechten und guten Lebens mich nicht aus den Augen gelassen ha-

ben, seit ich ihnen zum ersten Mal meine Abscheu entgegengeschleu-
dert habe. Europa liegt in Fesseln, geknechtet von selbstsüchtigen
und selbstherrlichen Königen und Fürsten; die Völker ausgebeutet
von den Besitzenden, als Sklaven missbraucht, um den Wohlstand
der Wenigen zu mehren; die Freiheit unterdrückt, und der Menschen
gemeinsamer Drang zur Freiheit und Gleichheit gelähmt durch die
Illusion, getrennt zu sein in Nationen, Religionen und Ideen. Seien
wir nicht töricht! Ob Napoleon gegen König George, der Zar gegen
den Sultan der Osmanen, der Kaiser von Österreich gegen den Papst
oder gegen den König der Preußen, Habsburger gegen Bourbonen,
Islam gegen die christliche Welt: in Wahrheit geht es nur um die
Macht und den Reichtum Weniger auf Kosten der einfachen Men-
schen. Sie erzählen uns Lügen, um uns gegeneinander aufzuhetzen,
ihre Kriege zu führen, ihre Arbeit zu verrichten, deren Lohn sie allein
erhalten. Der Mensch ist frei und gleich geboren, alle Menschen sind
Brüder und Schwestern, denen der Samen der Liebe zueinander &
des Respekts voreinander & vor dem Leben geschenkt wurde. Es sind
die Machtgierigen, die uns verblenden und in Ketten legen.

Sehen Sie sich vor! Auch unter der warmen Wintersonne des Sü-
dens gedeihen die Denunzianten und die Handlanger der Unterdrü-
ckung, die die Freiheit ersticken wollen.

Ich schlage Ihnen Folgendes vor: ich werde, sobald sich die Mu-
sen bei mir einfinden und mir die geeigneten Zeilen aus den Fingern
fließen, Ihnen die ersten Ergebnisse umgehend zusenden. Sollten
auch Ihnen die Gestirne gnädig sein und sie zu Produktivem verlei-
ten, so verfahren Sie bitte ebenso. Gemeinsam sollten wir unser Ziel
erreichen und dem Bösen eine Waffe entgegenschleudern, von deren
Wucht es sich nie mehr wird erholen können. Dieser Angriff wird die
Welt auf den Kopf stellen. Wer heute sich noch zu den Mächtigen
zählt, wird morgen freiwillig das Zepter beiseite legen und sich zu
den Menschen gesellen. Amor omnia vincit!

Hier endete der Brief, denn der untere Teil des Papiers war abgerissen. In diesem Moment hörte Heller hinter sich ein Stöhnen. Er fuhr herum und blickte über den Korridor zu einer angelehnten Tür.

Leise trat Heller aus dem Wohnzimmer und schlich über den Korridor zu der angelehnten Tür. Auf dem Fußboden entdeckte er mehrere dunkle Flecken, die er bei seinem ersten Besuch nicht gesehen hatte. Das kleine Messer hielt er fest in seiner Hand.

„Mr. Kennington?", sagte Heller in die Stille hinein. Als keine Antwort kam, schob er langsam die Tür zum Schlafzimmer auf. Während er das tat, fragte er sich, ob es nicht besser sei, das Weite zu suchen. Irgendetwas stimmte hier nicht.

Eine Mischung aus süßlichem Parfüm- und Schweißgeruch schlug ihm aus dem dunklen Raum entgegen. Durch die geöffnete Tür fiel ein schwacher Lichtstrahl von der Wohnzimmerlampe in den Schlafraum hinein, auf das Bett. Darauf lagen aufgetürmte Kissen und Decken. Jedenfalls glaubte Heller das im ersten Moment. Bis er sah, dass die Kissen und Decken sich bewegten. Und dann verstand er, dass es sich nicht um Bettwäsche handelte, sondern um einen menschlichen Körper.

„Kennington?", rief Heller in den Raum hinein.

Einen Moment lang befürchtete er, den Professor beim Sex überrascht zu haben. Und auch, was er dann sah, ließ diese Möglichkeit offen. Kennington war an Händen und Füßen gefesselt.

Heller lief zum Bett. Nun erkannte er, dass um den Hals des Professors eine Schlinge lag, die eng zugezogen war. Kenningtons Gesicht war blau angelaufen.

„Mr. Kennington?", rief Heller. Er steckte sich das Messer in den Hosenbund, griff an die Schlinge und versuchte sie zu lösen. Kenningtons Augenlider zitterten, seine Lippen bebten, Speichel floss ihm aus dem Mund.

Heller gelang es, die Schlinge ein wenig zu lockern. Kennington riss den Mund auf, als versuche er Atem zu schöpfen. Ächzend sog er die Luft ein. Ein paar Mal atmete er ein und aus, bevor er Heller mit weit aufgerissenen Augen und entsetztem Gesicht anstarrte, und rief: „Slythe! Vorsicht!"

Genau in diesem Moment kam Heller die Frage, wer ihm eigentlich die Haustür unten geöffnet hatte, wenn Kennington hier gefesselt im Bett lag. Die Antwort erhielt er einen Moment später. Etwas warf einen Schatten. Dann quietschte hinter Heller eine Diele. Heller riss das Messer aus seinem Hosenbund, fuhr mit einem Ruck herum und stieß gegen das, was sich da näherte. Er traf eine Gestalt, deren Gesicht hinter einer schwarzen Motorradmaske verborgen war, in den Oberschenkel. Die Gestalt ächzte, dann donnerte ein kräftiger, harter Schlag gegen Hellers Kopf und ließ ihn zur Seite über das Bett kippen. Während er stürzte, sah er eine zweite Gestalt hinter der ersten auftauchen. Auch sie trug eine Motorradhaube.

Trotz des heftigen Schmerzes an seiner rechten Schädelseite, versuchte Heller sich sofort wieder aufzuraffen. Doch da verspürte er einen Stich im Hals, der ihn zusammenzucken ließ. Ein Taubheitsgefühl breitete sich von der Kehle über den Arm und die Brust im ganzen Körper aus. Heller nahm seine Kräfte zusammen, es gelang ihm aber nicht mehr aufzuspringen, seine Arme hingen schlaff herab, im nächsten Augenblick sackten auch seine Beine unter ihm zusammen, als sei er eine Marionette, der man die Fäden durchgeschnitten hatte. Dann gingen alle Lichter aus und die Töne versanken. Das letzte, das Heller wahrnahm, war das ferne Geklimper eines Klaviers, das in ein monotones, hohes Summen überging. Und dann war es still.

41.

Shelley rannte über das mit hohem Gras bewachsene Feld als seien dunkle Dämonen hinter ihm her. Schwarze Gewitterwolken türmten sich am Himmel. Schweiß lief ihm über das Gesicht und seine Beine schmerzten, doch anzuhalten kam ihm nicht in den Sinn. Dafür peinigten ihn die Gedanken zu sehr, die in seinem Geist tobten, Gedanken, die ihm schreckliche Angst machten. Die Phantasien, die ihn befallen hatten, unbarmherzig wie die Erinnyen, ließen in seiner Vorstellung eine Welt der Zukunft erstehen, deren Irrsinn ihm fast die Luft zum Atmen nahm.

Poeten hatten die Aufgabe, die Wahrheit hinter dem Anschein zu erkennen und zu beschreiben. Sie entdeckten das Besondere und Anbetungswürdige, wo der gewöhnliche Mensch nur Gewöhnliches wahrnehmen konnte. Sie sahen lebendige Kräfte walten, wo andere nur einen toten Stein oder Fels vor sich zu haben glaubten. Poeten blickten in die Tiefe des Daseins und der menschlichen Seelen. Sie erfassten Verbindungen, wo andere keine Zusammenhänge sahen. Sie erweckten Vergangenes zu neuem Leben, ließen die Gegenwart glänzen und blickten in die Zukunft. Ihre Weisheit, ihr Weitblick, ihre Empfindsamkeit machte die Poeten zum klarsichtigen Auge der Menschheit. Und sie hatten die Aufgabe, mit ihren Worten die Menschen zu höheren, moralischen, liebenden Wesen zu machen. Davon war Shelley immer überzeugt gewesen. Und doch hatten ihn auf einmal Zweifel befallen, die wie die Würmer durch seinen Geist krochen.

Seit langer Zeit hatte er nichts mehr von Ollier, seinem Verleger gehört, und nichts von Leigh Hunt. Ob seine Gedichte inzwischen veröffentlicht waren, wusste er nicht, doch er fürchtete, dass nichts dergleichen geschehen war. Die Zensurgesetze der Regierung in London und die Angst der Bürger unterdrückten die freie Meinungsäußerung und damit die Kunst der Poesie. Shelley schrieb und schrieb, was die Musen ihm einflößten, was die Umstände ihm befahlen, was seine inneren Dämonen ihm zu schreiben auftrugen, Wahrheiten, die ans Licht und ins Bewusstsein der Menschen geschleudert werden mussten. Doch niemand bekam seine Poesie zu Gesicht. Sie schien in irgendwelchen dunklen Löchern zu verschwinden.

Shelley spie aus und lief auf ein Wäldchen zu. Erste Blitze zuckten am Himmel und das Donnergrollen über ihm kam immer näher. Der Himmel würde bald seine Pforten öffnen und ein Inferno, das Dantes Imaginationen entsprungen sein könnte, losbrechen. Doch Shelleys Visionen waren nicht minder höllisch.

Er hatte eine Welt der Zukunft gesehen, eine Welt, in der die Maschinen, von Menschen ersonnen, das Handeln der Menschen bestimmten. Eine Welt, in der nicht die Wärme der Gefühle und die Liebe die Schritte lenkten, sondern der Mensch zum Sklaven kalter Apparate wurde. Er hatte eine Welt gesehen, in der die Mächtigen die Gedanken der Menschen zwar nicht mehr unterdrückten, sie jedoch auf andere Weise lenkten. Indem sie die Wahrheit in einem unendlichen Schwall der Sinnlosigkeit ertränkten, in einem Meer von belanglosen und leeren Worten. Er sah eine Zukunft vor sich, in der zwar jeder sprechen konnte, was er dachte, aber niemand mehr in der Lage wäre, zuzuhören und zu verstehen, was ein anderer Mensch sagte. Die unendliche Masse an Worten verschluckte jene Ideen, die wirklich von Bedeutung waren. Eine Zukunft, in der jeder Mensch in sich versunken nur im Reich seiner eigenen Vorstellungen verbliebe, erstickt in einem Redeschwall der eigenen Gedanken ohne Ausgang, ohne Korrektur, ohne Anbindung an das Leben, da das Band und die Brücke, die die Menschen über die Sprache und die Liebe zu einer Gemeinschaft werden ließen, zerrissen. Jede geäußerte Wahrheit würde im Nichts verpuffen, niemand würde sie verstehen. All die Worte, der Reichtum der Gedanken, würde unerhört bleiben. Eine Welt aus Millionen einzelner Seelen, die in ihrer Einsamkeit ihr Leben fristeten, ohne gegenseitigen Austausch, ohne Erkenntnis, ohne gemeinsame Freude, ohne Liebe. Was hatte der deutsche Dichter Schiller geschrieben?

Deine Zauber binden wieder, was die Mode streng geteilt, alle Menschen werden Brüder, wo dein sanfter Flügel weilt. Seid umschlungen Millionen!

Das war der Traum. Doch was, wenn der Ruf der Wahrheit zur Farce verkümmerte, weil die Menschen, von sich selbst getrieben und durch unzählige Worte und Bilder bestürmt, sich und ihre Verbindung zur Welt und zu den anderen Menschen nicht mehr fühlten? Was nützte all das Schreiben, Sehnen, Singen, wenn die Menschheit ertaubte und das Hören und Verstehen verlernte? Wenn Panzerungen, Mauern, Gräben sich um die Herzen jedes Einzelnen formten und sie von den Herzen aller anderen für immer getrennt würden?

Shelley hatte den Wald fast erreicht, als ein gewaltiger Blitz aus dem Himmel schoss und in eine riesige ausladende Eiche fuhr. Der Stamm barst, Flammen schossen in die Höhe. Shelley schrie und warf sich auf die Erde.

„Nein, nein, nein! Ihr Götter im Himmel! Ihr Dämonen aus der Unterwelt! Nein!"

Er sah ein schweres, graues Tor aus Felsen, das sich mit Getöse schloss und das letzte Licht der Hoffnung für immer von der Erde und den Menschen nahm. Es wäre die Zeit der ewigen Dunkelheit gekommen, die Zeit der absoluten Hoffnungslosigkeit. Und die Menschen, die an nichts mehr glaubten und die keine Liebe mehr in ihren Herzen spürten, würden übereinander herfallen, wie wilde Ungeheuer und sich zerfetzen und zerfleischen. Das wäre das Jüngste Gericht, wie es sich die Maler und die Dichter erdacht, und die Propheten geweissagt hatten. Diese Welt von Morgen durfte niemals Wirklichkeit werden.

42.

Neapel, Italienische Halbinsel, Mittwoch, 1. November 1820

Mein lieber Brown,

Gestern wurden wir aus der Quarantäne entlassen, während der meine Gesundheit mehr unter der schlechten Luft und der stickigen Kajüte litt, als während der gesamten bisherigen Reise. Die frische Luft hat mich ein wenig wiederbelebt, und ich hoffe, mir geht es heute Morgen gut genug, um Ihnen einen kurzen, ruhigen Brief zu schreiben; — wenn dieser so genannt werden kann, in dem ich mich von einem Thema zu sprechen fürchte, auf dem ich am liebsten verweilen würde. Da ich schon so weit eingestiegen bin, muss ich noch ein wenig weiter gehen; — vielleicht erleichtert es die Last des ELENDS, das mich niederdrückt. Die Überzeugung, dass ich sie nie mehr sehen werde, wird mich umbringen. Mein lieber Brown, Ich hätte sie haben sollen, als ich gesund war, dann wäre ich gesund geblieben. Ich kann es ertragen zu sterben — ich kann nicht ertragen, sie zu verlassen. Oh Gott! Gott! Gott! Alles, was ich in meinen Koffern habe und was mich an sie erinnert, geht durch mich hindurch wie ein Speer. Das Seidentuch, das sie in meine Reisemütze steckte, erhitzt meinen Kopf. Meine Vorstellung von ihr ist schrecklich lebendig — ich sehe sie — ich höre sie. Es gibt nichts in der Welt, das mich genügend interessiert, um mich für einen Moment von ihr abzulenken. Das war der Fall, als ich in England war. Ich kann mich nicht ohne Schaudern an die Zeit erinnern, als ich Gefangener bei Hunt war und ich meine Augen den ganzen Tag lang auf Hampstead gerichtet hielt. Damals war ich noch guter Hoffnung sie wiederzusehen — Jetzt! — O könnte ich nur nahe dem Ort begraben werden, an dem sie lebt! Ich habe Angst, ihr zu schreiben — einen Brief von ihr zu bekommen – ihre Handschrift zu sehen, würde mir das Herz brechen – sogar von ihr zu hören, ihren Namen geschrieben zu sehen, wäre mehr als ich ertragen kann. Mein lieber Brown, was soll ich tun? Wo kann ich nach Trost oder Erleichterung suchen? Wenn ich irgendeine Chance auf Erholung hätte, würde mich diese Leidenschaft töten. Tatsächlich hat dieses Fieber während meiner gesamten Krankheit, sowohl in Ihrem Haus, als auch in Kentish Town, niemals aufgehört mich zu erschöpfen. Wenn Sie mir schreiben, was Sie sofort tun werden, schreiben Sie nach Rom (poste restante) – wenn sie gesund und glücklich ist, markieren sie den Brief so + , – wenn – Grüßen Sie alle von mir. Ich werde versuchen, mein Elend geduldig zu ertragen. Eine Person in meinem Gesundheitszustand sollte nicht solches Elend zu ertragen haben. Schreiben Sie an meine Schwester eine kurze Nachricht, sagen Sie ihr, dass Sie von mir hörten. Severn geht es sehr gut. Wenn ich gesünder wäre, würde ich Sie drängen, nach Rom zu kommen. Ich fürchte, es gibt niemanden, der mir ein wenig Trost spenden kann. Gibt es irgendwelche Neuigkeiten von George? O, dass jemals etwas Glückliches mir oder meinen Brüdern widerfahren wäre! – dann könnte ich hoffen, – doch Hoffnungslosigkeit wird mir wie eine Gewohnheit aufgezwungen. Mein lieber Brown, mir zuliebe, seien Sie für immer ihr Anwalt. Ich kann kein Wort über Neapel sagen; ich fühle mich im Geringsten von den tausend Neuigkeiten um mich herum betroffen. Ich habe Angst, ihr zu schreiben. Ich möchte, dass sie weiß, dass ich sie nicht vergesse. Oh, Brown, ich habe Feuerkohlen in meiner Brust. Es überrascht mich, dass das menschliche Herz soviel Elend aufnehmen und ertragen kann. Wurde ich für diesen Zweck geboren? Gott segne Sie, und ihre Mutter, und meine Schwester, und George, und seine Frau, und Sie, und alle!

Ihr ewig zugeneigter Freund,
John Keats.

Donnerstag. Ich war einen Tag zu früh für den Boten. Er fährt nun ab. Ich war heute ruhiger, obwohl halb in Furcht, es bliebe nicht so. Ich sagte nichts über meine Gesundheit; ich weiß nichts davon; Sie werden Severns Bericht von William Haslam hören. Ich muss aufhören. Sie bringen meine Gedanken zu nah an ----

Gott segne Sie!

43.

Die Strahlen der Nachmittagssonne fielen durch die Zweige der Zypressen und Pinienbäume auf eine Ansammlung von Gräbern, die zwischen blühenden Oleandersträuchern, Buchsbaumhecken und Olivenbäumen über ein leicht abfallendes Gelände verteilt waren. Auf einer verwitterten Grabplatte streckte eine schläfrige graue Katze ihre Beine und Pfoten weit von sich. Nicht weit entfernt schlich ein schwarzer Kater um einen marmornen Sarkophag. Bis auf die Katzen, die laut knarrenden Zikaden, Mückenschwärme in der Luft und einige Vögel in den Bäumen und Eidechsen, die über die Erde und die Steine huschten, gehörte der Friedhof an diesem ungewöhnlich heißen Tag allein den Toten. Bis eine junge Frau durch die Eingangspforte kam, sich nach links wandte und zu einer Wiese lief, auf der sich weitere Grabmale und Sarkophage verteilten. Sie näherte sich einem der Gräber, einen Strauß Veilchen in der Hand. Als sie es erreicht hatte, kniete sie nieder. Mit gesenktem Kopf verharrte sie eine Weile reglos, immer wieder schluchzend. Schließlich legte sie die Veilchen aufs Grab und blickte traurig auf die Stele dahinter, auf der eine Inschrift eingraviert war, ein Geburts- und ein Todesdatum. Und ein Name.

BENJAMIN FERDINAND HELLER.

Heller lag im Sarg, sah Claire Beaumonts sanftes Gesicht und wollte schreien. Er versuchte, gegen den Sargdeckel zu treten, doch er konnte sich nicht rühren. Er war tot. Oder wie tot! Hilflos musste er ansehen, wie Claire Beaumont sich erhob, umwandte und mit langsamen Schritten über die Wiese davonging.

Heller sah nichts. Seine Lider waren geschlossen. So sehr er sich auch bemühte, sie zu heben, es gelang ihm nicht. Auch sein Körper fühlte sich taub an, vollkommen kraftlos, wie gelähmt. Er versuchte, seine Finger zu rühren, seine Hände, seine Beine. Aber es regte sich nichts. Panik stieg in ihm auf. Er war hilflos, tot.

Dann aber hörte er etwas. Eine Stimme.

„Nimm' das Messer und schneide dem Alten die Kehle durch! Und dann leg' es dem Typen in die Hand. Das sollte als Beweis reichen."

Heller vernahm merkwürdige Geräusche, ein Ächzen, ein Quieken, dann ein Gurgeln und Stöhnen. Jemand schien ihn zu berühren. Aber sicher war er sich nicht.

Can death be sleep, when life is but a dream?

„Slythe hat gesagt, wir sollen ihn hier liegen lassen und die Polizei rufen, sobald wir fort sind. Die finden ihn dann. Binde denn Alten los."

Heller bäumte sich innerlich gegen seine Lähmung auf. Doch kein einziger Muskel gehorchte ihm.

Schritte entfernten sich. Eine Tür fiel ins Schloss. Dann war es still. Heller versuchte wieder, sich zu bewegen, aber es gelang ihm nicht.

Er wollte seine Lippen bewegen, schreien. Auch das war unmöglich. Er war verdammt, stumm und reglos an Ort und Stelle liegen zu bleiben, bis jemand käme. Bis die Polizei käme. Und ihn neben Kenningtons Leiche fände. Er brauchte Hilfe.

Slythe hatte zwei Killer beauftragt, um Kennington zu töten. Und nun wollte er den Mord Heller in die Schuhe schieben. Und Heller war eingesperrt in seinem eigenen Körper, einem Körper, der sich wie tot anfühlte. Oder bildete er sich alles nur ein? War er Opfer eines schrecklichen Alptraums?

Eine Kirchturmglocke schlug in der Nähe. Eine Sirene heulte. Heller wollte aufstehen. Es ging nicht. Er versuchte, seine Muskeln anzuspannen. Ohne Erfolg.

„Was sprecht ihr immerzu vom Tod, wenn das Leben so kurz ist? Genießt jeden einzelnen Moment dieses Lebens! Vergesst den Tod und er wird euch vergessen!"

"Ist es wirklich so einfach?"

„Ja, wenn Sie Ihr Herz für die Liebe öffnen. Denn die Liebe überdauert den Tod."

„Ach mein Freund! Worte sind Phantasiegebilde. Sie künden uns von Welten und vermeintlichen Wahrheiten, die doch nur trügerische Existenzen sind. Der Mensch hat Gott erfunden, um sich die Welt und sein Dasein zu erklären, und nicht am Tode zu verzweifeln. Und er hat den Begriff der Liebe erfunden, um nicht an der Grausamkeit des Lebens und der Menschen zu verzweifeln. Im Angesicht des Leidens ist die Liebe sein Hoffnungsschimmer. Doch die Hoffnung ist des Menschen größter Fluch. Die Illusion der Liebe quält ihn umso mehr, als sie ein Traumgebilde bleibt."

The babe is at peace within the womb;
The corpse is at rest within the tomb:
We begin in what we end.

„Mr. Kennington?"

„Guten Tag, Professor Slythe!"

„Was gibt es zu lachen?"

„Sie! Sie allein geben mir Grund dazu. Haben Sie wirklich geglaubt, Sie könnten mich ermorden? Ich bin unsterblich."

„Sie sind ein gefährlicher Mann, Mr. Kennington!"

„Sie sind noch viel gefährlicher. Sie werden sterben."

„Wie wir alle."

Die Sonne! Lass mich noch ein allerletztes Mal die Sonne sehen und ihre warmen Strahlen auf meiner Haut spüren!

Die Vögel! Lass mich noch einmal ihr Singen hören!

Die Blumen! Muss ich erwähnen, dass ich ihre Farben und ihren Duft bereits jetzt vermisse?

Wie schön die Wolken heute sind, wie angenehm der Regen!

Die Geige, das Klavier! Deine Küsse! Claire!

Am Anfang war das Wort! Doch Worte haben keine Macht mehr. Der Leib ist willig, doch der Geist ist schwach.

> *Was nützt es, die Welt zu besingen,*
> *In Liedern und Gedichten,*
> *Sie bringen das Leben zum Klingen,*
> *Erkunden des Daseins Schichten.*

> *Sie öffnen den Geist für die Schönheit,*
> *Die jeden Menschen umgibt,*
> *Und zeigen ein Stück ihrer Wahrheit,*
> *Dass diese Welt uns noch liebt.*

Heller hatte das Gefühl zu fliegen. Die Erde drehte sich auf den Kopf. Etwas raschelte, etwas quietschte, dann Schritte und Poltern. Ein Windhauch. Dunkelheit.

Die Frau im roten Abendkleid, weiße Arme, bleiche Hände. Weiß wie Schnee, rot wie Blut.

„Mein Name ist Claire Beaumont. Möchten Sie mit mir tanzen?"

„Ich kann nicht tanzen."

„Möchten Sie mir ein Gedicht schreiben?"

„Ich kann nicht dichten."

„Ich küsse Sie nur für ein Gedicht."

„Ich möchte Ihren Bauch küssen."

„Ein Gedicht!"

„Ich möchte Ihre Schenkel streicheln."

„Ein Gedicht!"

„Ich möchte in Sie hinabtauchen."

„Beweisen Sie mir, dass Sie mich lieben."

„Ich möchte mit Ihnen schlafen!"

„Nur über meine Leiche."

„Selbst dann…"

„Retten Sie mich!"

„Wenn Sie nur wirklich lieben könnten!"

„Liebe ist eine Worthülse. Was meinen Sie damit?"

„Liebe hebt das Gefühl der Trennung auf, die uns schmerzt und Angst macht. Die Liebe lässt uns spüren, dass wir eins sind. Und wenn wir die Liebe tief in uns spüren, werden wir niemandem mehr Leid zufügen. Keinem Menschen, keinem Tier, nicht uns selbst."

„Das Leben ist ein Kampf ums Überleben. Der Stärkere gewinnt. Und wem einst tiefe Schmerzen zugefügt wurden, dem fällt das Vertrauen und die Liebe schwer."

„Und doch wird uns allein die Liebe retten."

Etwas schüttelte Heller. Er kippte zur Seite auf ein weiches Polster. Es roch nach Auto. Ein Motor heulte auf. Dann bewegte sich etwas. Etwas rumpelte.

Nach einer Weile packte ihn jemand, zog an ihm, legte ihn auf einen harten Untergrund.

Heller schlief.

44.

Piazza di Spagna 26, Rom, Dezember 1820

Das Rasseln in der Lunge, der krampfende Schmerz im Magen, die Schwäche der Glieder und das Gefühl zu ersticken waren stets seine peinigenden Begleiter. Die Tatsache, auf dieses Bett geworfen und in diesen engen Raum gesperrt zu sein, diese Angst, seine letzten Bilder von der Welt seien die Wände und die blumenverzierte Decke dieses römischen Zimmers. Andererseits war auch jeder andere Anblick schrecklich grau gegen den geringsten Gedanken an seine geliebte Fanny. Sie überstrahlte jede Wahrnehmung und jede Erinnerung. Sie beherrschte seinen Geist am Tag und in der Nacht. Sie war der erste Gedanke am Morgen und der letzte Gedanke am Abend. Doch mehr als tausend Meilen von ihr entfernt war es die größte Qual, die Keats sich vorstellen konnte.

Während er ihr Gesicht wieder und wieder in seiner Vorstellung aufrief, streichelte er mit Tränen in den Augen den kleinen, ovalen Karneolstein in seiner Hand, den seine Geliebte ihm vor seiner Abreise aus London geschenkt hatte. Der Stein, eine Locke ihres Haares, ein kleines Papiermesser, ein Notizbuch und ein Seidentuch waren alles, was ihm außer der Erinnerung von seiner Fanny blieb. Er hatte Briefe von ihr empfangen, aber sie lagen ungeöffnet in einer kleinen Truhe neben dem Bett. Er war nicht in der Lage, Worte, die ihre Hand niedergeschrieben hatte, zu lesen. Sie erinnerten ihn zu sehr daran, dass er Fanny für immer verlieren würde, wenn der Tod ihn holte. Er war ein Botschafter der Wahrheit des Lebens und all ihrer Wunder und Schattenseiten. Und nun holte der Tod ausgerechnet ihn zu sich? Als zürnte man dem, der die Schöpfung und die Liebe derart gepriesen hatte?

Keats erzitterte bei diesem Gedanken. Er dachte an ein Gedicht, das er einst seinem an Schwindsucht erkrankten Bruder Tom in einem Brief geschrieben hatte. Nun konnte er es sich selbst zum Trost aufsagen.

"Can death be sleep, when life is but a dream,
And scenes of bliss pass as a phantom by?
The transient pleasures as a vision seem,
And yet we think the greatest pain's to die.

How strange it is that man on earth should roam,
And lead a life of woe, but not forsake
His rugged path; nor dare he view alone
His future doom which is but to awake."

„Ist Tod nur Schlaf, das Leben Träumerei?
Sind Glücksgefühle nichts als Phantasie?
Vergnügen sind vergänglich, bleiben nie,
doch glauben wir, das größte Leid, zu sterben sei.

Seltsam, dass man ein Gast auf Erden ist,
In Kummer lebt, ohne fehlzugehen
vom rauen Wege; wie soll man versteh'n
Dass unser Schicksal nichts als das Erwachen ist."

Wie anmaßend es gewesen war, mit diesen dürren Sätzen seinem Bruder Hoffnung machen zu wollen. Der Gedanke, mit Versen den Menschen zu rühren, schien Keats im Augenblick töricht. Und doch ließ die Poesie ihn auch jetzt nicht gleichgültig. Im Gegenteil: wenn er sie las und noch vielmehr, wenn er sie zu schreiben versuchte, erschütterte sie ihn so sehr, dass es ihm beides kaum noch möglich war. Was war ein Dichter, der Poesie weder zu lesen noch zu schreiben vermochte? Ein gerade noch lebendiger Toter.

Links in seinem Zimmer knisterte der Kamin, der den Raum wärmte, rechts fiel der Widerschein der Dezembersonne durch das Fenster, die sich niemals im Zimmer direkt zeigte, da das Fenster Richtung Norden ausgerichtet war. Von draußen erklang das Hufgeklapper von Pferden, vielfaches italienisches Gemurmel von gewöhnlichen Passanten, Künstlern, Zigeunern und Bettlern, das Rufen der Blumenhändler, die ihre farbenfrohe vom Land außerhalb der Stadt herbeigebrachte Ware auf den Stufen der Spanischen Treppe feilboten, und das leise Plätschern des Brunnens am Fuße der Treppe. Manchmal erschall auch das Geblöke der Schafherden, die von ihren Hirten vom nahen Stadttor hier vorübergetrieben wurden. All die Töne des Lebens, die in nicht allzu ferner Zeit in ewiger Stille versinken würden. Die Vorstellung, dass er bald in dieses unbekannte, unendliche Nichts hineingleiten würde, in dem alles gleich war, konnte Keats kaum ertragen. Ging dieses Leben nun also wirklich bald zu Ende?

Die kindliche Stimme eines Buben rief etwas in der Nähe und Keats war, als gelte der Ruf ihm. Es klang, als wollte der Junge ihn auffordern, sich noch einmal aus der Isolation herauszuwagen, noch einmal sich aufzuraffen und der lähmenden Düsternis für eine Weile zu entgehen. Was allerdings sollte er dort draußen Besseres finden, als das, was seine eigene Vorstellungskraft ihm zu bieten in der Lage war? Schönheit und Wahrheit lagen für ihn hinter der Oberfläche der Dinge verborgen und nur die Phantasie konnte zu ihnen vordringen.

Er wünschte sich so sehr, noch einmal in der Lage zu sein, von den Wahrheiten zu künden, die er gesehen und gespürt hatte. Er sehnte sich danach, den Menschen für immer begreifbar zu machen, wie wertvoll ihr Dasein und die Welt, in der sie leben durften, war. Sie konnten weiter Tag für Tag all die Wunder erleben, wenn er längst als Gerippe unter der Erde lag.

45.

Jemand fuhr ihm mit einem winzigen Schmirgelpapier übers Gesicht. Es tat nicht weh, kitzelte eher, dennoch zuckte er zusammen. Ein Fauchen ertönte und etwas Weiches streifte seine Wange. Im gleichen Moment spürte er ein kräftiges Pochen in seinem Kopf. Vorsichtig öffnete er die Augen. In der Dunkelheit huschte eine kleine Katze davon. Sein Körper lag auf hartem Untergrund. Es roch nach Abfall. Eine Wand, zwei Mülltonnen.

Er schloss die Augen wieder. Es dauerte noch einige Atemzüge, bis er verstand, dass er nicht träumte, sondern tatsächlich auf einem harten Steinboden lag. Und dass sein Nacken fürchterlich schmerzte und sein Hals und sein Schädel. Er wollte sich rühren, doch es gelang ihm kaum. Seltsame Bilder schossen durch seinen Geist, doch sie entglitten ihm immer wieder wie Seife. Waren das Erinnerungen oder nur Fantasien? Er wusste das eine nicht vom anderen zu unterscheiden.

Er wusste nicht, wo er sich befand oder wie er hierher gekommen war. Selbst sein Name war ausgelöscht.

HERE LIES ONE, WHO'S NAME WAS WRIT IN WATER.

Bilder tauchten vor seinem inneren Auge auf, Gesichter. Orte. Empfindungen. Ein Friedhof. Eine Frau. Eine schöne, junge Frau. Männer. Gefahr. Ein Gefühl der Bedrohung. Aber auch ein anderes Gefühl, eines, das sich behutsam in seinem Körper ausbreitete.

Wie in Zeitlupe rührte er seine Glieder, seine Finger und Zehen, seine Hände und Füße, dann ein Bein, dann das andere. Er neigte den Kopf zur Seite. Dann hob er ihn ein Stück. Es tat weh. Er musste innehalten, atmete tief durch. Bis er genug Kraft verspürte, sich auf die Seite zu drehen, sich mit den Armen abzustützen, zu sitzen, sich schließlich aufzurichten und auf die Beine zu kommen. Er schwankte, zitterte und musste sich an der Mauer neben sich festhalten.

Am liebsten wäre er wieder zu Boden gesunken. Er machte einen vorsichtigen Schritt, dann noch einen, und trat aus einer kleinen Gasse auf eine menschenleere Straße. An den Bordsteinen waren Autos geparkt. Der Himmel war fast dunkel, es war Nacht. Ein gelblicher Schimmer lag in der Höhe, die Reflektion von Lichtern.

Er blickte die Straße entlang, die zu beiden Seiten von Häusern gesäumt war. Sie kam ihm bekannt vor, aber er war sich nicht sicher, warum. Er wandte sich um und betrachtete das nächste Gebäude. Auch das hatte er schon einmal gesehen. Zumindest glaubte er das.

Mit langsamen Schritten näherte er sich der Eingangstür des mehrstöckigen Gebäudes. Er drückte gegen sie, doch sie war geschlossen. Dann betrachtete er die Namen auf dem Klingelschild. Er las einen nach dem anderen und versuchte jeden Buchstaben für sich auszusprechen, wie jemand, der gerade das Lesen lernte. All diese Zeichen schienen ihm ungeheuer fremd. Doch dann erblickte er einen Namen, der bei ihm ein Gefühl der Vertrautheit auslöste. Er las ihn, wiederholte den Klang, wiederholte ihn noch einmal, dann drückte er auf die Klingel.

Nichts geschah. Er klingelte noch einmal. Wieder passierte nichts. Schließlich drückte er auf den Knopf und ließ nicht mehr los. Dann ertönte aus einem Lautsprecher, der über den Klingeln angebracht war, die Stimme einer Frau.

„Wer ist da?"

„Ich", sagte er. Und dann fiel ihm endlich sein Name ein. „Benjamin Heller."

„Sind Sie verrückt geworden? Was machen Sie um diese Uhrzeit hier? Es ist vier Uhr morgens."

Heller zögerte mit einer Antwort, denn er wusste es nicht. Er hatte keine Ahnung, wie er hierher gekommen war. Sein Gedächtnis schien ihm wie ausgelöscht. Aber den Namen hatte er wiedererkannt: Beaumont.

„Gehen Sie nach Hause", sagte die Stimme im Lautsprecher. „Gehen Sie in Ihr Hotel zurück! Warum tauchen Sie einfach hier wieder auf. Gehen Sie!"

„Ich kann nicht", erwiderte Heller. „Mir ist etwas passiert und ich kann mich an nichts mehr erinnern. Ich weiß nicht, wo mein Hotel ist."

„Das weiß ich auch nicht", sagte die Stimme im Lautsprecher. „Haben Sie etwa wieder zu viel getrunken?"

Heller dachte nach. Er hielt sich die offene Hand an den Mund und atmete hinein. Doch er roch keinen Alkohol.

„Nein, habe ich nicht. Aber ich weiß beim besten Willen nicht, was geschehen ist."

„Sie haben gestern nach dem ersten Teil meines Vortrags von *Endymion* den Empfang der Shirers verlassen. Das war sehr unhöflich von Ihnen."

Heller hatte keine Ahnung, wovon die Stimme im Lautsprecher redete. Aber er entschuldigte sich.

„Sie entschuldigen sich pausenlos, aber das ändert nichts an Ihrem rücksichtslosen Verhalten", sagte sie erbost.

„Claire?", sagte Heller vorsichtig, um den Klang des Namens auszuprobieren.

„Ich wüsste nicht, dass wir uns duzen", erwiderte die Stimme streng.

„Claire Beaumont", wiederholte Heller nachdenklich. Der Name gefiel ihm. Doch er spürte, wie er am ganzen Leib zitterte und seine Beine wieder ihre Kraft verloren.

„Bitte lassen Sie mich herein! Mir geht es nicht gut."

„Dann gehen Sie zum Arzt, verdammt noch mal! Aber wecken Sie mich nicht um 4 Uhr morgens auf."

„Ich weiß nicht, wo ich bin."

„Nehmen Sie sich ein Taxi!"

Heller runzelte die Stirn.

„Bitte helfen Sie mir!"

Der Lautsprecher blieb einen Moment lang still. Dann surrte etwas an der Tür. Heller drückte gegen sie. Mit einem Klicken öffnete sie sich. Heller schwankte den Korridor entlang und betrat den kleinen Fahrstuhl, der ihn ächzend nach oben brachte. Heller bemerkte, dass er plötzlich fürchterlich schwitzte und wieder zitterte. Er ahnte, dass er sich nicht mehr lange auf den Beinen würde halten können.

Da hielt der Aufzug, Heller drückte sich mit dem Körper gegen die Tür und torkelte heraus. Im Türrahmen stand eine junge Frau in einem hellblauen Schlafanzug und einer schwarzen Strickjacke. Müde, rot gerändelte Augen blickten durch Brillengläser. Sie sah verschlafen aus, ernst, verärgert. Doch als sie ihn sah, weiteten sich ihre Augen und sie verzog etwas angewidert den Mund.

„Was haben Sie denn angestellt? Sind Sie die Treppe runtergefallen? Ist das Farbe auf Ihrem Hemd? Oder Blut? Und hatten Sie nicht gestern noch ein Jackett dabei?"

Heller blickte sie verwirrt an. Dann senkte er den Kopf und betrachtete sein normalerweise weißes, nun aber rotbraun geflecktes Hemd. Auch an seinen Händen klebte getrocknetes Blut.

„Und was haben Sie da am Hals? Der ist geschwollen."

Heller fasste sich an den Hals und erfühlte eine Verdickung an der linken Seite. Verwirrt schüttelte er den Kopf. Doch diese Bewegung löste in ihm einen heftigen Schwindel aus und alles um ihn herum begann sich zu drehen. Er fühlte sich wie auf einem Boot im Sturm und schwankte.

Claire Beaumont zögerte einen Moment lang, doch als er einen Schritt zur Treppe machte, die nach unten führte, und die Stufen herunterzustürzen drohte, ergriff sie sein rechtes Handgelenk und zog daran. Er fiel ihr fast entgegen und schlang hilfesuchend die Arme um ihren Körper. Sie ächzte, machte sich teilweise von ihm los, stützte ihn dann aber doch und führte ihn in ihre Wohnung.

„Was haben Sie nur?", sagte sie. „Sie sind bleich wie der Tod!"

„Wasser…", sagte er, denn er hatte plötzlich unwahrscheinlichen Durst. „Mir ist so heiß."

Sie legte ihre flache Hand auf seine Stirn. Ihre Haut fühlte sich weich und zart an.

„Sie sind tatsächlich ziemlich heiß. Ich glaube, Sie haben Fieber."

Hellers Körper schüttelte sich wieder, ohne dass er etwas dagegen tun konnte.

„Was ist nur geschehen?", fragte sie. „Haben Sie Drogen genommen?"

Ihr Gesicht sah besorgt, aber auch verärgert aus. Heller zitterte am ganzen Leib. Claire Beaumont zögerte noch einen Augenblick, dann führte sie ihn in ein kühles und angenehm duftendes Zimmer, in dem ein großes Bett stand. Als er es mit einiger Mühe geschafft hatte, sich hineinzulegen, musterte sie ihn und wirkte unentschlossen. Schließlich atmete sie tief durch.

„Ich bringe Ihnen ein Glas Wasser und lasse Sie dann ein bisschen schlafen. Aber ich wecke Sie in der Früh."

Heller konnte sich kaum rühren. Er versuchte weiterhin, sich an irgendetwas zu erinnern. Doch große Teile seiner Vergangenheit schienen ihm wie ausgelöscht. Und nur hin und wieder platzten wie Feuerwerkskörper Spuren der Erinnerung in seinem Bewusstsein auf. Er wusste wieder, dass er sich in Rom befand. Und er entsann sich der Begegnung mit Claire Beaumont auf dem Friedhof. Und mit dem bärtigen Professor. Slythe. Ein Abendempfang. Ein anderer Mann mit Nickelbrille, ohne Haare. Kennington. Eine Explosion. Ein Schlag. Und da kam ihm ein ganz unerträglicher Gedanke. Er versuchte ihn zu verscheuchen.

Claire Beaumont kehrte zurück, ein Glas Wasser in der einen, einen Waschlappen in der anderen Hand. Sie reichte ihm das Glas. Heller ergriff es und trank es in einem Zug leer. Nachdem sie ihm das Gefäß wieder abgenommen und es auf ein Nachttischchen gestellt hatte, begann sie, mit dem Waschlappen über sein Gesicht zu tupfen und zu reiben. Die Berührung und die Nähe der jungen Frau taten Heller gut.

Als Claire Beaumont fertig war, wollte sie sich erheben.

„Können Sie kurz bei mir bleiben?", bat Heller. „Ich habe Angst, dass ich sonst verrückt werde."

Sie sah ihn erst skeptisch, dann mitleidig an.

„Bitte!", wiederholte Heller, der sich in diesem Augenblick tatsächlich nicht nur vor dem Wahnsinn, sondern auch vor der Einsamkeit fürchtete. Claire Beaumont dagegen kam ihm vertraut und nah vor.

Schließlich setzte sie sich auf die Bettkante. Er reichte ihr seine Hand.

„Danke!", sagte Heller. „Bitte helfen Sie mir!"

Sie saß eine Weile stumm, Heller wusste nicht wie lange. Irgendwann nickte er ein, glaubte, eine Hand streichle ihm über die Stirn. Und dann flüsterte eine sanfte Stimme, während er zu träumen begann. Oder er träumte die Stimme bereits, die leise ein Lied sang.

"O soft embalmer of the still midnight,
Shutting, with careful fingers and benign,
Our gloom-pleas'd eyes, embower'd from the light,
Enshaded in forgetfulness divine:
O soothest Sleep! if so it please thee, close
In midst of this thine hymn my willing eyes,
Or wait the „Amen," ere thy poppy throws
Around my bed its lulling charities.
Then save me, or the passed day will shine
Upon my pillow, breeding many woes,--
Save me from curious Conscience, that still lords
Its strength for darkness, burrowing like a mole;
Turn the key deftly in the oiled wards,
And seal the hushed Casket of my Soul."

„Oh, sanfter Balsam einer stillen Nacht,
Bedeckst mit zarten Fingern, güt'ger Hand,
Das kummervolle Auge mir ganz sacht,
Geschützt durch göttlichen Vergessens Band:
Oh, süßer Schlaf, wenn's dir gefällt, so schließ'
Inmitten dieses Lied's die Augen mir,
Oder wart ab, bis Mohn sich niederließ
Und ich in seiner Güte mich verlier'.
Bewahre mich mit deines Schlafes Sand,
Nimm' fort, was dieses Tages Kummer hieß

Beschütze mich vor des Gewissens Gier
Im Dunkeln dem Maulwurf gleich zu streben;
Und schließ' beherzt den Deckel über mir
Um meinem Geist ein stummes Heim zu geben."

46.

Mein Lord,

wir müssen unverzüglich handeln, denn die Feinde des Königreichs haben uns den Krieg erklärt. Ein weiteres Zögern von unserer Seite hätte unvorhersehbare Folgen. Wenn die aufrührerischen Zungen nicht schweigen wollen, müssen sie herausgerissen werden. Ihr habt mir den Auftrag gegeben, wachsam zu sein, aber Gewalt nur anzuwenden, wenn die Strategie der Zensur und der Manipulation nicht ausreicht, um unser Ziel zu erreichen. Wie ihr befohlen habt, verfolgen meine Männer jeden Schritt der Aufwiegler. Nun hat ein dritter englischer Dichter Italien erreicht. Ist das ein Zufall? Oder ein Plan, sich fern der Heimat zusammenzurotten, um zur Revolution aufzurufen?

Kurz der Status: der Dichter John Keats kam vor kurzem in Neapel an und reiste dann nach Rom weiter. Er ist weitgehend unbekannt, doch PBS und er kennen sich. K ist erkrankt, oder zumindest spielt er diese Rolle.

LB korrespondiert mit PBS, meist ist das Thema der Bastard, den er mit CC gezeugt hat, und andere private Angelegenheiten. Jedoch bin ich davon überzeugt, dass in den Briefen geheime Botschaften versteckt sind. Meine Männer arbeiten an der Entschlüsselung.

LB ist Mitglied der Carbonari geworden und unterstützt die Rebellion dieses Geheimbundes gegen die italienischen Monarchen. Zugleich sammelt er Beweise gegen die italienischen Zeugen, die im Prozess gegen unsere Königin aussagen sollen. Weiß der König davon? Sollen wir gegen LB vorgehen? Die Behörden beobachten ihn mit wachsender Unruhe.

PBS wohnt in Pisa. Dass seine letzten aufrührerischen Schriften

in England nicht verbreitet werden und er von dort kaum etwas hört,
drückt ihn nieder. Diese Methode hat also einen gewissen Erfolg.
Doch seit er von K's Ankunft weiß, versucht er ihn zur Teilnahme an
einer Verschwörung zu bewegen, deren genauen Ablauf wir noch er-
kunden. Er kündigt einen Angriff an, der, wie er schreibt „die Welt
auf den Kopf stellen" soll. Und: „Wer heute sich noch zu den Mäch-
tigen zählt, wird morgen freiwillig das Zepter beiseite legen und sich
zu den Menschen gesellen."

Ich sende Euch die Abschrift der Briefe mit dieser Depesche. Wir
werden mit der Beobachtung fortfahren, aber die Zeit zu handeln ist
gekommen. Wie lautet Euer Befehl, mein Lord?

Hochachtungsvoll,
Ihr ergebener Diener

47.

Vogelgezwitscher erfüllte den Raum. Stimmen von irgendwoher. Ein Radio. Ein Scheppern, als schlüge jemand mit einem Hammer auf Metall. Und eine weibliche Stimme, die etwas sang.

Ein sanftes Wohlgefühl erfüllte Heller und er musste lächeln. Beinahe fühlte er sich glücklich. Doch der angenehme Moment verging rasch, denn er spürte, dass etwas falsch war. Dunkle Erinnerungen stürzten auf ihn ein. Mit einem Ruck fuhr er hoch. Sein Oberkörper war nackt. Eine geblümte Decke lag über seinen Beinen, die er zur Seite zog. Seine Hose trug er noch, jedoch keine Socken. Sein Hals schmerzte und sein Kopf pochte. Ihm war schwindlig. Vorsichtig setzte er die Beine auf den Boden und blickte sich um. Neben dem Bett stand ein Schuhpaar, das ihm bekannt vorkam. Daneben lagen zwei schwarze Strümpfe. Schnell zog er sie über und schnürte die Schuhe zu. Sein Hemd aber sah er nirgends. Dafür hing an einem Schrank ein rotes Abendkleid. Das würde ihm sicher nicht passen, aber nun wusste Heller wieder, wo er sich befand. Nicht aber, wie er hierher gelangt war.

Er stand auf. Dabei schwankte er ein wenig, doch das schwummrige Gefühl verschwand nach einigen Atemzügen weitgehend. Mit langsamen Schritten lief er zur Zimmertür und trat in einen schmalen Korridor. Von rechts drang die Stimme einer singenden Frau an sein Ohr. Er folgte ihr. Als er an die nächste geöffnete Tür kam, blieb er stehen und lugte um die Ecke. In der Küche stand Claire Beaumont an einer Anrichte und presste Orangen. Als sie Heller bemerkte, wandte sie den Kopf und sah ihn verblüfft an.

„Sie sind schon wach?", sagte sie.

Dann blickte sie verschämt und leicht errötend zur Seite. „Sie sollten sich ein Hemd anziehen."

„Wie spät ist es?", fragte Heller, immer noch etwas benommen.

„Kurz vor acht. Ich habe Sie doch länger schlafen lassen. Wie geht es Ihnen?"

Heller runzelte die Stirn.

„Ich fühle mich ein bisschen schlapp und mein Hals tut weh. Und mein Kopf. Und ich weiß nicht mehr, wie ich zu Ihnen gekommen bin."

„Das weiß ich auch nicht."

Claire Beaumont blickte ihn an, als prüfe sie seinen Oberkörper. Dann sagte sie schnell: „Ich habe ein paar T-Shirts, die mir viel zu groß sind. Ich bringe Ihnen eines davon. Trinken Sie inzwischen eine Tasse Tee."

Aus einer Kanne füllte sie eine Tasse und und reichte sie Heller, bevor sie die Küche verließ. Dabei stellte er fest, dass an seinen Händen Reste von Blut klebten. Er stellte die Tasse ab und wusch sie sich rasch an der Küchenspüle. Dann trank er den Tee, genoss die warme Flüssigkeit, die nach Minze schmeckte, und versuchte erneut, Ordnung in seine Gedanken und Erinnerungen zu bringen. Eine davon peinigte ihn zutiefst und er hoffte, dass sie nichts als ein Alptraum war.

Claire Beaumont kam zurück, ein schwarzes T-Shirt in der Hand.

„Probieren Sie das!", sagte sie und machte sich wieder daran, die letzten Orangen auszupressen.

Heller streifte sich das Hemd über. Es war ein wenig zu eng und spannte über der Brust. Dafür roch es sehr angenehm.

„Sehe ich gut aus?", fragte er augenzwinkernd.

Claire Beaumont ging auf seinen Kommentar nicht ein.

„Ich denke, Sie müssen jetzt dringend zu einem Arzt oder in ein Krankenhaus. Sie scheinen einen Gedächtnisverlust erlitten zu haben. Was ist gestern Abend geschehen?"

Sie musterte ihn erneut und machte ein nachdenkliches Gesicht. „Ihr Hemd habe ich in der Badewanne ein wenig ausgewaschen. Das Blut aber…"

Sie zögerte und schien nach den richtigen Worten zu suchen.

„… das Blut ist nicht von Ihnen, oder?"

Heller schluckte. Er sah Kenningtons gefesselten Körper vor sich. Zwei Gestalten, die sich plötzlich näherten, ein Schlag, ein Stich.

Er griff sich an den Hals. Dann Stimmen.

„Oh Gott!", sagte Heller leise. „Kennington!"

„Was ist mit ihm?", fragte Claire Beaumont.

Heller schluckte. In dem Moment klingelte ein Telefon. Claire Beaumont zuckte kurz zusammen, dann verließ sie die Küche. Heller sah ihr beunruhigt nach, denn er ahnte, dass das Klingeln nichts Gutes verhieß. Und er hatte das Gefühl, dass alles, was geschah, sich für seinen trägen Geist zu schnell vollzog.

Von nebenan hörte er leise Claire Beaumonts Stimme. Heller trat mit langsamen Schritten auf den Korridor hinaus und lief ihn Richtung Wohnzimmer. Claire Beaumont stand vor dem Fenster, einen Telefonhörer in der Hand. Sie wandte Heller den Rücken zu.

„Oh Gott!", sagte sie mit bestürzter Stimme. „Oh Gott, oh Gott!"

Sie klang, als wäre etwas Schreckliches geschehen, als wäre jemand gestorben. „Aber das ist doch nicht möglich", sagte sie mit zitternder, tränenerstickter Stimme.

Heller trat leise näher. Als Claire ihn bemerkte, fuhr sie mit einem Ruck herum und starrte ihn mit weit aufgerissenen Augen an. Sie machte ein Gesicht, als stehe der Teufel persönlich vor ihr, und wich einen Schritt zurück.

„Er ist hier, Professor Slythe", sagte sie atemlos. „Bleiben Sie weg von mir!", schrie sie dann und hob abwehrend eine Hand. Verdutzt sah Heller ihr entgegen. Aus dem Telefon tönte eine aufgeregte Stimme.

„Bitte helfen Sie mir, Professor!", flehte Claire Beaumont in die Sprechmuschel hinein. Sie hatte Tränen in den Augen. Heller wusste sich nicht anders zu helfen, als einen Satz nach vorne zu machen, das Telefon zu ergreifen und es so heftig auf den Boden zu schleudern, dass es in mehrere Stücke zerbrach. Claire Beaumont sprang schreiend zurück und riss dabei einen Stapel Papiere um. Dort verharrte sie einen Augenblick bewegungslos, mit entsetztem Gesichtsausdruck und offenem Mund.

„Bitte, tun Sie mir nichts!", stammelte sie. „Bitte lassen Sie mich, bitte, bitte…"

„Warum sollte ich Ihnen etwas tun?", rief Heller.

„Sie haben Professor Kennington ermordet!", schrie Claire Beaumont. Heller starrte sie einen Moment nur an.

„Das ist nicht wahr", rief er dann. Und nun erinnerte er sich. „Als ich zu ihm kam, lag er gefesselt auf seinem Bett. Aber er lebte. Dann tauchten zwei Männer auf und schlugen mich nieder. Und einer stach mir mit etwas in den Hals. Und dann habe ich das Bewusstsein verloren."

Claire Beaumont schüttelte heftig den Kopf.

„Professor Slythe hat gesagt, dass jemand Kenningtons Hals durchgeschnitten hat. Die Polizei hat ein Jackett mit Ihrem Ausweis dort gefunden. Außerdem wurden Sie durch eine Videokamera gefilmt, wie Sie gestern Abend in das Haus gegangen sind. Und Sie hatten Blut am Körper und an den Händen, als sie heute Nacht zu mir kamen."

„Aber ich habe Kennington nicht ermordet", schrie Heller außer sich. „Slythe lügt."

Und dann fielen ihm die Stimmen der beiden Männer ein, die ihn niedergeschlagen hatten.

„Slythe steckt hinter allem", sagte Heller. „Er hat den Mord in Auftrag gegeben. Ich habe die Mörder darüber sprechen hören. Und er hat mich gestern angerufen, um mich mit Kenningtons Ermordung zu beauftragen. Er hat mir 100.000 Euro dafür geboten."

Claire Beaumont war kreidebleich geworden. Ihr Atem ging in kurzen Stößen und sie zitterte. Heller hoffte, dass sie ihm Glauben schenkte. Doch das Gegenteil war der Fall.

„Sie sind wahnsinnig geworden!", rief sie. „Sie ermorden Professor Kennington und jetzt wollen sie die Tat auch noch Professor Slythe in die Schuhe schieben? Sie sind so niederträchtig."

Heller machte einen Schritt auf sie zu, doch Claire Beaumont wich zurück und ergriff einen dolchartigen Brieföffner, der auf ihrem Schreibtisch lag.

In dem Moment klingelte es an der Tür. Einmal, zweimal, dreimal, wieder und wieder. Eine Sirene ertönte in der Nähe.

„Die Polizei ist da", rief Claire Beaumont, beinahe triumphierend. „Oder Professor Slythe."

Heller fluchte. Wenn ihn die Polizei erwischte, hatte er schlechte Karten.

„Ich war es nicht", sagte Heller mit fester Stimme. „Ich habe Kennington nicht umgebracht."

Dann drehte er sich um und rannte zur Wohnungstür. Er riss sie auf und war erleichtert, dass niemand vor ihr stand.

Sofort stürzte er die Treppe hinunter, nahm mehrere Stufen gleichzeitig und überlegte, was er tun solle, wenn die Polizei bereits vor dem Haus war. Von unten hörte er schnelle Schritte und Männerstimmen. Eine Tür klappte und der Aufzug wurde in Gang gesetzt. Gleichzeitig rannte jemand die Treppe hoch.

Als Heller die zweite Etage erreicht hatte und um die Ecke bog, um die nächste Treppe hinunterzueilen, kam ihm eine große, hagere Gestalt entgegen. Es war Trimball. Der schien kurz zu erschrecken, dann hob er die Fäuste wie ein kampfbereiter Boxer. Heller fühlte sich zu schwach, um sich mit jemandem zu prügeln. Doch er hatte keine Wahl. Mit einem lauten Schrei stürzte er sich auf Trimball, holte aus und traf ihn mit der Faust an der Schläfe. Trimball stöhnte und stolperte rückwärts. Heller rannte an ihm vorbei die Stufen hinab. Als er im Erdgeschoss angelangt war, lief er zum Hinterhof. Mehrere Gebäude grenzten daran. Durch eines davon gelangte er auf einen weiteren Hof und dann durch ein Gewirr von schmalen Gängen schließlich zu einem Gelände, auf dem Autos geparkt waren. Es führte zu einer Straße. Die hetzte er hinunter, während seine Gedanken durcheinanderschossen wie Flipperkugeln. Er hatte nicht den geringsten Schimmer, was er nun machen sollte. Doch er war fürchterlich wütend. Er wusste, dass er hereingelegt worden war. Man hatte ein grausames Spiel mit ihm gespielt. Und der Schuldige war niemand anderer als Archibald Slythe.

48.

Pisa, Dezember 1820

Rache! Wieviel Befriedigung bot die Vergeltung für begangenes oder erlittenes Böses? Welche Grausamkeit rechtfertigte die nächste? Wenn Zorn und Hass oder kühl ersonnene Barbarei die nächste Tortur, das nächste Leid über den nächsten Menschen brachte, drehte das Rad der Qualen sich weiter und immer weiter, endlos weiter. Wenn jemand das Recht hatte, Leben zu nehmen, dann doch nur ein höchst mächtiges Wesen, das Schicksal, die Vorsehung, nicht aber ein Mensch. Denn der Mensch, der Böses tat, erzeugte wiederum das Böse und aus diesem Kreislauf gab es kein Entkommen. Nur eine Kraft durchbrach den Teufelskreis: die Liebe! Doch wie schwierig war es zu lieben, in einer Welt, in der das Böse so stark war?

Shelley hatte Dantes *Göttliche Komödie* im Eiltempo gelesen und sich an dessen Wanderung durch Hölle und Fegefeuer bis zum Paradies ergötzt. Wie atemberaubend war die Beschreibung der Qualen des Pisaner Erzbischofs, der den Grafen Ugolino und seine Söhne und Enkel zum Hungertod in einem Turm in Pisa verurteilen ließ. Der Graf wurde auf zweifelhafte Weise entschädigt, indem er im innersten Kreis der Hölle nun genüsslich Tag für Tag das Hirn des Bischofs aus dessen geöffnetem Schädel fressen durfte. Die Hölle war der ultimative Ort der Rache Gottes. Wer mochte an solch einen rachsüchtigen Gott glauben? Und wie sollte ein Mensch, dessen Gott derart unbarmherzig war, selbst erkennen, dass Rache das Böse nicht aufhielt, sondern stärker und stärker machte? Rache war nicht die Folge des Bösen oder ihr Widerspruch, sie war seine Verlängerung. Auf diese Weise würden die Menschen niemals zum Glück finden. Mit diesen falschen Ideologien waren sie für immer zur Hölle auf Erden verdammt.

„Lasst, die Ihr eintretet, alle Hoffnung fahren!"

Lasst alle Hoffnung fahren! War das die Botschaft der christlichen Kirchen? Hoffnungslosigkeit? So machte man es den Menschen einfach. Das Böse kam vom Satan, der die Menschen, jene Gottesgeschöpfe verführte. Und wer sich nicht fernhielt von dessen Versuchungen, wurde bestraft.

Shelley blickte zum Fenster, durch das das klare Licht der sich gen Horizont senkenden Dezembersonne fiel. Im Kamin prasselte ein wärmendes Feuer, nebenan seufzte Cousin Medwin, in seine Lektüre vertieft. Shelley legte den Stift beiseite, erhob sich von seinem Schreibtisch und trat durch die geöffnete Balkontür hinaus ins Freie. Unter ihm bog sich der glitzernde Arno gen Süden, gesäumt von den Uferpalästen Pisas, die in den Strahlen der Abendsonne golden glänzten. In der Ferne ragte, nahe der über den Fluss führenden Ponte Al Mare, jener grauenerregende Bau in die Höhe, den sie den Hungerturm nannten. Dort verstarb vor Hunderten von Jahren der Graf Ugolino, von dem man sagte, er habe vor seinem Ende vor Hunger seine eigenen Kinder verspeist.

Shelley versuchte seit langem die *Göttliche Komödie* ins Englische zu übersetzen. Doch so sehr man sich auch bemühte, Übersetzungen waren – wenn sie misslangen – stets nur der schwache Abglanz des Originals. Wenn sie allerdings erfolgreich waren, entstanden vollkommen neuartige sprachliche Schöpfungen, die für sich selbst bestehen konnten. Nur ein Genie vermochte es, den Geist der Urschrift zu bewahren.

Manchmal spürte Shelley, wie sehr ihn dieses Unterfangen ermüdete und wie ihn sein vielfaches Scheitern, die Menschen mit seiner Poesie zu erreichen, niederdrückte – ein gestaltloses Kettenhemd, das sich um Körper und Geist legte und dessen Flügel lähmte.

„Oh!", hörte er Medwin von drinnen ausrufen. „Shelley? Wo stecken Sie?"

Ein Stuhl wurde polternd nach hinten geschoben, dann erklangen Schritte, die sich eilig näherten. Medwin trat auf den Balkon hinaus, ein Büchlein in der Hand, bei dem es sich, wie Shelley sogleich erkannte, um ein Bändchen mit seinen Gedichten handelte.

„Diese Werke sind wundervoll, Shelley", sagte Medwin freudestrahlend. „Welch' treffende Sprache, welch' gelungene Form!"

Shelley lächelte nur matt, freute sich insgeheim aber über die Anerkennung. Auch ein Dichter lebte, so wie jeder Mensch, von der Anerkennung seines Seins und Tuns durch andere Menschen. Dennoch erwiderte er: „Das Schreiben widert mich an und würde ich es nicht aus einem unwiderstehlichen Impuls heraus tun, der über meine Vernunft herrscht, würde ich damit aufhören."

„Nein, Shelley! Wie können Sie so sprechen? Sie sind ein großer Dichter und zu noch weitaus Größerem bestimmt. Ihre Verse sind goldener als das Abendlicht."

Shelley akzeptierte das Kompliment schweigend, wusste jedoch, dass ein Soldat wie Medwin, mochte er auch viele Jahre im fernen, geheimnisvollen Indien verbracht haben, weder Metaphern im Munde führen sollte, noch als ernstzunehmender Kritiker taugte. Dann aber rief Shelley sich selbst zur Ordnung, denn im Grunde war jeder Mensch und jeder Leser gleich, ob verfeinerte Aristokratenseele, tumber Soldat oder einfältiger Bauer.

Er blickte in den Himmel. Die Schwalben schossen pfeifend knapp über ihre Köpfe hinweg, während die rot glühende Abendsonne in dunkle Wolken hinein sank, die über dem Horizont lagen. Was die Natur Tag für Tag vollbrachte, erfüllte ihn jedes Mal mit tiefer Ehrfurcht und großem Glück. Das war der fruchtbare Boden für unzählige bunte Blumen der Poesie. Ein Gedicht drängte sich ihm auf, das er in den nächsten Stunden würde schreiben müssen.

„Was für eine großartige Welt!", rief Shelley wie verwandelt aus. „Es gibt also doch etwas, wofür es sich zu leben lohnt. Das lässt mich meinen Wunsch vergessen, ich sei niemals geboren worden."

Medwin schaute seinen Cousin verwundert von der Seite an. Shelleys schnelle Stimmungswandel brachten ihn immer wieder aus dem Konzept. Das Innenleben eines Dichters war voller unergründlicher Geheimnisse. Poeten schienen wahrhaft nicht von dieser Welt zu sein.

„Ach", seufzte Shelley, als sei die plötzliche Euphorie schon wieder verflogen. Er starrte scheinbar traumverloren zum Horizont hinter der Stadt.

„Medwin! Begleiten Sie mich demnächst zu der jungen italienischen Dame, von der Claire erzählt hat? Sie scheint in einem Konvent am Rande der Stadt ein trauriges Dasein zu führen, vom Leben und den Menschen isoliert, wie es hier Brauch ist, bis ein Mann des richtigen Standes um ihre Hand anhält. Sie hat nur Nonnen um sich und einige Geisteskranke, und kann intellektuelle Erbauung sicher gut gebrauchen."

„Mit dem größten Vergnügen!", erwiderte Medwin, der es als seine Pflicht empfand, jeder Frau in Not beizustehen.

Shelley nickte stumm. Die Sonne war nun hinter den Wolken am Horizont verschwunden und färbte den Himmel feuerrot.

„Kommen Sie!", sagte Shelley und wandte sich um. „Ich trage ihnen ein paar Zeilen vor."

Medwin folgte Shelley ins Innere des Zimmers. Insgeheim fürchtete er den angekündigten Vortrag, denn wenn Shelley in Versen sprach, tat er es mit einer bebenden Leidenschaft, die seinen Körper bis ins letzte Glied zu ergreifen schien und die seiner Gesundheit nicht gut tun konnte.

„Setzen Sie sich!", bat Shelley ihn. Medwin nahm auf einem Holzstuhl Platz. Shelley ließ sein Kinn auf die Brust sinken und verharrte eine lange Weile reglos, als sei er im Stehen eingeschlafen. Plötzlich rief er mit bebender Stimme:

"This is Hell, and in this smother,
All are damnable and damned,
Each one damning, damns the other,
They are damned by one another,
By no other are they damned."

> *„Höllisch ist das ganze Leben,*
> *Verflucht sind alle und verdammt,*
> *Den Fluch einander wir uns geben,*
> *Jeder hier verflucht sich eben,*
> *Niemand sonst uns je verdammt."*

Als das letzte Wort verhallt war, riss Shelley die Augen weit auf und zog eine wilde Fratze, so dass es den Anschein hatte, er habe den Verstand verloren. Dann aber begann er lauthals zu lachen und aus dem Anschein wurde Gewissheit.

49.

„Wie mir scheint, haben Sie ausgesprochenes Glück gehabt, Ms Beaumont", sagte ein graumelierter Mann in einem dunkelblauen Anzug, dessen Haar mit Gel nach hinten getrimmt war. Er hatte sich als Inspektor Canelli vorgestellt und saß auf einem der Stühle in Claire Beaumonts Wohnzimmer. Inspektor Canelli gehörte zu einer Sonderkommission, die die Ermordung von George Kennington aufklären sollte. Ihm gegenüber hockte auf einem Sessel Claire Beaumont. Sie sah zutiefst bedrückt aus.

Der zweite Polizist im Raum war leger gekleidet, in Jeans, offenem blauen Hemd und Lederjacke. Er wirkte jünger, hatte militärisch kurz geschnittene schwarze Haare und lehnte Kaugummi kauend vor dem Fenster. Man sah ihm an, dass er Kraftsport betrieb.

„Ich bin Ihnen so dankbar, dass Sie so schnell hier sein konnten, meine Herren", sagte Archibald Slythe, der ebenfalls auf einem Stuhl saß. Er hatte die zuvor darauf deponierten Papiere und Bücher zur Seite gelegt.

„Dieser Deutsche scheint überaus gefährlich zu sein", sagte Inspektor Canelli. Er hat offenbar nicht nur Mr. Kennington auf dem Gewissen, sondern auch einen Archivar in Trastevere. Einen Mann namens Rinaldi."

Bei der Erwähnung des Namens zuckte Slythe zusammen.

„Rinaldi, sagen Sie? Was ist mit ihm passiert?"

„Haben Sie nichts von der Explosion gestern in Trastevere gelesen? Ein Keller ist in die Luft gegangen. Der Laden eines Sammlers alter Briefe. Wir haben angenommen, es handele sich um ein Gasleck. Aber die Experten haben inzwischen Spuren von Sprengstoff gefunden. Und Zeugen haben einen Mann davonlaufen sehen, auf den die Beschreibung dieses Benjamin Heller gut passt."

Slythe holte tief Luft.

„Rinaldi", sagte er erschüttert.

„Kennen Sie ihn?", fragte Inspektor Canelli. Slythe wackelte unentschieden mit dem Kopf.

„Nur flüchtig", sagte er. „Ich war vor einiger Zeit einmal in seinem Archiv."

Inspektor Canelli nickte und kritzelte etwas in ein Notizbuch. Dann blickte er zu Trimball, der am Türrahmen lehnte und sich das rot geschwollene Kinn rieb. „Und Sie haben im Treppenhaus versucht, den Deutschen aufzuhalten?"

Trimball nickte, machte aber ein unglückliches Gesicht.

„Das war mutig von Ihnen", sagte Canelli. „Offenbar ist der Typ zu allem fähig."

Dann wandte er sich wieder an Slythe. „Es ist ein Glück, dass wir in Mr. Kenningtons Appartment Hellers Jackett mit Ihrer Visitenkarte gefunden haben. Sonst hätten wir Sie niemals so schnell ausfindig gemacht."

„Und ich hätte Claire nicht angerufen und erfahren, dass Heller hier ist", ergänzte Slythe. Er blickte zu Claire Beaumont hinüber. „Wieso kam er überhaupt zu dir? Wieso hast du ihn hereingelassen?"

Claire Beaumont machte ein betretenes Gesicht.

„Er stand heute früh um vier Uhr vor meiner Tür. Er tat mir leid. Er schien verletzt und verwirrt zu sein. Ich konnte ihn nicht wegschicken."

„Dieser verdammte Mistkerl!", zischte Slythe. „Wie kann er es wagen, einen Mord zu begehen und dann hier aufzukreuzen? Woher wusste er überhaupt, wo du wohnst?"

Claire Beaumont senkte verschämt den Blick. „Er war gestern Vormittag schon einmal hier. Er hat mir mein Notizbuch vorbeigebracht, das ich im Pincio verloren hatte."

Sie fühlte sich wie eine Sünderin bei der Beichte. Slythe sah sie mit einer Mischung aus Fassungslosigkeit und Verärgerung an.

„Er war gestern schon einmal hier?", fragte er mit scharfer Stimme. Und wieso hat er dein Notizbuch gefunden?"

„Ich bin ihm dort begegnet", sagte Claire kleinlaut.

„Wieso hast du mir all das nicht erzählt? Ich glaube, er hat dich mit Absicht verfolgt."

Slythe schüttelte zornig den Kopf.

„Das ist nun nicht so wichtig", sagte Inspektor Canelli. „Wir haben Heller zur Fahndung ausgeschrieben. Da wir seinen Ausweis gefunden haben, konnten wir sein Photo in das Bilderkennungssystem der Überwachungskameras und an den Kontrollen der Flughäfen und Bahnhöfe einspeisen. Die gesamte römische Polizei weiß, wie er aussieht. Die Taxifahrer halten ebenfalls ihre Augen offen. Die deutschen Behörden und Interpol wissen ebenfalls Bescheid. Wir sollten ihn in weniger als 24 Stunden gefasst haben."

„Das beruhigt mich sehr", sagte Slythe. Er presste die Lippen aufeinander. „Wenn ich daran denke, dass ich diesen Mann auch noch zu mir eingeladen habe und ihn sogar recht amüsant fand."

Slythe wandte sich an Claire. „Du hast mich von Anfang an vor ihm gewarnt. Ich hätte auf dich hören sollen. Aber wer hätte ahnen können, dass…"

Claire sah ihn mit unendlich traurigem Blick an. Was in ihrem Kopf vor sich ging, konnten weder Professor Slythe noch die beiden Polizisten im Raum erahnen. Schließlich fragte sie mit leiser Stimme: „Ist es denn sicher, dass er Kennington ermordet hat?"

Slythe blickte Claire einen Moment lang verwirrt an, bevor er sich dem Inspektor zuwandte. Der nickte und erklärte:

„Die bisher gesammelten Indizien sind erdrückend. In der Wohnung finden sich zahlreiche Fingerabdrücke und Blutspuren, und da wir uns bereits mit unseren Kollegen in Deutschland in Verbindung gesetzt haben, wissen wir, dass ganz entscheidende davon von Benjamin Heller stammen. Das Messer, mit dem Kennington die Kehle durchgeschnitten wurde, haben wir in der Wohnung gefunden. Mit den Fingerabdrücken Hellers."

„Unglaublich!", sagte Professor Slythe und warf Claire einen besorgten Blick zu. „Hätte ich das gewusst, hätte ich Rom nie verlassen und dafür gesorgt, dass du diesem Mann niemals begegnest, Claire."

„Ich verstehe nicht, wieso er all das getan hat", sagte sie.

„Geldgier vielleicht?", sagte Canelli. „Die meisten Morde geschehen aus Habgier, Rache oder wegen einer Frau."

Er räusperte sich, sah auf seine Uhr und sprach dann: „Gibt es noch irgendetwas, das Heller Ihnen erzählt hat und das für uns von Bedeutung sein könnte? Hat er gesagt, wohin er will?"

Claire Beaumont schüttelte den Kopf.

„Gut!", sagte Canelli. „Dann würden wir Sie nun wieder verlassen, Signorina Beaumont. Hier ist meine Karte. Rufen Sie mich bitte an, sollte Ihnen doch noch eine wichtige Information in den Sinn kommen. Und rufen Sie bitte nur unter dieser Nummer an. Wir haben eine Sonderkommission eingerichtet, die aber relativ autonom arbeiten soll. Da Mr. Kennington ein angesehener britischer Staatsbürger ist, versuchen wir die ganze Angelegenheit diskret zu behandeln. Nur unsere Abteilung weiß von dem Fall. Ich bin der Einzige, der befugt ist, Auskünfte zu erteilen. Und ich bitte Sie auch, während der Aufklärung des Falls mit niemandem sonst über den Mord zu sprechen."

Inspektor Canelli erhob sich und schüttelte Slythe die Hand.

„Ich hoffe, Sie kriegen den Kerl", sagte Slythe.

Canelli nickte. „Keine Sorge! Er entkommt uns nicht."

Slythe begleitete die beiden Polizisten bis zur Wohnungstür. Als die beiden Männer ins Treppenhaus traten, fragte er: „Sind die Zerstörungen im Archiv von Signor Rinaldi schlimm?"

Canelli grinste. „Es ist alles weg. Alles verbrannt."

Slythe nickte. Canelli wandte sich ab und stieg, ein wenig hinkend, die Treppe hinunter. Der jüngere Polizist in der Lederjacke folgte ihm.

Als die Beiden verschwunden waren, kehrte Slythe ins Wohnzimmer zurück, in dem Claire noch immer auf ihrem Sessel saß und mit bedrücktem Gesicht ins Nichts blickte. Trimball blickte sie ernst an, sagte aber nichts.

„Trimball!", sagte Slythe mit strenger Stimme. „Holen Sie Claire ein Glas Wasser!"

Trimball nickte und verließ den Raum. Dann wandte sich Slythe an Claire Beaumont.

„Claire!", sagte er mit warmer Stimme. Sie hob den Kopf.

„Oh, Professor! Das ist ein Alptraum."

„Der Alptraum ist vorbei", erwiderte Slythe. „Die Polizei wird Heller aufspüren und ihn hinter Schloss und Riegel bringen."

Claire Beaumont nickte kaum merklich und mit gequälter Miene sagte sie: „Wissen Sie, was für mich das Schlimmste ist? Einen Moment lang hatte ich geglaubt, in Mr. Heller einen guten Kern zu entdecken, der geweckt werden konnte, und hatte mich der Illusion hingegeben, ich und Keats' Poesie seien dazu in der Lage. Welche Selbstüberschätzung!"

Claire Beaumont rann eine Träne aus den Augen.

„Du bist zu gutgläubig, Claire! Es gibt Menschen, deren Seele bereits zu dunkel ist, um sie noch zu erretten. Auch ich habe diesen Heller falsch eingeschätzt. Dass er zu einem Mord in der Lage sei, hätte ich niemals vermutet."

Trimball kehrte zurück, ein Glas Wasser in der Hand, das er Claire Beaumont reichte.

„Ich schlage vor, du packst ein paar Sachen zusammen und wir fahren zu meiner Wohnung", sagte Slythe. „Wir müssen den Empfang heute Abend vorbereiten. Und ich möchte dir etwas zeigen, was deine Stimmung deutlich verbessern wird."

Claire Beaumont blickte Slythe neugierig an. Als Slythe schmunzelte, riss sie die Augen erwartungsvoll auf.

„War Ihre Reise erfolgreich?", fragte sie und mit einem Mal wurde ihr bewusst, dass sie durch die Ereignisse noch gar keine Gelegenheit gehabt hatte, Professor Slythe nach den Ergebnissen seiner Fahrt nach Pisa zu befragen.

„Das kann man wohl sagen", entgegnete Slythe und grinste breit. „Du wirst nicht nur begeistert sein, Claire, sondern verzaubert."

Claires Herz hüpfte und sie biss sich vor Aufregung auf die Unterlippe. Dann sagte sie leise: „Haben Sie etwa das Gedicht gefunden?"

Slythe verbarg seine Zufriedenheit nicht und rief: „Ein Wunder ist geschehen, Claire! Ein Wunder!"

Claire Beaumont lachte wie befreit. Beinahe all ihre Trauer und ihre Angst lösten sich. Nur eine Sorge klammerte sich noch hartnäckig in ihrem Geist fest.

50.

Keats schlief schwer atmend. Vor dem Fenster leuchtete der Mond über der Stadt, die, bis auf das Plätschern des nahen Brunnens, still da lag. Ob das Weihnachtsfest die Italiener ein wenig andachtsvoller gestimmt hatte, vermochte Severn nicht zu sagen, da er den ganzen Tag bei seinem kranken Schützling verbracht hatte. Leise schloss er die Tür und trat ins Nebenzimmer, wo er sich an den Schreibtisch neben dem Klavier setzte und schweren Herzens zur Feder griff.

Rom, 24 Dez. 1820, halb fünf Uhr morgens.

Mein lieber Herr,

Keats hat sich irgendwie zum Schlechten gewandelt, zumindest sein Geist hat das sehr, sehr deutlich getan, und dadurch bleibt sein Zustand weitgehend derselbe und genauso hoffnungslos. Immerhin spuckt er kein Blut mehr, seine Verdauung ist besser geworden und bis auf den Husten muss es ihm besser gehen, zumindest was seinen Körper angeht. Aber die fatale Aussicht auf die Schwindsucht hängt vor seinem „geistigen Auge" und verwandelt alles in Hoffnungslosigkeit und Elend. Er erträgt die Vorstellung zu leben nicht, noch weniger, um sein Leben zu kämpfen. Ich scheine sein Vertrauen zu verlieren, indem ich versuche, ihm diese Hoffnung zu geben. Er will nicht hören, dass seine Zukunftsaussichten günstig sind. Er sagt, dass die andauernde Anspannung seiner Vorstellungskraft ihn getötet hat und wenn er sich erholte, könnte er keine Zeile mehr schrei-

ben. Dann seine guten Freunde in England. Er schätzt nur den Ge-
danken daran, was sie getan haben, und daraus macht er einen
Haufen voller Sorgen für die Zukunft. Die großen Hoffnungen in
ihn, sein gewisser Erfolg, seine Erfahrung, zu alldem schüttelt er den
Kopf und verabschiedet sich davon. Die Erinnerung an den Tod sei-
nes Bruders kann ich nicht von ihm fernhalten; all seine eigenen
Symptome sieht er in ihm und das bei jedem Husten und Schmerz.
Die vielen Probleme, Verfolgungen und, wenn ich sagen darf, Grau-
samkeiten, die er ertragen hat, lasten nun schwer auf ihm. Wenn er
stirbt, bin ich Zeuge, dass er an einem gebrochenen Herzen und Geist
zerbricht. Wenn seine Feinde nur dieses Martyrium des edelsten Ge-
fühls und größten Genies, das existiert, sehen könnten. Nur das
wünsche ich mir zu ihrer Bestrafung. Er ist nur noch ein Wrack sei-
nes früheren Seins. Die zehrende Last auf seinem Geist gepaart mit
dem vollkommenen Verlust körperlicher Stärke und Erscheinung
treibt ihn zu Böswilligkeit, Misstrauen und Ungeduld, doch ist jeder
von ihm begeistert und interessiert sich für ihn. Ich bin erstaunt und
erfreut über den Respekt, der ihm entgegengebracht wird, aber selbst
darin – ich meine das allgemeine äußerste Bemühen ihm gegenüber
– will der furchterregende Zustand seines Geistes Verfolgung und
sogar Mordabsichten erkennen.

Severn hielt inne, ihm war kalt. Er warf ein Holzscheit in
den Kamin, rieb sich die Hände und fragte sich, ob er Keats'
Ängste noch weiter ausführen sollte. Aber der Gedanke, je-
mand beobachte ihn hier in Rom und plane seine Ermordung
durch Gift, war zu abwegig, um ihn als etwas anderes anzu-
erkennen, als die düsteren Phantasien eines Sterbenden. Se-
vern ließ sich wieder nieder und setzte den Brief an Keats' Ver-
leger John Taylor fort.

All die Tapferkeit seines Geistes gegen die körperlichen Leiden sind verschwunden und der Mangel an irgendeiner Art von Hoffnung, um seine unersättliche Vorstellungskraft zu füttern, überlässt ihn dem Wrack von Ideen ohne Sinn, von Phantasie ohne Philosophie.

Doch in dieser Nacht sagte er zu mir: „Ich denke, ein bösartiges Wesen muss Macht über uns haben, auf das der Allmächtige wenig oder keinen Einfluss hat. Sie wissen, Severn, dass ich an Ihr Buch, die Bibel, nicht glauben kann, aber ich fühle jetzt das schreckliche Verlangen nach irgendeinem Glauben, irgendeiner Hoffnung, irgendetwas, um mich auszuruhen. Es muss solch ein Buch geben und ich weiß, dass es das gibt, aber ich kann daran nicht glauben. Für mich ist jede Qual dieser Welt vorgesehen, selbst dieser winzige Trost auf meinem Totenbett ist mir vorenthalten.

Oh, mein lieber Herr, Sie können sich nicht vorstellen, was ich manchmal fühle. Ich habe ihm unentwegt vorgelesen, bis keine Bücher mehr zu kriegen waren, weil er nach Neuem verlangt, und überdies ist das Buch, das er sich in der vergangenen Woche in den Kopf gesetzt hat, nicht zu haben: die Werke von Jeremy Taylor. Sein Wunsch, dass ihm diese vorgelesen werden, ist sehr groß, und dennoch sind sie nicht zu haben. Ist das nicht grausam? Die anderen Bücher, die er mich zu notieren bat, gibt es in Rom nicht. Es waren Madam Daciers Plato und Pilgrim's Progress. Ich habe ihm auf sein Verlangen hin Don Quixote vorgelesen und einige von Miss Edgeworths Novellen, aber es gibt keine Bücher in Rom. Manchmal bekommen wir ein paar englische Zeitungen. Nun passen Sie auf, mein lieber Herr, ich dränge dem armen Keats meinen kleinen, aber aufrichtigen religiösen Glauben nicht einen Moment lang auf, außer wenn es meine Gefühle betrifft, doch die versuche ich von ihm fern zu halten. Manchmal stimme ich in seine Sichtweise ein, um ihn zu beruhigen und reichere sie mit der meinen ein wenig an, aber seine vielen Wandlungen in Körper und Geist machen meine Aufgabe sehr wirkungsvoll und sogar gefährlich, denn ich kann ihn nicht ohne jemanden zurücklassen, den er mag. Dies ist die dritte Woche und ich habe ihn nicht für mehr als zwei Stunden verlassen. Er war kein Mal außerhalb des Betts; er sagt, das alleine hätte genügt, ihn zu töten, als er gesund war, und dann sieht er nur mein Gesicht... und er sagt, es gehe ihm noch schlechter, wenn er daran denkt, wie ich beschäftigt bin und wie es mir geht.

Manchmal schaffe ich es, ihn zu überzeugen, dass er sich erholen und mit mir nach England zurückgehen wird. Ich beklage tausend Mal, dass er überhaupt England verlassen hat, nicht wegen des Mangels an medizinischer Hilfe oder sogar an Freunden, denn nichts übertrifft die Freundlichkeit von Dr. Clark usw., aber die Reise von 2000 Meilen war in seinem Zustand zu viel, schon als er England verlassen hat, und nun ist er darunter höchstwahrscheinlich zerbrochen. Ich dachte, er würde sterben, bevor er diesen Ort erreicht hätte. Dr. Clark hat wenig Hoffnung für ihn. Er sagt, er erhole sich vielleicht, wenn er seine innere Einstellung verändere, aber er würde ziemlich sicher (zu einem nicht allzu fernen Zeitpunkt) an Schwindsucht sterben. Es liegt im Moment zwar noch keine Auflösung, aber eine vollkommene Störung des Verdauungssystems vor. Es hat seine Funktion nahezu verloren und diese Ursache erzeugt das Blut, das aus ihm kommt. Im Moment kommt keines.

Was mich betrifft, mein lieber Herr, halte ich mich nahezu so gut wie zuvor, obwohl ich niemanden habe, der mich entlastet. Keats bringt mich dazu, auf mich aufzupassen.

Er ist mein Arzt. Eine Veränderung der Umgebung könnte mir gut tun, aber ich kann auch ohne sie auskommen. Es ist sechs Uhr morgens. Ich habe die ganze Nacht über geschrieben. Dies ist mein fünfter Brief. Keats ist eben erwacht. Ich muss aufhören und meinen Wassertopf zum Kochen bringen...

In dem Moment rief Keats aus dem Nebenzimmer und fragte, an wen Severn einen Brief schreibe. Der Maler antwortete, woraufhin Keats erwiderte:

„Oh, an Taylor! Bitte sagen Sie ihm, dass ich bald in einer zweiten Ausgabe sein werde – in Laken – und in kühler Kleidung."

Nach einem kurzen Schweigen ergänzte er: „Sagen Sie ihm auch, dass ich ihm schon lange schreiben wollte, doch ich konnte es nicht. Es war zu schmerzhaft für mich."

Nachdem Severn genau diese Worte zu Papier gebracht hatte, legte er den Stift nieder und erhob sich, denn vor Müdigkeit tanzten ihm die Buchstaben vor den Augen, als seien sie ein Haufen aufgeregter Ameisen. Er legte sich kurz auf ein Sofa und nickte ein. Eine Stunde später setzte er die letzten Sätze unter seinen Brief an Taylor.

Wir haben fünf Briefe empfangen, drei an Keats. Er las einen von Mr. Hessey und einen anderen von Mr. Brown, aber den dritten konnte er nicht lesen und er hat ihn sehr schmerzhaft berührt. Er sagt, er wolle keine Briefe mehr. Selbst gute Nachrichten machen ihm keinen Mut. Sein Zustand ist schon zu weit fortgeschritten. Aber ich glaube, er weiß nicht, dass ich das denke, noch kennt er Dr. C.s Meinung, aber sein eigenes Wissen über die Anatomie ist nachteilhaft. Auf Wiedersehen, mein lieber Herr.

Josh. Severn

Später am Tag jedoch führte Severn den Brief fort, seine Sorgen dem fernen Verleger mitteilend, denn der Mangel an Ansprache hier in Rom ließ sein Bedürfnis steigen, zumindest in Briefen seine Seele ein wenig von ihren Lasten und Nöten zu befreien. Nur sein Anstand und der Respekt vor sich selbst verhinderten, dass er einen expliziten Hilfeschrei formulierte.

Das Geld macht mir einige Sorgen. Ich habe in Neapel fast meinen gesamten Vorrat verbraucht. Ich kann hier etwas mit meinen Miniaturmalereien dazuverdienen, vielleicht so viel wie wir brauchen würden, wenn Keats nichts mehr hätte, aber im Moment werde ich vom Malen abgehalten. Es ist keiner da, der mich bei Keats ablöst. Ich wage zu behaupten, dass ich es schaffen würde, denn es gibt hier ein gutes Dutzend Menschen, die mir Porträt sitzen würden. Die Ausgaben, die man hier für einen Kranken hat, machen mir große Sorgen. Italien ist nur etwas für gesunde Leute, denn wenn ich Keats Ansichten und den Zumutungen dieser verfluchten Italiener gefolgt wäre, müsste all sein Geld aufgebraucht sein, doch die Fürsorge von Dr. C. hat uns viele Ausgaben erspart. Pferde und Kutschen waren die größte Belastung. Eine gute Unterkunft ist teuer, und was anständiges Essen angeht, kann man es für Geld nicht kaufen. Dr. Clark ist durch ganz Rom gelaufen, um einen guten Fisch für Keats zu bekommen. Wenn ich eine anständige Sache an einem Tag bekomme, kann man sie am nächsten Tag nicht kriegen.

Nachdem Severn in seinem Brief die Kosten für ein Pferd, die Unterkunft und Essen mit dem Geld verglichen hatte, das er und Keats noch besaßen, unterbrach er die Korrespondenz erneut, um sich um den Kranken zu kümmern. Er wusste nicht, was er noch an Taylor schreiben sollte. Am Nachmittag geschah jedoch etwas, das ihn derart erregte, dass er es sofort jemandem mitteilen musste, selbst wenn der Empfänger der Nachricht im fernen England saß und sie erst Wochen später erhalten würde. Doch dem siechen Keats im Nachbarraum die neue Kunde zu eröffnen, war ausgeschlossen.

4 Uhr. In diesem Moment schickt mir der Doktor die Nachricht, dass meine Vermieterin der Polizei mitgeteilt hat, Keats sterbe an Schwindsucht. Das hat mich einige Flüche gegen sie ausstoßen lassen. Die Worte „sterben" und „Schwindsucht" haben meine Stimmung ziemlich gedämpft. Die Gesetze sind streng. Ich kenne ihre Ausmaße nicht. Sollte der arme Keats sterben, ist alles in diesem Raum verurteilt verbrannt zu werden, selbst die Tapete an den Wänden. Die Italiener haben solche Angst vor der Schwindsucht. Die Kosten von Untersuchungen und Vorsichtsmaßnahmen gegen Ansteckungsgefahr sind nach einem Tod enorm. Dummköpfe. Ich kann mich kaum zusammennehmen. O! Ich werde mich an dieser alten Katze dafür rächen, dass sie mir die Idee meines Freundes Tod in den Kopf gesetzt hat, und auch noch durch die Schwindsucht; aber halt, ich weiß, dass der Doktor das ebenso halbwegs glaubt, aber es nicht sagen will. Er hat einen italienischen Arzt hierher gebracht, der denkt, Keats habe eine verformte Brust. Sollte er sterben, wird das Gesetz verlangen, dass man ihn öffnet. Ich habe ein paar Bücher, Scots Monastery und einige Reisebeschreibungen. Er scheint geneigt, mich am Abend alles vorlesen zu hören. Keats hat eben gesagt, es sei seine letzte Bitte, dass er in keiner Weise öffentlich Erwähnung findet – in Nachrufen, Zeitschriften, Zeitungen – und dass keine Gravierung von irgendeinem Bild von ihm gemacht würde.

Noch einmal auf Wiedersehen.

*Er mag niemanden. Er sagt, ein fremdes Gesicht mache ihn unglücklich.

51.

Heller wusste nicht, ob es klug war, in sein Hotel zurückzukehren. Doch er hatte dort den größten Teil des Geldes versteckt, das er von Slythe bekommen hatte. Und das brauchte er, um aus der Stadt zu fliehen. Vielleicht mit dem Zug über den Balkan nach Griechenland. Dann mit einer Fähre in die Türkei. Und dann? Er hatte keine Ahnung, aber es musste ein Land geben, in dem er sicher war.

Bevor er in die Gasse zu seinem Hotel bog, sah er sich nach allen Seiten um. Vielleicht wartete die Polizei bereits auf ihn. Doch er entdeckte niemanden. Keinen Uniformierten, kein Polizeiauto. Also lief er die Gasse entlang und betrat das Hotel. In der Rezeption begegnete er der alten Hotelbesitzerin, die hinter ihrem Tresen stand. Als sie ihn erblickte, machte sie ein nicht besonders freundliches Gesicht.

„Devi comunque pagare per i tuoi pernottamenti", sagte sie. Und fügte hinzu: « Qualcuno ha lasciato un pacco per te."

Heller blickte die Frau verständnislos an. Wusste sie nicht, dass nicht jeder Mensch auf der Welt ihrer Sprache mächtig war? Er sah, wie sie ein Paket hervorzog und es ihm entgegenhielt.

„Was ist das?", fragte er. Sollte Slythe ihm etwa seinen versprochenen Lohn geschickt haben? Heller bezweifelte es.

Die Hotelbesitzerin zuckte mit den Achseln. Bevor sie ihm das Paket überreichte, rieb sie den Daumen der rechten Hand an ihre Fingerspitzen.

„Money, money!", sagte sie.

Heller nickte und nahm das Paket. Dann stieg er zu seinem Zimmer hinauf. Dort entkleidete er sich, duschte und zog frische Unterwäsche, eine neue Hose und ein anderes Hemd an. Er nahm sein Geld aus dem Koffer und steckte es sich in die Hosentasche. Als er damit fertig war, öffnete er das Paket. Er erstarrte für einen Moment, als er den Inhalt erblickte. Es war eine Pistole, eine schwarze Pistole. Ein Zettel lag dabei.

Sie wissen, was Sie zu tun haben, stand darauf mit Hand geschrieben.

Heller betrachtete die Waffe eine Weile. Er öffnete das mit Patronen gefüllte Magazin und schob es wieder in den Lauf. Dabei fragte er sich, wer ihm diese Pistole geschickt haben mochte. Slythe? Sollte er damit ursprünglich Kennington töten? Er steckte die Waffe in eine Stofftasche. Dann setzte er sich auf sein Bett und dachte nach. Wenn er tatsächlich aus der Stadt floh, war die Gefahr groß, dass ihn die Polizei früher oder später erwischen würde. Heutzutage konnte man sich kaum noch für immer verstecken, ganz gleich, wie weit man weg war.

Vielleicht sollte er nicht wegrennen, sondern, ganz im Gegenteil, zum Angriff übergehen. Denn wie sollte er sich vom Vorwurf eines Mordes, den er nicht begangen hatte, reinwaschen, wenn er davonlief? Wenn ihn die italienische Polizei erwischte und er seine Unschuld nicht beweisen konnte, würde er den Rest seines Lebens in einem italienischen Knast verbringen. Doch er hatte nichts getan! Er hatte Kennington nicht ermordet. Allerdings besaß er kein Alibi. Es gab nur einen Menschen, der über die Wahrheit Bescheid wusste: der Auftraggeber des Mordes selbst. Archibald Slythe.

Heller fiel sein Handy ein, auf dem alle Nummern seiner Telefonate gespeichert waren, also auch jene mit Slythe und Kennington. Aber was bewies das schon? Außerdem hatte er das Handy irgendwo verloren. Dann dachte er daran, dass alle

Gesprächsdaten von den Mobilfunkfirmen gespeichert wurden. War es nicht möglich, den Mordauftrag Slythes abzuhören? Hellers Gedanken kreisten um diese Idee, bis ihm klar wurde, dass die Polizei Slythe dann zwar der Anstiftung zum Mord überführen könnte, dies dennoch keinen Beweis für seine eigene Unschuld darstellte. Seinen Pass hatte er ebenfalls nicht mehr. Er steckte in seinem verlorenen Jackett, und wie sollte er ohne Ausweis in fremde Länder reisen?

Wütend stampfte Heller auf. Dieser gottverdammte Slythe! Dieser hinterhältige Schweinehund! Er wollte diesem Mistkerl den Schädel einschlagen, ihm den Hals umdrehen, ihn ins Jenseits befördern. Warum hatte dieser falsche Hund ausgerechnet ihn für seinen schrecklichen Plan missbraucht? Diente er einfach als dummer Handlanger, als nützlicher Idiot? War das die Rache des Professors dafür, dass Heller Claire Beaumont zu nahegekommen war? Hatte er irgendwie von Kenningtons Idee erfahren, die junge Frau zu verführen?

Der Gedanke an Claire Beaumont versetzte Heller einen Stich in seinem Herzen und er spürte, dass eine andere Vorstellung ihn fast so sehr bedrückte, wie von der Polizei als Mörder gesucht zu werden. Es war die Tatsache, dass Claire Beaumont ihn nun für einen Mörder hielt, für ein Monster, das ihr Vertrauen missbraucht hatte. Er war sicherlich kein Engel und hatte in seinem Leben bereits viele Fehler gemacht. Es stimmte, dass er oft egoistisch gehandelt hatte. Er hatte Frauen ausgenutzt, Menschen arrogant behandelt. Er hatte im Suff nicht wenige beleidigt, Unbekannte und enge Freunde. Er hatte viele Menschen übers Ohr gehauen. Er war rücksichtslos gewesen. Aber er wollte Claire nicht weh tun. Niemals!

Menschen konnten sich ändern. Auch er. Sie wurden durch Erfahrungen klug. Auch er.

Weil er immer wieder erst handelte und dann über die Folgen nachdachte, war er in eine schreckliche Falle getappt. Er war den Einflüsterungen des Bösen erlegen, hatte selbst das Tor zur Hölle geöffnet und nun hatte man ihn mit Wucht hineingestoßen.

Heller nahm den Stoffbeutel, sah sich noch einmal im Zimmer um und trat dann auf den Korridor. Er hatte das Gefühl, nicht mehr hierher zurückzukehren. In der Rezeption traf er wieder auf die Hotelbesitzerin. Obwohl er vermutlich auch sie nie wiedersehen würde, bezahlte er die Rechnung, die sie ihm präsentierte. Dann deutete er auf das Telefon. Sie nickte und sperrte das Schloss auf. Er rief Giovanni an. DIVA EROTICA. Giovanni machte ihm natürlich Vorhaltungen, dass er sich nicht früher gemeldet hatte. Er wusste von der Explosion und dem toten Rinaldi. Doch er schien Heller seine Version der Geschichte zu glauben. Von Kennington erzählte Heller vorerst nichts.

Nachdem er dieses Gespräch hinter sich gebracht und der Hotelbesitzerin für das Telefonat Geld gegeben hatte, verließ er das Hotel. Er würde noch nicht aufgeben. Vor allem würde er Claire Beaumont nicht aufgeben.

52.

Rom, Feb. 1821

Verehrter Shelley!

Ich werde mich nicht mit höflichen Vorreden aufhalten, denn meine kurze Reise über die stürmischen Wogen des Lebens endet. Der Bote des Todes, der gekommen ist, um mich zu holen, steht bereits vor der Tür. Dieses wird, sollte nicht ein rettender Engel vom Himmel fahren, der letzte Brief meines Lebens sein. Er gilt Ihnen, weil ich alles, was es zu sagen gab, meinen übrigen Freunden und der Liebe meines Lebens mitgeteilt habe. Es bleibt mir nichts mehr und ich kehre in den Schoß der Erde zurück, wie ich einst aus dem Leib meiner Mutter gekrochen bin: nackt und ahnungslos, was mich auf der anderen Seite erwartet.

Lange habe ich gezögert, auf Ihren Vorschlag einzugehen, ja, ihn überhaupt zu erwägen. Ich fühlte mich weder kraftvoll genug noch geeignet, das zu tun, wonach Sie verlangten. Es bedarf eines göttlichen Boten oder eines besonders begabten Magiers um Derartiges zu vollbringen. Sei's drum, so sinnlos mir das Unterfangen schien und noch scheint, für manches Himmelsereignis bedarf es eben eine einzigartige Sternenkonstellation wie für manchen Vers ein besonderes Zusammenprallen von äußeren wie inneren Motiven notwendig ist. Dieser Zusammenprall hat nun stattgefunden. Nennen Sie es ein letztes Aufbäumen im Angesicht des Unausweichlichen, nennen Sie es den Entsetzensschrei des zu Tode Stürzenden, nennen Sie es meinetwegen die finale Entleerung eines Sterbenden, so wie die Gedärme und der Schließmuskel sich lockern, wenn der sieche Körper erschlafft.

Physician Nature! let my spirit blood! O ease my heart of verse and let me rest...

So nehmen Sie nun also diese Verse, die ich Ihnen in einem versiegelten Umschlag diesem Briefe beigelegt habe und die von dem Einzigen handeln, was ich in diesem Universum für wirklich bedeutend erachtet habe, das Einzige, das unseren verlorenen Seelen eine Hoffnung und einen Sinn geben kann in der Dunkelheit des Seins. Wie ein heller funkelnder Stern! Verbrennen Sie die Verse oder nutzen Sie sie wie es Ihnen beliebt.

Leben Sie wohl!

Ihr sterbender JK.

P.S.: Vielleicht sehen wir uns eines Tages auf der anderen Seite wieder. Ich werde vermutlich vor dem Eingang zum Parnass herumlungern, da man mir den Zutritt verwehrt haben wird.

53.

Mein Lord,

ich habe die Freude Euch mitzuteilen, dass der Fall K. kurz vor dem Abschluss steht. Meine Mitarbeiter, die ich mit seiner Überwachung beauftragt habe, teilen mir mit, dass sich sein Gesundheitszustand in einem Maße verschlechtert, das keine Hoffnung auf Rettung mehr besteht. Der englische Arzt, der ihn betreut, scheint ihm eher Tage denn Wochen zu geben, so dass sich die Frage einer weiteren „Behandlung" erübrigt. Das Quecksilber, das K. seit längerem verabreicht wird, bringt ihn um. Es versteht sich von selbst, dass meine Leute weiterhin angehalten sind, jeglichen Kontakt K.s' mit Dritten anzuzeigen und sämtliche an- und abgehende Korrespondenz abzufangen und zu kopieren, sollte sich darunter verdächtiges Material befinden. Da K. inzwischen die Wohnung, die er und der Maler seit November bewohnen, nicht mehr verlässt, haben wir im Moment nur über die Vermieterin die Möglichkeit, Informationen über etwaige Schriften oder sonstige Vorgänge darin zu erhalten. Da die italienischen Behörden beim Verdacht auf Tod durch Schwindsucht aber die Gewohnheit haben, sämtliche Gegenstände, mit denen der Kranke in Berührung kam, zu verbrennen, werden wir nach K.s Ableben die Gelegenheit haben, uns gründlich in der Wohnung umzusehen. Einzig der Maler ist mir Anlass zur Sorge, da er manchmal die Wohnung verlässt und Korrespondenz von K. bei sich tragen könnte. Ich selbst habe die Überwachung von PBS übernommen, von dem sich im Augenblick nur sagen lässt, dass er viel schreibt und manchmal tagelange Ausflüge im Boot unternimmt. Er hat sich in Pisa einen gewissen Ruf erworben, da er den hiesigen Fluss auch bei reißender

Flut mit seinem kleinen Schiff zu befahren wagt. PBS kann nicht schwimmen, daher scheint es nur eine Frage der Zeit zu sein, bis ihm seine Leidenschaft für das Wasser zum Verhängnis wird. Auch in diesem Fall könnten wir nachhelfen, ohne dass irgendjemand davon erführe. PBS korrespondiert weiterhin mit LB über dessen und CCs Tochter A. LB unterstützt nach wie vor die rebellischen Carbonari und ich weiß, dass die Agenten des österreichischen Kaisers sein Treiben schon längst beendet hätten, würdet Ihr ihnen Eure Zustimmung gewähren. Mein Lord, ich weiß, dass es nicht an mir ist, Euch Ratschläge in Dingen zu geben, die das Führen der Staatsgeschäfte auf der Bühne Europas angehen. Meine Aufgabe ist lediglich, wie ein Fährtenhund das Treiben des einfachen Volkes zu erschnüffeln und diejenigen im Auge zu behalten, die eine Gefahr für die Macht des Königs und der Regierung darstellen. Meine Beobachtungen überzeugen mich, dass man Toleranz gegenüber Rebellen und Anarchisten nicht gewähren sollte. Denn Toleranz wird diese ermuntern und ihnen Kräfte verleihen, die am Ende kaum mehr zu bezwingen sein werden. Wir sollten uns gegenüber Unruhestiftern aus dem Volke keinerlei Nachsicht erlauben und Widerstand selbst im Wort gnadenlos im Keim ersticken. Glauben Sie mir, mein Lord, wenn die Löwen erst einmal ihre Ketten abgeworfen haben, werden sie uns zerreißen. Deshalb appelliere ich an Euch, mein Lord, mir freie Hand zu geben, damit ich dem Treiben dieser Personen endgültig ein Ende setzen kann.

Wenn Ihr es mir gestattet, mein Lord, werde ich das Meinige dazu tun, dass auch von wirren, aber nicht minder gefährlichen Geistern aus unserer schönen Heimat hierzulande keinerlei Gefahr mehr ausgehen kann.

Eurer untertänigster Diener,

M.

54.

„Setz dich, Claire!", sagte Archibald Slythe mit einem altväterlichen Lächeln auf den Lippen. „Du solltest sitzen, wenn du hörst, was ich dir zu sagen habe."

Claire ließ sich auf einem Sessel im Arbeitszimmer des Professors nieder. Von nebenan waren die Vorbereitungen für den abendlichen Empfang des Professors zu hören. Stühle wurden aufgestellt, Blumen in Vasen arrangiert. Es sollte ein besonderer Abend werden.

„Trimball, holen Sie uns Champagner, damit wir auf das große Ereignis anstoßen können."

Hector Trimball nickte, doch bevor er das Zimmer verlassen konnte, rief Claire: „Mir wäre eine Tasse Tee oder ein Orangensaft lieber."

„Aber Claire", entgegnete Slythe. „Dieses eine Mal wirst du deine Prinzipien doch über Bord werfen können. Eine Sensation wie diese muss gebührend gefeiert werden. Wir werden heute Geschichte schreiben."

Claire Beaumont nickte vorsichtig. Der Professor wusste, dass sowohl der Geschmack als auch die Wirkung von Alkohol sie anwiderte. Doch sie wollte ihm den Gefallen tun, um seine Begeisterung nicht zu bremsen. Slythe betrachtete sie einen Moment lang schweigend, bevor er seufzte: „Verzeih' mir, Claire! Du hast natürlich recht. Eine Tasse Tee für dich."

„Nein", sagte Claire. „Ein Glas Champagner werde ich vertragen."

Slythe nickte Trimball zu, der aus dem Raum lief, um die Getränke zu holen. Claire Beaumont sah ihm gedankenverloren hinterher. Er hinkte ein wenig, wie sie bemerkte, und sie empfand Mitleid. Er musste sich auch am Bein verletzt haben, als er versucht hatte, Heller aufzuhalten.

Als Trimball verschwunden war, trat Slythe zu ihr. „Geht es dir jetzt besser?", fragte er.

Claire fiel schwer, darauf die richtige Antwort zu geben. Die Ereignisse der vergangenen Stunden hatten sie mitgenommen. Der Gedanke, mit einem Mörder in einem Raum gewesen zu sein und die Erinnerung an Hellers Reaktion, als er von dem Vorwurf gegen ihn erfuhr, ließ sie immer noch schaudern. Für einen Moment hatte sie geglaubt, er würde auch sie töten. Gleichzeitig nagte an ihr aber ein Gefühl, das ihr keine Ruhe lassen wollte und das sie sich selbst kaum erklären konnte. Am ehesten war es mit Enttäuschung oder gar Verbitterung zu beschreiben. Sie hatte Benjamin Heller zu sich eingelassen, weil er verwirrt und hilflos gewirkt hatte, doch er hatte ihr Vertrauen missbraucht. Viel schlimmer als das war aber, dass sie sich der Illusion hingegeben hatte, hinter Hellers gehässiger Fassade etwas anderes zu erkennen, eine sanftmütige, nachdenkliche, ja, beinahe poetische Seite. Einen guten Kern. Und dann? Dann folgte der abrupte Zusammenbruch der Kulisse, das Herunterreißen der Maske. Ein Mörder! Und ein Verleumder. Denn Heller hatte es auch noch gewagt, den Professor auf gemeinste Weise schrecklicher Dinge zu bezichtigen. Warum tat ein Mensch so etwas?

„Claire?", fragte Slythe.

„Ja", sagte sie. „Mir geht es besser."

Für einen Augenblick überlegte sie, ob sie dem Professor von den absurden Vorwürfen, die Heller gegen ihn erhoben hatte, berichten sollte. Doch die Anklagen waren zu ungeheuerlich, und sie fürchtete, den Professor zu verletzen, wenn sie die anmaßenden Behauptungen wiederholte und sich damit dem Verdacht aussetzte, ihnen auch nur einen Hauch von Glauben zu schenken. Am besten war es, sie ganz einfach zu vergessen.

Trimball kehrte zurück, mit einem Tablett in den Händen, auf dem drei gefüllte Champagnergläser standen. Er reichte ihr ein Glas, ein zweites Professor Slythe. Das dritte nahm er selbst und setzte sich damit Claire gegenüber auf einen Stuhl.

Slythe machte ein feierliches Gesicht und rief: „Erheben wir unsere Gläser auf das größte Wunder der Poesie, das Menschen jemals vollbracht haben."

Slythe nahm einen großen Schluck, Claire einen kleinen.

„Trink', Claire!", sagte Slythe. „Was du gleich zu Gesicht bekommst, wird dein Leben für immer verändern."

Claire zögerte kurz, dann gehorchte sie und trank aus. Sie fühlte ein Prickeln in der Kehle und Wärme, die ihr zu Kopfe stieg. Slythe stellte sein Glas auf den kleinen Tisch und ging zu einem der Regale, aus dem er mehrere Bücher herauszog. Dahinter kam ein kleines Türchen aus Stahl zum Vorschein. Er tippte auf einer Tastatur herum, bis ein leises Klicken ertönte und er die Tür aufziehen konnte. Aus dem dahinterliegenden Safe entnahm er vorsichtig eine Mappe, aus der er einen Papierbogen zog. Feierlich legte er ihn auf seinen Schreibtisch. Dann trat er zu Claire Beaumont.

„Claire! Du bist einer der wenigen Menschen, die so wie ich fest daran glauben, dass die Poesie die Verwirklichung unseres großen Traumes ermöglicht. Den Traum von einer besseren Welt, in der Rachegefühle, Neid, Gier und Vorurteile keinen Raum mehr haben und in der die Liebe als das einzige Gesetz gefeiert wird, das die moralische Welt regiert. Deshalb wirst du es sein, mit der ich als Erste das Wissen um das unwahrscheinliche Werk teile, das uns John Keats und Percy Bysshe Shelley hinterlassen haben. Ein Werk, das vollbringen soll, woran Generationen von Menschen, seien sie nun Priester, Freiheitskämpfer oder Philosophen gewesen, gescheitert sind."

Er sah ihr tief in die Augen, bevor er fortfuhr: „Ich habe immer daran geglaubt, dass meine Suche von Erfolg gekrönt sein würde, auch wenn mächtige Kräfte es verhindern wollten. Und du, meine liebe Claire, hast immer an mich geglaubt. Du standst immer treu an meiner Seite. Du hast dich nicht verunsichern lassen und warst stets loyal. Auch deshalb gebührt dir die Ehre, die ich dir nun zuteilwerden lasse."

Slythe sah Claire noch eindringlicher an. Sie versuchte, seinem Blick standzuhalten, doch da seine Ansprache sie beschämte, senkte sie schließlich den Kopf.

„Ich ahne, was du denkst, Claire", fuhr Slythe fort. „Ich kenne dich lange genug, um zu wissen, dass du dich jedes Lobes für unwürdig hältst. Doch du irrst. Du allein hast die Gabe, die Menschen mit deiner Stimme und deinem Wesen zu verzaubern und Keats' Poesie neue Kraft einzuhauchen. Und in diesem Fall einem Werk, dass zwei Giganten der Dichtung gemeinsam zu Papier gebracht haben. Der Traum einer besseren Welt!"

Slythe nahm das Papier auf seinem Schreibtisch zur Hand und reichte es Claire.

Claire Beaumont fühlte sich angenehm beschwingt, fast getragen von einem euphorischen Gefühl. Das Leben war ein Wunder und die Liebe war überall zu spüren, in jeder Pore ihres Körpers. Professor Slythe, Hector Trimball, jeder Mensch war ein liebenswertes, wundervolles Wesen. Selbst die fehlgeleiteten, wie Benjamin Heller.

„Lies, mein Kind!", sagte Slythe mit freundlicher, geduldiger Stimme. Claire nahm das Papier mit klopfendem Herzen entgegen. Es handelte sich um ein altes Manuskript, auf dem sich wundervoll geschwungene Buchstaben aneinander reihten wie fliegende Kraniche. Mehrere Zeilen waren davon erfüllt, bevor die Schrift sich veränderte, als hätte eine zweite Person an diesem Werk gearbeitet. Claire hielt den Atem an, denn sie erkannte beide Handschriften wieder. Ganz vorsichtig tastete ihr Blick Linie um Linie, Kurve um Kurve, Wort für Wort ab und vor ihren Augen formten sich Sätze, die in ihren Geist flossen, als hätten sie seit langer Zeit darauf gewartet, sich mit ihr zu vereinigen.

Was sie mit bebendem Herzen und verschlingender Aufmerksamkeit las, war nicht nur die schönste Poesie, die sie je zu Gesicht bekommen hatte. Es war das Wundervollste und Erhabenste, was je in englischer Sprache ausgedrückt worden war. Der Sinn der Verse schien simpel zu sein. Doch in ihm eröffnete sich eine tiefe Wahrheit, in der alles enthalten war, was dem Dasein zugrunde lag und das der menschlichen Existenz und dem Leben seinen Sinn verlieh. Dass diese Wahrheit, die Claire so oft gespürt und doch nicht klar gesehen hatte, sich nun so offen vor ihr ausbreitete, ließ sie vor Glück jauchzen und sie fühlte, dass ihr ganzer Körper vor lustvoller Erregung erbebte.

„Mein Gott!", entfuhr es ihr und sie wusste, dass niemand anderes aus diesen Worten zu ihr sprach. Gott selbst, der alles beseelte, sprach zu ihr und ließ seine Liebe in sie fließen. Die pure, allumfassende Liebe. Noch einmal las sie das Gedicht und noch einmal und sie verstand, dass es nun keine Welt mehr geben musste, wenn es nur diese Verse für sie gab. Sie sog jedes Wort in sich auf, entschlossen, sie niemals mehr zu vergessen, eins zu werden mit ihnen, diese Worte zu sein und sie hinauszutragen in das Universum, damit jeder sie vernehmen könne. Diese Verse überdauerten den Tod.

55.

Die kleine Trauergemeinde, die lediglich aus dem Maler Joseph Severn, dem Arzt James Clark und einigen wenigen Mitgliedern der englischen Gemeinde Roms bestand, zerstreute sich schnell, nachdem der Sarg mit den sterblichen Überresten von John Keats unweit der Cestius-Pyramide in die Erde gelassen worden war. Als sei nichts geschehen, sangen die Vögel in den Bäumen, jagten die Eichhörnchen von Ast zu Ast und streunten die Katzen durchs Unterholz. Die Sonne hatte sich vor gut zwei Stunden im Osten über den Albaner Bergen zum ersten Mal an diesem Tage gezeigt und versprach, es noch viele tausend Mal zu tun, obwohl man sich dessen niemals sicher sein konnte.

Über die Wiese schreitend, wandte Severn sich noch einmal zum Grab seines Freundes um, in das zwei dafür angeworbene Italiener einen Haufen dem kalten Boden mühsam abgetrotzter Erde schaufelten. So namenlos und unscheinbar konnte Keats' Grab nicht bleiben. Sobald es möglich wäre, würde Severn einen Grabstein aufstellen lassen. Und vorher würden die Gänseblümchen über dem Verblichenen sprießen, wie Keats es vorhergesehen hatte. Und die Veilchen.

Vor dem Friedhof wartete Clark an der Kutsche, die sie zur Wohnung an der Piazza di Spagna zurückbringen sollte. Schweigend bestiegen die beiden Männer das Gefährt. Während Severn die grausamen Bilder von Keats' Obduktion in den Sinn kamen, gab Clark dem Kutscher das Zeichen zum Aufbruch. Der kleine, durch die Krankheit aufgezehrte Körper hatte aufgeschnitten preisgegeben, was Keats schon längst vermutet hatte: es war der Befall der Lunge und nicht der Magen, der den Dichter Blut spucken und vom Fieber geschüttelt alle Kraft verlieren ließ. Dass diese blutgetränkte Lunge ihm noch so lange zu Diensten war, schien fast an ein medizinisches Wunder zu grenzen. Am Ende aber erwiesen sich die Gesetze der Natur der Hoffnung als überlegen.

Der Kutscher nahm den Rückweg am Circus Maximus vorbei zum Colosseum und von dort über das Forum Romanum und die kerzengerade, von herrschaftlichen Häusern gesäumte Via del Corso entlang bis an die Ecke, an der sie nach rechts in die Via dei Condotti abbiegen und auf die Piazza die Spagna zufahren würden.

Halb fünf Uhr am Nachmittag vor drei Tagen war es gewesen, als Keats einzuschlafen schien, doch plötzlich leise sprach: „Severn... ich... hebe mich hoch, denn ich sterbe. Ich werde leicht sterben. Hab' keine Angst! Gott sei Dank ist es soweit."

Severn entsann sich, wie er den leichten Körper in eine aufrechte Position gebracht und in den Arm genommen hatte, wie der Schleim in der Lunge zu kochen schien und sich dieser Zustand Stunde um Stunde verschlimmerte, bis Keats eine Stunde vor Mitternacht endgültig seinem Tod entgegensank. Am Tag darauf kam jemand, um die Totenmaske abzunehmen, am Sonntag wurde sein Körper geöffnet und heute der Leichnam zur ewigen Ruhe gebettet, die ungeöffneten Briefe an seiner Seite, die ihm Fanny Brawne in den vergangenen Monaten nach Rom geschickt hatte. Und Severn blieb allein zurück, nach fünf Monaten, in denen er kaum von der Seite des Kranken gewichen war. Nun hatte der Tod sie für immer getrennt.

Als die Kutsche auf den Platz am Fuße der Spanischen Treppe einfuhr, stieg Severn sofort Brandgeruch in die Nase und riss ihn aus seinen Gedanken. Er hob den Kopf und erblickte vor dem Haus mit der Nummer 26 den in Flammen stehenden Haufen Möbel. Sofort erkannte er das Bett, in dem Keats seine letzten Monate verbracht hatte, den Stuhl, auf dem Severn oft an seiner Seite gesessen hatte, und die Anrichte, auf der die Karaffe mit Wasser, Gläsern und Speisen gestanden hatten. Ohne zu zögern, musste die Vermieterin, Signora Anna Angeletti, nach ihrem Aufbruch am frühen Morgen die Behörden gerufen und ihnen mitgeteilt haben, dass in ihrer Wohnung ein Mann an Schwindsucht gestorben sei. Die Maßnahmen, die man in einem solchen Fall in Rom ergriff, waren eindeutig festgelegt: Gegenstände und Einrichtungsstücke, mit denen der Kranke in Verbindung gekommen war, mussten dem angeblich reinigenden Feuer anheimgegeben werden.

Severn sprang aus der noch fahrenden Kutsche und rannte auf den Eingang des Hauses zu. Eben trat ein Mann heraus, der einen weiteren Stuhl aus ihrer Wohnung bei sich trug, um ihn auf den Scheiterhaufen zu werfen. Mit flinken Schritten sprang Severn die Stufen hinauf und stürzte in die Wohnung, wo er zwei weitere Männer dabei fand, die Tapeten an den Wänden von Keats' Zimmer herunterzureißen. Ein Dritter stand im Nebenzimmer und hob prüfend Keats' und Severns Bücher hoch.

„Das sind meine Bücher", beeilte Severn, dem Schweiß auf der Stirn stand, auf Italienisch zu versichern. „Der Kranke hat sie nicht berührt."

Mit misstrauischem Blick wandte der Schnurrbart tragende Mann sich zu Severn um und klopfte mit einem Spazierstock auf das Piano.

„Und das hier? Hat er daran gespielt?"

Severn schüttelte den Kopf. „Er konnte nicht spielen. Ich habe ihn damit unterhalten, soweit es mir möglich war."

Von der Antwort scheinbar nicht recht zufriedengestellt, drehte er sich mit dem Stock in der Hand einmal im Halbkreis und fragte: „Gibt es in diesem Zimmer noch irgendetwas, das dem Verblichenen gehörte und das den Flammen überantwortet werden muss, um eine Ausbreitung seiner gefährlichen Krankheit zu verhindern?"

„Nichts!", sagte Severn kopfschüttelnd. „Er hat sein Zimmer seit Wochen nicht mehr verlassen."

Der Mann nickte und verabschiedete sich, nicht ohne Severn darauf hinzuweisen, dass die Rechnung für die Reinigung des Totenzimmers bei den beiden Herren zu begleichen sei, sobald diese ihr Werk zu Ende gebracht hätten. Severn wollte sich über diese dreiste Forderung beschweren, schließlich hatte er das Kommen der Männer nicht angefordert. Doch Doktor Clark, der inzwischen den Kutscher bezahlt hatte und in die Wohnung heraufgekommen war, klärte ihn darüber auf, dass es in diesem Land so Sitte und Gesetz war.

Ernüchtert setzte sich Severn nieder. Er spürte die in den vergangenen Wochen und vor allem Tagen aufgestaute Müdigkeit bleiern auf seinen Schultern. Er stützte sich auf seinen Stock und schloss die Augen, während er darüber nachdachte, in welchen Bahnen sein weiteres Leben verlaufen würde. Es gab keinen Zweifel, dass die Monate hier in Rom und an John Keats' Seite eine klare Zäsur in seinem bisherigen Dasein darstellten. Es gab die vergangenen intensiven Monate und es gab eine Zeit, die nun anbrechen würde. Was sie brächte, wusste Joseph Severn nicht. Den baldigen Tod durch dieselbe hinterhältige Krankheit, die auch John Keats gefällt hatte? Eine Karriere als Maler? Ein ruhiges oder aufregendes Leben hier in

Rom? Oder eine baldige Rückkehr nach England? Was er aber wusste, war, dass er hier bleiben musste, um seinem toten Freund die Ehren zu erweisen, für die sich sonst niemand zuständig fühlte. Es lag in seiner Hand, der Nachwelt das Angedenken an diesen so großen, wie verkannten Dichter zu bewahren.

56.

Heller war nervös. Er fühlte sich auf sein Vorhaben in etwa so gut vorbereitet, wie ein Polarforscher, der in kurzen Hosen, ohne Proviant und ohne Kompass dem ewigen Eis entgegensegelte. Immerhin trug er die Pistole bei sich, ein metallenes Speisemesser, das er in einem Restaurant geklaut hatte, und ein Feuerzeug. Er hatte einen ungefähren Plan und einen einigermaßen festen Willen, die ihn dorthin geführt hatten, wo er sich jetzt befand: auf dem flachen Dach des alten Gebäudes, in dem Archibald Slythes Wohnung lag. Wie es aber von hier aus weitergehen sollte, wusste Heller im Moment noch nicht genau.

Es wäre einfacher gewesen, das Haus durch die Eingangspforte zu betreten, doch als Heller gesehen hatte, dass dort dicke Limousinen mit den Gästen von Slythes Abendempfang vorfuhren und schwarzgekleidete Wächter oder Bodyguards vor der Tür standen, musste er seinen Plan ändern. Und so war er in ein Nachbargebäude eingedrungen, indem er so lange dort geklingelt hatte, bis ihm jemand öffnete. Dann war er ins oberste Stockwerk gestiegen und hatte dort eine Tür aufgebrochen, die auf die Dachterrasse führte. Da die Häuser unmittelbar aneinandergrenzten, konnte er von dort aus ohne Probleme das Dach von Slythes Wohnhaus erreichen.

Nun aber stand er da, überblickte die leuchtende Kulisse der abendlichen Stadt und fragte sich, wie er von hier aus in Slythes Wohnung einsteigen und den Professor dazu zwingen sollte, die Wahrheit über den Mord an Kennington zu gestehen. Die Chancen dazu standen schlecht und doch sah Heller keinen anderen Weg, um seine eigene Unschuld zu beweisen.

Dass Slythe heute zahlreiche und sicherlich wieder illustre Gäste zu sich eingeladen hatte, kam Heller zupass. Denn so würde es genügend Zeugen geben, wenn Slythe seine Beichte ablegte. Und auf jeden Fall wäre Claire Beaumont dabei.

Claire Beaumont, Claire Beaumont!

Heller bekam ihr Gesicht nicht aus dem Sinn. Ihr ernstes Gesicht, ihr lächelndes Gesicht, ihr trauriges, verärgertes, sinnierendes und ängstliches, ja entsetztes Gesicht, als sie erfuhr, dass Heller angeblich Kennnington umgebracht hätte. Sie konnte Heller für einen Rüpel halten oder einen kalten emotionslosen Menschen. Aber für einen Mörder durfte sie ihn nicht halten. Heller würde sie von Slythe, diesem Wahnsinnigen, der über Leichen ging, befreien. Am Ende wäre er noch in der Lage, Claire selbst für seine Ziele zu opfern. Dafür missbraucht hatte er sie schon. Das würde Heller nicht weiter zulassen.

Heller musste niesen. Dann noch einmal. Er hatte im Laufe des Tages Halsweh bekommen, was vermutlich daran lag, dass er in der Nacht mehrere Stunden im Freien vor Claire Beaumonts Wohnhaus gelegen hatte. Seine Nase war etwas verstopft.

Heller schniefte, dann lief er an den Rand des Daches, von wo aus man die Fenster zu Slythes Wohnung sehen konnte, die zur Straße hinausgingen. Hätte er ein Seil gehabt, hätte er sich hier herunterlassen können. Aber er hatte keines und musste einen anderen Weg in die Wohnung finden.

Ungefähr in der Mitte der Dachterrasse erhob sich ein kleines Häuschen, in das eine Tür eingelassen war. Sie führte vermutlich ins Treppenhaus. Heller lief hinüber und zog vorsichtig am Türknauf. Die Tür war aus massivem Metall und rührte sich nicht. Auch mit seinem Messer würde er hier nichts ausrichten. Enttäuscht kehrte Heller an die andere Seite des Daches zurück, von dem aus man in den Innenhof blicken konnte. Durch die vielen Lichter der Großstadt war es nicht vollkommen dunkel. Dennoch erkannte Heller nur schemenhaft, was sich in der Tiefe befand. Hier ungefähr musste sich das Fenster befinden, das in Slythes Arbeitszimmer führte. Er verengte die Lider und meinte etwa drei Meter unter sich das halbhohe Gitter zu erkennen, das an der Brüstung vor dem Fenster angebracht war. Dort konnte er sich festhalten, wenn er erst einmal einen Stock tiefer angelangt war.

Heller sah sich um und entdeckte das Abflussrohr einer Regenrinne, die gut zwei Meter am nächsten Fenster zu Slythes Wohnung vorbeiführte. Er legte sich an der Dachkante flach auf den Boden, um besser zu erkennen, ob es irgendeinen Mauervorsprung oder einen Griff gab, an dem man sich an der Außenmauer von dem Rohr bis zum Fenster des Arbeitszimmers entlanghangeln konnte.

Er entdeckte eine dunkle Kante, die er im ersten Moment für einen farbigen Anstrich gehalten hatte. Jetzt aber erkannte er, dass es sich dabei um einen sehr schmalen, kaum einen Fuß breiten Mauervorsprung handelte, der sich an der gesamten Außenwand entlang zog. Allerdings gab es an der Mauer, bis auf ganz kleine Einbuchtungen, nichts, woran er sich hätte festhalten können, so dass er zwischen der Regenrinne und dem ersten Fenster zwei Meter völlig frei würde balancieren müssen. Für einen James Bond oder Spiderman vermutlich kein Problem, wohl aber für Benjamin Heller. Ihm blieb keine Wahl. Manchmal musste man doch etwas wagen, um zu gewinnen.

Heller atmete ein paarmal tief durch, versuchte die ängstlichen Stimmen in seinem Kopf zu ignorieren, die ihn warnten, dass er wahrscheinlich gleich zerschmettert fünf Stockwerke tiefer liegen würde, und kroch an den Rand des Daches. Dann schwang er seinen Körper hinüber, hielt sich mit einer Hand an dem Regenabflussrohr fest und blickte nach unten. In der Dunkelheit sah er den Boden in der Tiefe nicht und hatte keine Ahnung, ob sich dort Steinplatten, Fahrradständer, eine Wiese oder angespitzte Holzpfosten befanden. Ein großes weiches Kissen läge dort vermutlich nicht.

Nun griff er auch mit der anderen Hand nach dem Rohr und stellte den linken Fuß auf einen der Eisenringe, die in einem Abstand von etwa einem Meter um das Rohr angebracht waren und es am Mauerwerk befestigten. Sie waren der einzige feste Halt, der sich seinen Füßen bot. Er spannte die Muskeln an und setzte auch den rechten Fuß auf den Eisenring.

Noch hielt Heller sich am Rand des Daches fest. Seine Muskeln zitterten bereits und er wusste, dass er so schnell wie möglich hinunterklettern musste, wollte er nicht seine Kräfte verlieren, bevor er den Mauervorsprung erreicht hatte. Mit beiden Händen klammerte er sich an das Rohr, lockerte den Griff jedoch ein wenig und ließ sich vorsichtig nach unten gleiten. Seine Hände waren sofort schweißnass.

Angespannt wartete Heller, das Abflussrohr Zentimeter um Zentimeter hinabgleitend, auf die nächste Kante, an die seine Schuhe stoßen würden und die ihm etwas Halt geben könnte. Doch er rutschte immer weiter und war nun schon so tief, dass er keine Chance mehr hatte, an den Rand des Daches zu greifen. Ein Zurück gab es nicht.

Er rutschte weiter, sich immer verzweifelter an das Rohr klammernd. Warum sahen solche Aktionen in Filmen immer so einfach aus? Waren echte Helden einfach kräftiger oder erzählten die Filme nichts als Lügen? Schweiß brannte in Hellers Augen. Irgendwo auf der Höhe seiner Füße musste der kleine

Vorsprung sein, der an der Mauer entlangführte. Aber Heller hatte Angst, einfach auf gut Glück einen seiner Schuhe vom Rohr zu lösen und nach dem Vorsprung zu tasten. Denn wenn er danebentrat, würde er sich nicht mehr halten können. Und wenn er aber erst einmal vorbeigerutscht war, war er verloren.

Noch einmal all seine Kraft zusammennehmend, presste er die Hände an das glatte Rohr und schob den linken Fuß gegen die Hauswand. Seine Fußspitze stieß gegen eine Erhebung, er drückte die Zehen durch und spannte die Muskeln des linken Beines an. Tatsächlich berührte er einen kleinen Vorsprung, die Kante, die er gesehen hatte. Der feste Halt unter dem Fuß entlastete seine Arme ein wenig und er hielt einen Moment in heftigen Stößen schnaufend inne, um sich eine Pause zu gönnen. Da er aber wusste, dass er auch diese Position nur wenige Sekunden würde aushalten können, setzte er alles auf eine Karte und ließ mit der linken Hand das Abflussrohr los. An der Mauer entlangtastend, suchte er irgendeine Vertiefung, in die sich seine Finger krallen konnten. Er fand eine kleine Kerbe, gerade groß und tief genug, um seine Fingerspitzen bis zum ersten Gelenk aufzunehmen. Nun schob er seinen linken Fuß Zentimeter um Zentimeter nach links. Zwischen ihm und dem Fenster lag in etwa eine Distanz von vier Armlängen.

Schlagartig wurde Heller das Ausmaß der Selbstüberschätzung bewusst, unter der er scheinbar litt. Wie hatte er annehmen können, auf einem viel zu schmalen Sims an der Wand entlang balancieren zu können, ohne sich dabei irgendwo festzuhalten? Das war eine physikalische Unmöglichkeit. Sein Atem ging immer schneller, er wusste, dass ihm jetzt irgendetwas einfallen musste, sonst würde er abstürzen. Vorsichtig wandte er den Blick nach oben. Er war sich im ersten Moment nicht sicher, doch ungefähr eine Armeslänge von ihm entfernt ragte eine weitere, schmale Unebenheit des Mauerwerks nach außen. Einmal atmete er noch tief durch, dann löste er auch die rechte Hand von der Regenrinne und griff mit Schwung an die unebene Stelle über sich.

Einen Moment lang glaubte er, sich geirrt zu haben und einer optischen Täuschung aufgesessen zu sein. Dann aber spürte er unter den Fingern den Stein und krallte sich fest. Als er das Gefühl hatte, ein wenig Sicherheit zu haben, zog er den rechten Fuß Zentimeter um Zentimeter auf dem schmalen Sims hinterher. Zwei Armlängen war das Gitter unter dem Fenster noch immer entfernt.

In dem Augenblick ertönte ein Schrei und etwas Schwarzes schoss heran. Vor Schreck löste Heller die linke Hand, die für den Bruchteil einer Sekunde ins Leere griff. Der flinke Todesvogel kreischte ihm ins Ohr und hackte in sein Hirn. Da er vor der Wahl stand, die Bestie gewähren zu lassen oder sich zu verteidigen, jagte er alle Kräfte, die er noch besaß in die Finger seiner rechten Hand und in seine Beine und stieß sich von der Mauer ab, dem Fenster entgegen.

Für einen Moment verlor Heller jeglichen Halt. Die Schrecksekunde war zu kurz, um sich über die Konsequenz seines Tuns bewusst zu werden. Die Finger seiner rechten Hand streiften die abgeflachte, waagerechte Metallleiste, an der Oberseite des Gitters, das unter dem Fenster angebracht war. Heller griff nach ihr und schwang gleichzeitig seinen rechten Arm hinterher. Auch der bekam etwas zu fassen, doch es war nur eine der schmalen, senkrechten Gitterstangen und der Aufprall schmerzte so sehr, dass er beinahe wieder losgelassen hätte. Er tat es nicht, seine Füße aber rutschten in die Leere und zogen seinen ganzen Körper in die Tiefe. Heller knallte mit den Knien und mit dem Kopf gegen die Mauer und stöhnte laut auf. Seine Finger knackten, doch sie klammerten sich am Gestänge fest wie die starren Hände eines Toten. Seine Füße scharrten hilflos an der Mauer entlang, auf der Suche nach irgendetwas, das ihnen einen Widerstand bot. Doch da war nichts, und so blieb Heller nur übrig, an dem Geländer zu hängen, wie ein nasser Sack, der zum Trocknen aufgehängt worden war.

Heller zwang sich, Ruhe zu bewahren, obwohl ihm klar war, dass er es in dieser Position nicht lange aushalten würde. Die schmerzenden Muskeln seiner Arme waren seine letzte Lebensversicherung. Heller wusste, dass er es auf irgendeine Weise schaffen musste, sich auf den Sims unterhalb des Geländers zu schwingen. Also begann er, den Körper hin und her pendeln zu lassen, bis er mit der linken Fußspitze den Vorsprung berührte. Zweimal rutschte er ab, doch beim dritten Versuch schob er den Fuß so zwischen Geländer und Sims, dass er ihn dazwischenklemmen konnte. Nun stemmte er sich hoch und es gelang ihm, sich aufrecht auf den Sims zu stellen, das Geländer umklammert und das Fenster zu Slythes Wohnung direkt vor seiner Nase.

Tief durchatmend versuchte Heller neue Kraft zu sammeln. Nun musste er nur das Fenster aufbrechen und einsteigen. Er ließ das Geländer mit der linken Hand los und drückte gegen die beiden Fensterflügel. Wie erwartet, waren sie verriegelt. Doch das Fenster war alt und der hölzerne Rahmen hatte sich ein wenig verzogen, so dass sich zwischen beiden Flügeln ein kleiner Spalt bildete, wenn man dagegen presste. Heller zog das Messer aus seiner Gesäßtasche, drückte gegen den unteren Bereich der beiden Fensterflügel und schob es in den Spalt dazwischen. Dann spannte er seine Muskeln an, bildete eine Faust und schlug einmal kurz und fest gegen die Stelle, an der die beiden Flügel in Höhe des Riegels zusammentrafen. Etwas krachte und knackste. Wieder drückte Heller und stellte zufrieden fest, dass sich der Spalt geweitet hatte. Den Lärm aber, den er verursacht hatte, konnte niemand überhört haben. Vermutlich würde im Innern gleich ein Licht angehen und jemand ans Fenster treten, Slythe oder Trimball, die ihn entweder der Polizei ausliefern oder ihn ganz einfach in die Tiefe stoßen würden.

Heller wartete einen Moment, doch nichts rührte sich. Also schlug er mit aller Kraft gegen den Fensterrahmen: einmal, zweimal, dreimal. Dann knirschte und klirrte es laut und die beiden Flügel sprangen ein Stück nach innen auf. Heller drückte dagegen, öffnete sie ganz und kletterte durch das Fenster, vor das im Innern ein schwerer, bis zum Boden reichender Vorhang gezogen war. Mit einem Sprung war Heller im Zimmer. Gedämpfte Klaviermusik klang ihm entgegen. Möglicherweise hatte das Klavier seinen Lärm übertönt.

Heller packte seine Pistole und blieb eine gute Minute lang durchatmend hinter dem Vorhang stehen. Als er fast sicher war, dass niemand ihn gehört hatte und ins Zimmer gestürmt käme, schob er den Vorhang einen Spalt auf. Das schwache Licht, das vom Innenhof ins Zimmer fiel, zeigte ihm die Schemen eines Stuhles und eines großen Schreibtisches. Außerdem hohe Bücherregale und weiter hinten zwei Sessel. Er war tatsächlich in Slythes Arbeitszimmer.

Plötzlich klapperte ein Schlüssel. Jemand schloss die Tür auf. Sofort zog Heller den Vorhang, hinter dem er stand, wieder zu. Die Tür öffnete sich, die Klaviermusik erklang lauter, zahlreiche Stimmen waren zu vernehmen. Im Zimmer ging das Licht an. Heller hielt den Atem an. Schwere Schritte knarzten über das Parkett des Arbeitszimmers, kamen näher, dann hielten sie inne. Etwas raschelte, gefolgt von einem klickenden Geräusch. Heller wagte es, die Ränder der beiden Vorhänge ein wenig auseinander zu ziehen. Durch den Spalt sah er den breiten Rücken eines Mannes im dunklen Anzug. Er stand vor dem Bücherregal. Als Heller erkannte, um wen es sich handelte, erbebte er vor Zorn.

Am liebsten hätte er sich sofort auf Slythe gestürzt, der seine Hand eben zwischen ein paar Bücher steckte und sie hin und her bewegte. Dann zog der Professor etwas hervor und als er ein Stück nach hinten trat, sah Heller, dass hinter dem Bücherregal ein Safe in die Wand eingelassen war. Slythe hatte eine Mappe in der Hand, die er auf dem Arbeitstisch ablegte. Anschließend schob er die Tür des Safes wieder zu und stellte die Bücher, die er zuvor herausgenommen hatte, zurück ins Regal.

Slythe öffnete die Mappe und zog eine Klarsichtfolie hervor, der er einen Papierbogen entnahm. Mit ernstem Gesicht blickte er darauf, bis er plötzlich bewegungslos innehielt, als hätte er etwas entdeckt, das seine Aufmerksamkeit erregte.

Heller ließ den Vorhang los und versuchte, keinerlei Bewegung mehr zu machen. Jedoch hatte er den Eindruck, jeder Atemzug und jeder Herzschlag ließen den ganzen Raum oder zumindest den Vorhang erzittern. Er hielt seine Pistole fest umklammert.

Der Boden auf der anderen Seite des Vorhangs knarrte. Er knarrte ein zweites und ein drittes Mal. Heller war sich sicher, dass Slythe näherkam.

Showdown!, dachte Heller. In dem Moment klopfte es laut an der Tür. Einen Moment lang geschah nichts. Bis auf das Klimpern des Klaviers und das Ticken der Uhr war es still. Dann erklang eine unwirsche Stimme.

„Was gibt es?", tönte der tiefe Bass von Archibald Slythe. Die Tür wurde geöffnet, jemand trat ein und schob die Tür hinter sich wieder zu.

„Es tut mir leid, Sie stören zu müssen, Herr Professor", sagte eine Stimme. Heller erkannte Trimball. „Claire fühlt sich nicht wohl. Sie sagt, ihr sei schlecht."

„Ausgerechnet jetzt?", zischte Slythe. „Sie soll sich zusammennehmen. Wo ist sie?"

„Sie liegt auf dem Bett im Gästezimmer", antwortete Trimball.

„Geben Sie ihr noch ein paar Tropfen. Sagen Sie ihr, es handle sich um ein Medikament gegen Übelkeit. Ich komme gleich zu ihr. In fünf Minuten fangen wir an. Haben Sie den Apparat vorbereitet?"

„Ja, Herr Professor! Es funktioniert alles, wie Sie es geplant haben."

Die Tür knarrte. Da ertönte noch einmal Slythes Stimme.

„Haben Sie den Wagen getankt? Wir werden gleich nach der Veranstaltung zur Villa fahren."

Trimball bejahte wieder. Dann verließ er den Raum und schloss die Tür. Slythe schien einen Moment lang regungslos zu verharren, zumindest hörte Heller keinen Laut. Dann raschelte wieder etwas, Schritte entfernten sich und schließlich wurde das Licht im Raum gelöscht. Die Tür quietschte und fiel ins Schloss. Es wurde still.

Heller pfiff vor Erleichterung aus. Dann holte er tief Luft. Nachdem er einen Moment unbewegt verharrt hatte, um die Schlagzahl seines Pulses ein wenig zu verlangsamen, schob er den Vorhang beiseite. Aus seiner Hosentasche zog er sein Feuerzeug und entzündete es. Was hatte Slythe da von irgendwelchen Tropfen für Claire Beaumont gefaselt? Gaben sie ihr etwa

Drogen? Heller trat an den Schreibtisch und öffnete die Schublade, in der er das letzte Mal die Pistole gesehen hatte. Sie war fort. Dann ging er an das Bücherregal zu der Stelle, an der sich der Safe befand, nahm ein paar der alten Wälzer heraus und legte sie beiseite. Er steckte den Arm in das Regal und zog an dem kleinen Griff des Geheimfachs. Slythe hatte es offenbar nicht für nötig befunden, es wieder abzuschließen.

Vorsichtig hielt er die Flamme des Feuerzeugs in den Safe. Er entdeckte einen Schlüssel, mehrere große Briefumschläge und einen dicken Packen Papier. Er griff nach einem der Briefumschläge und fingerte ihn mit der freien Hand auf. Mehrere Bündel Geldscheine kamen zum Vorschein. Er stopfte sich ein paar der Umschläge in die Gesäßtaschen. Slythe schuldete ihm ohnehin noch etwas.

Wozu der Schlüssel gut war, wusste Heller nicht, dennoch steckte er ihn vorsorglich ein. Schließlich zog er den dicken Packen Papier heraus. Die Blätter waren per Hand eng beschrieben und immer wieder am Rand und im Text mit Anmerkungen versehen. Der flackernde Schein des Feuerzeugs machte es nicht ganz einfach die Schrift zu entziffern. Es handelte sich um Sätze in englischer Sprache. Heller hob ein paar der Seiten an, dann las er wahllos.

Byron lachte auf. „Und Sie glauben, Poesie sei dazu in der Lage? Ich kann Ihnen versichern, dass es Momente gibt, in denen man mit Worten nicht mehr weiterkommt. Dann ist die Tat gefragt. Und manchmal auch Gewalt."

„Nein, nein, nein!", erwiderte Shelley und schüttelte heftig den Kopf. „Gewalt ist immer der falsche Weg. Wer das Böse mit Gewalt zu bekämpfen versucht, wird selbst böse. Nur die Liebe führt zum Guten und zum Frieden."

Heller blätterte um und las ein anderes Papier.

So nehmen Sie nun also diese Verse, die ich Ihnen in einem versiegelten Umschlag diesem Briefe beigelegt habe und die von dem Einzigen handeln, was ich in diesem Universum für wirklich bedeutend erachtet habe, das Einzige, das unseren verlorenen Seelen eine Hoffnung und einen Sinn geben kann in der Dunkelheit des Seins.

Ein Schmerz durchzuckte Hellers Finger, beinahe hätte er das heiß gewordene Feuerzeug fallen lassen. Er fluchte. In dem Augenblick verstummte die Klaviermusik. Stattdessen erklang aus der Ferne die tiefe, sonore Stimme von Archibald Slythe. Heller schlich durch das dunkle Zimmer zur Tür, an die er sein Ohr legte. Der dröhnende Bass des Professors ließ sich deutlich vernehmen.

„An diesem Abend, meine sehr verehrten Damen und Herren, meine lieben Freunde, werden wir alle Zeuge eines außergewöhnlichen Ereignisses werden, das niemand im Raum je vergessen wird. Es wird, das verspreche ich Ihnen, aus jedem von Ihnen einen anderen Menschen machen."

57.

Die Schneeschmelze in den Apenninen hatte den Arno anschwellen lassen, so dass der Fluss an manchen Stellen weit über die Ufer getreten war und sich in die umgebenden Auenwälder und Felder ergoss. Auf seinem Weg von den Bergen bis zum Meer trug er allerlei Treibgut mit sich – Blätter, Äste, ja ganze Baumstämme. Den Strom mit einem Boot zu befahren, war zu diesem Zeitpunkt ein kühnes Unterfangen. Doch auch aus sicherer Entfernung und mit festem Boden unter den Füßen machte der Fluss einen atemberaubenden Eindruck.

Edward Williams ließ den Blick über das mäandernde braune Band des Arno zu den Ausläufern der Berge hin schweifen, über denen die Sonne ihren bogenförmigen Weg am Himmel vollzog. Die Luft war rein und klar, und um ein Vielfaches angenehmer, als die drückende, schwüle Hitze Hindustans. Indien, England, die Schweiz und nun die italienische Halbinsel: die Welt bot noch viele Länder, die entdeckt werden wollten. Im Moment aber galt Williams Aufmerksamkeit dem energiegeladenen Mann neben sich. Sein ehemaliger Kamerad bei den Achten Leichten Dragonern in Indien, Tom Medwin, hatte ihn ihm vor gut zwei Monaten zum ersten Mal vorgestellt: den ungestümen, ruhelosen Percy Shelley, der von einem inneren Feuer angetrieben zu sein schien. Allerdings fürchtete Williams, dass ein Mensch mit einem solchen Tatendrang seine Energie allzu rasch verbraucht haben würde und dann erschöpft in sich zusammensank. Kein Angriff gelang, wenn die Truppen und ihre Kommandeure ihre Kräfte nicht einzuteilen wussten. Es blieb ihm rätselhaft, woher dieser dünne Mann, der sich von nichts als Wasser und ein wenig Grünzeug ernährte, und der wenig schlief, seine Kraft nahm, beinahe ununterbrochen zu lesen, zu schreiben, zu reden, zu denken oder Wanderungen in die Umgebung zu machen, dabei immer wieder neue Pläne schmiedete und jeden Reiz, den er aufnahm, zu etwas verarbeitete, einer Idee, einem Projekt oder einem literarischen Werk. Als wäre ein fremder Geist in ihn gefahren, der einen viel zu kleinen Körper als sein Werkzeug für ein gewaltiges Werk benutzte.

Im Moment jedoch stand Shelley einfach da, seinen Ranzen geschultert, einen knorrigen Stock in der Hand, und starrte mit weit aufgerissenen Augen auf den Fluss, als wolle er keinen der vielfältigen Eindrücke verpassen. Den größten Teil des Weges, den sie seit ihrem Aufbruch heute früh in Pisa landeinwärts Richtung Osten gewandert waren, hatte Shelley geschwiegen. Ab und zu hatte er darum gebeten, Williams möge von seiner Zeit in Indien erzählen, von den fremden Landschaften, geheimnisvollen Bräuchen und eigenartigen Bewohnern, die zu begreifen sich die wenigsten Soldaten der britischen Truppen bemühten. Williams hielt das für einen kapitalen Fehler und blanke Ignoranz. Die überwiegende Mehrheit der Offiziere und einfachen Dienstgrade betrachteten Hindustan als ein unverständliches und dunkelherziges Weib, dem man am besten beizukommen vermochte, indem man es marterte und ihm die rigiden Gesetze der kühlen britischen Heimat aufzwang. Jeden Versuch des Verstehens einer anderen Kultur hielten sie dagegen für weibisch, schwächlich, ja für Verrat am überlegenen britischen Wesen. Williams war froh, nicht mehr dienen zu müssen, und es erleichterte ihn, in Shelley einen interessierten Zuhörer zu finden.

Seit einer Weile waren sie schweigend nebeneinander hergelaufen und auch nun schwiegen sie angesichts des rauschenden Stroms, der an ihnen vorüberfloss. Die Blätter der Bäume über ihnen raschelten im leichten Wind, die Luft fühlte sich samtig an. Shelley war oft krank gewesen, hatte Medwin erzählt, doch nun schien diese Phase überwunden und eine neue angebrochen zu sein.

Shelley seufzte, sagte ansonsten aber nichts weiter, so dass Williams entschied, das Wort an ihn zu richten und fragte, woran er denke. Nach einer langen Pause erklang schließlich Shelleys hohe Stimme.

„Sind Sie ebenfalls der Auffassung, dass die Poesie allen anderen menschlichen Fertigkeiten und Wissenschaften unterlegen und nicht viel mehr als eitler Schmuck sei?"

Der Tonfall, mit dem Shelley gesprochen hatte, und sein Gesichtsausdruck verrieten Williams, dass der Dichter vom Gegenteil überzeugt war. Dessen Frage zu bejahen hieß, ihn zu provozieren, sie zu verneinen, ihn anzulügen, indem man seine tatsächlich vorhandenen Zweifel an der Bedeutung von Poesie unterschlug. Williams las gerne die großen englischen Dichter und schrieb selbst mit Freude. Doch dass Poeten bedeutender seien als Erfinder, Wissenschaftler oder Staatsführer, dem mochte er nicht leichtfertig zustimmen. Die Welt hatte an Fahrt aufgenommen und die Entwicklung der Menschen, ihrer Kenntnisse und ihrer technischen Schöpfungen rauschte in immer schnellerem und atemberaubenderem Tempo voran. Die Poesie hatte mit dem Fortschritt nichts mehr zu tun und mischte sich in die großen Menschheitsfragen kaum noch ein.

„Eitler Schmuck wäre eine beleidigende Untertreibung", antwortete Williams. „Doch die Poesie beherrscht ein eigenes wundervolles Reich, das in der Phantasie und im Gefühlsvermögen der Menschen zu Hause ist. Sie ist ein Luxus, den sich die Wenigsten leisten können, da ihnen die Muße dazu fehlt. Und da finanzieller Gewinn, Machtzuwachs und technischer Fortschritt die Maximen der heutigen Zeit sind, bleibt der Poesie kaum noch mehr als die Rolle einer wunderschönen, doch oftmals missachteten Mauerblume. Das mag man bedauern, doch ist es sinnlos, die Augen vor der Realität zu verschließen."

Shelley musterte Williams mit gehobenen Augenbrauen und wartete geduldig auf das Ende seiner kurzen Ausführung. Dann nahm er ihn sanft am Arm, bedeutete ihm, dass sie ihren Weg fortsetzen sollten und fing, als sie den Pfad am Rand der Uferböschung in Richtung Pisa entlang schlenderten, schließlich zu sprechen an.

„Sehen Sie, wie unberührt und lieblich diese Landschaft noch ist? Menschliche Hände haben sie kaum umgepflügt und bearbeitet. Doch es wird nicht mehr lange so bleiben."

„Wieso sind Sie sich dessen so sicher?", fragte Williams.

„Weil das menschliche Genie im Begriff ist, seinen Geist in eine gefährliche Waffe zu verwandeln, mit der er sich die Welt Untertan machen will und am Ende in Gefahr läuft, sich selbst auszulöschen."

„Ich verstehe nicht", sagte Williams. „Sind nicht die Entdeckungen der Naturwissenschaftler und die Erfindungen der klugen Köpfe Zeichen von der wunderbaren Entfaltung des freien menschlichen Geistes und der Vernunft? Denken Sie doch nur an die Spinnmaschine und den mechanischen Webstuhl, denken Sie an die Dampfmaschine! Wissen Sie, um wie viel schneller und zahlreicher etwa Stoffe gewebt werden können, als noch vor zehn oder zwanzig Jahren? Denken Sie an das Schwarzpulver, das Chinesen für bunte Feuerwerke brauchten, während wir es in Gewehre und Kanonen füllen und Festungen damit niederschießen. Europas Erfindungsgeist wird die Welt beherrschen."

Eine Weile liefen Shelley und Williams wieder schweigend nebeneinander her, bis Shelley sich wieder zu Wort meldete.

„Sie wissen, wie sehr mich der Text beschäftigt, den mein guter, alter Freund Peacock in der literarischen Zeitschrift veröffentlicht hat, die mein Verleger herausgibt. Er schreibt, er halte uns Poeten für nutzlose Gestalten, für halbe Barbaren in einer zivilisierten Gesellschaft, rückwärtsgewandt und altmodisch. Poesie sei heute für die Entwicklung der Menschen ohne Belang, da sie sich mit Leidenschaften und Gefühlen beschäftige, losgelöst von der Kraft der menschlichen Vernunft, der jeder Fortschritt zugrunde liege. Wir Poeten, die wir einst die Fackel der Wahrheit vor den Menschen hertrugen, seien heute an Bedeutung allen anderen Fakultäten unterlegen: den Mathematikern, den Astronomen, den Chemikern, Moralisten, Metaphysikern, Historikern, Politikern und den Ökonomen. Sie können sich vorstellen, dass ich die Klinge gerne mit Peacock kreuze, mag er auch Tausende von Meilen entfernt sein."

„Halten Sie seine Argumente denn für falsch? Die Poesie gehört doch tatsächlich mehr der Welt der Imagination, denn der Realität an. Technischer Fortschritt und wirtschaftlicher Erfolg vollzieht sich aber durch kühle Berechnung und die Kenntnis von Fakten."

Shelley schmunzelte schmallippig, als er über einen am Boden liegenden Ast stieg. Die Sonne war hinter grauen Wolken verschwunden.

„Oh, Ihr Hohepriester der Vernunft! Oh, ihr blindwütigen Fortschrittsfanatiker! Oh, Ihr halbgeistigen Anbeter des Menschengeschlechts!", rief er schließlich theatralisch aus. „Ich sehe euren großen Irrtum wie ein Menetekel an der Wand. Wie ihr einst haltlos an die Macht Gottes und seiner vermeintlichen Stellvertreter geglaubt habt, euer eigenes Urteilsvermögen dagegen geringschätztet, droht ihr nun, dem umgekehrten Fehler anheimzufallen, indem ihr euch selbst zur absoluten Instanz erhöht."

Shelley warf seinem Begleiter einen beschwörenden Blick zu und fuhr fort:

„Ich glaube an die Kraft der Vernunft. Ich glaube daran, dass sie den Aberglauben und die falschen Ideologien und Religionen als jene lebensfeindlichen Abarten entlarven kann, die sie sind. Doch die Vernunft darf nicht zur neuen Religion werden, so verführerisch ihre Macht auch scheint. Ich spüre beide Kräfte in der Seele der Menschen: Genie und Niedertracht, das Gute und das Böse, Gerechtigkeitssinn und Selbstsucht, Vernunft und Gefühl. Wer das vergisst und die Vernunft zum Alleinherrscher über die Sinne und das Sein erhebt, schwört Unheil herauf, dem der Mensch nicht mehr gewachsen sein wird."

„Sehen Sie das nicht zu pessimistisch, mein lieber Shelley? Beweist der Mensch unserer Zeit nicht seine Überlegenheit gegenüber allen anderen Lebewesen und dass er wahrlich die Krone der Schöpfung ist? Ich bin davon überzeugt, dass das Menschengeschlecht kraft der Vernunft noch zu wahren Wunderwerken in der Lage sein wird."

Shelley seufzte. „Sie kennen meine Einstellung zum naiven Gottesglauben und Sie wissen, dass ich in den Menschen und seine Fähigkeiten große Hoffnungen setze – seine wissenschaftliche Erfindungsgabe und seinen Entdeckersinn für die geheimnisvollen Kräfte und Gesetze der Natur eingeschlossen. Doch sehe ich deutlich die Zukunft vor mir, die uns blüht, wenn die menschlichen Fähigkeiten nicht auf dem festen Untergrund der Moral und der Liebe stehen. Wir verfügen über mehr moralische, politische und geschichtliche Weisheit, als wir sie in praktisches Tun verwandeln können; wir haben mehr wissenschaftliches und ökonomisches Wissen, als dass wir die Produkte, die dadurch entstehen und vervielfacht werden, gerecht verteilen könnten. Die Poesie, die eigentlich diesen Gedankensystemen innewohnt, wird durch die immer größere Anhäufung von Fakten und Rechenprozessen verdeckt. Unsere Berechnungen überfordern unsere Wahrnehmung; kurz: wir haben mehr gefressen, als wir verdauen können. Und die Kultivierung jener Wissenschaften, die die Grenzen des Menschenreiches über die äußere Welt erweitert haben, hat aus Mangel an poetischen Fähigkeiten diejenigen der inneren Welt im gleichen Maße begrenzt. So bleibt der Mensch, nachdem er die Elemente versklavt hat, selbst ein Sklave."

Shelley holte mehrmals tief Luft, während Williams die Worte seines neuen Dichterfreundes zu verstehen versuchte.

„Goethe erkennt all das mit visionärer Deutlichkeit. Ob Sie seinen *Zauberlehrling* zur Hand nehmen oder den *Faust*: wenn der Mensch die Fähigkeiten, die in ihm schlummern, nicht mit Bedacht einsetzt, entfesselt er Kräfte, die zu bändigen er nicht mehr vermögen wird. Denken Sie an *Frankenstein* meiner geliebten Frau! Das Dunkle und Geheimnisvolle, Gefühl und Phantasie zu vernachlässigen oder gar geringzuschätzen, wird dazu führen, dass sie mit Macht wiederkehren und uns in den Abgrund stürzen können."

„Und was soll man Ihrer Ansicht nach tun? Sollen wir die Kenntnisse der Wissenschaft, die Produkte der Vernunft und alle technischen Erfindungen, die uns den Fortschritt bringen, unterdrücken?"

„Nein!", erwiderte Shelley und schüttelte den Kopf. „Die Büchse der Pandora ist geöffnet. Doch wollen wir nicht in Gefahr laufen, wie Frankenstein Monster zu erschaffen, sollten wir lernen, verantwortlich mit unserem Wissen und unserer Macht umzugehen. Wir müssen Wege finden, mit Bedacht zu handeln und auf eine Weise, die allen Menschen dient, die die Gerechtigkeit vergrößert, das Leiden verringert und das Gute stärkt. Und das Mittel, um den menschlichen Geist für die Zukunft zu rüsten, ist die Poesie."

Shelley und Williams erreichten einen Acker, auf dem eine Bauernfamilie Samen ausbrachte. Damit sie nicht von den Vögeln, die in der Höhe kreisten, sofort weggepickt wurden, rannte ein kleiner Junge über das Feld hin und her und wedelte mit seinem Hut. In der Ferne wurden die ersten Häuser Pisas, der Campanile und die Kuppel des Baptisteriums sichtbar.

„Wie sollte die Poesie in der Lage sein, den Fortschritt so zu zähmen, dass er nicht über die Ufer tritt und Zerstörung mit sich bringt?", fragte Williams, den angeschwollenen, schnell dahin fließenden Arno zu ihrer Linken vor Augen.

Shelley verfiel eine Weile in Grübelei, bevor er schließlich wieder die Stimme erhob. „Ich definiere die Poesie als den feinsten und höchsten Ausdruck unserer Vorstellungskraft. Sie ist ein Spiegel, der die Wirklichkeit reflektiert und all das schön und klar werden lässt, was vorher verzerrt erschien. Das große Geheimnis der Moral aber ist die Liebe. Sie ermöglicht uns, aus unserer eigenen Natur herauszutreten und uns selbst mit dem Schönen, das in Gedanken, in Taten und in anderen Menschen existiert, zu identifizieren. Sie ist die magische Kraft der Natur, mit der alles sich miteinander verbindet. Verstehen Sie?"

Williams versuchte angestrengt, Shelleys Worte zu verstehen, doch Shelley wartete nicht auf eine Antwort.

„Damit ein Mann wirklich ein guter Mensch sein kann, muss er über ein intensives und umfassendes Vorstellungsvermögen verfügen. Er muss sich selbst in die Lage von jemand anderem und von vielen anderen versetzen können. Die Leiden und Freuden seiner Artgenossen müssen seine eigenen werden. Denn das große Werkzeug des Guten ist die Vorstellungskraft. Und die Poesie erweitert die Reichweite der Vorstellungskraft, indem sie sie mit freudvollen Gedanken erfüllt. Die Poesie verstärkt die moralische Natur des Menschen, wie eine Turnübung die Glieder stärkt. Sie erweckt und erweitert den Geist, indem sie aus ihm das Sammelbecken von tausend und abertausend zunächst unverstandenen Gedankenkombinationen macht. Die Poesie hebt den Schleier von der verborgenen Schönheit der Welt. Sie verwandelt alle Dinge in Lieblichkeit, erhöht die Schönheit des Schönsten und fügt Schönheit dem Hässlichen hinzu. Sie verbindet Jubel und Schrecken, Trauer und Freude, Ewigkeit und Wandel, und vereint unvereinbare Dinge. Ihre geheime Alchemie verwandelt die giftigen Gewässer, die vom Tod durch das Leben fließen, in trinkbares Gold. Durch die Kraft der Poesie ist jeder Mensch in der Lage, sich über sich selbst hinauszuheben und seine Fähigkeiten zur Veredelung und nicht zur Vernichtung des Menschengeschlechtes zu verwenden. Sie stärkt die Liebe in uns, unsere Empfindungsgabe, unseren Respekt vor dem Leben, und lässt uns das erkennen, was wirklich von Bedeutung ist in dieser Welt. Andernfalls fürchte ich, werden Eigenliebe, Geldgier, Ruhmsucht und Prunkgehabe zu den neuen Tugenden der Menschheit erkoren und die Maschinen der Erfinder werden gefährlich wie Waffen sein und nur den Reichtum und die Macht Weniger verstärken."

Shelley atmete ein paar Mal tief durch. Und dann verkündete er lauthals: „Politik ohne Poesie, ohne Empfindsamkeit und Mitgefühl, führt zur Unterdrückung der Menschen. Ökonomie ohne Poesie wird Ausbeutung. Und die Wissenschaft ohne die Empfindsamkeit wird nichts als die Zerstörung der Natur, unserer Lebensgrundlagen bedeuten. Nur die Poesie, die uns die Pforten zum Reich der Liebe eröffnet, wird uns retten!"

So plötzlich, wie die Worte aus Shelley herausgesprudelt waren, so plötzlich versiegten sie nun. Die beiden Wanderer hatten die Stadtmauer erreicht und schritten durch das östliche Tor, von wo aus sie durch die belebten Gassen der *Casa Aulla* entgegenliefen, dem Haus, in dem Shelley mit seiner Familie seit kurzem Unterkunft gefunden hatte. Williams sann auf dem restlichen Weg über Shelleys Worte nach, die er mit einer Ernsthaftigkeit vorgetragen hatte, als gäbe es an ihrem Inhalt keinerlei Zweifel. Die Poesie mochte durchaus jene Fähigkeiten haben, die der Dichter ihr zuschrieb. Die Frage aber war, ob die Menschen, die Shelley zu erreichen hoffte, sich überhaupt noch durch die Kunst der Worte berühren ließen, gar durch Verse und Reime.

Schließlich trennten sich die Wege Williams' und Shelleys, der ein paar Häuser weiter am Arnoufer wohnte. Shelley erreichte den Fluß kurz vor sechs Uhr. Die Sonne stand bereits tief über dem Horizont. Der Dichter verharrte einen Moment im wärmenden Sonnenschein vor dem Haus, als die Stimme eines jungen Mannes erklang.

„Signore Shelley?"

Der Mann trug eine abgewetzte, graue Jacke und einen dreizackigen Hut. In seiner Hand hielt er einen Briefumschlag. Shelley betrachtete den Mann neugierig.

„Mit wem habe ich das Vergnügen?", fragte Shelley.

„Ich bin vor zwei Stunden aus Rom angekommen", sagte der Jüngling. „Ich soll Ihnen dies hier geben."

Mit diesen Worten überreichte er den braunen Briefumschlag. Shelley nahm ihn entgegen und zog daraus ein Papier, das mit engen Zeilen beschrieben war. Gedankenverloren starrte er darauf. Nachdem er die Sätze des Briefes entziffert hatte, machte sein Herz einen Satz, doch er versuchte, seine Erregung zu beherrschen und zu verbergen. Es war besser, wenn der Inhalt dieses Schreibens vorerst Shelleys Geheimnis blieb.

Shelley wollte sich bei dem Boten für seinen Dienst bedanken, doch als er aufsah, war der junge Mann verschwunden. In diesem Moment rollte ein zweispänniger Fuhrwagen vorüber, beladen mit Holzfässern und von einem Knaben begleitet, der neben den Pferden lief und sie mit einer Weidenrute in der Hand antrieb. Zur Rechten spielten drei Kinder mit Kieseln am Rand des Weges, vom Ufer des Arno hörte man das Rufen und Singen der Waschweiber. Ein Mann lehnte mit dem Rücken an der Mauer des nächsten Hauses und sah herüber. Shelley glaubte, ihn schon einmal gesehen zu haben. Schnell steckte er den Brief in die Jackentasche und betrat das Haus.

58.

„Die Idee von einer besseren, einer friedlicheren und gerechteren Welt hat viele Generationen von Denkern umgetrieben. Seit Jahrtausenden befassen sich Philosophen, religiöse Menschen, Wissenschaftler, aber auch Poeten und mancher ganz einfache Erdenbürger mit der Frage, wie wir Menschen in der Lage wären, eine Welt ohne Angst, Leid und Hass zu erschaffen. Die einen glaubten an bessere gesellschaftliche und ökonomische Ordnungssysteme. Andere hingegen meinten, der Mensch selbst müsste sich aus seinem Innern heraus ändern und erneuern. Ein neuer Mensch, ein guter, friedlicher, gerechter, liebender Mensch, dem Hass, Boshaftigkeit, Neid und Gier fremd sind. Ein neuer Mensch, der gar nicht anders kann, als seinen Mitmenschen liebend zu begegnen und die natürliche Umwelt zu achten und zu pflegen, da er sich allem Leben in tiefer Liebe verbunden fühlt. Solch einen Menschen zu erschaffen, würde aus dieser Erde einen Ort der schönsten Träume machen."

„Heuchler!", sagte Heller leise, drückte die Klinke vorsichtig herunter und zog die Tür einen Spalt auf. Er sah den Korridor von Slythes Wohnung vor sich, der aber im Halbdunkel lag. Gegenüber befand sich die geschlossene Tür zum großen Salon, in dem, wie Heller vermutete, die Gäste des Professors versammelt waren.

Da ertönte wieder Slythes Stimme.

„Percy Bysshe Shelley, Lord Byron und John Keats gehörten einer Generation an, die große politische, ökonomische und soziale Umwälzungen erlebte. Sie waren Zeuge eines gewaltigen kulturellen Umbruchs in Europa. Die alten monarchischen und gesellschaftlichen Ordnungen wurden in Frage gestellt, die menschliche Vernunft als erkennende Instanz erhielt neue Bedeutung und viele revolutionäre Geister verstanden, dass der Mensch neue Wege gehen musste, sollte das Versprechen einer freien und friedlichen Welt Wirklichkeit werden. Bereits vor zweihundert Jahren haben unsere Dichter gewusst, dass autoritäre Herrschaft, politische Unterdrückung und soziale Ungerechtigkeit, die Feindschaft zwischen den Völkern und die nationalistische Engstirnigkeit in den Untergang führen würden. Sie konnten nicht ahnen, welches Leid das 20. Jahrhundert mit sich bringen würde. Und was das 21. Jahrhundert uns noch beschert, können wir nur vermuten. Damals jedoch hatte die Technik noch nicht die Natur und die menschlichen Regungen derart unterworfen, wie es heute der Fall ist. Aber auch diese Gefahr sahen unsere hellsichtigen Poeten voraus. Sie wussten, dass eine Erneuerung der menschlichen Ordnungen nötig war. Das Alte, die hergebrachten Machtordnungen mussten beseitigt werden. Doch wie? Manch' einer hat damals gehofft, eine echte Demokratie wäre die Lösung. Andere glaubten, der Mensch würde Technologien erfinden, die den Traum einer besseren Welt ermöglichten. Insbesondere Shelley aber sah voraus, dass, was immer auch der menschliche Geist ersann, nur eine Verbindung der Vernunft mit humanistischen moralischen Grundlagen, mit der Liebe zum Leben, den Menschen tatsächlich erretten könnte. Shelley und Keats ahnten beide auf ihre Weise, dass der Traum von Gerechtigkeit, Freiheit und Frieden nur dann Realität werden kann, wenn Liebe das menschliche Handeln bestimmte. Andernfalls wäre die Zukunft eine düstere. Dies zu verhindern trieb sie an, den Menschen der Liebe zu öffnen, war ihr Ziel. Und das ihrer Poesie."

Heller zog die Tür ein wenig weiter auf und lugte in den Korridor hinein. Niemand schien sich hier aufzuhalten. Dann aber sah er, dass vor dem Ausgang von Slythes Wohnung zwei Männer standen, die sich leise miteinander unterhielten. Sie wirkten wie Bodyguards.

„Wenn wir die Welt von heute betrachten, erkennen wir, dass sich in den vergangenen zweihundert Jahren Vieles zum Besseren verändert hat. Dank moderner Technologien, dank mehr Demokratie und einer freien Wirtschaft geht es heute vielen Menschen besser als damals. Gleichzeitig aber steht die Menschheit am Abgrund und es ist möglich, dass wir auf eine Welt grauenhafter Kriege und zerstörter Natur zugehen, die einen Großteil der Menschheit auslöschen wird. Sie alle, die Sie hier im Raume sind, gehören einer privilegierten Elite an. Sie sind Unternehmer, Politiker, einflussreiche Bürger. Sie können mit Ihrem Handeln beeinflussen, ob wir einer besseren Welt entgegen schreiten oder einer Welt, in der die Masse der Menschen ums Überleben kämpfen muss. Sie haben eine immense Verantwortung, Ihr Handeln von Liebe, Mitgefühl und einem Sinn für Gerechtigkeit bestimmen zu lassen und nicht von Gier und Eigennutz. Wenn Sie den Geist der Poesie unserer verehrten Dichter wahrhaftig spüren, dann werden Sie dementsprechend handeln und Ihr Geld und Ihre Macht für das Gute einsetzen, nicht für Krieg, Zerstörung und Unterdrückung."

Heller wunderte sich über den Inhalt von Slythes Ansprache. Und er fragte sich, warum seine Gäste sich so still verhielten.

„Die Wahrheit ist immer seltsam", sagte Slythe. „Seltsamer als die Fiktion! Sie alle kennen vermutlich dieses Bonmot Lord Byrons. Die Wahrheit ist, dass in jedem von uns die Kraft verborgen ist, ein neuer Mensch zu werden, indem wir Vernunft und Liebe zu einer Einheit verschmelzen und sie unser Handeln fortan bestimmen lassen. Dies ist unser Auftrag. Nicht Maschinen und Computer sollen unser Handeln bestimmen, sondern die Liebe. Die Liebe zwischen den Menschen, den Völkern, zur Natur und zu uns selbst. Sie allein wird uns retten. Davon bin ich überzeugt."

Heller blickte noch einmal nach links zu den zwei Männern, die ihm in diesem Moment den Rücken zuwandten. Da unmittelbar neben der Tür zum Salon ein Schrank stand, konnten sie ihn nicht entdecken, wenn er sich flach an die Tür drückte. Heller zählte bis drei, dann überquerte er den Flur.

„Es ist mir eine große Ehre und noch größere Freude, mit Ihnen gemeinsam heute Abend etwas zu erleben, was Sie, davon bin ich überzeugt, genauso ergreifen wird, wie es mich ergriffen hat, als ich es zum ersten Mal las und hörte. John Keats und Percy Bysshe Shelley haben uns ein Vermächtnis hinterlassen, dass diese Welt für immer verändern wird."

Während Slythe sprach, drückte Heller vorsichtig die Klinke nach unten, schob die Tür zum Salon einen Spalt weit auf und blickte hindurch. Im Halbdunkel sah er die Gäste des Abends auf Stühlen sitzen, es mochten etwa einhundert Männer und Frauen sein, vielleicht auch mehr. Slythe entdeckte er nicht, er schien weiter rechts zu stehen.

Heller fiel auf, dass die Gäste wie gebannt nach vorne blickten, mit geweiteten Augen, reglos, beinahe wie in Trance. Da ertönte wieder Slythes tiefe Stimme.

„Meine verehrten Freunde! In wenigen Sekunden werden Sie verstehen, wovon ich die ganze Zeit über gesprochen habe. Öffnen Sie Ihr Herz und lassen sie die Verse, die Ihnen nun vorgetragen werden, in sich die Fackel der Liebe für immer entzünden."

59.

John Keats war tot. Geburt, Leben, Sterben. Der ewige Kreislauf des Daseins. Der Mensch stemmte sich wieder und wieder gegen die Tatsache, dass ihm nur kurze Zeit auf Erden gewährt war. Um diese bittere Realität zu ertragen, erfand er sich Götter, jagte weltlichen Genüssen nach, sammelte unnützen Tand an, baute an Schlössern für die Ewigkeit, die mit der Zeit doch nur in Staub zerfielen. Auch der Künstler versuchte mit seinem Werk etwas Bleibendes zu hinterlassen. Aber konnte das je gelingen? Oder war es am Ende entscheidend, wie man in seinem Leben gehandelt hatte? Jeder Mensch war frei, in der kurzen Spanne seines Daseins zu lieben und die Liebe um sich herum zu mehren. Percy Bysshe Shelley hatte keinen Zweifel, welchen Weg er gehen musste. Und mochte auch er den Tod nicht überdauern, seine Worte konnten es.

Er betrachtete sinnend den letzten Brief, den Keats ihm zugesandt hatte. Die Worte darin hatten einen Samen gesetzt, der in den vergangenen zwei Monaten keimte und schließlich ein Pflänzchen austrieb, das nun erblüht war.

Shelley lag auf dem sanft schwankenden Boot, nur die Vögel und den blauen Himmel über sich. Das reinigende, fließende Wasser trennte ihn vom Ufer und damit vom Rest der Welt. John Keats, dieser verkannte und viel zu jung verstorbene Dichter, hatte etwas hinterlassen, das auch in Hunderten von Jahren noch die Empfindungen der Menschen anrühren würde, davon war Shelley überzeugt. Sein Werk nicht in Vergessenheit geraten zu lassen, war auch Shelleys Aufgabe.

Keats' grausamer Tod hatte ihn zutiefst erschüttert. Er war ein erneuter Beweis, dass es einen gerechten Gott nicht geben konnte. Es war allein in der Menschen Hand für Gerechtigkeit und Frieden im Diesseits zu sorgen. Was im Jenseits käme, oblag vielleicht anderen Mächten. Jeder Schmerz und jede Trauer jedoch hatten die Kraft, etwas Neues zu erschaffen. Keats' Leben und Tod sollten nicht umsonst gewesen sein.

Shelley hatte dem Dichter zu Ehren eine Elegie verfasst, die er mit dem Namen *Adonais* überschrieb. Sie war seine Grabinschrift, damit niemand je diesen wunderbaren Menschen vergessen würde.

> *Our love, our hope, our sorrow, is not dead;*
> *See, on the silken fringe of his faint eyes,*
> *Like dew upon a sleeping flower, there lies*
> *A tear some Dream has loosened from his brain."*
> *Lost Angel of a ruined Paradise!*

> *Die Liebe, Hoffnung, Trauer, sind nicht tot;*
> *Seht, was auf dem Saum seiner Augen liegt,*
> *Wie Tau, der sich an eine Blume schmiegt,*
> *Eine Träne, vom Geist gelöst durch einen Traum.*
> *Ein verlorener Engel, der aus zerstörtem Paradiese fliegt!*

Shelley spürte, wie sich im Schreiben seine Trauer und Empfindungen in etwas anderes verwandelten, in das tiefe Gefühl der Einheit und der Liebe. Die Verse verbanden ihn mit dem Toten und machten sein Wesen für Shelley wieder lebendig. Wie friedlich und wundervoll das Leben sein konnte, wenn man den Tod nicht mehr fürchten musste, da er nichts als eine Illusion war.

Peace, peace! he is not dead, he doth not sleep –
He hath awakened from the dream of life –
‚Tis we, who lost in stormy visions, keep
With phantoms an unprofitable strife…
And in mad trance, strike with our spirit's knife
Invulnerable nothings. – We decay
Like corpses in a charnel; fear and grief
Convulse us and consume us day by day,
And cold hopes swarm like worms
within our living clay.

Seid unbesorgt! Er ist nicht tot und schläft auch nicht –
Er ist aus jenem Traum, der Leben heißt, erwacht –
Wir selbst haben, verloren in der Phantasien Licht,
Mit Geistern sinnlos einen Kampf entfacht…
Und greifen mit den Messern des Verstands gar unbedacht
Ein Nichts an, das unverletzlich ist. Wir vergehen
Wie Leichen im Beinhaus; die Angst und die Trauer
verschlingen uns, und wie die Tage verwehen,
wimmeln weiter leere Hoffnungen wie Gewürm
in jener Erde, in der wir durchs Leben gehen.

Shelley seufzte und schloss die Augen. Denn nun spürte er, dass der Moment der Euphorie in seinem Geist bereits wieder zu schwinden drohte und vor dieser anderen gefürchteten Kraft zurückwich: der Melancholie und der tiefen Bedrückung. Welcher Tor glaubte wirklich, dass bloße Poesie irgendetwas bewirken würde? Vielleicht hatten doch diejenigen recht, die meinten, dass Gedichte, wie alle Worte, nur nutzloses, eitles und hohles Gerede waren? Dass nichts wirklich zählte als die Tat.

Shelley fuhr hoch, beugte sich über den Rand des Bootes und tauchte seinen Kopf in das kalte Wasser des Flusses. Als er sein nasses Haupt wieder herausgezogen hatte, brüllte er wie ein wildes Tier.

Die düsteren Gedanken waren verjagt, die Zweifel vertrieben und in gleißender Klarheit stand die Wahrheit vor ihm. Das Wort war die Flamme, die die Seelen entbrannte und den Menschen zum Handeln brachte. Der neue Mensch würde ein wundervoller Engel sein. Und dann machte er sich ans Werk.

60.

Und dann ertönte Claire Beaumonts Stimme. Ihre rhythmischen Sätze klangen eindringlich, drängend, bohrend, beschwörend und ekstatisch. Gleichzeitig aber lag etwas Weiches und Zärtliches in ihnen, als sänge eine Mutter ihrem Kind ein Wiegenlied vor.

Heller verstand nicht jedes Wort, was an der fast geschlossenen Tür liegen mochte oder an seinen unzureichenden Englischkenntnissen. Dennoch beschlich ihn ein merkwürdiges Gefühl, das sich wie eine sanfte Welle von seiner Brust im Körper verteilte und angenehme Empfindungen auslöste. Etwas verwirrt, versuchte Heller sich wieder auf sein Vorhaben zu konzentrieren. Er hielt den Griff der Pistole mit der rechten Hand fest umfasst.

Und dann meinte er, trotz seiner etwas verstopften Nase, einen seltsamen Geruch wahrzunehmen, einen etwas blumig-metallenen Duft. Vielleicht verströmten ihn die Orchideen, die im Saal und im Korridor in Vasen verteilt waren.

Heller beobachtete die Männer und Frauen, die im Halbdunkel des Saals in teurer Abendkleidung auf ihren Stühlen saßen, den Blick gebannt nach vorne gerichtet. Wie Wachspuppen verfolgten sie mit geweiteten Augen, was ihnen vorgetragen wurde. Alle hatten ein verzücktes Lächeln im Gesicht und wirkten, als sähen sie eine atemberaubende Zirkusvorführung oder als blickten sie Gott selbst ins Auge.

Heller schob die Tür noch ein wenig weiter auf, bis er die Stelle sehen konnte, an der Claire Beaumont im Licht der Scheinwerfer erstrahlte – in ein elegantes blau schimmerndes Kleid gehüllt, die dunklen Haare offen, den Körper anmutig bewegend, als führe sie einen langsamen, exotischen Tanz auf, zu dem nur die passende Musik fehlte. Dann hauchte sie...

"...oh shimmering star guiding my eternal path: oh Love!" ...und verstummte.

Im Saal war es absolut still. Nicht einmal ein Atemzug war zu hören, kein Knacken, kein Rascheln, alle Anwesenden saßen vollkommen starr auf ihren Stühlen. Es war, als ob die Zeit stehengeblieben sei.

Auch Heller bewegte sich nicht, aber das lag vor allem am Anblick dieses wundervollen Gesichts, das er mit einem Mal so bezaubernd, beinahe übersinnlich schön fand, dass er sich kaum davon zu lösen vermochte.

A thing of beauty is a joy forever..., dachte er, und vergaß für einen Moment, warum er eigentlich hier war. Die Gesichter der Gäste wirkten derart ergriffen und betört, gleichzeitig so beglückt, als seien auf einen Schlag alle Lasten des Lebens von diesen Menschen gefallen. Heller musste lächeln und er fühlte sich auf sonderbare Weise zu diesen alten Männern und Frauen hingezogen, als seien sie gute Freunde.

Eine Stimme in Heller sagte ihm, dass er sich rühren sollte, doch er fühlte sich wie betäubt, auf angenehme Weise, auf eine Weise, dass er sich beinahe wünschte, dieser Moment möge nicht mehr vergehen.

Da erschien nahe der Tür eine Silhouette. Es war Slythe. Auch der Professor lächelte, beinahe gutmütig, und Heller kamen mit einem Mal Zweifel, dass dieser Mann irgendjemandem etwas zu Leide tun könne, geschweige denn umbringen. Die Merkwürdigkeit dieses Gedankens war Heller durchaus bewusst, doch er konnte sich kaum gegen ihn wehren.

Dann aber hatte Heller das Bild des ermordeten Alten im Archiv vor sich und den beinahe erwürgten Kennington, der nun tot war. Und er entsann sich, warum er eigentlich hier war. Eines war ihm klar: etwas ging hier nicht mit rechten Dingen zu. Dieses merkwürdige sanfte und friedvolle Gefühl, das von ihm Besitz ergriffen hatte, musste eine erklärbare Ursache haben. Heller konnte nicht glauben, dass Claire Beaumonts Gedicht dafür verantwortlich war.

Da trat Slythe neben die junge Frau und drückte sie gegen seine massive Brust, als wolle er ihren Körper mit dem seinen verschmelzen. So hielt er sie einen Moment lang, bevor er einen Schritt zur Seite tat und sich vor ihr verbeugte. Nun endlich ging ein Ruck durch Heller, er überwand seine Starre und mit Wucht trat er gegen die Tür. Mit zwei Schritten war er bei Slythe und richtete die Pistole auf ihn. Der Professor schien erst überrascht, dann machte er ein entsetztes Gesicht. Wenige Atemzüge später schien er sich jedoch wieder gesammelt zu haben.

„Machen Sie keinen Unsinn, Heller!", sagte er in ruhigem, aber eindringlichem Ton. „Geben Sie mir die Pistole!"

„Geben Sie erst zu, dass Sie für die Ermordung von George Kennington verantwortlich sind!", rief Heller, jedoch viel weniger zornig, als er es eigentlich vorgehabt hatte. Er klang beinahe versöhnlich. „Ich habe ihn nicht umgebracht."

„Ganz ruhig, Heller!", sagte Slythe besänftigend. „Sie wollen doch niemanden verletzen."

„Ich will, dass Sie die Wahrheit sagen. Sie haben Kennington auf dem Gewissen."

„Senken Sie die Waffe, Heller!", sagte Slythe erneut und lächelte nun. Heller war verwirrt über die Ruhe des Professors, aber auch über seine eigene Gelassenheit. All die Wut, die sich den ganzen Tag über bei ihm gegen Slythe aufgebaut hatte, war wie verpufft.

Heller blickte nach links zu den Gästen, die alle auf ihren Stühlen sitzen geblieben waren. Auch ihr Verhalten war überaus seltsam. Keiner von ihnen schien über Hellers plötzlichen Auftritt schockiert zu sein. Sie betrachteten die Geschehnisse, die sich vor ihren Augen abspielten, eher wie eine unterhaltsame Theaterszene. Die meisten lächelten, manche wirkten fast fidel.

Auch Claire Beaumont machte nicht den Eindruck, als sei sie erschrocken oder erbost, sondern sie musterte Heller wie ein sonderbares und seltenes, doch irgendwie faszinierendes und hübsch anzuschauendes Wesen.

Hellers Herz klopfte immer schneller. Er wollte irgendetwas tun, wusste aber nicht genau, was. Sein Blick fiel auf die Pistole in seiner Hand und er fragte sich, was er mit ihr anstellen sollte. Gewalt erzeugte wieder Gewalt. Ob dieser Gedanke aus seinem Inneren kam, wusste Heller nicht, er schien ihm allerdings überaus einleuchtend zu sein.

„Legen Sie die Pistole weg und dann reden wir über alles", sagte Slythe in freundlichem Ton.

Heller knabberte auf seiner Unterlippe. Er war kurz davor, den Vorschlag des Professors anzunehmen.

Plötzlich verloschen alle Lichter und es wurde nicht nur im Saal, sondern in der ganzen Wohnung dunkel. Ein Raunen ging durch die Menge. Heller stand einen Moment lang bewegungslos da. Reflexhaft drückte er mit dem Zeigefinger gegen den Abzug der Pistole, doch er fürchtete, jemand anderes als Slythe könne zu Schaden kommen, wenn er tatsächlich schoss. Etwas polterte vor ihm.

„Bleiben Sie stehen, Slythe!", rief Heller in die Dunkelheit hinein. Er machte zwei Schritte auf die Stelle zu, an der Slythe und Claire Beaumont gestanden hatten.

„Claire!", rief er dann. „Wo bist du, Claire?"

Doch da schlug ihm etwas ins Gesicht. Nun schrien mehrere Menschen, Stühle fielen zu Boden, Lärm brach aus. Heller drehte sich hin und her und versuchte in der Dunkelheit irgendetwas zu erkennen. Im selben Moment hörte er verschiedene Stimmen, die dazu aufforderten, Ruhe zu bewahren. Jemand sagte, man solle erst einmal die Schönheit des dunklen Raumes genießen. Heller aber hatte keine Zeit, etwas zu genießen.

„Claire!", rief er laut. „Wo bist du?"

Einige der Gäste kicherten, andere lachten lauthals. Das war bizarr. Besonders befremdlich schien es Heller aber, dass er selbst das Bedürfnis verspürte, sich der allgemeinen Heiterkeit anzuschließen. Es kostete ihn einige Überwindung, es bei einem Lächeln zu belassen.

In dem Moment explodierte ein grelles Licht vor Hellers Augen. Geblendet hielt er eine Hand vors Gesicht. Die Lampen waren wieder angegangen. Heller blickte an die Stelle, an der vor kurzem noch Claire Beaumont und Slythe gestanden hatten. Beide waren verschwunden. Dafür stand Lady Rothermere einen Schritt von ihm entfernt und drehte sich etwas verwirrt im Kreis.

Und dann schrie jemand: „Lassen Sie die Waffe fallen!"

Heller fuhr herum und erblickte einen der beiden Leibwächter, der selbst eine Pistole in der Hand hielt und auf ihn zielte. Der andere Bodyguard hatte ebenfalls seine Waffe auf Heller gerichtet, sich aber schützend vor einen Mann im Smoking gestellt, der offenbar bedeutsam war.

„Das ist doch der junge Deutsche!", rief plötzlich eine Stimme. Es war Lady Rothermere. Ihre knallrot geschminkten Lippen lächelten breit. „Was für ein lustiges Schauspiel führen Sie denn auf? Eine moderne Version von Shakespeare? Geben Sie den eifersüchtigen Othello oder den wahnsinnigen Prinzen Hamlet?"

Heller ahnte, dass er nur eine Chance hatte, hier unbescholten herauszukommen. Mit einem Schritt trat er hinter Lady Rothermere, legte den linken Arm um ihren Hals und richtete seine Pistole auf ihre Stirn.

„Keine Bewegung! Oder die Dame stirbt!", rief er und wunderte sich, wie deutlich ihm die Drohung über die Lippen ging. Sein Herz raste und er zitterte. Er wusste, dass er jetzt überzeugend klingen musste, sonst wäre dies die Endstation seiner Reise und er würde seine ewige Ruhe in Rom finden. Wenn er Pech hatte, neben Keats und Shelley, die ihm bis zum jüngsten Gericht ihre Verse vortragen würden.

„Junger Herr! Sie tun mir weh", sagte Lady Rothermere. Sie schien nun nicht mehr allzu amüsiert zu sein. Heller konnte jedoch auf ihre Befindlichkeiten keine Rücksicht nehmen.

„Legen Sie die Waffe auf den Boden und machen Sie den Weg frei!", rief er dem einen Mann mit der Pistole entgegen. „Und Sie ebenfalls!", befahl er dem anderen Leibwächter.

„Nein! Lassen Sie die Frau gehen!", erwiderte der Mann.

Heller drückte die Mündung seiner Pistole gegen Lady Rothermeres Schläfe und begann von zehn rückwärts zu zählen. Bei fünf warfen sich die Leibwächter nervöse Blicke zu, bei eins ging der erste von ihnen schnell in die Knie und legte seine Waffe auf den Teppich, bei null folgte hektisch der zweite. Heller schob Lady Rothermere durch die Tür in den Korridor und dann in Richtung Ausgang. Als er bei der Wohnungstür angekommen war, rief er den Leibwächtern zu: „Wagen Sie nicht, mich zu verfolgen, wenn Sie das Leben dieser Frau nicht auf dem Gewissen haben wollen!"

„Tun Sie der Frau nichts zu Leide!", rief einer der beiden. „Lassen Sie sie gehen!"

„Das werde ich tun, sobald ich in Sicherheit bin", erwiderte Heller.

Die beiden Männer zögerten einen Moment, dann ertönte aus dem Salon der Ruf eines Mannes: „Machen Sie, was er sagt. Lady Rothermere darf nichts geschehen."

Heller öffnete, ohne den Blick von den Leibwächtern abzuwenden, die Wohnungstür. Mit Lady Rothermere im Würgegriff trat er rückwärts ins Treppenhaus. Mit einem Blick über die Schulter vergewisserte er sich, dass ihn dort keine böse Überraschung erwartete. Dann zog er die Wohnungstür zu.

„Kommen Sie!", sagte er zu Lady Rothermere. „Ich tue Ihnen nichts, aber man darf mich nicht erwischen. Ich habe Kennington nicht umgebracht."

Obwohl er sie als Schutzschild missbrauchte, sah die alte Lady ihn mitleidig, beinahe liebevoll an. Aus der Tiefe des Treppenhauses klangen aufgeregte Stimmen.

Heller presste die Lippen aufeinander. Der Weg nach unten war versperrt. Es gab nur eine Möglichkeit.

„Kommen Sie!", sagte er zu Lady Rothermere.

„Wollen Sie mich etwa entführen?", fragte sie.

„Bitte, kommen Sie! Sonst schießen die mich gleich tot."

„Das wäre aber schade", sagte Lady Rothermere. Heller schob sie zu einer kleinen Treppe, die neben dem Aufzug nach oben führte. Sie endete an einer Metalltür. Heller ahnte, dass es genau die Tür war, die er zuvor von der Dachterrasse aus nicht hatte öffnen können. Auf dieser Seite war eine Türklinke angebracht.

Bitte, geh auf!, wünschte sich Heller stumm, drückte die Klinke nach unten und zog an ihr. Als die Tür sich öffnete, jauchzte er. Bevor er auf die Terrasse rannte, um durch das Nachbarhaus wieder zur Straße zu gelangen, wandte er sich noch einmal an Lady Rothermere.

„Verzeihen Sie mir bitte!", sagte er. „Aber ich muss meine Unschuld beweisen. Ich habe Kennington nicht umgebracht. Slythe war es."

Lady Rothermere schüttelte verständnislos den Kopf.

„Ich wusste gar nicht, dass Mr. Kennington umgebracht wurde. Haben Sie das vielleicht geträumt? Aber was immer Sie vorhaben: tun Sie Claire Beaumont nichts zu leide! Wir brauchen sie."

Heller blickte Lady Rothermere einen Moment lang stumm und etwas verwirrt an. Dann rannte er los.

61.

Ein Schuss zerriss die Stille. Er hallte über die Hügel und trieb einen Entenschwarm aus dem Unterholz, der kreischend in die Höhe stob.

„Großartig! Sie haben ihn getroffen", rief Byron hocherfreut. „Mitten ins Schwarze! Aber das ist bei Satan auch nicht so schwierig."

Shelley beugte den Arm und besah die rauchende Mündung der Pistole in seiner Faust. Dann blickte er zu der lebensgroßen Puppe aus Holz und Stoff, die Byrons Diener Fletcher gebastelt hatte und die gut dreißig Meter von ihnen entfernt am Rande eines kleinen Hains aufgestellt war. Die Kugel aus Shelleys Waffe hatte sich in die Brust der Puppe gebohrt, die aus einem alten Kissen bestand.

„Nun bin ich an der Reihe", rief Byron und streckte den Arm aus. Seine Pistole war länger als Shelleys und aufwändig verziert, mit glänzendem Messing beschlagen, den efeuartige Ornamente überzogen. Byron zielte nicht lange und schoss.

„Verdammt!", rief er aus. Die satanische Puppe hatte sich keinen Millimeter gerührt. Dafür war ein Stück Rinde eines nahen Baumes in viele Einzelteile zerstoben.

„Man wünscht sich eine Waffe, die nicht nur einen, sondern tausend Schuss hintereinander abgeben kann", sagte Byron. „Dann hätte der Feind keine Chance, selbst wenn er der Teufel persönlich ist."

Der Lord reichte Fletcher seine Pistole, der sie rasch säuberte und nachlud.

„Ich muss zugeben, dass mein Körper nach jedem Schuss ein wenig prickelt", fuhr Byron fort. „Wenn Worte so wirksam wären, wie Pistolenkugeln, dann hätten unsere Verse bereits ganz Europa erobert. Und Amerika! Und vielleicht sogar den Orient. Wobei man dort des Englischen selten mächtig ist."

Shelley betrachtete den Lord freundlich, der auch bei diesem Ausflug eine Kleidung angelegt hatte, die seine aristokratische Herkunft unterstreichen sollte – einen Mantel aus braunem Samt, eine Hose aus blauer Seide und einen Filzhut mit einer daran befestigten schillernden Hahnenfeder.

„Wissen Sie, Shelley!", rief Byron. „In letzter Zeit langweilt mich das Schreiben und das Dichten in zunehmendem Maße. All die Worte, all die Verse, wozu dienen sie, wenn nicht der Befriedigung unserer eigenen Eitelkeit? Sie sind am Ende doch nicht mehr, als Luftblasen, die wirkungslos im Himmel und an der Realität zerplatzen. Die Wirklichkeit ist und bleibt grausam, der Mensch ein Dummkopf und eine Bestie. Aber eine, die glaubt, durch ihr kleines Hirn und ihre sogenannte Vernunft zu Höherem berufen zu sein. Das sind die schlimmsten Kreaturen. Gottes Ebenbild! Das ich nicht lache! Da kommen auch mir Zweifel an dem Allmächtigen."

Shelley runzelte unglücklich die Stirn, denn Byrons Zweifel waren auch seine. Aber er hatte sie in den vergangenen Tagen wieder besser im Griff. Es war ein Glauben nur, dass Worte und Sprache machtvolle Instrumente waren und es bleiben würden, wenn Poeten sich mit all ihrer Kraft für sie einsetzten. Aber Shelley wollte eben diesem Glauben angehören.

„Sehen Sie her, Shelley!", sagte Byron und nahm Fletcher die nachgeladene Pistole aus der Hand. „Meinen Sie wirklich, Worte und Taten können Gleiches bewirken?"

„Linker Arm des Satans: falle ab!", rief der Lord. Nichts geschah und Byron wandte sich wieder an Shelley. „Sehen Sie?"

Dann schoss er. In den Rumpf der Puppe war auf beiden Seiten je ein Holzstiel gesteckt. Der linke davon splitterte und brach in der Mitte durch.

„Diese Wirkung haben nur handfeste Argumente", sagte Byron und reichte seine Pistole erneut seinem Diener. Shelley blickte nachdenklich auf die Pistole in seiner eigenen Hand. Dann sah er zu der Puppe hinüber.

„Was haben Sie damit erreicht?", fragte Shelley. „Satan hat seinen Arm verloren. Aber vom Guten ist er deshalb noch lange nicht überzeugt. Denn dazu muss er die Kraft der Liebe spüren. Und das werden Gewalt und Millionen Kanonen niemals erreichen."

Byron lachte auf. „Und Sie glauben, Poesie sei dazu in der Lage? Ich kann Ihnen versichern, dass es Momente gibt, in denen man mit Worten nicht mehr weiterkommt. Dann ist die Tat gefragt. Und manchmal auch die Gewalt."

„Nein, nein, nein!", erwiderte Shelley und schüttelte heftig den Kopf. „Gewalt ist immer der falsche Weg. Wer das Böse mit Gewalt zu bekämpfen versucht, wird selbst böse. Nur die Liebe führt zum Guten und zum Frieden."

„Oh Shelley!", rief Byron. „Sie sind ein naiver Moralist. Mir scheint, Sie haben das wirklich Böse noch nicht kennen gelernt. Haben Sie schon einmal in die eiskalten Augen eines Mörders geblickt? Oder in die erbarmungslose Miene eines Wahnsinnigen? Es gibt Dimensionen des Bösen, denen können Sie weder durch gutes Zureden oder hehre Worte, noch durch freundliche Handlungen begegnen, sondern alleine durch Willenskraft und eine harte Hand. Sonst wird das Böse Sie verspotten und dann verschlingen."

Byron nahm seine Pistole aus Fletchers Händen und zielte damit auf seinen eigenen Kopf. Shelley fuhr erschreckt zusammen, Fletcher rührte sich kaum. Er kannte die Marotten seines Herrn.

„Wenn ich das Böse in mir selbst vertilgen will, glauben Sie, dass sanfte Verse diese Arbeit verrichten? Oder eher ein gezielter Schuss, der mein Hirn in der Landschaft verteilt?"

„Nein", sagte Shelley mit fester Stimme. „Aber die Liebe kann es. Die aufrichtige Liebe eines Menschen."

Byron lachte wieder laut auf. Dann hob er seinen Arm und richtete den Lauf der Pistole in den Himmel.

„Und wenn ich für die Freiheit kämpfen will? Reichen Parolen und Hohelieder auf die Freiheit? Nein! Sie bereiten vielleicht den Gedanken der Freiheit im Geist der Menschen vor und bahnen ihm im Gestrüpp widerstrebender Ideen einen Weg. Aber um tatsächlich zur Freiheit zu gelangen, muss gehandelt werden. Gekämpft! Und vielleicht gestorben."

Byron schoss in die Luft. Auch diesmal reichte er seine Pistole seinem Diener.

„Ich will endlich handeln", rief Byron. „In diesem Land sind die Völker unterdrückt und warten nur auf den Tag ihrer Befreiung vom Joch der fremdländischen Monarchen. Und denken Sie an die Griechen, jenes Volk, aus dem Europas Geist vor mehr als 2000 Jahren erwuchs. Es ist vom osmanischen Despoten unterworfen, aber fiebert dem Tag des Aufstands entgegen. Die Geschichte wartet nicht, und unsereins sollte nicht müßig auf der Zuschauerbank Platz nehmen, um dann und wann ein Wort der Zustimmung zu stottern oder dürre Verse abzusondern. Wir müssen handeln!"

Shelley schwieg und atmete schwer. Er wusste nicht mehr genau, was richtig und was falsch war. Er kannte zwar das

Ziel, der beste Weg dorthin schien ihm aber nicht eindeutig zu sein. Gewalt aber, davon war er überzeugt, würde nur neue Gewalt hervorrufen. Unterdrückung führte wiederum zur Unterdrückung, Ausbeutung zu Ausbeutung und Zerstörung zu Zerstörung. Es war ein Teufelskreis des erlittenen Leids. Wollte man den durchbrechen, musste der destruktive Drang im Menschen, der auf Angst und dem Gefühl der Trennung des Menschen von Allem anderen fußte, überwunden werden.

Byron hielt seine Pistole wieder in der Hand und schoss. Satans Kopf, der aus einem zerbeulten Blecheimer bestand, flog in hohem Bogen durch die Luft und ins Unterholz. Byron brach in Jubel aus.

„Satan ist geköpft! Es mögen aus seinem Blut und seiner Asche tausend Blumen der Liebe sprießen."

Und dann lachte Lord Byron schallend und voller Spott, als wäre er des Teufels glühenster Anhänger auf Erden.

62.

„Du bist zweifellos der verrückteste Typ, der mir seit langem begegnet ist. Und der größte Pechvogel. Oder aber der begnadetste Lügner."

Giovanni zuckte mit den Schultern. Heller sah zu dem Italiener hinüber, der am Steuer seines Wagens saß und durch die Nacht fuhr.

„Ich lüge nicht", erwiderte Heller. „Genauso war es. Aber ich weiß, dass das alles ziemlich irre klingt."

„Wie aus einem schlechten Roman", sagte Giovanni. „Paola liest solche Geschichten ganz gerne. Ich habe dafür aber normalerweise nichts übrig."

„Ich auch nicht", sagte Heller. „Wie weit ist es noch?"

„Gut fünfzehn Kilometer. Aber ich fürchte, wir fahren in ein Gewitter hinein."

Wie zur Bestätigung donnerte es. Heller blickte in die Dunkelheit hinaus und konnte kaum die Landschaft ausmachen, durch die sie fuhren. Bäume, Felder und vereinzelte Häuser huschten vorbei. Er war dem Italiener ungeheuer dankbar dafür, dass er sich nach Hellers Anruf von einem Münztelefon aus bereit erklärt hatte, ihn noch einmal durch die Gegend zu fahren. Und das kurz vor Mitternacht. Giovanni hatte natürlich zuerst gezögert. Als Heller ihm aber eintausend Euro für seine Dienste anbot und versprach, ihm das Geld sofort zu bezahlen, willigte der Italiener ein. Auch Kommunisten brauchten Geld.

„Ich mach' mal Musik an", sagte Giovanni und schaltete das Autoradio an. Heller hätte in diesem Augenblick auf Musik verzichten können, aber er ließ seinen Fahrer gewähren.

„Ah, wir sind in Moricone", sagte Giovanni plötzlich und bremste ab. „Hier müssen wir abbiegen. Rechts geht's nach Monteflavio."

Monteflavio, dachte Heller. *Villa Adonais.*

Und plötzlich befielen ihn wieder Zweifel. Wie kam er darauf, dass Slythe ein Geständnis ablegen würde, wenn er ihm eine Pistole an dir Stirn hielte? Das zählte vor der Polizei gar nichts. Und danach würde Slythe mit Sicherheit alles wieder leugnen. Und wie konnte er Claire von seiner Unschuld überzeugen? Warum sollte sie ihm Glauben schenken? Doch Heller wollte nicht bis in alle Ewigkeit als Mörder verfolgt werden. Und wenn sich das gar nicht vermeiden ließe, sollte zumindest Slythe nicht ungeschoren davonkommen.

Sie durchquerten eine Ortschaft, nach der die Straße bald kurviger wurde und immer weiter in die Höhe führte. Ein Blitz entzweite die Dunkelheit und drei Sekunden später donnerte es wieder. Dann zerplatzten die ersten Regentropfen auf der Windschutzscheibe, erst ein paar, dann rasch immer mehr. Und dann donnerte es auch aus dem Autoradio.

„Na, das passt ja", sagte Giovanni. Heller wusste zuerst nicht, was er meinte. Eine Bassgitarre setzte ein. Dann eine Orgel. Und dann sang eine dunkle Stimme.

Riders on the storm…

Giovanni begann, mit den Fingern im Takt des Liedes auf das Lenkrad zu klopfen und versuchte wieder mitzusingen.

„Riders on the storm", raunte er mit tiefer Stimme.

„Offenbar habe ich einen großen Doors-Fan neben mir", sagte Heller. Giovanni grinste und schaltete den Scheibenwischer an, der sich gleichmäßig quietschend in die Musik mischte. Heller atmete tief durch. Er spürte, wie er immer nervöser wurde, je näher sie ihrem Ziel kamen.

„Giovanni?", fragte er und wandte den Kopf zu dem Italiener, der etwas übermüdet aussah mit den dunklen Ringen unter den Augen und den vielen Bartstoppeln im Gesicht. „Liebst du deine Paola?"

Giovanni lachte. „Ob ich Paola liebe? Und ob. Von ganzem Herzen. Und meine Kinder erst."

„Wie heißen deine Kinder? Du hast drei, richtig?"

Giovanni nickte. „Luigi ist zwölf Jahre alt. Francesca sieben und Benita wird in zwei Wochen ein Jahr alt."

Heller lächelte und blickte wieder aus dem Fenster.

„Ich wollte nie Kinder", sagte er.

„Dann bist du ein bedauernswertes Geschöpf. Wozu leben wir denn? Für die Liebe. Für eine Frau, die wir lieben. Und für unsere Kinder. Sie sind schließlich unsere Zukunft, unsere Hoffnung."

„Ich habe mich für Kinder nie reif genug gefühlt", sagte Heller. Dann ergänzte er nachdenklich: „Und ich habe nie eine Frau wirklich geliebt."

„Was?", rief Giovanni, und es klang wirklich, als könne er das eben Gehörte kaum glauben. „Das ist ja fürchterlich! Wie kann ein Mann in deinem Alter durchs Leben gehen und von sich behaupten, er hätte nie eine Frau geliebt. Das ist fast als hättest du nie geatmet. Außer, du bist schwul. Aber dann müsstest du einen Mann geliebt haben."

„Ich bin nicht schwul", sagte Heller. „Aber das mit der Liebe war mir immer suspekt. Sex, meinetwegen. Aber die Schmetterlinge im Bauch vergehen doch schnell. Und dann bleibt immer irgendjemand mit einem gebrochenen Herzen zurück. Und das will auf keinen Fall ich sein."

„Mann, Heller! Der Schmerz gehört manchmal dazu. Und dann verheilen die Wunden und wir stehen wieder auf. Das

Risiko lohnt sich. Wie kann man leben, wenn man nicht liebt?"

„Was aber ist, wenn man jemand liebt, der die Liebe nicht erwidert?", fragte Heller.

„Dann hat man zwei Möglichkeiten, mein Freund: Entweder man akzeptiert diese schlechte Laune Amors, der seine Pfeile manchmal recht ungerecht verschießt. Oder man kämpft. Mit Geduld und Energie. Denn wenn du jemanden wirklich liebst, liebst du ihn auch dann, wenn er es nicht tut."

Draußen huschte ein Straßenschild vorbei, auf dem der Name *Monteflavio* zu sehen war.

„Da wären wir", sagte Giovanni. „Dann hoffen wir mal, dass das Dorf klein ist und die Villa ein Namensschildchen hat."

Der nächste Blitz zuckte vor ihnen herab, unmittelbar von einem Donnerschlag gefolgt, der das Auto erbeben ließ. Heller starrte angestrengt aus dem Fenster, nach irgendeinem Hinweis auf die *Villa Adonais* Ausschau haltend. Die meisten der unmittelbar an der Straße liegenden Häuser waren dunkel.

Nach einer guten Minute Fahrt kamen sie auf einen Dorfplatz. Dort glimmten Lichter im Erdgeschoss eines Gebäudes. Es schien sich um ein Café oder eine Bar zu handeln. Davor standen zwei Männer und rauchten. Giovanni hielt neben ihnen an.

„Kurbel mal dein Fenster runter!", sagte er zu Heller. Der öffnete das Fenster bis zur Hälfte, denn es regnete herein.

„Das reicht", rief Giovanni. „Sonst schwimmt hier gleich alles."

Er rief den Männern etwas auf Italienisch zu. Heller verstand nur den Namen *Villa Adonais*. Einer der Männer trat neben das Autofenster und musterte kurz die beiden Insassen des Wagens. Dann antwortete er etwas und fuchtelte dabei mit einer Hand in eine Richtung vor ihnen.

„Grazie!", rief Giovanni schließlich und fuhr los. Heller drehte schnell das Fenster hoch.

„Du hast Glück", sagte Giovanni. „Deine Villa gibt es wirklich. Sie liegt an einem Hügel im Wald gut drei Kilometer von hier. Aber man kommt nicht ran, weil das Anwesen von einer Mauer umgeben ist. Und die Hauptzufahrt ist normalerweise von einem Tor verschlossen."

„Wusste der Mann, ob jemand dort ist?", fragte Heller. Giovanni schüttelte den Kopf.

„Nein, aber er sagte, die Villa gehöre einem Engländer, der ziemlich selten da sei. Und er hat erzählt, es gebe einen kleinen Waldweg, der von der Rückseite bis an die Mauer des Anwesens führt. Die Zufahrt ist wohl nicht weit von hier."

„Fahr' mich da hin!", sagte Heller.

Giovanni lächelte. „Na, wenn wir schon einmal hier sind, sollten wir auch einen kleinen Waldspaziergang im Regen machen", sagte er. „Und über eine Mauer klettern. Wahrscheinlich ist sie mit spitzen Scherben und Stacheldraht geschützt und auf dem Anwesen gibt es wilde Wachhunde."

Heller stöhnte. All das war durchaus möglich.

„Ich gehe natürlich alleine", sagte Heller. „Du hast schon genug für mich getan."

„Wie bitte? Du willst mich wieder zurücklassen? Jetzt, wo es spannend wird?"

„Ich werde dich sicherlich nicht in noch größere Gefahr bringen", erwiderte Heller. „Bitte fahr mich an die Mauer!"

Giovanni grummelte etwas, gab dann aber Gas und steuerte den Wagen aus dem Dorf heraus. Dahinter schlängelte sich die Straße bergauf. In der Dunkelheit und im dichten Regen konnte man kaum erkennen, was links und rechts der Straße vor sich ging. Als aber der nächste Blitz vom Himmel fuhr und nicht weit entfernt mit einem lauten Krachen in den Wald schlug, erhellte er für einen Moment die Umgebung und einen kleinen, leicht zu übersehenden Weg, der zur linken Seite abging. Neben dem Weg stand ein steinernes Kreuz.

„Von dem Kreuz hat der Mann im Dorf geredet", sagte Giovanni. „Hier geht es rein!"

Er bog nach links und fuhr langsam einen schmalen, einspurigen und ungeteerten Pfad entlang, der zunächst zu beiden Seiten von dichten Hecken und Bäumen gesäumt war, dann aber in ein Waldstück hineinführte. Nach gut zehn Minuten holpriger Fahrt endete der Weg an einem eisernen, verwitterten Gittertor, das mit einer schweren Kette verhängt war. Es war in eine gut drei Meter hohe Mauer eingelassen, die sich nach links und rechts in der Dunkelheit zwischen den Bäumen verlor. Nichts deutete darauf hin, was dahinter lag. Giovanni machte erst das Licht, dann den Motor aus. Es goss zwar immer noch in Strömen, blitzte und donnerte, doch die Baumkronen fingen einen Teil des Regens auf.

„Hast du den Wetterbericht nicht gehört, bevor du unser Picknick geplant hast, Schatz?", sagte Giovanni und grinste.

Heller beugte sich zu der Stofftasche, die zu seinen Füßen lag, und holte seine Pistole heraus.

„Oha!", rief Giovanni. „Das trägst du also in der Tasche herum. Und ich dachte, es wäre Proviant für deine Nachtwanderung."

Heller betrachtete nachdenklich die Waffe.

„Wer das Schwert zieht, wird durch das Schwert umkommen", sagte Giovanni.

„Rede keinen Unsinn!", erwiderte Heller. „Nicht ich habe das Schwert als erster gezogen, sondern Slythe. Der Mann ist gefährlich, unberechenbar und böse. Also muss ich mich verteidigen."

Giovanni machte kein glückliches Gesicht. Dann sagte er: „Bedenke die weisen Worte des guten alten Meister Yoda aus *Krieg der Sterne*! Das mit dem Zorn und der Furcht und der Aggressivität. Sie ergreifen leicht Besitz von einem. Aber du musst wissen, was du tust."

Heller sah durch das Autofenster, an dem die Tropfen herabrannen, in die Dunkelheit hinaus. Wieder donnerte es. Er würde ziemlich nass werden, andererseits gab es kaum einen besseren Schutz für ihn, als den Lärm des Gewitters.

Heller öffnete die Beifahrertür und schwang sich aus dem Wagen.

„Gib' auf dich acht!", rief Giovanni ihm hinterher. Dann hörte Heller nur noch den prasselnden Regen und das Grummeln des Himmels. Der nächste Blitz tauchte den Wald für einen Moment in einen gespenstischen Schein. Heller steckte die Pistole in den Hosenbund und rannte zum Tor. Das Gitter war recht verrostet, die massive Kette schien jedoch neu zu sein. Heller hob den Kopf und suchte das Tor nach irgendwelchen Drähten oder Kameras ab. Er entdeckte aber nichts dergleichen und begann, das Tor zu erklimmen. Er warf einen letzten Blick zu Giovanni, den er durch die regennasse Scheibe im Auto kaum ausmachen konnte. Dann rannte er durch das Unterholz auf der anderen Seite des Tores eine sanfte Anhöhe hinauf. Auf dieser Seite war der Wald noch dichter bewachsen und es dauerte fast fünf Minuten, bis die Bäume sich lichteten und Heller an eine Wiese gelangte. Er wartete einen Moment bis der nächste Blitz krachend vom Himmel fuhr und die Umgebung für einen Moment in helles Licht tauchte. Auf der leicht ansteigenden Wiese vor sich erblickte Heller vereinzelte

Bäume und Büsche und gut zweihundert Meter entfernt die Umrisse eines Hauses. Links davon erhob sich ein Berg, dessen Ausmaße in der Nacht schwer auszumachen waren.

In gebückter Haltung und sich immer wieder nach allen Seiten umblickend, lief Heller über die Wiese dem Haus entgegen, dabei immer wieder den Schutz der Bäume und Büsche ausnutzend. Als er näher herangekommen war, konnte er die Umrisse des Gebäudes besser erkennen. Es war einstöckig, doch recht groß. Das obere Stockwerk lag im Dunkeln, im Erdgeschoss brannte Licht.

Heller zog die Pistole aus dem Hosenbund und rannte zu einem Busch, der näher am Haus wuchs. Dort verharrte er erneut und versuchte zu erkennen, ob sich vor oder im Haus etwas bewegte. Als er niemanden sah, lief er zur rechten Seite des Gebäudes und drückte sich dort gegen die Hauswand.

Heller war vollkommen durchnässt. Nach einer kurzen Verschnaufpause schlich er an der Hauswand entlang, bis er zu einem Fenster gelangte, aus dem Licht fiel. Ein Vorhang war innen zur Hälfte zugezogen, durch das freigelassene Stück aber konnte er in das Zimmer sehen. Es handelte sich um einen Wohnraum, in dem mehrere Sessel und ein Sofa um einen niedrigen Tisch gruppiert waren. Dahinter loderte ein Feuer im Kamin. Weiter zur rechten Seite lag im hinteren Bereich des Raumes eine Treppe, die in das erste Stockwerk hinaufführte.

Zunächst konnte Heller niemanden entdecken. Dann aber bewegte sich etwas in einem der Sessel, der mit der Rückenlehne zum Fenster stand. Ein grauer Haarschopf tauchte darin auf, dann ein Kopf und Bart und schließlich der ganze Körper, der sich aus dem Sessel erhob. Es war Archibald Slythe.

„Hab' ich dich!", flüsterte Heller. Er hob die Pistole und zielte.

63.

Casa Magni, San Terenzo am Ligurischen Meer, Italien, 23. Juni 1822

Die Hitze war erdrückend, selbst in der Mitte der Nacht noch. Kein Windhauch zerstäubte die stehende Luft, kein Regentropfen benetzte die ausgedörrte Erde. Die Pflanzen ließen ihre Köpfe hängen, die Gräser verfärbten sich braun. In den Kirchen beteten die Gläubigen und Geistlichen darum, dass der Himmel endlich seine Schleusen öffnen möge, denn die Bauern im Hinterland bangten um die Früchte ihrer Felder. Wem es bei den Temperaturen zu schlafen gelang, in dieser Nacht vor dem Fest des Heiligen Johannes, an dem die Bewohner des nahen Dorfes San Terenzo und der Ortschaft Lerici in den Gassen und am Strand ausgelassen feiern würden, war gesegnet. Noch hörte man nichts von der Festlichkeit und der einzige, beständige Klang, der von draußen ins Haus drang, war das stets sich wandelnde, aber doch gleichmäßige Klatschen der Wellen gegen die Felsen am Strand. In der Dunkelheit schien dieses mächtige Geräusch noch lauter und noch näher als am Tage, wenn andere Eindrücke die akustische Wahrnehmung dämpften.

Shelley lag rücklings auf seinem Bett, die Augen halb geöffnet, mit einem dünnen, weißen Nachthemd bekleidet und die Decke zur Seite gezogen. Dass es ihm nicht gelang zu schlafen, lag weder an der Hitze noch an den Geräuschen des Meeres, an die er sich in den zwei Monaten ihres Aufenthalts in der *Casa Magni* gewöhnt hatte. Seine Unruhe war vielmehr den Ereignissen der vergangenen Zeit geschuldet. Allegras

Tod, Claires daraus resultierendes Leid und Marys Fehlgeburt mit ihren Folgen hatten seine Seele in den vergangenen acht Wochen hin und her geworfen, wie der Sturm eine Barke auf dem Wasser. Er hatte wieder luzide Träume gehabt, Visionen, wie neulich am Abend auf der Terrasse, als er über die mondbeschienene Bucht geblickt hatte. Im fahlen Licht der Selene war aus den Fluten ein totes Kind aufgetaucht – die großen Augen weit aufgerissen – und es hatte in die Hände geklatscht. Shelley wusste nicht, um welches seiner vielen toten Sprösslinge der vergangenen Jahre es sich handelte. Um Clara, um William, um Clara Everina? Oder vielleicht um Elena? Möglicherweise um alle zugleich.

Die einzigen Wonnen für seinen gebeutelten Geist in diesen Tagen waren die Gegenwart der anmutigen Jane Williams gewesen, die regelmäßigen Segelausflüge auf das Meer hinaus – meist am Tage, manchmal im Mondschein bei Nacht, oft mit Edward Williams oder Jane, aber immer wieder auch alleine – schließlich die abenteuerliche Arbeit an einem neuen Gedicht, das er den *Triumph des Lebens* genannt hatte.

Nun machte Shelley die Aussicht auf ein bevorstehendes Zusammentreffen mit Leigh Hunt neuen Mut – mehr als vier Jahre nach ihrer letzten Begegnung. Er hatte große Pläne, die er gemeinsam mit ihm und Lord Byron verwirklichen wollte: eine neue Literaturzeitschrift, die alle liberalen und freiheitsliebenden Geister unter den Dichtern und Denkern vereinigen würde. Morgen würde er gemeinsam mit Edward Williams und dem Bootsjungen aufbrechen, um mit dem Boot zu Hunt nach Genua zu segeln, wo dieser mit seiner Frau und den Kindern endlich vor wenigen Tagen aus England angekommen war.

Mary hatte ihn gebeten, nicht zu fahren und sie nicht allein mit Jane und dem kleinen Percy Florence zurückzulassen, um dessen Gesundheit sie fürchtete. Doch es drängte Shelley viel zu sehr, Hunt wiederzusehen und ihn hier in Italien willkommen zu heißen. Mary würde alleine zurechtkommen. Er konnte nicht bis ans Ende aller Zeiten auf ihren Schwermut und ihre missliche Konstitution Rücksicht nehmen. Sie mochte sich noch so oft mit trüben Gedanken in den Schatten des Hauses und in ihr Zimmer zurückziehen, ihn trieb es hinaus in die warme Sonne und zu geselligeren Menschen, als es seine Frau im Moment war.

Shelley erhob sich vom Bett und trat an die verglaste Tür, die auf die Terrasse hinausführte. Sie stand offen. Shelley mochte es, wenn die Dunkelheit natürlichen Ursprungs war und nicht durch geschlossene Fensterläden verursacht wurde. Leise schlüpfte er ins Freie und schritt auf nackten Füßen über die warmen Fliesen des Bodens an die weiß getünchte Terrassenbrüstung. Das anbrandende Meer grollte so laut, als seien sie davon zu allen Seiten umgeben. In der sternenklaren, mondlosen Nacht war es jedoch nur als wabernde, unendliche Fläche unter dem Zelt unzähliger, winziger Himmelslichter zu erahnen. Von dieser Stelle aus hatte Shelley das nackte Kind aus den Fluten auftauchen sehen. Dass nicht alles, was er wahrnahm, auch wirklich geschah, wusste Shelley. Doch er ahnte es immer erst später, niemals zum Zeitpunkt der Wahrnehmung selbst, sodass er nie sichergehen konnte, welche seiner Erlebnisse echt, welche nichts als Hirngespinste waren. War das Haus, auf dessen Terrasse er stand, wirklich vorhanden, war es das Meer? Funkelten tatsächlich die Sterne am Himmel und glitzerte dort auf dem Wasser in der Ferne eine Laterne? Drang der Gesang eines Mädchens von unten herauf und rief jemand seinen Namen? Wer entschied, wo die Wahrheit endete und wo die Phantasie begann? Die Fähigkeit mehr zu sehen als andere, war für Shelley Fluch und Segen zugleich. Ein Fluch, weil er durch dieses Talent in die Abgründe seiner eigenen Seele blickte, deren Erkenntnisse ihm Angst machten. Ein Segen, weil die Klarsicht auch die Grundlage seines kreativen Potentials bildete. Der Menschheit, so glaubte er, stand eine große Zukunft bevor – wenn sie lernte, ihren Geist fortzuentwickeln und ihre Empfindsamkeit und Liebe zu entfalten.

Wenn Shelley seine Augen schloss und den sanft-würzigen Duft des Meeres einsog, war der Eindruck allumfassend und präsent. Und dennoch schien er in all seiner Gegenwart nicht wirklicher zu sein, als eine Erinnerung, ein Gedanke, eine Phantasie. Der innere Geist und die äußere Welt waren unweigerlich miteinander verbunden und die Frage von Wahrheit oder Unwahrheit machte nur wenig Sinn, verstand man sie nicht als Teil von etwas Höherem, Sinnhaftem, Lebensförderlichem. Wer sein alltägliches Tun nicht im Namen der Liebe vollbrachte und sein Verhältnis zu seinen Mitmenschen nicht dahingehend überprüfte, der geriet in Gefahr, von der großen Leere erfasst zu werden, der mancher durch Gold und Flitter und Macht den Anschein von Fülle zu geben versuchte.

Shelley fuhr sich seufzend und von seinen Gedanken sanft berauscht über das Haar. Mary hatte sich innerlich von ihm entfernt, Claire musste, von der eifersüchtigen Mary vertrieben, die Ferne suchen, andere Frauen kamen heran, tanzten ein Stück des Weges mit ihm und verschwanden dann im Dunst der Vergangenheit. Männer wie Edward Williams waren hervorragende Begleiter für allerlei abenteuerliche Unternehmung, mit Byron ließen sich geistige Gipfel erklimmen, die für die meisten anderen Menschen unerreichbar waren, und die Freunde in der Ferne, mit denen er in Briefen verkehrte, mussten mangels gemeinsamer körperlicher Erlebnisse auch geistig andere Richtungen einschlagen. Was blieb, war die Hoffnung, mit der Poesie die Brücke zwischen abgeschotteten Festungen zu schlagen und den menschlichen Geist aus ihnen zu befreien. Mit bloßen Worten das Denken und Fühlen eines anderen Menschen zu beeinflussen und zu verändern, sie zu einem neuen, menschen- und lebensfreundlicheren Handeln zu verleiten, zu einer Tugend, die nicht lebensfeindlich war, sondern von Liebe geprägt – gab es ein höheres Ziel für einen kreativen Menschen? Das war das Vermächtnis, mit dem Shelley von der Erde abtreten wollte: Umarmt den Tag, umarmt das Leben, umarmt den nächstbesten Menschen, der euch begegnet und feiert die Liebe! Tut es!

Mit diesem Gedanken im Sinn zog Shelley sich in sein Zimmer zurück und zündete eine Kerze an. Aus einer hölzernen Truhe, in der er Korrespondenz, Gedichtfragmente und Notizen aufbewahrte, suchte er den Brief hervor, den er vor mehr als einem Jahr vom sterbenden John Keats erhalten hatte. Damit setzte er sich an den Schreibtisch und überflog im flackernden Schein der Kerze die Zeilen. Dann ergänzte Shelley mit schnellen Zügen, was so lange in seinem Geiste sich ohne sein Zutun vorbereitet hatte. Als er damit fertig war, faltete Shelley das Blatt zusammen, ohne die Verse noch einmal gelesen zu haben, und schob es in seine Truhe zurück. Zufrieden löschte er die Kerze und legte sich in sein Bett, alsbald vom Wiegenlied der Wellen in tiefen Schlaf gesungen.

Doch die Ruhe währte nicht lange. Das Grollen, das Shelley vernahm, schien zunächst fern zu sein, wie das Rumoren eines mächtigen Wasserfalls, eines Vulkans oder des tosenden Meeres. Schnell näherte es sich, das Haus zitterte. Shelley riss verschreckt die Augen auf und starrte in die Dunkelheit. Die Erde schien tatsächlich zu beben. Er wusste, dass heftige Erdstöße in dieser Region kein seltenes Phänomen waren. Die Einwohner erzählten sich sogar von Wassermassen, die nach derartigen Naturereignissen ganze Landstriche verschlangen. Shelley wollte aus dem Bett springen, doch er konnte nicht. Wie gelähmt lag er da, hilflos dem Herannahenden ausgesetzt. Er dachte an Mary in ihrem Zimmer und an das Kind. Und an Jane und Edward Williams. Er musste sie warnen. In diesem Moment aber sprang die Tür auf, die in das Zimmer des befreundeten Paares führte. Als er sah, wer ihm da entgegenwankte, fuhr Shelley hoch und schrie außer sich vor Schrecken. Es waren Jane und Edward, deren halbnackte Leiber zerfetzt, zerschnitten und blutüberströmt waren. Jemand musste sie überfallen haben. Sie hielten einander fest und riefen ihm mit irrem Blick zu: „Stehen Sie auf, Shelley, das Meer überflutet das Haus! Alles bricht zusammen."

Nun endlich gelang es Shelley, sich aus seiner Starre zu lösen und er sprang aus dem Bett. Den Blick entsetzt von den grässlich zugerichteten Leibern seiner Freunde abwendend, rannte er durch den Raum und riss die zweite Tür auf, die von seinem Zimmer in den gemeinsam genutzten Wohnsalon führte. Durch diesen hetzte er Marys Schlafraum entgegen. Er musste sie retten, bevor es zu spät war. Zwei, drei, vier Schritte, dann schlug er die Türklinke hinunter und warf sich gegen die hölzerne Pforte, die mit lautem Krach aufsprang.

„Mary!", schrie er. „Wach' auf!"

Sie hatte, wie stets, die Fensterläden geschlossen, so dass der Raum in vollkommene Dunkelheit gehüllt war. Shelley glaubte einen Moment lang, in eine Grabkammer eingedrungen zu sein. Dennoch konnte er deutlich erkennen, dass Mary nicht alleine war. Sie lag rücklings auf ihrem Bett, mit weit geöffneten Augen und gespreizten, nackten Schenkeln. Ein Mann hatte sich über sie gebeugt. Doch was tat der Unbekannte, der seine Hände um Marys Hals gelegt hatte? Er würgte sie.

„Mary!", schrie Shelley außer sich und wollte zu ihr hinstürzen. Als aber der Mann den Kopf drehte und in seine Richtung blickte, entfuhr Shelley ein tierisches Brüllen. Denn bei der Gestalt, die im Begriff war, Mary zu töten, handelte es sich um niemand anderes als den Dichter Percy Bysshe Shelley.

64.

Heller hätte vor Schreck tatsächlich beinahe am Abzug seiner Pistole gezogen. Der letzte Donnerschlag war ohrenbetäubend laut gewesen, und es hatte geklungen, als sei ein Blitz sehr nahe am Haus eingeschlagen. Der Regen stürzte nun fast wie ein Wasserfall herab und trommelte mit Wucht auf das Hausdach. Eine halbe Minute lang verharrte Heller bewegungslos und mit rasch klopfendem Herzen, ehe er wieder einen vorsichtigen Blick ins Innere warf. Slythe stand im Raum und hielt einen Stapel Papiere und einen Stift in der Hand. Dann bewegte er die Lippen, als spräche er. In diesem Moment tauchte eine zweite Gestalt auf, Trimball.

Heller senkte die Pistole. Das Wasser lief ihm über das Gesicht und in seine Augen, so dass er nur verschwommen sehen konnte. Er wandte sich vom Fenster ab und schlich vorsichtig an der Hausmauer entlang, vorbei an mehreren dunklen Fenstern. Dann bog er um die Hausecke und kam zu einer kleinen Veranda, auf der einige Blumentöpfe standen. Schnell überquerte er die Terrasse und gelangte an einen Vorbau, der wie eine Garage aussah. Auf der anderen Seite lag ein mit Kies bedeckter Platz, dahinter begann der dichte Wald. Wieder fuhr ein Blitz herab und es krachte laut. Der grelle Strahl des Blitzes beleuchtete einen Augenaufschlag lang die Bäume wie ein gewaltiger Scheinwerfer. Heller war zusammengezuckt und hatte sich reflexartig geduckt, die Pistole fest umklammert, als könne er damit die Gefahren der Natur in Schach halten. Doch nicht der Blitz hatte ihn diesmal am meisten erschreckt, sondern etwas anderes. Zwischen den Bäumen glaubte er etwas gesehen zu haben, das ihn zutiefst beunruhigte. Vielleicht war es nur eine Sinnestäuschung gewesen, denn was konnte man in einer halben Sekunde schon klar erkennen? Das Gesicht eines Mannes, der hinter einem Baum stand, konnte ebenso ein Stück Ast gewesen sein.

Heller lauschte in das heftige, monotone Prasseln des Regens hinein und starrte in die Richtung, in der er das Gesicht gesehen hatte. Doch da war nichts, nur Bäume. Schließlich erhob er sich wieder.

Da fiel ihm der Schlüssel ein, den er in Slythes' Safe gefunden hatte. Er trat an die Haustür und schob den Schlüssel vorsichtig ins Schloss. Er passte. Vorsichtig drehte er ihn herum. Die Tür öffnete sich. Lächelnd schob er sie auf und trat ins Innere. Ein dunkler Korridor lag vor ihm, der nur durch ein Licht erhellt wurde, das durch einen Türspalt am Ende des Ganges fiel. Leise Klaviermusik erklang aus dieser Richtung. Heller schloss die Tür hinter sich und schlich mit der gezückten Pistole in der Hand durch den Korridor. An dessen Ende spähte er durch den Türspalt. Auf der anderen Seite glaubte er, einen Teil des Kaminzimmers zu sehen, in dem er vorhin Slythe und Trimball beobachtet hatte. In diesem Moment übertönte eine Stimme die Klaviermusik. Es war Trimball.

„Claire schläft tief und fest", sagte er. „Das Mittel scheint gut zu wirken."

„Das ist gut", erwiderte Slythe. „Claire braucht nach diesem aufregenden Abend erst einmal viel Ruhe. Der rabiate Auftritt unseres deutschen Freundes hat ihr ziemlich zugesetzt, fürchte ich."

Trimball gab ein zischendes Geräusch von sich. „Sie wissen gar nicht, wie gerne ich diesen Kerl umgelegt hätte", sagte er. „Um ein Haar hätte er auch noch Ihnen und Claire etwas angetan."

Slythe wog brummend den Kopf hin und her. „Dann hätte er noch zwei weitere Menschenleben auf dem Gewissen gehabt."

„Wieviele Jahre, glauben Sie, wird er für den Mord an Professor Kennington bekommen?", fragte Trimball.

„Inspektor Canelli meinte, unter zwanzig Jahren käme Heller nicht davon. Wenn es Mord aus Habgier war, dürfte ihm sogar lebenslänglich drohen."

„Gut, dass die Polizei ihn geschnappt hat", sagte Trimball.

Slythe nickte. „Ja, das ist gut! Canelli meinte, sie hätten ihn auf der Flucht in der Nähe meiner Wohnung festgenommen."

„Schade, dass es in Italien die Todesstrafe nicht mehr gibt", sagte Trimball.

Heller runzelte die Stirn. Wovon sprachen die beiden Männer? Wie kamen sie auf die Idee, dass die Polizei ihn erwischt hatte? Leise schob er die Tür auf und trat in den Raum, die Pistole im Anschlag. Trimball bemerkte ihn als erster und stieß einen kurzen Schrei des Entsetzens aus.

„Keine Bewegung!", rief Heller.

Slythe fuhr herum und riss die Augen ungläubig auf.

„Was?", rief er. „Was tun Sie hier? Das ist unmöglich!"

„Nichts ist unmöglich, wie Sie sehen", erwiderte Heller. Er machte drei Schritte auf die Männer zu und zielte abwechselnd mal auf den einen, mal auf den anderen. „Setzen Sie sich hin!", befahl er dann.

Beide zögerten. Heller nahm die Pistole in beide Hände. „Los!", rief er ungeduldig. Nun ließen sich die beiden nieder, Slythe auf einem Sofa, Trimball auf dem Sessel daneben.

„Aber Canelli meinte doch, Sie seien festgenommen worden", sagte der Professor mit verständnisloser Miene. „Sind Sie schon wieder entkommen?"

„Wer auch immer Canelli ist, offenbar ist er nicht gut informiert", entgegnete Heller.

Slythe schüttelte grübelnd den Kopf. Er wirkte reichlich verwirrt. Heller stellte sich breitbeinig vor die beiden Männer und sagte, an Slythe gewandt: „Ich möchte, dass Sie der Polizei die Wahrheit sagen. Sie haben Kennington umgebracht oder seinen Mord in Auftrag gegeben. Ich habe damit nichts zu tun."

Slythe lachte einmal kurz auf.

„Ich habe niemals Kenningtons Ermordung in Auftrag gegeben", sagte er. „Die Polizei hat ihren Ausweis am Tatort gefunden, ihr Jackett, ihr Blut und Videoaufnahmen von Ihnen."

„Ich war es aber nicht!", schrie Heller. „Sie waren es. Sie haben mich angerufen und mir 100.000 Euro geboten, wenn ich Kennington töte. Und als ich es nicht tat, haben Sie eben jemand anderen damit beauftragt."

„Was reden Sie da?", fragte Slythe und blickte Heller kopfschüttelnd an. „Ich habe Ihnen niemals auch nur einen Cent geboten, um Kennington etwas anzutun. Sie sind völlig durchgedreht. Sie sind ganz einfach verrückt."

Heller spürte, wie er immer zorniger wurde. Slythe war ein schrecklicher Lügner, der ihn kaltblütig ans Messer geliefert hatte. Wenn jemand den Tod verdiente, dann er.

„Ich wünschte, der verdammte Ziegel hätte Ihnen den Schädel eingeschlagen", sagte Trimball plötzlich mit gepresster Stimme. „Dann wäre nichts von alledem passiert."

Heller sah ihn einen Moment lang verblüfft an. Er musste erst überlegen, wovon Trimball sprach.

„Das Mauerstück bei dem Park? Das mir fast auf den Kopf gefallen ist? Das waren Sie?"

Auch Slythe legte die Stirn in tiefe Falten und sah seinen Angestellten von der Seite forschend an.

„Wovon sprechen Sie, Trimball?", fragte der Professor.

Trimball räusperte sich und rutschte auf seinem Sessel hin und her. „Sie haben mir gesagt, ich solle auf Claire aufpassen, Herr Professor. Das habe ich getan. Und vor drei Tagen hat dieser Kerl Claire im Pincio-Park belästigt. Ich wusste genau, was er vorhatte. Ein Schwein, wie der, will von jungen Frauen immer nur das eine."

„Und da haben Sie einen Ziegelstein heruntergeworfen?", fragte Heller und blickte in das verängstigte Gesicht Trimballs. Slythe schüttelte beinahe mitleidig das Haupt.

„Niemand tut Claire weh!", sagte Trimball mit Nachdruck, als würde er ein Gesetz formulieren. „Niemand darf sie anrühren."

„Und was haben Sie noch getan?", rief Heller zornig. „Haben Sie mich fast überfahren? Haben Sie das Archiv in die Luft gejagt? Haben Sie Kennington ermordet?"

„Nein, nein, nein!", sagte Trimball und schüttelte den Kopf. „Damit habe ich nichts zu tun."

„Sie lügen doch!", rief Heller und machte einen Schritt auf Trimball zu. Der nächste Donnerschlag ließ das Haus erzittern und die Lampen flackern.

„Wenn Sie jetzt nicht beide die Wahrheit sagen, dann kriege ich sie auf andere Weise aus Ihnen heraus", drohte Heller und drückte die Mündung der Pistole an Trimballs Stirn.

Heller hatte nicht die geringste Ahnung, was er tun würde, wenn Slythe und Trimball nicht endlich redeten. Er wollte weder Trimball noch sonst irgendjemanden erschießen. Aber was sollte er machen?

„Benjamin?", sagte plötzlich eine leise Stimme. Sie kam von der Treppe. Heller wandte sich reflexhaft nach ihr um. Es war Claire Beaumont. Sie stand barfuß, bleich und in einem weißen Nachthemd auf der untersten Treppenstufe. Bei ihrem Anblick hüpfte Hellers Herz und er lächelte.

Im gleichen Moment spürte er, wie ihn jemand am Arm packte und heftig in den Unterleib boxte. Zwei schwere Körper stürzten auf ihn und rissen ihn zu Boden. Er schrie auf. Die Pistole wurde ihm aus der Hand gerissen, bevor er irgendetwas mit ihr hätte anfangen können.

„So, Mr. Heller!", ertönte Slythes tiefe Stimme. „Nun ist das Spiel aus."

Heller lag ausgestreckt am Boden, empört über seine eigene Dummheit. Er taugte nicht als Krimineller. Dabei hatten solche Aktionen in Filmen immer so einfach ausgesehen.

„Claire, geh' zu Bett!", sagte Slythe gebieterisch.

„Warum ist denn Mr. Heller hier?", fragte sie.

Bevor jemand antworten konnte, ertönte ein Lachen und eine Stimme rief:

„I saw pale kings and princes too,
Pale warriors, death-pale were they all;
They cried – La Belle Dame sans Merci
Hath thee in thrall!"

„Ich sah bleiche Könige, und Prinzen auch,
bleiche Krieger, totenbleich ein jeder Mann,
Sie schrien: „Die schöne Dame ohne Gnade
Hält dich in ihrem Bann!"

Dann schrie jemand. Es war Claire Beaumont.

65.

Auf dem Meer zwischen Livorno und Viareggio, Norditalien, 8. Juli 1822

Der Hafen von Livorno war bereits im Dunst verschwunden. Alle Segel des acht Meter langen Bootes *Don Juan* waren gehisst, so dass eine steife Brise sie immer rascher auf das offene Meer hinaustrug. Fünfzig Meilen waren es bis zu ihrem Ziel, dem in nördlicher Richtung gelegenen Dorf Lerici. Es schien ratsam, schnell zu sein, denn der Himmel kündigte Unheil an. Die mahnenden Worte der italienischen Seeleute im Hafen von Livorno, die vor der Unberechenbarkeit des Wetters und des Meeres in diesen Tagen gewarnt hatten, konnten Shelley ebenso wenig aufhalten, wie die Tatsache, dass der erfahrene Segler Edward Trelawny sie nicht begleitete. Ursprünglich war geplant gewesen, dass er an ihrer Seite mit dem größeren und bei höherem Wellengang sichereren Segelschiff von Lord Byron – es trug den Namen des südamerikanischen Freiheitskämpfers Bolivar – nach Norden fahren sollte. Bürokratische Hürden bei der Erledigung der Papiere für die *Bolivar* hatten ihn jedoch im Hafen aufgehalten. Und so flogen sie nun alleine über die gekräuselten Wellen dahin.

Edward Williams hatte das Steuerruder am Heck des Schiffes übernommen und blickte mit sorgenvoller Miene zu den dunklen Wolken, die von Süd-West herandrängten. Nach den brütend heißen Tagen der vergangenen Wochen sah es nach einem Wetterumschwung aus. Es lag eine Spannung in der Luft, die sich bald zu entladen drohte.

Shelley hockte, in weißer Baumwollhose, schwarzen Lederstiefeln und blauer, doppelreihiger Jacke, auf einer Holzbank im hinteren Bereich des Bootes und starrte in die Wellenkämme und auf das tiefblaue Meer. Seine Gefühle schwankten zwischen Schwermut, Tatenlust und Sehnsucht – eine seltsame Mischung. Es drängte ihn einerseits zurück zu Mary, die in den Tagen vor seiner Abreise von einer Fehlgeburt geschwächt im Bett verbrachte, und dem kleinen Percy Florence, vor allem aber zu Jane, der wunderschönen Frau seines Bootskameraden Edward Williams. Sie war ein ideales, anbetungswürdiges Wesen, deren Anblick ihn schon zu manchem Vers angeregt hatte.

Gleichzeitig gingen ihm die Erlebnisse der vergangenen Tage in Pisa nicht aus dem Sinn. Mit großen Hoffnungen war er vor einer Woche dorthin gereist. Die Wiederbegegnung mit Leigh Hunt, der erst wenige Tage zuvor nach einer langen Überfahrt von England aus Italien erreicht hatte, war enthusiastisch gewesen, diejenige mit Lord Byron herzlich. Doch die Spannungen zwischen Byron und Hunt hatten Shelley bedrückt. Er hatte sofort nach seiner Ankunft gespürt, dass dem Lord die Anwesenheit der ernsthaften und kranken Ehefrau Hunts sowie seiner sechs kleinen Kinder – das älteste war gerade elf Jahre alt – in seinem Haus missfiel. Shelley hatte den Lord gebeten, Hunts Familie bei sich unterzubringen. Denn Hunt plagten hohe Schulden. Da Shelley ihn gedrängt hatte, nach Italien zu kommen, würde es auch an ihm sein, Hunt finanziell unter die Arme zu greifen – nicht das erste Mal, seit sie sich kannten. Mit welchem Geld das diesmal geschehen sollte, wusste er noch nicht. Wenn der Plan einer liberalen Literaturzeitschrift, die er mit Lord Byron und Leigh Hunt zu gründen beabsichtigte, aufgehen würde, wären diese Sorgen jedoch fortgeblasen. Doch würde dieses Vorhaben sich mit einem zögerlichen Lord Byron tatsächlich umsetzen lassen? England brauchte unbedingt eine kritische, freigeistige Zeitschrift, die den Menschen die wahre Literatur und Dichtung nahebrachte und Werke unterstützte, die andere Verlage und Magazine nicht zu drucken wagten oder durch den Schmutz zogen. Das Volk im Vereinigten Königreich musste endlich die Wahrheit über seinen eigenen Zustand erfahren und zu politischem Bewusstsein und Handeln gebracht werden. Und doch fühlte Shelley, dass es wieder einmal von ihm abhing, die Beteiligten zu versöhnen und sie für die Zusammenarbeit zu begeistern.

Warum war es nur so anstrengend, die Menschen zu großen Taten und zu ihrem Glück zu führen? Lord Byron und Leigh Hunt waren im Grunde Männer, denen zu begegnen Shelley jedes Mal mit großer Freude erfüllte. Dennoch war er nach den anstrengenden Tagen erleichtert, wieder auf dem Wasser zu sein und die reinigende Kraft des warmen Windes und des Meeres zu spüren. In der Natur fühlte Shelley die Harmonie des Universums am Werk und die Anwesenheit des Wahren, Guten und Schönen.

Shelley lächelte und dachte daran, dass er sich sofort nach ihrer Rückkehr in der *Casa Magni* an den Schreibtisch setzen würde. Solange er noch Lust hatte, die Welt in die Gewänder der Dichtung zu kleiden, lohnte es sich zu leben.

Ihm fiel das Bändchen mit den Gedichten von John Keats ein, das Hunt ihm aus England mitgebracht hatte. Shelley zog es aus der Jackentasche und blätterte darin herum. Es waren ein paar bemerkenswerte Werke darin. Die Oden waren ein hübsches Schätzlein und die epischen Stücke bewiesen, dass der Tod einen der vielversprechendsten englischen Dichter aus dem Leben gerissen hatte. Es war ein Jammer. Und doch:

Man konnte versuchen, wahre und mächtige Kunst mit Gewalt oder Mammon zu stoppen, am Ende triumphierte die Poesie gegen all ihre Widersacher.

In die Gedichte seines toten Freundes vertieft, bemerkte Shelley kaum, dass der Wind immer heftiger blies und die Wogen des Meeres aufpeitschte. Als Shelley nach einer Weile aufsah, war der Himmel dunkel. Das Boot wurde hin und her geworfen und die Böen fuhren aus allen Richtungen in ihre Segel. Er stopfte den Gedichtband eilig in seine Jackentasche zurück. Wie aus dem Nichts tauchte plötzlich ein anderes Schiff auf. Es näherte sich bis auf wenige Meter, und für einen Moment fürchtete Shelley, sie würden kollidieren. Dann aber erklang der Ruf des italienischen Kapitäns, der ihnen anbot, auf das größere, sicherere Boot umzusteigen.

Williams blickte fragend zu Shelley, den das Ansinnen aber empörte. Niemals würde er sein Boot aufgeben. Er hatte in seinem Leben schon ganz andere Stürme bezwungen.

„Nein!", schrie Shelley dem italienischen Kapitän schroff entgegen. Ein anderer Matrose, der neben dem Kapitän stand, hielt ein kegelförmiges Sprachrohr in der Hand.

„Dann holt, in Gottes Namen, die Segel ein, sonst seid ihr verloren!"

Williams schickte sich an, der Aufforderung des Bootsmanns Folge zu leisten, doch Shelley packte ihn wütend am Arm. Vor dem Wind und den Kräften des Meeres zu kapitulieren, kam nicht in Frage. Die Schicksalsgöttin würde ihre schützende Hand über sie halten. Und wenn sie es nicht tat, war das eben unabwendbar.

Shelley packte das Steuer und riss es herum, um das Schiff mit den lästigen Italienern an Bord hinter sich zu lassen. Die nächste Böe jagte in die Segel und ließ ihr Boot einen Satz machen. Sie nahmen Geschwindigkeit auf und waren bald wieder allein zwischen den aufgetürmten Wellenbergen zu allen Seiten, die das Schiff hin und her warfen. Ein Brecher, der sich über sie ergoss, folgte auf den nächsten.

Poesie verleiht den besten und schönsten Dingen der Welt Unsterblichkeit, dachte Shelley. Jetzt begreif ich erst, wie schön das Sterben ist…

66.

Heller versuchte, den Kopf zu wenden. Das Lachen kam ihm bekannt vor. Schemenhaft erkannte er Claire Beaumont in ihrem Nachthemd. Sie war nicht allein. Hinter ihr stand jemand, der ihr den Arm um den Hals gelegt hatte und eine Pistole gegen die Stirn drückte. Heller stöhnte leise. Keats und Shelley hatten ihm offenbar endgültig den Verstand geraubt.

„George!", rief Slythe mit bebender Stimme. „Du bist am Leben!"

Wieder ertönte ein Lachen. „Wenn ich kein Gespenst bin und du nicht wahnsinnig geworden bist, dann könntest du recht haben, Archie!"

Ein nächster Donnerschlag ließ das Haus erbeben und die Lampen flackern. Die brennenden Holzscheite im Kamin knackten. Heller wurde nun klar, um wen es sich bei dem Mann mit der Pistole handelte.

„Wenn dir das Leben deiner Claire etwas wert ist, dann wirf die Waffe weg, Archie!", rief George Kennington. „Und zwar sofort."

Slythe senkte die Pistole und ließ sie im nächsten Moment auf den Boden fallen.

„Sehr brav, Archie!", sagte Kennington. „Und nun setzen sich alle wieder hin. Sie auch, Heller! Archie und Trimball aufs Sofa und Heller in den Sessel."

Heller erhob sich vorsichtig. Die Pistole lag zwei Schritte von ihm entfernt am Boden.

„Denken Sie nicht einmal daran!", rief Kennington. „Denn ich vermute, auch Sie wollen das Leben von Ms Beaumont nicht gefährden."

Heller blickte in Kenningtons und Claires Richtung. Sie machte ein angsterfülltes Gesicht. Der Professor dagegen wirkte eiskalt. Er trug einen grauen Regenmantel, von dem das Wasser tropfte, und schwarze Gummistiefel. Außerdem hatte er braune Lederhandschuhe übergestreift.

„Lassen Sie Claire in Frieden!", schrie Heller. Kennington lachte.

„Spielen Sie auf einmal den Helden? Ich weiß nicht, ob Ihnen diese Rolle steht. Als Mörder haben Sie mich jedenfalls bisher enttäuscht. Dazu sind Sie nicht kaltblütig genug."

Er lachte wieder. „Wie Sie sehen, ist Ihnen weder gelungen, mich ins Jenseits zu befördern, noch waren Sie in der Lage, Archibald und Trimball den Garaus zu machen, wie ich es eigentlich gehofft hatte. Und nicht einmal Ms Beaumont konnten Sie verführen. Sie sind ein kompletter Versager, Mr. Heller!"

Heller war zu verwirrt, um irgendetwas zu erwidern, und seine Gedanken waren zu beschäftigt damit, die widersprüchlichen Informationen irgendwie einzuordnen. Er ließ sich auf einen der beiden Sessel sinken. Auch Slythe schien reichlich durcheinander. Er stammelte: „Wie ist das möglich? Inspektor Canelli sagte, die Polizei habe deine Leiche gefunden."

Kennington grinste. „Ach, der gute Inspektor Canelli."

Dann wandte er sich zur Seite und rief: „Paolo! Richard! Kommt herein!"

Schritte waren zu hören. Zwei Männer betraten den Raum, der eine in einem schwarzen, der andere in einem blauen Regenmantel. Auch sie hatten Handschuhe übergestreift und trugen Pistolen bei sich. Heller kannte die Männer nicht, doch Slythe schien ihnen schon begegnet zu sein.

„Canelli?", fragte er verwundert. Und rief dann: „Was ist das für ein Gaunerstück, das du hier aufführst, George?"

„Das weißt du nicht?", fragte Kennington. „Dabei hast du doch sonst eine so blühende Fantasie. Signor Canelli war einmal ein hervorragender Polizist. Aber ich zahle besser."

Er wandte sich an den jüngeren seiner beiden Begleiter. „Gib' Heller die Kabelbinder, Richard. Er soll Slythe und Trimball die Hände und Füße fesseln."

Der jüngere Mann, der braungebrannt war, dunkelblondes Haar hatte und schmatzend einen Kaugummi kaute, lief zu Heller hinüber und hielt ihm grinsend ein Bündel Plastikstreifen hin. Währenddessen hob Canelli die Pistole auf, die Slythe zu Boden geworfen hatte.

„Mach' schon!", raunzte der jüngere Mann Heller an und nickte in die Richtung von Slythe und Trimball. Heller nahm die Kabelbinder – harte, aber schmale und elastische Streifen mit Widerhaken und einer Öse an einem Ende. Polizisten benutzten sie häufig als Fesseln bei Demonstrationen oder Razzien.

Er erhob sich langsam von seinem Sessel und als er aufrecht vor dem Mann mit dem Kaugummi stand, den Kennington Richard genannt hatte, musterte er dessen Gesicht. Ihm war, als hätte er den Mann schon einmal gesehen.

„Wird's bald!", blaffte Richard und wedelte mit seiner Pistole. Heller überlegte kurz, ob er versuchen sollte, sie ihm zu entreißen. Doch ein Blick zu Claire, auf die Kennington immer noch seine Waffe gerichtet hatte, ließ ihn die Idee verwerfen. Dann trat er vor Slythe und Trimball. Slythe machte ein grimmiges, Trimball ein reichlich verstörtes Gesicht.

„Sehen Sie?", sagte Heller zu Slythe. „Ich habe Ihnen die Wahrheit gesagt."

„Hände auf den Rücken, damit Heller seine Arbeit machen kann!", rief Kennington. Trimball und Slythe gehorchten.

„Sie müssen Claire retten!", sagte Slythe leise, aber eindringlich. Heller trat hinter ihn, legte einen Kabelbinder um seine Hände und zog zu. Dann tat er das gleiche bei Trimball.

„Und die Füße", sagte Kennington.

Heller legte auch um die Fußgelenke der beiden Männer je einen Kabelbinder und schloss diese ebenfalls.

„Na, das hat doch geklappt", rief Kennington. „Und jetzt setzen Sie sich wieder hin!"

Heller gehorchte, während Canelli mit seiner Waffe Trimball und Slythe im Visier hatte, und der andere Mann auf ihn zielte. Nun schob Kennington Claire vor sich her und drückte sie in einen weiteren Sessel, der neben Heller stand. Schließlich senkte Kennington seine Pistole.

„Sehr schön", sagte er. „So lässt es sich doch entspannter plaudern. Er wandte sich an Slythe und grinste.

„So, mein Freund! Wo ist denn nun dein Zaubergedicht? Kann ich es mal sehen?"

Slythe zuckte mit den Schultern. „Warum? Du glaubst doch ohnehin nicht, dass es existiert."

„Das glaube ich auch nicht. Aber ich würde doch zu gerne lesen, was du deinen Gästen aufgetischt hast. Hast du selbst ein Gedicht geschrieben, du Scharlatan? Und hast du dein kleines Poem dann deinen Fälscherfreund Rinaldi schwungvoll auf altes Papier werfen lassen?"

Slythe brummte. Heller aber hob den Kopf und blickte erst zu Kennington, dann zu seinen beiden Begleitern.

„Jetzt verstehe ich", sagte er. „Sie beide waren in dem Keller des alten Mannes. Sie haben ihn umgebracht und dann die Bombe gelegt."

Canelli und Richard grinsten.

„Ich wäre beinahe gestorben", rief Heller wütend.

Kennington wog den Kopf hin und her. „Ja, das wäre für Sie beinahe schief gegangen. Aber ich war fast sicher, dass Sie davonkommen würden. Andererseits…"

Kennington zuckte mit den Schultern. „Auf jeden Fall hat der kleine Plan funktioniert. Der Fälscher erledigt und Sie wurden am Tatort gesehen, Heller."

„Sie sind ein Mörder, Kennington", sagte Heller und schüttelte fassungslos den Kopf.

„Ich persönlich nicht", erwiderte er. „Aber zum Glück gibt es mutige Menschen, denen es nichts ausmacht, Meister Tod das eine oder andere Leben zuzuführen."

Er sah zu Canelli und dem anderen Mann hinüber, die kaum die Miene verzogen.

„Aber was soll das, Kennington?", rief Heller. „Warum tun Sie das alles, wenn Sie gar nicht glauben, dass es ein gemeinsames Gedicht von Keats und Shelley gibt? Sie wollten doch Slythe ganz einfach als Fälscher und Betrüger überführen."

„Ja", sagte Kennington. „Das hätte ich sicherlich tun können. Aber die Welt will getäuscht werden."

„Ich verstehe Sie nicht", sagte Heller.

Slythe brummelte. „Kennington hat Angst, Heller. Er hat Angst vor der Macht der Poesie und der Liebe."

„Angst ist das falsche Wort, Archie!", sagte Kennington und lachte. „Ich bin eher besorgt. Denn leider gibt es genügend naive Menschen, die auf Märchen, wie das deine, hereinfallen. Denen ist völlig egal, ob du Sie anlügst. Sie wollen an neue Wunder glauben. An das Wunder der Liebe! An die Revolution der Liebe. Und das ist gefährlich."

„Gefährlich? Was ist gefährlich daran, wenn Menschen an die Poesie und die Liebe glauben?"

„Das sollte dir doch klar sein, Archie", sagte Kennington. „Du bist ein Meister der Illusion. Glaube versetzt Berge. Das weißt du genau. Und wir leben leider in Zeiten, in denen mehr und mehr Menschen Angst vor der Zukunft haben und an vielen Dingen zweifeln. Da sind sie allzu leicht bereit, falschen Propheten wie dir zu folgen. Früher haben die Prediger und Gurus vom Himmelreich und vom Nirwana schwadroniert, von Gott, oder vom Paradies, das auf denjenigen wartet, der sein Leben opfert. Und du erzählst irgendetwas von der Liebe und von Zaubergedichten. Menschen, die verunsichert sind, sehnen sich nach solchen Geschichten. Die einen glauben an irgendwelche Verschwörungstheorien, an die geheimnisvolle Macht, die im Hintergrund die Fäden zieht, die anderen an die Existenz magischer Gedanken und Kräfte. Doch wenn sie jemand an der Nase herumführt, dann sollte diese Aufgabe in den richtigen Händen liegen."

„In den richtigen Händen?", fragte Slythe. „In deinen etwa?" Kennington lachte wieder.

„Meine Aufgabe ist bescheidener. Ich bin nur dazu da, dem Unsinn ein Ende zu bereiten, bevor er zu viel Unheil anrichtet. Und das hat er bereits getan. Zu vielen jungen und nicht so jungen Leuten, die in deine merkwürdigen Seminare und Vorlesungen pilgern, hast du damit bereits den Kopf verdreht. Zu viele Söhne und Töchter einflussreicher Bürger glauben bereits, die Glückseligkeit liege in der Liebe und der Muße und in der stillen Betrachtung der Welt durch die Poesie. Die halten Geld und Macht für etwas Verwerfliches. Das hatten wir schon mal vor fünfzig Jahren in der Flower-Power-Generation. Da waren wir noch jung, Archie, erinnerst du dich?"

Kennington lachte und fuhr dann fort: „Aber ich bin erwachsen geworden. Im Gegensatz zu dir. Ich weiß, in was für einer Welt wir leben. Gegen das 21. Jahrhundert war das 19. eine Komödie. Jetzt sind wir im Zeitalter der Tragödie angekommen. Der großen Tragödie der Menschheit. Jahrtausende alte Kulturen könnten demnächst im Staub versinken, weil der Mensch zu blöd war, die Schöpfung zu bewahren. Aber so ist es nun mal. Daran werden wir alle hier im Raum nichts mehr ändern. Allerdings können wir auf der richtigen Seite stehen, wenn der große Endkampf beginnt. Denn selbst wenn die Welt schon immer ein grausamer unmoralischer Ort war: Was in den kommenden Jahrzehnten auf uns zukommt, könnte apokalyptisch werden. In dieser Welt kommt nur der Härteste durch und nur die härteste Nation wird sich durchsetzen. Wir können keine Schwächlinge gebrauchen, die nicht mehr in der Lage sind, zu führen. Und die, selbst wenn sie Führungskräfte werden, nicht mehr an das große Ziel glauben: die Macht und den Ruhm des Vereinigten Königreichs. England braucht starke und gerissene Männer, keine Schlappschwänze, denen der Fortschritt nichts mehr bedeutet. Wir brauchen Krieger. Was wir ganz sicher nicht brauchen, sind Revolutionäre, die die Gesellschaftsordnung umstürzen wollen, um eine Traumwelt der Glückseligkeit und der Liebe einzurichten, die es niemals geben wird. Weißt du, was Glückseligkeit wirklich bedeutet? Sie bedeutet Passivität, Verweigerung, Stagnation, Rückschritt. Sie lässt die Menschheit in den Zustand von Tieren zurücksinken. Nur das Glück, das man niemals erreicht, macht den Menschen produktiv."

Er warf Slythe einen verächtlichen Blick zu.

„Aber das ist bei Weitem nicht alles, was man dir vorwerfen kann. Seit du deinen lustigen Poesieclub betreibst, haben einige deiner illustren Gäste Dinge gemacht, die Großbritannien massiv schaden."

„Schaden?", fragte Slythe. „Oder erretten?"

„Nennst du es etwa Großbritannien retten, wenn einer nach dem anderen deiner adligen und wohlhabenden Anhänger seine Anteile an britischen Rüstungs- und Ölfirmen verkauft? Wenn Lady Shirer ihrem Mann fast befiehlt zukünftig im Oberhaus jeden Kriegseinsatz der britischen Armee abzulehnen und der das auch noch für eine gute Idee hält? Wenn Lady Rothermere ihren vielen Freundinnen und Freunden in der Upper Class einflüstert, die Zukunft Britanniens läge in einer pazifistischen, ökologischen und sozialistischen Republik? Und Baron Rochdale an einem Gesetzentwurf arbeitet, unsere Afrikapolitik ernsthaft zu dekolonisieren? Bist du irre geworden? Das ist kein Spaß, sondern bitterer Ernst. Und dann hast du auch noch irgendeine Droge verwendet, um deine Gäste noch mehr zu betören. Höre mit diesem Quatsch auf, du gottverdammter Althippie!"

Slythe lachte einmal laut auf und sprach: „Der Weg des Exzesses führt zum Palast der Weisheit. Weißt du noch?"

Kennington seufzte. „Ach Archie! Du verstehst die größeren Zusammenhänge genauso wenig wie Shelley es getan hat. Er hat nie begriffen, warum seine Gedichte und Pamphlete so selten gedruckt wurden und keine Revolution auslösen konnten. Die Antwort ist ganz einfach: Weil es zu gefährlich war! Weil es ein paar sehr wichtige und sehr mächtige Menschen nicht zulassen konnten. Er war genauso überheblich und besessen wie du, Archibald. Die Macht des einfachen Volkes ist und bleibt eine gefährliche Illusion. Nur wenige Menschen sind klug genug, um Länder zu regieren. Eine ungelenkte Demokratie führt zu Anarchie und Gewalt. Das war vor 200 Jahren eben so richtig wie heute. Ein Volk kann sich nicht selbst regieren. Und was tun wir, wenn sogar die Regierenden und Mitglieder der Eliten anfangen, den Irrsinn gutzuheißen, den Leute wie du verbreiten?"

„Dann wird vielleicht endlich der Traum einer besseren Welt und von besseren Menschen wahr", George!", rief Slythe. „Der Traum einer Welt ohne Unterdrückung, Ausbeutung und Zerstörung. Keats' Traum! Shelleys Traum!"

Kennington schüttelte den Kopf. „Weißt du, Archie, es gibt genug Leute in führenden Kreisen, die dich unterschätzt haben. Die halten dich immer noch für einen harmlosen Spinner. Die glauben nicht an die Macht der Poesie und der Worte. Die sind überzeugt, dass es reicht, die Menschen mit Propaganda und Werbung, hohlen Parolen und vielen Bildern und Filmen, mit Unterhaltungsprogrammen 24 Stunden am Tag, auf Computern und Smartphones und in den sogenannten sozialen Medien zu bombardieren, dann werden sie wichtige von nebensächlichen Informationen nicht mehr unterscheiden können. Sollen sich die Menschen doch empören und ihre Meinungen tausendfach im Internet teilen! Sollen sie doch ihre Erlebnisse und Bildchen und kleinen Filme millionenfach verbreiten und glauben, die Welt höre ihnen zu. Sie werden trotzdem auf ihren fetten Konsumenten-Ärschen sitzen bleiben. So denken viele, die unsere Staaten führen. Aber weißt du was? Das ist ein gefährliches Spiel. Denn auch wenn die Poesie heute eine noch viel geringere Rolle spielt, als vor zweihundert Jahren. Die richtigen Worte zur richtigen Zeit sind Wegbereiter einer Veränderung. Es ist wie beim Schmetterlingseffekt: ein Schmetterling schlägt im Amazonas seine Flügel und am Ende tobt über Europa ein Orkan. Ein Steinchen wird in einen Teich geworfen, und er erzeugt Wellen, die bis an alle Ufer gelangen.

Ein Same wird gestreut, und irgendwann geht er auf, eine Pflanze wächst heran und verbreitet hundertfach ihre Pollen. Manchmal kommt selbst eine Flaschenpost an. Ein Gedanke ist wie ein Virus, der lange nicht zum Vorschein kommt, sich dann aber rasant verbreitet. Wie eine Epidemie, eine Pandemie. Wehret den Anfängen!"

Heller blickte verstohlen zu Claire Beaumont hinüber, die still, aber inzwischen aufmerksam lauschend auf ihrem Stuhl saß. Ihr Gesicht war sehr ernst. Und doch schien sie zu lächeln. Für einen kurzen Moment sah sie in Hellers Richtung und er hatte das Gefühl, als wolle sie ihm etwas sagen.

„George!", rief Slythe. „Was ist nur mit dir geschehen? Es gab mal eine Zeit, da haben wir beide dieselben Träume gehabt. Frieden, soziale Gerechtigkeit, Revolution! Da haben wir beide die Idee verteidigt, dass sich der menschliche Geist ohne die Poesie niemals fortentwickelt hätte. Ohne unser Vorstellungsvermögen wären wir Menschen unfähig gewesen, die Wirklichkeit des Hier und Jetzt zu überwinden und zu etwas Höherem und Besserem zu streben. Nur wer einen Traum hat, an den er glaubt und dem er folgt, entfaltet das Potential, das in ihm steckt. Wenn die Bewohner dieses Planeten dies nicht tun und nur dem plumpen Mammon hinterherrennen, wird die menschliche Gattung keine Überlebenschance haben. Und Poesie ist das Werkzeug, mit dem die Menschheit in eine glücklichere Zukunft schreiten kann. Diese Sätze hast du einst selbst gesagt. Was ist mit deinen Idealen passiert?"

Kennington lachte, aber es klang verbittert. „Was mit meinen Idealen passiert ist? Niemand sollte das besser wissen, als du, Archibald Slythe. Du hast meine Ideale zerstört. Du hast meine Liebe zerstört. Weil du neidisch, weil du eifersüchtig warst."

Kennington atmete tief durch. „Du quatschst von Liebe und hast die meine schon vor vierzig Jahren vernichtet. Du hast meine Fähigkeit, einen Menschen zu lieben zerstört. Und das wirst du mir büßen."

Slythe sah Kennington mit fragendem, forschendem Blick an. Er schien nicht recht zu wissen, was Kennington meinte. Dann aber weitete er die Augen und schüttelte den Kopf.

„Das kann nicht dein Ernst sein, George!", sagte er ungläubig. „Sprichst du wirklich von der alten Geschichte?"

„Alte Geschichte?", schrie Kennington auf, als hätte jemand auf ihn eingestochen. „Du glaubst, ich hätte je vergessen, was du mir angetan hast? Was du Timothy angetan hast?"

Kenningtons Augen waren weit aufgerissen, sein Gesicht verzerrt, als wollte er sein Gegenüber am liebsten mit den Zähnen in Stücke reißen.

„Du hast Timothy mit deinen Gemeinheiten und Intrigen in den Tod getrieben. Du hast seine Lebensfreude, sein zartes Wesen und seine Liebe zu mir nicht ertragen. Du hast unsere Beziehung in die Öffentlichkeit gezerrt, Lügen über uns erzählt und ihm schließlich die Drogen geliefert, die ihn umbrachten. Und alles nur, weil er und ich die Lieblinge unserer Professoren waren, weil er der beste aller Studenten unseres Jahrgangs war und niemand der Poesie so viel Leben einhauchen konnte, wie er. Du hast ihn und mich zerstört, damit kein Stern mehr neben dir leuchten kann."

Kennington bebte vor Zorn. Sein Gesicht war zu einer wütenden Grimasse verzogen, die Pistole in seiner Hand zitterte.

„Ich kann nicht glauben, dass du wegen dieser alten Sache noch auf Rache sinnst", sagte Slythe. „Du weißt selbst, wie labil Timothy Avebury war. Er war manisch-depressiv. Du kannst mich nicht für seinen Selbstmord verantwortlich machen. Und wir alle haben damals mit Drogen experimentiert. Mich trifft keine Schuld."

Kennington presste die Lippen aufeinander, als wolle er damit das Zucken seines Unterkiefers unterbinden.

„Glaubst du wirklich, ich hätte dir je verziehen, was du mir angetan hast?", sagte er. „Ich hätte dich damals umbringen sollen, doch ich war nicht stark genug und die Trauer hat mich für lange Zeit gelähmt. Und irgendwann dachte ich, ich wäre darüber hinweg. Und dann fängst ausgerechnet du vor ein paar Jahren an, mit deinen exaltierten Büchern, Vorträgen und Seminaren Scharen von Studenten und Poesieliebhabern anzuziehen. Und was hast du ihnen gepredigt? Die Macht der Liebe! Die Macht der Lyrik! Du Heuchler! All das hast du nur für deinen eigenen Ruhm getan. Nun aber ist der Moment der Abrechnung gekommen. Nun endlich werde ich dich leiden sehen, so wie du mich leiden ließest."

Mit einem Ruck wandte er sich an Benjamin Heller. „Ich habe genug geredet", sagte Kennington. „Wen wollen Sie zuerst töten: Slythe oder Trimball? Sie haben die freie Wahl. Schließlich bin ich Demokrat."

„Was?", sagte Heller ungläubig, als sei er eben aus einem schlechten Traum erwacht. „Nein!"

Kennington blickte ihn scharf an. „Was glauben Sie denn, warum Sie sonst hier sind? Als Zaungast? Als unbeteiligter Zuschauer? Das ist kein Theaterstück, das wir hier für Sie aufführen. Das ist die Wirklichkeit! Sie sind mittendrin. Sie sind eine Billardkugel. Die letzte vernünftige Bestimmung in Ihrem Leben ist, mir hier ein wenig nützlich zu sein und ein paar andere Kugeln zu versenken. Bevor ich Sie versenke."

„Nein!", sagte Heller wieder. „Ich bringe niemanden um."

„Ach, Heller!", sagte Kennington, als spreche er zu einem

ungezogenen Kind. „Warum habe ich mir die ganze Mühe mit Ihnen denn gemacht? Warum habe ich Ihnen erklärt, weshalb Slythe so ein gefährlicher Bursche ist und warum habe ich alles dafür getan, dass Sie ihn ebenfalls für einen gefährlichen Menschen halten, der vor Mord nicht zurückschreckt?"

Kennington trat vor Heller, machte eine Grimasse und sagte, mit verstellter Stimme: „Ich scherze nicht, Mr. Heller. 100.000, wenn Sie George Kennington aus dem Weg räumen."

Dann blickte er Heller triumphierend an. „Erkennen Sie diese Stimme, Heller? Glauben Sie noch immer, Worte hätten keine Macht? Worte produzieren Illusionen, nichts als Illusionen! Dies ist die Welt der Kunst und der Sprache, die mit trügerischen Zeichen die Wirklichkeit nachäfft und sie doch beeinflusst."

Heller war perplex. Der Professor hatte tatsächlich genauso geklungen wie Slythe. Nicht Slythe hatte ihn vor zwei Tagen angerufen, um Kenningtons Ermordung in Auftrag zu geben, sondern Kennington selbst.

„Nein!", sagte Heller wieder. „Sie sind wirklich irre!"

„Nicht irre, Heller, sondern ziemlich gerissen. Denn nun habe ich Sie alle hier in der Einöde, wo Sie Archie und Trimball umbringen werden. Das ist sehr schade, aber der junge Deutsche ist eben durchgedreht. Der wollte den armen Professor Slythe bereits in seiner Wohnung ermorden. Dafür gab es zahlreiche Zeugen. Und dann ist er ihm eben zu seiner Villa gefolgt und hat ihn dort erledigt."

Kennington zuckte mit den Schultern und grinste. Heller aber blickte ihn mit gerunzelter Stirn an.

„Und wenn ich tue, was Sie sagen, was geschieht dann?", fragte er. „Lassen Sie dann Claire und mich gehen?"

Kennington kicherte.

„Sie sind wirklich ein Trottel, Heller! Und ein Pechvogel. Aber ich mache Ihnen ein Angebot: Sie töten Archibald und Trimball, und dafür dürfen Sie mit Ms Beaumont in den Sonnenaufgang reiten. Zum großen Finale des Dramas!"

Kennington grinste noch immer, doch Heller war überzeugt, dass der Professor sie sicherlich nicht einfach ziehen lassen würde. Oder zumindest nicht ihn. Aus den Augenwinkeln blickte er zu Claire. Ihr Gesicht verriet nichts über ihre Gedanken. Ihre Lider waren halb geschlossen, als wäre sie schläfrig. Oder aber als sei ihr Geist an einem anderen Ort.

„Lassen Sie Claire gehen", sagte Heller. „Dann mache ich, was Sie von mir verlangen."

Kennington nickte.

„Gute Entscheidung, Heller!", sagte er. „Richard, gib' ihm das Messer."

Richard zückte ein Klappmesser und warf es Heller zu. Dann machte er einen Schritt zurück und zielte mit seiner Pistole auf Hellers Kopf.

„Was soll ich damit tun?", rief Heller, das zugeklappte Messer in der Hand. „Soll ich die beiden erstechen?"

„Gut kombiniert, Sherlock Holmes", erwiderte Kennington. „Um ihren Auftrag zu präzisieren, würde ich vorschlagen, sie schneiden ihnen die Kehlen durch."

Heller blickte zu Kennington und schüttelte den Kopf. „Sie sind komplett wahnsinnig. Und gemeingefährlich."

„Böse, verrückt und gefährlich!", lachte Kennington. „So nannte ein Zeitgenosse den wunderbaren Lord Byron, der genau wusste, dass das Böse nicht auszurotten und ein notwendiger Bestandteil des Menschen ist. Ohne das Böse, wäre der Mensch fast wie eine Pflanze. Böse, verrückt und gefährlich scheint mir aber ohnehin interessanter, als naiv, langweilig und harmlos. Die Medien lieben die Bösen, Verrückten und Gefährlichen. Sie werden posthum ein Star, Heller. Der Adonais-Killer! So etwas in der Art. Also: machen Sie sich ans Werk!"

Heller klappte das Messer auf und prüfte die Klinge. Sie war blank und sehr scharf. Doch er spürte, wie er schwitzte und sein Herz raste. Die Vorstellung, den beiden Männern die Kehle durchzuschneiden, machte ihm Angst. Kennington hatte recht: als Mörder taugte er überhaupt nicht. Außerdem wusste er, dass Kennington und seine Halunken auch ihn nicht überleben lassen würden. Und Claire vermutlich auch nicht. Oder etwa doch?

„Ich möchte, dass Claire erst in Sicherheit ist, bevor ich tue, was Sie verlangen. Lassen Sie sie sofort gehen!"

Nun machte Kennington ein verdrießliches Gesicht.

„Sie fangen an, mir gehörig auf die Nerven zu gehen, Heller! Ihre momentane Lage erlaubt Ihnen kaum, Forderungen zu stellen. Deshalb beschleunigen wir die Angelegenheit jetzt. Wenn Sie Slythe und Trimball nicht gleich die Kehle durchgeschnitten haben, wird Canelli Ms Beaumont einen Finger nach dem anderen abtrennen. Und dann die Zunge herausschneiden. Währenddessen können Sie sich überlegen, ob das Leben dieser beiden Idioten Ihnen wirklich wichtiger ist, als das der jungen Dame."

Heller sah kurz zu Claire Beaumont, die weiterhin mit unbewegter Miene zu Boden blickte, dann zu Slythe und Trimball. Der Professor hatte seine Stirn in tiefe Falten gelegt und erwiderte Hellers Blick.

„Retten Sie Claire!", sagte er.

Trimball dagegen machte den Eindruck, als hätte man auch ihm starke Beruhigungspillen verabreicht.

Heller hob den Kopf. Auf dem Kaminsims entdeckte er eine amphorenförmigen Vase. Neben dem Kamin hingen Feuerhaken in einem Gestell. Daneben stand eine Plastikflasche. Heller ahnte, was sie enthielt. Und dann erblickte er auf einem kleinen Tisch die Papierbögen, mit denen sich Slythe vorher beschäftigt hatte.

„Ich weiß, wo das Gedicht von Keats und Shelley ist", sagte Heller.

Kennington grinste schief. „Ach, Heller!", sagte er. „Was haben Sie denn jetzt vor? Glauben Sie, ich falle auf so einen Unsinn herein?"

„Das ist kein Unsinn", sagte Heller und erhob sich. „Schauen Sie! Hier ist das Gedicht."

„Setzen Sie sich sofort wieder hin!", rief Kennington in scharfem Ton. Richard machte einen Schritt auf ihn zu, doch Heller richtete das Messer auf ihn und trat hinter das Sofa, auf dem Slythe und Trimball saßen.

„Hier! Sehen Sie selbst!", sagte er und zeigte in Richtung Kamin und auf den Papierstapel auf dem Tischchen.

„Soll ich ihn abknallen?", fragte Richard und ließ Heller dabei nicht aus den Augen.

„Warte!", rief Kennington. Mit interessiertem Blick näherte er sich dem Kamin und dem Tischchen mit den Papieren, zu dem Heller nun getreten war.

„Lassen Sie das, Heller!", schrie Slythe mit zorniger Stimme. „Sie verdammter Verräter!"

Kennington machte für einen Moment ein verwirrtes Gesicht. Heller ergriff den Stapel.

„Langsam, mein Freund!", rief Kennington und zielte mit seiner Pistole auf Hellers Kopf. Heller nickte.

„Hier ist es", sagte er. „Das Gedicht der Toten."

67.

> *„Man nimmt an, er sei auf dem Meer gestorben, in ei-*
> *nem Sturm, irgendwo vor Via Reggio, an der italieni-*
> *schen Küste … Mr Shelley ist unglücklicherweise allzu*
> *gut für seine infamen Bücher und Gedichte bekannt. Er*
> *nannte sich selbst öffentlich einen Atheisten. Seine Ar-*
> *beiten tragen Titel wie diese: Der gefesselte Prome-*
> *theus…"*

> *„Shelley, der einige ungläubige Gedichte schrieb, ist er-*
> *trunken: Jetzt weiß er, ob es einen Gott gibt, oder nicht."*

Lord Sidmouth senkte die Zeitung und warf sie auf seinen
Schreibtisch. Nun war auch dieses Problem gelöst. Wie leicht
manche Schwierigkeiten doch zu beseitigen waren, wenn man
sich in Geduld übte. Sidmouth wollte gar nicht wissen, wie
Shelley genau untergegangen war, ob er einfach in einen Sturm
geraten war oder ob doch jemand ein wenig nachgeholfen hat-
te. Das Entscheidende war, dass dieser Störenfried für immer
schwieg. Nun stand Byron als nächster auf der Liste, doch
Lord Sidmouth war überzeugt, dass auch dieser von Alkohol,
Laudanum und Sex Abhängige sein revolutionäres Potential
bald in seinen Leidenschaften und Süchten erschöpft haben
würde. So war das mit den meisten Künstlern: wer durch seine
übertriebene Empfindsamkeit und Schöpfungskraft große
Werke zu vollbringen vermochte, ging meist genau an dieser
Fähigkeit zu Grunde.

Byron hatte einen Teil seines Vermögens bereits italienischen Gewalttätern und Umstürzlern gegeben, damit sie den Kampf gegen die Monarchen und Herrscher des Landes aufnähmen. Und nun liebäugelte er offenbar damit, auch im Freiheitskrieg der Griechen gegen die Osmanen mitzumischen. Das sollte er gerne tun, dachte Sidmouth, denn die Befreiung der Griechen war auch in Englands Interesse. Solange ein freies Griechenland sich gegen Russland und gegen die Osmanen mobilisieren ließe. Und wenn Griechenland erst einmal frei war, würde man sich eines Lord Byron schon entledigen können. Oder man gab ihm den Posten eines Staatssekretärs und fütterte ihn, bis er platzte.

Gottlob stellte sich diese Frage bezüglich Percy Bysshe Shelleys nicht mehr. Denn dieser Mensch schien tatsächlich kaum zu bändigen – idealistisch, wie ein seltsamer Engel. Was hatte Byron noch einmal über ihn geschrieben? Er sei der beste und am wenigsten egoistische Mann, den er jemals gekannt habe. Und es habe niemanden gegeben, der mit Shelley verglichen nicht ein Tier gewesen sei.

Was sollte man mit solchen Menschen anfangen? Das Leben war eben eine Mischung aus Gut und Böse, aus Schönem und Hässlichem, aus Eigennutz und manchmal Großzügigkeit. Das Böse, Hässliche und Eigennützige aber in Bausch und Bogen zu verdammen, wie ein Shelley es getan hatte, verdammte alle normalen Menschen zu lebenslanger Pein. Denn es gab keine Engel auf Erden. Nur im Himmelreich!

Lord Sidmouth lächelte über seinen Gedanken, den er niemals mit dem Vikar besprechen würde. Der hätte Shelley zwar wegen dessen Unglauben in die Hölle gewünscht, wegen seiner Ideale jedoch dem Paradies anempfohlen. Doch es war nicht die Zeit für Zweideutigkeiten. Im Gegenteil: Sidmouth wusste, dass all die wichtige Arbeit, die er getan hatte, um das Königreich zu schützen, nun von allzu liberalen Geistern in der Regierung in Gefahr gebracht wurde. Nur die Zensur und eine Beschneidung von bestimmten Rechten der Untertanen konnten verhindern, dass das britische Reich seinem Untergang entgegensteuerte. Doch der neue Innenminister Robert Peel dachte offenbar anders und wollte dem einfachen Volk mehr Rechte zugestehen. Und nicht nur das: Selbst die Katholiken sollten wie ehrliche Briten behandelt werden. Dem musste mit aller Macht entgegengearbeitet werden. Denn wenn erst einmal alle Menschen gleiche Rechte hätten, wäre es gleichgültig, ob sie klug oder dumm, gut oder böse waren. Das durfte nicht geschehen!

Lord Sidmouth trat an den großen Billardtisch in seinem Arbeitszimmer, nahm die schwarze Kugel in die Hand und rollte sie in seiner Handfläche hin und her. Für ihn war die Welt relativ klar aufgeteilt: Es gab eben jene Menschen, die genauer als andere wussten, wie diese Welt und die Gesellschaften der Menschen funktionierten. Der Mensch war dem Menschen ein Wolf. Nur die Stärksten überlebten. Es ging nicht um Moral, wie dieser deutsche Philosoph Immanuel Kant meinte, sondern um Klugheit und Macht. In der Natur, wie unter den Menschen, wurde derjenige an die Spitze getragen, der am klügsten, härtesten und geschicktesten vorging. Lord Sidmouth wusste genau, dass das Privileg des Adels vorüber gehen würde. Vielleicht nicht morgen, aber in den kommenden Jahrzehnten. Die Zukunft gehörte den hart arbeitenden und kalkulierenden Menschen – und seien sie einfache Bürger, wie es einst Lord Sidmouth selbst gewesen war.

Gott würde diese fleißigen Menschenkinder reich belohnen. Das aber, was ein Percy Bysshe Shelley in seinem Gleichheitsübereifer verbreitet hatte, sollte Gottes heiligen Willen behindern und die göttlichen Gesetze, die gleichzeitig die der Natur waren, angreifen. Wie sollte ein gläubiger Mensch, wie Lord Sidmouth es war, dieses Sakrileg hinnehmen?

Shelley war tot. Doch seine Ideen würden irgendwann wieder lebendig werden, denn sie befielen manche Leute wie eine Krankheit. Dies zu verhindern, würde nicht jeder Regierende verstehen. Deshalb war es umso wichtiger, dass es im Hintergrund verantwortungsvolle Menschen gab, die sich strebsam und gewissenhaft gegen das Chaos und die Anarchie und den Leichtsinn des gewissenlosen Idealismus stemmten.

Lord Sidmouth trat vor sein Porträt. Und er schwor, im Angesicht seines verewigten Selbst, dass er die nächsten Jahre eifrig an einem großen, weit über Britannien ausgreifenden Netzwerk der Informationen arbeiten würde. Denn Wissen war Macht. Und Macht war jene Kapazität, die Gott, dem Allmächtigen, am ehesten zur Ehre gereichte.

Und dann nahm er ein Blatt Papier zur Hand. Es war die Abschrift eines Gedichts, das der wundersame John Keats vor drei Jahren geschrieben und das ein wachsamer Agent Lord Sidmouth zugetragen hatte. Sidmouth würde dieses Gedicht seiner kleinen neuen Geliebten vortragen. Als sein eigenes Werk, selbstverständlich. Denn wer würde je von diesem Keats noch etwas hören wollen.

Es begann so:

I cry your mercy—pity—love!—aye, love!

Ich schrei zu dir um Gnade – Mitleid – Liebe!

68.

Kennington ergriff den Papierstapel, den Heller ihm hinhielt. Dann betrachtete er die oberste Seite. Mit erhobenen Augenbrauen überflog er, was er sah. Ein breites Grinsen begann sein Gesicht zu überziehen, als er laut und mit gekünstelter Stimme vorlas:

> *„Tanyrallt, Wales, 27. Februar 1813, kurz vor 4 Uhr morgens*
> *Shelley umklammerte die beiden hölzernen, an den Griffen mit Messing verstärkten Pistolen, die auf seinem Schoß lagen. Sie waren geladen, denn er war bereit, den Tod abzuwehren, wenn er sich noch einmal hinterhältig anschleichen würde."*

Kennington gluckste und sah zu Slythe hinüber. „Das ist nicht dein Ernst, Archie. Versuchst du dich nun etwa auch noch an einem Roman über Shelley? Willst du noch mehr Lügen und Halbwahrheiten verbreiten? Du bist ja ein Serienlügner!"

Kennington lachte und las weiter.

> *„Shelley sprang auf. Die Pistolen fest umklammert, eilte er zu dem großen Fenster, hinter dem die Veranda und der Garten lagen. Er starrte durch die Scheibe und mitten in das Gesicht eines Mannes, hässlich, grobschlächtig, der Shelley hasserfüllt entgegenblickte. Ein lauter Knall ertönte. Glas splitterte. Noch ein Knall. Die Mündungsfeuer von Pistolen. Schreie in der Nacht."*

„Lass' die Finger von dem Manuskript!", rief Slythe. „Es geht dich nichts an."

Kennington schüttelte kichernd den Kopf. „Aber Archie", sagte er. „Wenn du einen Roman veröffentlichen willst, darfst du dich doch nicht vor deinen Lesern fürchten."

Er wollte eine weitere Seite herausziehen, doch da der Stapel zu dick war, musste er ihn mit der rechten Hand, in der er die Pistole hielt, abstützen.

„Hören Sie, meine Herrschaften! Wie finden Sie das?", rief Kennington dann.

> *„Der Bote des Todes, der gekommen ist, um mich zu holen, steht bereits vor der Tür. Dieses wird, sollte nicht ein rettender Engel vom Himmel fahren, der letzte Brief meines Lebens sein. Er gilt Ihnen, weil ich alles, was es zu sagen gab, meinen übrigen Freunden und der Liebe meines Lebens mitgeteilt habe. Es bleibt mir nichts mehr und ich kehre in den Schoß der Erde zurück, wie ich einst aus dem Leib meiner Mutter gekrochen bin: nackt und ahnungslos, was mich auf der anderen Seite erwartet."*

„Tatsächlich!", rief Kennington. „Der Herr Professor versucht, aus seinen kruden Fantasien auch noch einen Roman zu machen. Wer die Wahrheit scheut, flüchtet in die Fiktion. Es ist also noch schlimmer, als ich geahnt habe."

Heller beobachtete Slythe, dem deutlich anzusehen war, dass er seine Wut mühsam zurückhielt. Sein Gesicht war rot angelaufen, seine Augen funkelten zornig und er atmete in schnellen Stößen.

„Lass verdammt noch mal das Manuskript in Ruhe!", zischte er. Von Kennington erntete er nur einen spöttischen Blick.

„Glaubst du etwa, mit diesem Schund auch nur einen Penny zu verdienen, Archie? Hoffst du etwa, dass die Leute deine Lügen für bare Münze nehmen, wenn du sie auch noch in einem Krimi ausbreitest?"

Kennington nahm einen Großteil der Blätter und warf sie in den Kamin, wo sie unverzüglich Feuer fingen und aufloderten. Slythe schrie auf.

„Du verdammter Mistkerl! Du weißt nicht, was du tust!"

Kennington grinste schief und betrachtete eine weitere Seite. Schmunzelnd, mit gespitzten Lippen und gespielt bewegter Stimme las er noch ein paar Zeilen vor.

„Der Mann ließ sein Opfer sanft zu Boden gleiten und betrachtete die Frau einen Moment lang, um sicher zu gehen, dass das Leben aus ihr gewichen war. Dann nahm er einen Sack, in den er den gesamten Inhalt der Truhe warf. Als er damit fertig war, hob er die alte Frau, die leicht wie ein Kind war, in die Truhe und schloss den Deckel."

„Uh!", machte Kennington und verzog theatralisch das Gesicht. „Ein Thriller mit einem Mord."

Dann grinste er wieder spöttisch, ließ auch dieses Papier ins Feuer flattern. „Der gute, alte Archie wollte Bestseller-Autor werden. Daraus wird aber wohl leider auch nichts!"

Kennington kicherte. Dann sah er Heller herausfordernd an: „Sie haben mich angelogen, Heller! Da war kein Zaubergedicht."

Heller zuckte mit den Schultern. „Slythe muss es woanders versteckt haben", sagte er.

Slythe aber rief: „Du bist eine ärmliche, bedauernswerte Gestalt, George Kennington. Du bist von Eifersucht und Neid zerfressen. Ich habe es immer gewusst. Du hast mich schon gehasst, als wir uns zum ersten Mal begegnet sind. Du hast damals schon geahnt, dass du zu allen Zeiten in meinem Schatten stehen würdest. Und warum? Weil ich die Magie der Poesie seit jeher tief in meinem Herzen verspürte, während du Worte nur kühl und distanziert betrachten kannst. Jede Faser meines Körpers und meines Geistes durchdringt die Poesie, die du bewundern magst, aber doch nicht verstehst. Denn du bist emotional ausgetrocknet. Du bist zu echten Gefühlen nicht fähig. Du bist eiskalt. Timothy war für dich ein lebendiges Menschenwesen, das du ausgesaugt hast. Und als er tot war, bist du innerlich verkümmert."

Kennington zitterte. Sein Gesicht und ganzer Körper schienen zu verkrampfen. Er hatte die Pistole auf Slythe gerichtet, kurz davor, abzudrücken.

Heller nutzte den Moment. „Jetzt weiß ich, wo das Gedicht ist", sagte er. „Ich habe Slythe vorher beobachtet, wie er etwas in diese Vase gesteckt hat."

Er deutete auf die Amphore auf dem Kaminsims. In diesem Moment knallte etwas in der Ferne. Für einen Moment glaubte Heller, es handele sich um den Donner. Doch der grummelte nur noch aus der Ferne. Vielleicht ein Feuerwerk. Schließlich erwog er die Möglichkeit, dass jemand da draußen schoss.

Kennington sah zum Fenster, runzelte missmutig die Stirn und sagte: „Hatte ich Derek nicht gesagt, er solle den Kerl lediglich beobachten und ihn nicht gleich umlegen?"

Dann aber zuckte er mit den Achseln. „Egal! Hier draußen hört uns keiner und wir sind ohnehin bald weg."

Heller brauchte einen Moment, um zu verstehen, von wem Kennington sprach und wem die Schüsse gegolten hatten. Wie ein Schlag in die Magengrube traf ihn die Erkenntnis, dass er

Giovanni ahnungslos und hilflos in seinem Wagen zurückgelassen hatte.

„Sie gottverdammtes Schwein!", zischte Heller.

„Keine Ursache!", erwiderte Kennington. „Es ist nicht meine Schuld, dass Sie noch weitere Personen in diese Geschichte hineingezogen haben. Aber keine Sorge: Derek ist ein meisterhafter Schütze. Ihr Freund wird nicht gelitten haben."

Heller starrte Kennington mit offenem Mund an.

„Ich gebe Ihnen das Gedicht", sagte er dann kraftlos.

Kennington grinste breit. „Hören Sie auf, Heller! Es gab nie ein Gedicht und es wird nie eines geben."

Kaum hatte Kennington zu Ende gesprochen, da vernahm Heller aus Claire Beaumonts Richtung ein leises, melodiöses Summen. Er wandte sich zu ihr und sah, dass sie mit geschlossenen Augen auf ihrem Sessel saß, leicht hin und her wippte und verträumt lächelte. Und tatsächlich summte sie eine Melodie, die klang, als singe sie ein Wiegenlied.

Alle Männer im Raum betrachteten Claire Beaumont entweder erstaunt oder irritiert. Die Ereignisse der letzten halben Stunde waren wohl zu viel für sie gewesen, nun schien sie den Verstand zu verlieren. Doch bevor irgendjemand etwas sagen konnte, öffnete sie die Augen und begann mit sanfter, sehr klarer Stimme zu sprechen.

„Mr. Kennington, ich verstehe, dass Ihnen unvorstellbar großes Leid zugefügt wurde. Ich weiß, wie fürchterlich es ist, einen Menschen zu verlieren, den man innig geliebt hat. Es ist, als reiße jemand einem das Herz aus dem lebendigen Leib."

Sie drückte ihre rechte Hand an die Brust, was Heller in einer anderen Situation vermutlich zu theatralisch gefunden hätte. In dieser Situation aber war ihm jede Geste recht.

„Ich weiß, dass auch Sie Liebe in sich haben", fuhr Claire fort. „Auch Sie kennen die wahre, allumfassende Liebe, die keine Feinde kennen mag und keine Angst. Die Liebe, die das Band ist, das uns alle eins werden lässt, die uns erkennen lässt, dass in jedem Menschen Gutes ist und dass Gutes zu tun und zärtlich zu sein, das größte Glück auf Erden ist. Auch Sie kennen diese Liebe, nicht wahr, Mr. Kennington?"

Claire Beaumont blickte Kennington beinahe beschwörend an, als wünsche sie sich dringend eine Antwort von ihm. Doch sie wartete nicht darauf und fuhr fort:

„Atemlos vor Glückseligkeit macht diese Liebe, die die Liebe zu einem einzelnen Menschen übersteigt. Wenn die Menschen nur verstehen, dass wir alle Brüder und Schwestern sind und diese Welt ein Paradies sein kann, wenn wir unsere Herzen öffnen und uns ein bisschen Mühe geben. Wenn wir einander helfen und verzeihen, auch denen, die Böses taten. Niemand ist verloren, niemand ist allein…"

Claire lächelte. Eine Träne rann aus ihren Augen. Ihre Lippen zitterten, während sie den Blick unverändert auf Kennington gerichtet hatte.

„Wenn Sie mich getötet haben, Professor Kennington, und ihr Ziel erreicht, wenn auch Professor Slythe, Hector und Mr. Heller tot sind, dann hoffe ich, dass Sie Ihren Frieden finden. Dann hoffe ich, dass Sie für eine Welt einstehen, in der Menschen keine Angst mehr voreinander haben müssen, sondern sich gegenseitig unterstützen und bestärken, sich vertrauen, sich zu verstehen versuchen, mit all ihren Schwächen, Sorgen und Unsicherheiten, und die Liebe mehren, statt Zorn und Verachtung zu sähen. Das wäre die Welt, die auch Keats und Shelley sich erträumten. Die Welt, an die Sie einmal geglaubt haben."

Heller betrachtete Claire Beaumont und sah aus den Augenwinkeln, dass jeder im Raum sie gebannt betrachtete.

„Bevor ich sterbe, darf ich Ihnen ein letztes Mal das wunderbare Gedicht vortragen, das auch in Ihrem Herzen wieder die Liebe entfachen wird, Mr. Kennington?"

Claire Beaumont lächelte ihn zärtlich an, wie verliebt. Kennington zuckte kurz, als erwache er aus einer Trance. Dann sagte er mit leiser Stimme: „Es gibt kein Gedicht, Ms Beaumont."

„Doch", erwiderte Claire und nickte eifrig. „Es ist in meinem Herzen."

Claire Beaumont strahlte über das ganze Gesicht. Langsam erhob sie sich von ihrem Sessel, öffnete den Mund, breitete die Arme aus und begann Worte von sich zu geben, die mehr gesungen, als gesprochen klangen.

Heller bückte sich vorsichtig und nahm die mit Brennspiritus gefüllte Plastikflasche, die neben dem Kamin stand. Dann warf er sie ins Feuer. Im nächsten Moment ertönte ein Knall und ein Feuerball schoss aus dem Kamin hervor, der Kenningtons Mantel erfasste.

„Verdammt!", fluchte er und schien so perplex, dass er an die Decke schoss. Heller riss die Vase vom Kaminsims und schleuderte sie auf Kennington. Sie traf ihn am Kopf und zerbrach. Der Professor wollte ein zweites Mal schießen, doch da sprang Slythe auf und stürzte sich auf ihn. Ein nächster Schuss krachte. Dann noch einer. Slythe hatte Kennington umgerissen und beide lagen brennend und miteinander kämpfend am Boden. Canelli zielte mit seiner Pistole erst auf die beiden, dann auf Heller. Dann krachte wieder ein Schuss. Canelli sackte zur Seite. Aus den Augenwinkeln sah Heller, dass eines der Fenster geborsten war. Ein weiterer Knall ertönte, zweifellos ein

Pistolenschuss. Richard hechtete zur Seite und schoss nun seinerseits in Richtung des Fensters.

Canelli schien verletzt zu sein, rappelte sich aber auf und wollte Kennington zur Hilfe eilen. Doch da schnellte Trimball in die Höhe, hatte aber scheinbar vergessen, dass seine Füße gefesselt waren und stolperte. Canelli riss seine Pistole herum und schoss auf Trimball. Noch ein Schuss fiel und Canelli sackte in sich zusammen.

Heller sah Claire Beaumont, die mit weit aufgerissenen Augen und entsetztem Blick im Raum stand. Er wollte zu ihr. DochRichard war schneller, sprang zu ihr, packte sie von hinten und drückte ihr seine Pistole an den Kopf.

„Keine Bewegung, oder ich erschieße das Mädchen!", schrie er.

Heller erstarrte. Er sah Slythe und Kennington, die am Boden miteinander rangen, beide brennend, beide verletzt, jedoch nicht voneinander lassend. Trimball lag zusammengekrümmt da und gab keinen Ton mehr von sich. Dasselbe galt für Canelli.

Hellers Herz überschlug sich.

„Hören Sie!", rief er dem Mann mit dem Kaugummi zu. „Lassen Sie Claire frei! Nehmen Sie mich oder verschwinden Sie einfach!"

„Sind Sie verrückt?", schrie der Mann. „Da draußen schießt jemand auf uns."

Er machte einen Schritt zur Seite und zog Claire mit sich. Die rollte plötzlich mit den Augen, als wäre etwas in sie gefahren, und bewegte schnell die Lippen. Und dann fing sie an, in rasender Geschwindigkeit, jedoch mit deutlich vernehmbarer Stimme zu flüstern.

"This living hand, now warm and capable
Of earnest grasping, would, if it were cold
And in the icy silence of the tomb,
So haunt thy days and chill thy dreaming nights
That thou wouldst wish thine own heart dry of blood
So in my veins red life might stream again,
And thou be conscience-calmed—see here it is—
I hold it towards you."

„Voll Leben ist die warme Hand und fähig
Mit Kraft zu greifen, und selbst wenn
Sie tot in einem kalten Grabe läge,
Suchte sie dich so am Tage heim und in den Träumen,
Dass du das Blut aus deinem Herzen gäbest,
damit das Leben wieder durch mich strömt,
Und dein Gewissen wäre wieder ruhig – so schau:
Ich halte sie dir hin!"

Richard blickte Claire verwirrt von der Seite an. Plötzlich aber verzog er das Gesicht und ächzte. Heller erkannte den Grund. Claire Beaumont hatte ihm zwischen die Beine gefasst und quetschte nun mit aller Kraft seine Hoden zusammen, als wollte sie sie zermalmen.

Heller rannte auf die Beiden zu. Und prallte mit voller Wucht gegen den Mann. Zwei Schüsse krachten. Heller spürte einen stechenden Schmerz im Leib. Dann wurde es dunkel um ihn.

69.

„Die Wirklichkeit ist, was wir aus ihr machen, nicht wahr?
Wir können aus ihr ein Paradies erschaffen oder die Hölle."

Edward Trelawny wusste nicht mehr genau, wer ihm diese
Worte gesagt hatte, ob es Lord Byron gewesen war oder Shel-
ley, oder ob er sie sich gar selbst ausgedacht hatte. Es war ja
auch gleichgültig, denn kluge Gedanken gehörten niemandem
und allen zugleich. Sie klangen deutlich in seinem Ohr, wäh-
rend er auf dem heißen, weißen Sand des Strandes nahe des
kleines Ortes Viareggio stand und auf die lodernden Flammen
starrte, die Shelleys aufgebahrten toten Körper allmählich in
graue Asche verwandelten. Die Hitze des Feuers machte aus
diesem Ort, kombiniert mit der Sonne am Himmel, einen fast
unerträglichen Glutofen. Die Szenerie hatte gleichzeitig etwas
Feierliches und in seiner Profanität Niederschmetterndes an
sich. Einer der größten englischen Dichter seiner Zeit, ein Vi-
sionär und unermüdlicher Kämpfer des Wortes, war nun
nichts mehr als ein Haufen aus Knochen und zerfallendem
Fleisch, das die Fische in den Tagen, in denen der Ertrunkene
im Meer getrieben war, bereits stark angefressen hatten. Bald
würde auch vom Rest nichts mehr übrigbleiben und ein Mann
von unwahrscheinlicher Sprachgewalt und Energie wäre für
immer der Welt entrissen.

*Er schwebt über unseren Köpfen, kaut genüsslich auf einem
Stück Gemüse herum, hebt ein Glas Wasser auf uns und sieht uns
zu,* dachte Trelawny und folgte mit dem Blick der Rauchsäule,
die in den Himmel stieg, um sich in der Höhe aufzulösen. Der

Strand lag fern jeder menschlichen Behausung. Nur vereinzelte, verfallene Wehrtürme zeugten von einstiger Zivilisation. Südlich erhoben sich die Eilande Elba, Capraia und Gorgona aus dem Meer, östlich und landeinwärts, die Erhebungen des Appenin-Gebirges. Ein Ort der Einsamkeit und erhabenen Größe, wie Shelley ihn geliebt hätte. Nun umstanden seinen vergehenden Leichnam in respektvoller Distanz ein Dutzend Soldaten, ein italienischer Gesundheitsoffizier und Edward Trelawny, der Shelley erst vor wenigen Monaten in Pisa kennengelernt hatte. Er war es, der die Strecke zwischen Leghorn und Lerici unermüdlich auf- und abgeritten war, nachdem Shelley, Williams und der Bootsjunge nicht von ihrer Fahrt zurückgekommen waren. Er war es, der den toten Shelley zuerst identifiziert hatte. Und jetzt war er es, der sich darum kümmerte, Shelley eine würdevolle Bestattung zukommen zu lassen. Shelley hatte es verdient.

Mary konnte daran nicht teilnehmen, der italienische Brauch verbot ihr das als Frau. Byron bezahlte für alles, steuerte ansonsten aber wenig mehr als bissige Bemerkungen bei, und Leigh Hunt hatte der Tod Shelleys derart erschüttert, dass er dem Krematorium aus der sicheren Entfernung seiner Kutsche beiwohnte. Und auch Lord Byron mochte den unaufhörlichen körperlichen Zerfall seines Dichterfreundes nicht länger mit ansehen – das Aufbrechen des Leibes, das Bersten der Knochen und nun das langsame Zerkochen des Gehirns auf dem glutheißen Eisensarg. Der Lord hatte sich kurzerhand entkleidet und war in die Fluten des Meeres gesprungen, um zu seinem Boot, der *Bolivar*, zu schwimmen. Trelawny aber blieb bei dem großen Feuer, denn er fühlte die Verantwortung, Shelleys letzte Angelegenheiten bis zum Ende zu regeln. Er war es sowohl diesem talentierten Mann schuldig, der ihm in der kurzen Zeit ihres Beisammenseins ein so großartiger Freund gewesen war, als auch Mary, die gebrochen mit ihrem Kind und Jane Williams in der nun einsamen Casa Magni saß und nicht recht wusste, was nun aus ihrem Leben werden würde. Sie würde sein literarisches Erbe wohl hüten und verwalten, hatte sie gesagt – wenn sie erst einmal den Schmerz des Todes überwunden hätte.

Er wandte den Kopf zur Seite. Nun fiel auch ihm der Anblick des verbrennenden Leibes schwer. Vom Kopf waren nur noch der blanke Schädel und der Kiefer übrig, darunter erstreckten sich die Knochen, die beim lebenden Menschen von Sehnen und Muskeln zusammengehalten wurden. Der Tod war ein merkwürdiger Fluch, dachte Trelawny, ihn hinzunehmen, ohne zu verzweifeln, eine der schwersten Prüfungen. Da lebte ein Mensch, ausgestattet mit der Fähigkeit zur Liebe und mit einem hervorragenden Geist, und dann endete auf einmal alles. Kein Atmen mehr, kein Lachen, keine kluge Konversation, kein Umarmen des hellen Tages. Es war bedrückend!

Trelawny musste an die bekannten Verse des Hamlet denken, die Shelley und er an einem Abend vor einigen Wochen gemeinsam gelesen hatten und deren Aussage Shelley brüsk zurückgewiesen hatte.

„Was für ein Meisterstück ist der Mensch! Wie edel durch die Vernunft! Wie unbegrenzt in seinen Fähigkeiten! An Gestalt und Bewegungskraft wie vollendet und bewundernswürdig! Im Wirken wie ähnlich einem Engel! Im Denken wie ähnlich einem Gott! Die schönste Zier der Schöpfung! Das vollkommenste aller sichtbaren Wesen! Und doch, was ist in meinen Augen diese Quintessenz von Staub? Der Mensch gefällt mir nicht, und das Weib eben so wenig."

Auch Shelley erkannte deutlich die Widersprüche der

menschlichen Seele, des Wesens, das halb Tier, halb Gott war, zwischen Grausamkeit und Liebe hin- und hergerissen. Doch im Gegensatz zum schwermütigen Prinzen von Dänemark, gefielen ihm die Menschen, denn er glaubte daran, dass der Mensch die in sich angelegten wunderbaren Fähigkeiten frei entfalten könne, wenn Vernunft und Gefühl vereint würden. Wer aber würde seine Fackel weitertragen, jetzt, da er nicht mehr da war? Wer würde, wie er, die Missstände und Ungerechtigkeiten anprangern, die Wunder der Natur anpreisen, die Menschen zum guten und moralischen Handeln aufrufen, die Mächtigen furchtlos attackieren?

Lord Byron hielt die Menschen für verlorene Sünder, deren Heuchelei, Selbstüberschätzung und Zerrissenheit man nur mit Spott und Sarkasmus begegnen konnte. Dabei schien es Trelawny, dass Byrons Attitüde im Grunde zu einem gehörigen Maße von Selbsthass und einer unwahrscheinlichen Angst, seine eigenen Gefühle zu offenbaren, gespeist war. Byron würde in seinen Schriften niemals an die Moral der Menschen appellieren. Eher würde er sich in das nächstbeste Schlachtgetümmel werfen und untergehen.

Leigh Hunt schrieb, aber seine Schriften waren nicht im Entferntesten mit der Kraft und Genialität eines Shelley zu vergleichen. Hunt war ein Verwalter, der kluge Leute um sich zu scharen wusste. Doch seine nervtötende unglückliche Frau und seine Kinderschar stutzten dem Adler gehörig die Flügel.

John Keats war schlicht tot. Von seinen Lippen würde nie mehr ein Wort fließen.

Der Tod hinterließ Leere. Es war ein heißer Augusttag am Strand von Viareggio und die Hoffnung der Poesie ging in Flammen auf. War das das Ende? Hatte ein Mann wie Percy Bysshe Shelley umsonst gedacht und geschrieben? Waren all die Leidenschaften seines Geistes und seines Herzens umsonst gewesen?

Trelawny sah aufs Meer hinaus, wo der Kopf des schwimmenden Lord Byron neben dessen Boot auftauchte. Vielleicht hatte der Lord recht, wenn er sein Leben in vollen Zügen genoss wie einen guten Wein. Er gab sich nicht mit schwermütigen Gedanken angesichts der Vergänglichkeit und des Todes ab. Er stürzte sich mitten hinein ins Getümmel, ganz gleich, ob darin das pralle Leben oder der düstere Tod wartete.

Die Wirklichkeit ist, was wir aus ihr machen. Wir können aus ihr ein Paradies erschaffen oder die Hölle.

Trelawny lächelte. Wer wusste, was das Leben für ihn noch an Überraschungen und Abenteuern bereithalten würde? Er hatte die Zeit mit Shelley außerordentlich genossen und eine Menge gelernt. Das Schicksal hatte gewollt, dass diese Epoche nun vorüber sei und die Überlebenden weiter voranschreiten würden. Es gab viel zu tun auf dieser Welt!

Trelawny machte einen Schritt auf das Feuer zu, das vom Körper nur wenig mehr übriggelassen hatte, als graue Aschehäufchen. Doch inmitten der Glut war etwas, dass seine Aufmerksamkeit erregte. Trelawny liebte es, Erzählungen über seine Erlebnisse auszuschmücken und auch die gewöhnlicheren davon derart anekdotenreich zu gestalten, dass ein Gang zum Kaufmann wie ein Schlachtzug gegen wilde Husaren klang. Diesmal aber war das, was er erblickte, keine seiner phantastischen Erfindungen – es war wirklich vorhanden. Fast unberührt vom Feuer lag dort Shelleys Herz, das der verzehrenden Flamme widerstanden hatte. Trelawny blickte nach links und nach rechts, um sicherzustellen, dass ihn auch niemand beobachtete. Es war hierzulande streng verboten, mit einem Leichnam in Berührung zu kommen, wollte man nicht eine mehrtägige Quarantäne wegen einer möglichen Seuchengefahr über sich ergehen lassen. Doch niemand sah, wie Trelawny das Herz Shelleys ergriff, sich dabei gehörig die Hand verbrannte, und den faustgroßen Klumpen in seiner Jackentasche verbarg. Der Sitz der Seele, so glaubten die alten Ägypter, sei das Herz eines Menschen. Und ein Herz, das ein derartiges Feuer überlebte, musste eine unsterbliche Seele in sich tragen.

70.

Der Tod fühlte sich nicht entscheidend anders an, als das Leben, fand Heller. Ein bisschen wie Schlaf, ein bisschen wie ein Traum, den man nach dem Erwachen vergessen würde.

„Heller!", sagte eine Stimme. „Wach auf!"

Heller öffnete die Augen. Über ihm war ein Gesicht, das ihm bekannt vorkam. Dann wusste er, wer sich da über ihn beugte.

„Giovanni!", sagte Heller erleichtert. Doch im nächsten Moment schreckte er zusammen. „Claire!", flüsterte er.

„Claire!", rief Heller noch einmal. Er wandte den Kopf suchend zur linken und zur rechten Seite und sah sie schließlich zwei Schritte entfernt am Boden liegen. Sofort versuchte er sich aufzurappeln, doch ein strechender Schmerz in seinen Rippen ließ ihn aufschreien.

„Du bist verletzt", sagte Giovanni und deutete auf Hellers rechte Bauchseite. Das Hemd war dort zerrissen und blutgetränkt.

„Nur ein Streifschuss", erwiderte Heller, der keine Ahnung hatte, wie schwer seine Verwundung war. Eine Kugel musste ihn getroffen haben. Doch das war ihm im Moment gleichgültig. Mit aller Kraft stemmte er sich hoch und kroch zu Claire.

„Wir müssen raus hier!", hörte er Giovanni rufen. „Die Bude brennt ab."

„Claire!", sagte Heller. Er hatte sich über sie gebeugt. Sie lag da, als schliefe sie. Ihre Augen waren geschlossen und sie war aschfahl. Ein dunkler Fleck breitete sich auf ihrem Nachthemd aus, etwa dort, wo sich der Bauchnabel befand. Doch ihre Brust hob und senkte sich leicht und ihre Lippen bebten.

Heller blickte sich hilfesuchend um. Er entdeckte das Chaos um sie herum. Trimball, Canelli und Richard lagen im Raum verteilt und bewegten sich nicht mehr. Slythe und Kennington zuckten brennend neben dem Kamin. Das Feuer hatte inzwischen einen großen Teil der Teppiche und Vorhänge erfasst. Immer mehr Rauch erfüllte das Zimmer.

Heller wandte sich wieder Claire zu.

„Claire!", flüsterte er und wünschte sich, er könne sie wach küssen. Sie antwortete nicht.

„Wir müssen sie zu einem Arzt bringen", rief Giovanni.

„Ja, natürlich!", erwiderte Heller. „Alles wird gut, Claire! Alles wird gut!", flüsterte er beschwörend und streichelte immer wieder über ihre kalte, nasse Stirn. Er sah sich außerstande, Claire aus den Augen zu lassen. Es war Giovanni, der handelte.

„Das Unwetter hat alle Leitungen lahmgelegt", sagte er. „Mein Handy funktioniert nicht. Wir können keinen Krankenwagen rufen."

„Was ist da draußen passiert?", fragte Heller und starrte Giovanni an.

„Das erzähle ich dir ein anderes Mal. So ein Mistkerl wollte mich abknallen, wusste aber offenbar nicht, mit wem er es zu tun hat. Die Linke ist nicht tot, sondern quicklebendig. Und wehrhaft."

Heller nickte, ohne zu überlegen, was Giovanni meinte.

„Vor der Tür steht ein schwarzer Wagen", sagte Heller. „Ich glaube, der gehört Slythe oder Trimball."

„Und wo sind die Schlüssel?", erwiderte Giovanni. Heller zuckte mit den Achseln. Giovanni sprang auf und spurtete zu den am Boden liegenden Körpern. Heller wollte ihm bei der Suche helfen, doch er konnte Claire nicht alleine lassen.

Da ergriff jemand seine Hand. Heller wandte den Kopf und sah in Claires puppenhaft bleiches Gesicht. Ihre Augen waren nun geöffnet und blickten ihn traurig an. Ihre Lippen zitterten. Ihre weiche Hand hielt die seine fest und drückte sie schwach.

„Alles wird gut, Claire!", sagte Heller. „Wir bringen dich in ein Krankenhaus."

Claire schloss langsam die Augen, öffnete sie wieder und schloss sie erneut. Dabei bewegte sie ihre Lippen, als spreche sie stumme Worte.

„Ruh' dich aus, Claire!", flüsterte Heller. „Ich bin bei dir."

Giovanni hatte Slythes Taschen untersucht und wandte sich nun Trimball zu, der anscheinend noch lebte, denn er hatte leise zu stöhnen begonnen.

„Wo sind die Schlüssel für das Auto draußen?", rief Giovanni ihm entgegen.

Trimball bewegte die Lippen, versuchte etwas zu sagen, aber brachte nur ein Ächzen heraus.

Hellers Aufmerksamkeit war nur auf Claire gerichtet. Sie atmete in immer schnelleren Stößen, hielt seine Hand ganz fest umklammert und blickte ihn wieder mit großen Augen und geöffneten Lippen an.

„Muss ich sterben?", fragte sie mit kaum hörbarer Stimme. „Gibt es ein anderes Leben?"

„Du wirst nicht sterben", sagte Heller mit fester Stimme. „Alles wird gut werden. Ich verspreche es dir."

Wie zur Bestätigung drückte er sanft ihre Hand und lächelte aufmunternd, so gut es ihm gelang. In Wahrheit hatte er den Eindruck, dass sie viel zu viel Blut verlor. Sein eigener Bauch schmerzte höllisch.

„Das Licht", sagte sie mit schwacher Stimme. „Ich sehe das Licht."

„Das ist das Feuer im Kamin", versuchte Heller sie zu beruhigen. Dabei brannte das Zimmer inzwischen zu immer mehr Seiten. Er kämpfte mit den Tränen, versuchte es aber, so gut es ging, vor Claire zu verbergen. „Alles wird gut!"

Heller hatte keine Ahnung von Medizin, so viel Blut zu verlieren, musste aber lebensbedrohlich sein. Ein Schuss hatte wohl Claires Unterleib oder die Bauchregion getroffen.

„John", hauchte Claire plötzlich. „Versprich mir, dass du der Liebe dein Herz öffnen wirst!"

„Ja, ja", erwiderte Heller, der Claire im Moment alles versprochen hätte, ganz gleich, wie sie ihn nannte.

„Das Böse darf nicht siegen", flüsterte sie.

„Ja, ja!", wiederholte Heller, so sinnlos es ihm schien.

„Sag' ihnen, sie sollen die Liebe suchen."

Heller nickte.

„John?", sagte Claire und machte ein erstauntes Gesicht. Heller schüttelte den Kopf.

„Ich bin nicht...!", begann er, doch er hielt inne. Claire stöhnte, ihr Körper erzitterte und ihre Hand krallte sich noch fester um seine. Ihr Gesicht war verzerrt, als verspüre sie heftige Schmerzen, sie presste die Lider und blassen Lippen aufeinander, Schweißperlen bildeten sich auf ihrer Stirn. Nach einem Moment entspannte sie sich wieder und Heller fürchtete, sie sei gestorben. Doch dann öffnete Claire die Augen matt und ein Lächeln zuckte über ihre Lippen. „Benjamin!"

„Claire!", sagte Heller laut, fast flehend. „Bleib' bei mir!"

„Heller!", hörte er Giovanni hinter sich rufen. „Hier!"

Etwas klimperte. Heller wandte den Kopf und sah, dass der Italiener neben Trimball kniete und einen Autoschlüssel in der Hand hielt. Trimball lag mit geöffneten Augen auf der Seite und blickte in Hellers und Claires Richtung. Er war tot.

Heller schob sofort seine Arme unter Claires Leib und hob sie hoch. So gut es ging, versuchte er die Schmerzen, in seinem Körper zu ignorieren. Giovanni lief vor ihm dem Ausgang entgegen. Das brennende Zimmer und die tödlich verwundeten oder toten Männer hinter sich lassend, trug Heller Claire hinaus in die feuchte, frische und nach Regen und Wald riechende Luft. Es hatte zu regnen aufgehört, doch zwischen den Bäumen waberten in der Nachtstille Nebelschwaden.

Als sie das schwarze Auto erreicht hatten, öffnete Giovanni erst die hintere Tür und gemeinsam legten sie Claire vorsichtig auf den Rücksitz. Heller stieg hinterher und nahm ihren Kopf auf seinen Schoß. Giovanni sprang in den Wagen, startete den Motor und mit einem Satz fuhren sie los, in einen Waldweg hinein, der erst ein Stückchen bergauf, dann aber in Serpentinen bergab führte.

Heller hielt Claires Körper und Kopf fest in den Armen und streichelte unentwegt ihre Stirn. Dass ihm in diesem Moment beim Anblick von Claires bleichem, wunderschönem Gesichts Sätze einfielen, die er in den letzten Tagen vermutlich auch irgendwo gelesen oder gehört hatte, wunderte ihn nicht mehr. Er konnte ohnehin nichts gegen sie tun.

All things that we love and cherish,
Like ourselves must fade and perish;
Such is our rude mortal lot —
Love itself would, did they not.

   Alles, was wir lieben und begehren
   Muss – wie wir – erlöschen, sich verzehren;
   Das ist das harte Los der Sterblichkeit –
   Und schenkt der Liebe Ewigkeit.

Heller fragte sich, ob er nicht doch in einem düsteren Alptraum feststeckte – in einem grotesken, gewalttätigen, grauenvollen Alptraum, der mit der Wirklichkeit nichts zu tun hatte. Es musste einen logischen Bruch in der Geschichte geben, irgendeine offensichtliche oder verborgene Inkonsistenz in der Erinnerung und Wahrnehmung. Gab es ein anderes Leben? Würde er aufwachen und merken, dass alles nur ein Traum gewesen war?

„Claire!", sagte Heller und presste die Zähne zusammen. Er wollte nicht denken, was er am meisten fürchtete. Er selbst fühlte sich kraftlos und matt, dabei brauchte er Energie, um sie in Claires leblosen Körper zu lenken und die junge Frau wieder aufzuwecken. Was hätte er dafür gegeben, wenn er sein Leben gegen das ihre würde eintauschen können? Sein verpfuschtes, mickriges, dümmliches Leben, in dem er so oft gedankenlos seine Tage mit unsinnigen Tätigkeiten verschwendet hatte, mit kurzweiligen Vergnügungen, in denen er gefühlskalt anderen Menschen begegnet war und sie für seine Zwecke eingespannt, sie belogen und betrogen hatte, wenn es zu seinem Vorteil gewesen war. Sie hingegen verehrte das Dasein in all seinen Facetten, sie respektierte und bewunderte das Wunder allen Lebens, während er es stets achselzuckend und verächtlich hingenommen hatte. Sie empfand in einer Intensität, die ihm fremd war, und sie träumte von einer besseren Welt. Sie war eine zartgliedrige, zerbrechliche Blume aus Glas, doch voller Liebe. Er war ein tumber Elefant. Aus irgendeinem Grund kamen ihm Märchen in den Sinn, Schneewittchen, Dornröschen, Rapunzel. Hatten darin nicht auch Küsse Wunder vollbracht? Einen Moment zögerte er, da er nicht wusste, ob Claire damit einverstanden wäre. Dann aber presste er seine Lippen auf die ihren, nicht lange, den Bruchteil einer Sekunde

481

nur, doch es reichte, um ihm eine Flut von warmen Gefühlen durch den Körper zu jagen, unendliches Glück gemischt mit unendlicher Trauer.

Er musste sie retten. Widerwillig löste er die Lippen, hob den Kopf und blickte durch den Schleier seiner eigenen Tränen auf das engelhafte Gesicht vor sich. Claire hatte die Augen halb geöffnet und sah ihn sanft an.

„Claire!", flüsterte er und eine Welle des Glückes durchströmte ihn.

„Claire!", sagte er noch einmal ganz leise, als dürfe niemand ihn hören. Als müsste vor dem Tod verborgen werden, dass ihm ein Opfer entwischt war.

„Wir sind bald da, Claire!", wisperte er ihr ins Ohr. „Bald bist du gerettet."

Claire lächelte. Sie öffnete die Lippen, bewegte sie. Heller wusste auch nach dieser Nacht nicht, welche seiner Erinnerungen mit der Realität zu tun hatten, welche der Fantasie entsprungen waren. Claire sollte sich nicht mehr anstrengen, sie sollte ihre Kräfte nicht mit irgendwelchen Versen verschwenden. Doch er konnte sie nicht zum Schweigen bringen. Und die Worte, die Claire zu ihm mit einem beinahe belustigten Gesichtsausdruck und einem abschließenden leisen Kichern gesprochen hatte, jene Worte voller Poesie und Liebe, vergaß er nie wieder.

71.

Vor dem Fenster der über die staubige Straße polternden Kutsche zog die Landschaft der nördlichen Toskana vorbei. Grüne Hügel und Berge erhoben sich zur rechten Seite, das tiefblaue Meer streckte sich zur linken dem Horizont entgegen. Mary Shelley sah nachdenklich hinaus, den Kopf des kleinen Percy Florence auf ihrem Schoß. Wie sehr hatte der Vater des Jungen die Natur dieses Landes geliebt, die Flüsse, die Wiesen, die Wälder und die See, die ihm zum Verhängnis geworden war!

Mary senkte den Blick und betrachtete das Gesicht ihres Sohnes, seine rötlichen Wangen, den dunklen Haarschopf und seine geschlossenen Kinderaugen. Welches Schicksal würde diese Frucht ihrer Liebe zu Shelley erleiden? Würde ihm ein längeres Leben beschieden sein, als seinen verstorbenen Geschwistern und dem ertrunkenen Vater?

Mary Shelley schnürte es noch immer die Kehle bei dem Gedanken zu, dass der Mann, mit dem sie fast acht Jahre ihres nun 26 Jahre andauernden Lebens verbracht hatte, tot war. Dieser Mann, unter dessen erratischen Handlungen, erotischen Eskapaden und Freiheitsdrang um jeden Preis sie oft gelitten hatte, an dem sie manchmal beinahe verzweifelt wäre, aber der ihr in vielen Augenblicken ihres Zusammenseins unwahrscheinliches Glück und Freude bescherte und der sie immer wieder durch seinen Eifer, seine kreative Intelligenz und seine Energie zu bezaubern wusste.

Nun war er tot und hatte nichts hinterlassen, als einen Sohn, die Erinnerung an sich und eine große Zahl an niedergeschriebenen Worten, Versen, Gedichten, Pamphleten, Essays und Dramen. Was davon würde bald vergessen sein, was würde die Zeiten überdauern und vielleicht in hundert, zweihundert oder gar dreihundert Jahren von den Menschen noch gelesen und sogar geliebt werden? Möglicherweise nichts davon, da Gedanken am Ende doch an die Zeit gebunden waren, in der Menschen lebten.

Mary hatte alles, was Shelley an Schriften mit sich geführt und selbst verfasst hatte, in einer großen Kiste mit dem übrigen Gepäck auf dem Dach der Kutsche verstauen lassen. Darin lag sein literarisches Erbe verborgen, Abschriften von Werken, die er während ihrer Zeit in Italien nach England zu seinem Verleger Ollier hatte schicken lassen, aber auch manches, das niemand zu Gesicht bekommen hatte, Mary und seine engsten Freunde ausgenommen. Mancher Schatz lag in der Truhe vielleicht noch verborgen.

Was wäre wohl aus Shelley geworden, hätte er fortgelebt? Wären sie irgendwann nach England zurückgekehrt, in ein freieres England vielleicht, in dem seine Werke nicht mehr als gefährlich galten und seine Ideen verwirklicht würden? Ein Land, in dem jeder Mensch, ganz egal welchen Standes und welchen Einkommens frei seine politischen Vertreter wählen konnte? Ein Land, in dem Frauen die gleichen Rechte hatten wie Männer? Ein Land, in dem soziale Gerechtigkeit herrschte und niemand mehr ausgebeutet würde? Ein Land, das in Harmonie lebte und im Frieden mit allen anderen Völkern? Hätte Shelley dort den Sitz seines Vaters im Oberhaus eingenommen und daran gewirkt, dass England ein lebenswerterer Ort würde, von Klugheit und Toleranz geprägt?

Mary war nicht naiv. Sie wusste genau, dass Worte lediglich Instrumente waren. Das Gefühl und die Natur, die Freude und das Leid, der Schmerz und das Glück, der Tod und die

Liebe musste jeder Mensch für sich selbst erleben. Worte waren kleine Zeichen, konnten Möglichkeiten aufweisen und Menschen auf etwas vorbereiten. Aber das Erleben selbst konnten Worte nie ersetzen. Und doch war es mit Hilfe der Poesie möglich, dem Dasein, dem Leben in all seiner Vielfalt kleine Tempel zu errichten, in denen die Menschen Ruhe fanden und erweckt wurden.

Was also blieb? Was blieb wirklich von Percy Bysshe Shelley, dem Poeten, dem Rebell, dem Kämpfer für die Freiheit der Menschen und für die Freiheit der Liebe? Würden seine Verse sich behaupten können im Sturm der Zeit? Würden junge Menschen seinen Idealismus verstehen und danach handeln? Würden sie überhaupt noch Gedichte schreiben und lesen? Würden Shelleys Träume von einer freieren und gerechteren Welt irgendwann Wirklichkeit werden? Oder war am Ende das ganze Leben nur als großer Spaß zu verstehen, dem man lachend erst seinen wahren Reiz abgewinnen konnte? Und wenn das der Fall war, warum sollte es sich mit dem Tod anders verhalten?

Shelley, davon war Mary überzeugt, lachte noch aus dem Jenseits über den großen Spaß des Lebens. Und des Todes!

I dare not guess; but in this life
Of error, ignorance, and strife,
Where nothing is, but all things seem,
And we the shadows of the dream,

It is a modest creed, and yet
Pleasant if one considers it,
To own that death itself must be,
Like all the rest, a mockery.

For love, and beauty, and delight,
There is no death nor change: their might
Exceeds our organs, which endure
No light, being themselves obscure.

Ich rate nur; doch dieses Leben
Voll Irrtum, Unwissen und Streben,
In dem nichts ist und alles scheint,
Wir Schatten sind, die jemand träumt,

Mag's eitel sein, doch glaube ich,
Recht hübsch, betracht' ich's eigentlich
Dass selbst der Tod nichts and'res sei,
Wie alles hier – nur Narretei.

Der Liebe, Schönheit und dem Glück
Nimmt selbst der Tod niemals ein Stück
Ihr Wunder überlebt den Leib
Sie werden niemals Dunkelheit

72.

Weiße Wolken zogen über den azurblauen Augusthimmel, an dem Dutzende Schwalben Haken schlagend nach Mücken jagten. Die warme Sonne warf ihre Strahlen auf die Dächer der Ewigen Stadt, in der auch heute Abertausende von Touristen auf der Suche nach Sehenswürdigkeiten durch die Straßen wanderten. Die in der Stadt verbliebenen oder bereits aus dem Urlaub zurückgekehrten Römer sehnten sich nach einem Ende des heißen Augusts und nach den kühleren Temperaturen des Septembers, die das Dasein angenehmer werden ließen. Auch heute würden Menschen in der Hauptstadt Italiens ihren letzten Atemzug machen, Babys geboren, Kinder gezeugt werden, Paare sich trennen, Menschen sich frisch verlieben. Das Leben ging weiter.

Der Tiber war durch die Regenfälle der vergangenen Tage weit über das übliche Maß angeschwollen und trug auf seinem Weg von den Bergen zum Meer allerlei Treibgut mit sich – Laub, Äste und sogar kleine Baumstämme. Auf der Wasseroberfläche sich kräuselnde Wellen bildeten unaufhörlich neue Schaumkronen, die die bizarrsten, kurzweiligen Formen annahmen, wie merkwürdige, unerforschte Schriftzeichen, die aus der Tiefe heraufquollen. *Ihr Name war in Wasser geschrieben.*

Und die Liebe? Welche Rolle spielte die Liebe? Was bedeutete Liebe in einer Welt voller Gewalt, Schmerz, Verzweiflung, Angst, Zorn oder aber der Gleichgültigkeit? War sie nichts als eine leere Hoffnung und aussichtslose Sehnsucht nach Geborgenheit? War sie lediglich ein evolutionärer Kniff, um den Menschen am Leben zu erhalten? War sie, wie der Glaube an einen Gott oder ein Paradies, eine Erfindung von Träumern, um ein peinigendes Leben leichter zu bewältigen? Um wie viel größer war die Enttäuschung für den, der ihr nachjagte, aber sie niemals fand, niemals zu spüren vermochte? Wenn ein Mensch in einem Meer der Trostlosigkeit versank, wenn jegliche Wahrnehmung grau und fad war, klang das Wort allein wie ein Hohn, wie eine Illusion, wie eine vergängliche Erscheinung. Nur der Tod war gewiss. Und das Leben konnte düster sein.

Wie töricht war der Mensch, der dennoch an die Existenz der Liebe glaubte, von ihrer Größe predigte und behauptete, sie in allen Aspekten des Lebens zu erkennen? War dieser Mensch ein Narr? Ein Schwindler? Ein Heuchler? Oder hatte er nur einfach das Glück, von tiefer seelischer Pein verschont geblieben zu sein? Hatte dieser Mensch niemals wirklich gelitten?

Ja, es gab Momente, in denen ein menschliches Herz durch Schicksalsschläge, erlittenen Schmerz und die Boshaftigkeit anderer Menschen ertaubte, von tiefem Misstrauen erfüllt wurde und sich der Liebe verschloss. Der Liebe zu den Menschen und der Liebe zum Leben an sich. Dann verlor das Dasein und all seine Wunder jeglichen Zauber und nichts schien es mehr wert, erlebt oder begehrt zu werden. Dann war der Tod ein Segen und vielleicht ein Ausweg.

Oder aber war die Liebe doch wie die Sonne, die immer strahlte und wärmte, selbst wenn dunkle Regenwolken sie verdeckten? Selbst in der schwärzesten Nacht, wenn man sie nicht sehen konnte und höchstens der Mond noch von ihrer Existenz kündete? Durchwirkte die Liebe, so wie die Sonne niemals wirklich unterging und ihre Kraft unaufhörlich zur Erde sandte, alles Sein in jedem Augenblick und war die Grundlage des Lebens?

Benjamin Heller hätte darauf gerne eine Antwort gewusst. Doch gab es überhaupt eindeutige Antworten in einer Welt, die so uneindeutig war? Eine Welt, die den Menschen mit all seinen Emotionen und Gedanken hin- und herwarf wie ein Stöckchen auf einem reißenden Strom? Eine Welt, in der, was einen Moment vorher noch klar schien, im nächsten Augenblick verschwamm? Was war richtig, was war falsch? Was Wahrheit, was Fantasie? Und wie sollte man richtig leben?

Giovanni hatte bei der Fahrt zurück nach Rom den Fuß kaum vom Gaspedal genommen und in mehreren Kurven die Trägheit ihres Autos gegenüber den Fliehkräften arg auf die Probe gestellt. Dadurch aber war es ihm gelungen, die Strecke aus den Bergen in Rekordzeit zurückzulegen. Als sie vor der Notaufnahme eines Krankenhauses im Osten der Stadt ankamen, war es halb fünf Uhr morgens. Sanitäter waren herbeigesprungen, hatten Claire ergriffen und hinauszuheben versucht, doch waren sie auf den Widerstand Hellers gestoßen, der weder bemerkt hatte, dass sie das Krankenhaus erreicht hatten, noch verstand, um wen es sich bei den unvermittelt auftauchenden Gestalten in ihren blauen Kitteln handelte. Vor allem aber wollte er sich nicht von Claire Beaumont trennen. Sie gehörte zu ihm für alle Ewigkeit, und was sie war, was sie im Herzen barg, was sie für ihn und die Menschheit bedeutete, erschloss sich niemandem, als ihm. Heller hielt Claires Körper fest an sich gepresst. Er wollte nicht, dass das stille Zwiegespräch, das die Fahrt über zwischen ihm und ihr stattgefunden hatte, endete. Sie hatten sich so viel zu erzählen gehabt, auch wenn ihre Worte schließlich erstarben. Sie hatte ihm endgültig die Augen und das Herz geöffnet.

Es war Giovanni, dem es schließlich gelang, Heller mit zwei Backpfeifen aus seiner Trance zu wecken. Die Sanitäter hatten Claire daraufhin auf eine fahrbare Trage gelegt und sie sofort wiederzubeleben versucht. Ein ebenfalls herbei geeilter Arzt nahm ihr den Puls, hob ihre Lider, öffnete das Nachthemd und betrachtete ihre Wunde. Sein Gesicht verdunkelte sich augenblicklich, er schüttelte hoffnungslos den Kopf, dann wurde die Trage mit großer Eile ins Innere des Krankenhauses geschoben.

Heller blickte Claires leblos wirkendem Körper wie betäubt hinterher. Er fühlte sich jeglicher Kräfte beraubt. Der Mensch wandelte tatsächlich auf einem schmalen Grat über dem Nichts und es schien Heller auf einmal wie eine große Kunst, die tiefe Sinnlosigkeit des Daseins nicht in ihrer ganzen Wucht zu spüren. Er sprang aus dem Auto und lief der Trage hinterher. Doch er kam nicht weit. Denn plötzlich schien der Boden unter ihm nachzugeben, der Himmel färbte sich schwarz und Heller stürzte in ein dunkles Loch.

Als er wieder erwachte, blickte er in ein vertrautes, jedoch übermüdet aussehendes Gesicht, mit dunklen Ringen unter den Augen, sprießenden Bartstoppeln und ungekämmtem, abstehendem Haar. Es war Giovanni

„Benjamin!", sagte er und lächelte. „Endlich!"

Hellers Hals war ausgetrocknet und sein Schädel tat weh. Er lag in einem Bett in einem Zimmer mit weißen Wänden. Eine Nadel steckte in seinem Arm. Sie ging in einen schmalen Schlauch über, der schließlich an einer umgedreht aufgehängten durchsichtigen Flasche endete. Aus dem Krankenhaushemd, das er trug, ragten in Brusthöhe ein paar bunte Kabel, die zu einer piependen Maschine neben dem Bett führten.

„Was ist passiert?", fragte er.

„Du bist vor der Notfallaufnahme umgekippt. Du hast eine verdammte Kugel im Bauch gehabt, du Idiot! Aber die Ärzte haben dich in einer Not-OP wieder hingekriegt. Und dann hast du mehr als zwei Tage tief gepennt."

„Claire!", rief Heller und fuhr aus dem Bett hoch. Seine Seite stach, als steckte ein Messer darin, und der Raum drehte sich. Giovannis Gesicht nahm sofort einen sehr ernsten Ausdruck an.

„Bleib' liegen! Du bist mit Schmerzmitteln vollgepumpt."

„Nein!", sagte Heller. „Wo ist Claire? Wie geht es ihr? Ich muss zu ihr."

„Die Ärzte haben wirklich ihr Bestes gegeben. Aber sie… ." Giovanni senkte den Blick und seufzte.

„Claire!", sagte Heller leise. Tränen schossen ihm in die Augen und der Schmerz zerriss ihm fast die Brust.

„Claire", schrie Heller. Er durfte Claire nicht verlieren. Denn sie hatte die Liebe im Herzen, sie war die Liebe. Solange sie lebte, gab es Hoffnung für die Menschen. Die Hoffnung durfte nicht sterben.

„Das ist nicht wahr", rief Heller. „Claire lebt. Ich muss sie sehen."

„Es tut mir leid, Benjamin!", sagte Giovanni. „Sie ist wenige Minuten, nachdem wir hier ankamen, gestorben."

Als Giovanni die Worte ausgesprochen hatte, schloss Heller die Augen und wollte sie nie wieder öffnen. Eine unerträgliche Last senkte sich herab und schnürte ihm die Kehle zu. Das war gut, denn er wollte auch nicht mehr atmen. Er wollte nur noch eines. Er wollte zu Claire.

„Benjamin!", sagte Giovanni. „Es tut mir so leid! Aber du musst stark sein."

Heller öffnete die Augen und funkelte Giovanni böse an.

„Wozu?"

Er schüttelte den Kopf.

„Wozu soll ich stark sein? Wenn Claire...!"

Er konnte nicht weitersprechen. Er fühlte sich in einen schwarzen Abgrund hinuntergerissen, in einen Strudel, der ihn in die tiefste Dunkelheit schleuderte. Sein Blut wurde zu Blei, sein Atem stählern, sein Herz hörte auf zu schlagen.

„Du musst leben, Benjamin!", sagte Giovanni. „Für Claire!"

In diesem Moment brach eine Traurigkeit aus Heller hervor, die er nie zuvor gekannt hatte. Er schluchzte, winselte, heulte und brüllte schließlich. Er schrie Claires Namen so laut, dass Giovanni fürchtete, Heller sei wahnsinnig geworden, und dass zwei Krankenschwestern und ein Arzt herbeieilten. Sie gaben Heller ein starkes Schlafmittel, das bald seine Wirkung tat. Er versank in einem Meer aus zahllosen Träumen und Alpträumen.

Als er das nächste Mal erwachte, war es dunkel. Zumindest fast, denn als er die Augen öffnete, sah er jemanden, der neben dem Bett auf einem Stuhl saß.

„Claire!", sagte er leise.

Sie lächelte. Er spürte, dass sie seine Hand hielt. Ein warmer Schauer breitete sich in ihm aus, sein ganzer Körper und sein Geist schienen plötzlich in Glückseligkeit zu baden.

„Claire!", sagte er wieder und lächelte ebenfalls.

Er betete Claire an. Sie hatte ihn gelehrt, wie kostbar das Leben war und wie wichtig, sich ein sinnvolles Dasein zu gestalten, indem man sich nicht abstumpfen ließ, sondern jeden Funken an Wahrnehmung und Gefühl ehrte und genoss, als berge er in sich eine unendliche Welt und als sei er der Triumph des puren Lebens. Der Moment durfte nicht wie ein grauer, leerer Schleier der Ödnis vergehen, sondern musste wie ein prächtiges Fest gefeiert werden. Das wahre Leben, das einzig lohnenswerte Leben, war die Liebe zum allumfassenden Dasein. Ihr Zauber erschloss sich nur dem, der bereit war, das Unbekannte zu akzeptieren, sich dem Fremden zu öffnen und die große Angst vor dem Anderen abzulegen. Dies war das Vermächtnis von Percy Bysshe Shelley, von John Keats – und vor allem von Claire Beaumont.

Claire erhob sich mit einer sanften Bewegung, fast wie ein Engel. Sie beugte sich über ihn, ihr Gesicht näherte sich dem seinen und sie betrachtete ihn einen Moment lang nachdenklich und mit großem Ernst. Und dann huschte wieder ein Lächeln über ihre Lippen und sie sprach leise: „Vergiss mich nicht! Ich bin bei dir!"

Und dann küsste sie ihn.

That Light whose smile kindles the Universe,
That Beauty in which all things work and move,
That Benediction which the eclipsing Curse
Of birth can quench not, that sustaining Love
Which through the web of being blindly wove
By man and beast and earth and air and sea,
Burns bright or dim, as each are mirrors of
The fire for which all thirst, now beams on me,
Consuming the last clouds of cold mortality.
The breath whose might I have invoked in song
Descends on me; my spirit's bark is driven
Far from the shore, far from the trembling throng
Whose sails were never to the tempest given;
The massy earth and sphered skies are riven!
I am borne darkly, fearfully, afar;
Whilst, burning through the inmost veil of Heaven,
The soul of Adonais, like a star,
Beacons from the abode where the Eternal are.

Das Licht, dessen Lächeln das All entfacht,
Die Schönheit, in der alles sich bewegt,
Der Segen, der des finst'ren Fluches Macht
Uns'rer Geburt bezwingt, die Liebe erhebt,
In das gesamte Dasein eingewebt
Wo sie durch Welt und Tier und Menschen fährt,
Sie leuchtet hell, und wie im Spiegel lebt
Dies Feuer nach dem mein Herz so begehrt
und das den Dunst der Sterblichkeit verzehrt.
Des Atems Macht, den ich im Lied besang
Steigt herab; meines Geistes Boot treibt fort
Fern von der Küste, von eitlem Tun und Drang
Sein Segel erträgt keinen stürmischen Ort;
Ein Riss geht durch Erde und Himmelshort!
Voll dunkler Angst werd' ich hinweggetragen,
Doch leuchtet hell durchs Zelt des Himmels dort,
Die Seel' des Adonais auf dem Sternenwagen,
Sie strahlt herab, wo Seelen ewig tagen.